威科法律译丛

美国知识产权法原理

（第三版）

谢尔登·W.哈尔彭
〔美〕克雷格·艾伦·纳德　著
肯尼思·L.波特
宋慧献　译

商務印書館
创于1897
The Commercial Press
2013年·北京

By Sheldon W. Halpern, Craig Allen Nard

and Kenneth L. Port

FUNDAMENTALS OF UNITED STATES INTELLECTUAL PROPERTY LAW:

COPYRIGHT, PATENT, TRADEMARK

Third Edition

This is a translation of Fundamentals of United States Intellectual Property Law: Copyright, Patent, Trademark by Sheldon W. Halpern, Craig Allen Nard, Kenneth L. Port, published and sold by The Commercial Press, by permission of Kluwer Law International BV, The Netherlands, the owner of all rights to publish and sell same.

本书根据 Kluwer Law International 2011 年版译出

出版说明

我馆历来重视逐译出版世界各国法律著作。早在 1907 年就出版了第一套系统介绍外国法律法规的《新译日本法规大全》81 册，还出版了《汉译日本法律经济辞典》。1909 年出版了中国近代启蒙思想家严复翻译的法国著名思想家孟德斯鸠的《法意》。这些作品开近代中国法治风气之先。其后，我馆翻译出版了诸多政治、法律方面的作品，对于民国时期的政治家和学人产生了重要影响。新中国成立后，我馆以译介外国哲学社会科学著作为重，特别是从 1981 年开始分辑出版"汉译世界学术名著丛书"，西方政治法律思想名著构成其中重要部分，在我国法学和法治建设中发挥了积极作用。

2010 年开始，我馆与荷兰威科集团建立战略合作伙伴关系，联手开展法学著作中外文双向合作出版。威科集团创立于 1836 年，是全球最大的法律专业信息服务和出版机构之一。"威科法律译丛"是我们从威科集团出版的法律图书中挑选的精品，其中涉及当前中国学术界尚处在空白状态、亟需研究的领域，希望能够对中国的法学和法治建设有所助益。除了引进国外法律图书外，我们同时也通过威科集团将中国的法律思想和制度译介给西方社会，俾使中国学人的思想成果走向世界，中华文明的有益经验惠及异域。

商务印书馆编辑部

2011 年 8 月

译 者 序

刚拿到这本书的原著，难免心生疑惑：这只能算是一本小书，何以承载博大精深的美国知识产权法？毕竟，美国有差不多全世界最长篇幅的知识产权成文法、卷帙浩繁的判例文献、细致入微的制度规则，更有难以计数的学者与著述。

全面介绍美国知识产权法律制度的出版物，国内已有多本，况且，李明德教授那本《美国知识产权法》广受欢迎。而要翻译这本小书，我自然会质疑：它将以何种"新颖性"立足，又会以何种"显著性"赢得读者青睐？

随着翻译工作步步深入，我曾经的任何疑虑渐渐烟消云散。接下来，历时一年有余的翻译，始终让我感受到"痛并快乐"。尤其是，此书的翻译让我真正步入了美国知识产权法律殿堂的深处。

现在我终于可以说，对于博大精深的美国知识产权法，本书完全承载了、容纳了，除了必须的简明扼要，还做到了面面俱到。而更为突出的是，它把美国知识产权法的制度与理论融会贯通，将其立法、判例与学说铸成一体。它既有我们惯常所见通论或教材式著作的系统性，更将美国特色——判例法融汇在其系统的框架中。从而，它绝无我国国内常见教材的抽象、空洞与干巴，也避免了案例材料汇编中的堆砌、隔膜或孤立。藉此一卷，读者可以全面而深入地了解美国知识产权法——其实也是当今世界知识产权法的方方面面。

尤其值得一提的是，这本小书几乎囊括了（有时虽只是提及）美国知识产权制度有史以来的绝大多数学说与制度细节，特别是其丰富的司法成果。比如，版权法的宪法基础、版权法上第一修正案问题、转化性使用、仿讽，"灰色商品"、实用作品的可分离性、现有技术固有性原则、机器—转化测试、发明人实体学说、类似与非类似技术原则、中用权、整体市场规则，商标使用中的市场渗透规则、自然扩张学说、填补空白原则等。

同时，该书对新技术背景下的知识产权问题给予了相当的重视，主要包括，计算机软件、实用作品、掩膜作品、虚拟角色等特殊的版权客体，各种类型的版权限制，在线侵权责任，方法专利，域名与商标法，非传统类商标等。比较而言，以如此小书的篇幅，给予这些问题以不小的篇幅，正凸显了知识产权法的特征，自然也彰显了作者的学术取向。

我想特别提示读者注意的是，与国内知识产权法学教材、学说迥异，此书虽名为"知识产权法"，却没有为整体意义上的知识产权法学做哪怕是任何一点点的努力。相反，作者着意表达的是，对知识产权整体性的怀疑——"版权、专利和商标中的每一种都是截然不同的法律部门。它们在'知识产权'这一标题下的联结所要达到的目的，是要把它们作为一个区别于其他法律部门的整体；然而，它并没有支撑起有关基本共性的一般性归纳。"（见作者前言）由之，除了书名和前言，本书正文几乎再没有提及整体的"知识产权"，三编三个领域，孤零零的，如同三个相互无关的孤儿。不妨说，这恰好体现了美国不少知识产权法学者的"知识产权观"，却正是国内提倡知识产权体系化和法典化的学者们所难以接受的。

该书三位作者差不多分属于美国知识产权法学两代人。谢尔登·W. 哈尔彭（Sheldon W. Halpern）显然是美国法学界的老将。1960 年代初一走出大学校门，他便投身法律实务，1984 年又在康奈尔大学投身法学教学科研，现在是美国奥尔巴尼法学院法律与技术方面的讲席教授，其教学与科研领域涉及版权法、商标法以及诽谤与隐私等人格权法等。另外两位作者则先后于 1980 年代末、1990 年代初开始从事法律实务与研究，如今都在大学法学院从事有关知识产权法、科技法的教学与学术。克雷格·艾伦·纳德（Craig Allen Nard）是美国凯斯西保留地大学法学院教授，肯尼思·L. 波特（Kenneth L. Port）任威廉·米契尔法学院知识产权研究所教授。可以说，三位作者的从业与治学经历是这本书的质量保障。

译文中有很多问题需要向读者交代，此处概举其要端：

第一，如果翻译中确实有“直译”和“意译”之别的话，本书更多采取直译，以便更多地保留其行文特点。

第二，本书将 copyright 通译为“版权”而非“著作权”，乃遵从我国学界将英、美法归为“版权法系”的习惯。

第三，对于注释中的参考文献，如案例名与卷号、作品标题与来源文献等，译者以为，如不予翻译，倒更能保留参考文献之原样，更便于读者进一步查询。但出版社总有其考虑，本书还是做了部分翻译。

第四，因上述，注释中有关人名及其他名称的翻译难免会有差强人意。对此，除遵照商务印书馆出版的《英语姓名译名手册》之外，译者基本遵循了音译为主、意译为辅的原则。但仍有为难之处，像公司名称 My-T Fine Corp.，Your Maternity Shop，Inc 等。

第五，正文以括号方式附加原文的地方，有些是译者对自己的翻译存有疑虑，有些是为了增加读者的理解并防止混淆，也为了帮助读者进一步查询相关文献，如核准通知(Notice of Allowance)、整体市场规则(Entire Market Rule)等。

第六，因作者或原书编者粗疏，译者发现原文有不少错讹，已做处理。但因水平有限，译者不敢保证能发现并更正一切错误，还请读者谅解！

为学多年，常闻学者们不愿问津翻译，一是不堪其苦，二是不愿费“无用”之工——评职称不算成果。但我常常觉得，真爱学术者，也大都愿意学术翻译。眼见域外同行的优秀成果，喜好之余，自然也急于与国内同行分享。这正是我的心情。所以当商务印书馆政法编辑室主任王兰萍博士以此相邀时，我便欣欣然地接受了。可是，我也不得不承认，一年的翻译让我着实体会到了与原创性写作所无可比拟的辛苦，而他人之不愿为，我也深有体会。为此我一直在想，我一定要恳请读者：对译文中诸多的疏忽、轻率、肤浅、武断甚至无知，提出强烈批评并不吝指正！

作为中国现代出版业的“百年老店”，商务印书馆至今独领学术出版之风骚，其致力学术的善行，自是业界楷模。作为其中的优秀一员，王兰萍博士著书、编书，治学、敬业，多年来一直是我的楷模。而此次翻译中的细微交流更让我体会到她一贯的严谨。对此，我一直在以不断的努力相回报，并传递谢忱！通过QQ，武汉大学知识产权高级研究中心教授王清兄差不多随时都在“等待”着我的请教，他的博学、睿智与严谨，他驾驭语言的能力等，令我受益多多。北京的专利代理律师刘国伟，北京化工大学文法学院教授和育东，对外经贸大学法学院的卢海君，以及网络空间里尚未谋面的诸君，除了知识上的慷慨奉献，也让我深深地感受到，孤独不是学术的本性。

交稿之际，我又一次踏上新的人生路程。蒙孟庆瑜教授之抬爱，我重返杏坛，成为了河北大学政法学院之一员，我期盼着，自己能作为一个真正的知识分子，为知识传播与思想求索尽绵薄之力！与此同时，离别中国版权保护中心，回顾过往的十三个春秋冬夏，回忆曾经的热情与沮丧、奋斗与收获，说不尽的感慨中，最想说的，是留恋和感谢！

宋慧献

2013年元月·得己斋

缩 略 语

ACPA 《反域名抢注消费者保护法》
ADNDRC 亚洲域名争端解决中心
AIPA 《美国发明人保护法》
ASCAP 美国作曲家作者和出版者协会
ANDA 简化而快速的流线型申请程序

BMI 广播音乐公司

CBS 哥伦比亚广播公司
CCPA 关税与专利上诉法院
CONTU 版权作品新技术使用全国委员会
CTEA 版权保护期延长法

DAT 数字录音技术
DMCA 《数字千年版权法》

FTDA 《联邦商标淡化法》
FDA 食品药品管理局

GATT 《关贸总协定》
gTLD 通用性顶级域名

ICANN 互联网名称和地址分配机构

IP　因特网协议
ITU　意图使用

MPEP　《专利审查程序指南》

NAF　全国仲裁法庭
NAFTA　《北美自由贸易协定》

p2p　对等网络连接
PCT　《专利合作条约》

ROM　只读存储器

TDRA　《商标淡化修正法》
TLT　《商标法律条约》
TRCA　《商标救济澄清法》
TRIPs　《与贸易有关的知识产权协定》
TTAB　商标审理与上诉委员会

U.S.C.　《美国法典》
UL　(Underwriters Laboratory)保险商实验室
USPTO　美国专利商标局

VARA　《视觉艺术家权利法》

WCT　《世界知识产权组织版权条约》
WIPO　世界知识产权组织
WPPT　《世界知识产权组织表演与录音制品条约》
WTO　世界贸易组织

总　目

目　　录

第二编 专利

第三编 商标

献给多利特和米基

——谢·W.哈

献给丽莲

——克·艾·纳

献给埃利萨，埃米莉和葆拉

——肯·L.波

前　言

本书打算对美国有关版权、专利和商标的法律进行详尽的探讨。它对知识产权这一部门法提供了透彻的分析，我们深信这对于学生、学者以及相关实务人员都能发挥助益。我们的目标既不是代替这些领域已有的简明论述，也不是提供一本简介性手册。在某种意义上，我们要努力达到的是，就三个相关法律领域所必要的基本概念的理解，做出具有一定权威性的呈现和阐释。

同样，我们还试图避免对"知识产权"进行无所不包的论述。这个短语被用来涵盖一系列范围广大的活动，但它有着根本性的缺陷；它包含了太多的内容、却传递着很少的信息。可以说，我们的焦点是美国有关版权、专利和商标的法律，其中的每个领域都可以被视为这一多少有点儿无形无态的伞式概念的一部分。正是为了这些目的，我们排除了思想保护、商业秘密和形象权这些完全不同的领域——它们虽也沾染了"知识产权"的味道，却隶属于更为芜漫的普通法和州法的阐释。

版权、专利和商标中的每一种都是截然不同的法律部门。它们在"知识产权"这一标题下的联结所要达到的目的，是要把它们作为一个有别于其他法律部门的整体；然而，它并没有支撑起有关基本共性的一般性归纳。

举例来说，国会对版权和专利进行立法的权力体现于《宪法》第一条。就此，开国元勋们明确承认，新兴的共和国需要拥有一个单一的联邦结构，就"作者"之"著作"的版权和"发明人"之"发现"的专利保护的属性和范围进行规制。[①] 而商标法在其范围和根据上都与此有着本质的差异，因为国会管理商标的宪法权威，源自其对影响州际贸易的事务进行立法的更为总括

① 美国《宪法》第一条第8款第8项（U. S. Const. art. I, sec., 8, cl. 8）。

的权力。这就是以州际贸易中的商标“使用”——而非其单纯的创设——作为获取联邦保护之必要条件的原因。商标保护的确与版权和专利不同，它终究是一个普通法概念，其存在不依赖于任何成文法。最高法院曾推论说，商标不“取决于创新、发明、发现或任何智力活动。它不需要虚构或想象，不需要天才或苦思冥想。商标仅仅建立在先占的基础上。”①

另一方面，版权所要求的，归根到底是跨过创造性（虽然是最低的）门槛的原创性活动。最高法院的确曾指出，此种原创性和创造性是宪法所要求的保护的条件。② 专利则明显要取决于发明的新颖性；体现有创造性方法的产品如果缺乏新颖性，仅原创性和创造性本身则是不够的。在论及版权、专利或商标——这每一领域时，我们都试图以法律结构背后的力量为基础，对法律原则及其得以适用的方法路径做出清晰连贯的、易于理解的描述。

在这里，法律的很多方面都是反直觉的（counter-intuitive）。它们大都是基于协调政治、经济和社会利益之冲突的需要，而不可避免的妥协不可能与任何单一的、统一化的理论或“自然的”发展保持连贯一致。正是这种特征，导致处理困难而有趣的法律问题时的乐趣与苦恼，并形成了这些学术领域的特性。我们希望，我们能够以此卷册，来消融此间之苦恼、分享其中之乐趣。

此书得益于各位作者同仁为克鲁维尔国际法律出版社（Kluwer Law International）以及克鲁维尔国际知识产权百科全书所做的合作研究，我们衷心感谢克鲁维尔对这一项目的支持。

谢·W. 哈

克·艾·纳

肯· L. 波

2010 年 8 月

---

① 《商标判例》（The Trademark Cases），100 U. S. 82，94 (1879)。

② 菲斯特诉乡村电话服务公司（Feist Publications v. Rural Telephone Service），499 U. S. 340，348，111 S. Ct. 1282 (1991)。

第一编

版　　权

第一章　国会的权力

1.1

第一节　宪法授权

唯有美国国会[①]方有权管理版权。这一权力源于美国《宪法》第一条第8款：

“国会有权……通过保障作者和发明者在一定期限内对各自的著作和发明享有排他性权利，以促进科学和实用艺文之进步。”

该规定为国会以立法的形式授予、界定并限制版权，和专利提供了根据。

《宪法》的表述也为版权设定了观念上的基础：为促进公共利益，适格“著作”的“作者”将被赋予有限的垄断。国会决定的实施隐约预示着根本的折中原则：对激励智力创造之愿望与保持智力成果在社会上自由传播之必要进行协调。由于国会权力的渊源是宪法规定，对于可得允许的保护范围，版权法的发展大多集中于《宪法》所使用的某些术语的司法判定——谁是“作者”、何为“著作”。[②] 对于国会权力与“促进科学和实用艺文之进步”这一“目的”之间的宪法联系，存在着这样的不确定性：这一规定是在为一般性授权提供积极开放的正当性依据，还是在为限制该权力的具体行使设定一个条件。最后，仍有一个问题悬而未决：对于影响州际贸易的事务，国会可

---

① 参见下文§1.2，有关联邦法优先权的讨论。

② 参见下文§3.2.1。

以在多大的程度上利用其全面性权力，以在宪法授权范围之外创设类似于版权的权利和救济方式。[①]

1.2　第二节　《版权法》

从1790年的首部版权成文法，到包含于1976年《版权法》的现行成文法框架，国会一直都在通过颁行全面的版权立法来行使其宪法权力。[②]

联邦不存在非成文的版权"普通法"。[③] 历经不断修改的《版权法》是授予和调整版权的唯一依据。各州以及州法院对此并无多大的用武之地。至少是在国会发挥作用的领域，[④]联邦法优先（federal preemptions）的一般原则排除了州版权法对已发表作品的可适用性，[⑤]而在1976年《版权法》实施之前，对于未发表作品，所谓的"普通法"或州法版权曾得到承认并由各州实施。[⑥] 积聚几十年努力之成果，扬弃1909年以来一直实行的基本法则，1976年《版权法》以统一的、实际上是完全的联邦法架构取代了双重性的联邦/州体制。该法（以及国会权力）废除了"普通法"或州法版权，从而，对于"固定在有形的表达媒介上、属于版权客体的原创作品"，[⑦]其完全优先于与该法所授专有权等同的州设权利。针对"第102条、第103条规定的版权客体范围之外的客体，包括未固定于任何有形的表达媒介……的作品，[或者]

---

① 参见下文§3.1.1。

② 《美国法典》第17编第101—810条；第1001—1101条。

③ 惠顿诉彼得斯（Wheaton v. Peters），33 U.S.（8 Pet.）591（1834）。

④ 参见戈尔斯坦诉加利福尼亚（Goldstein v. California），412 U.S. 546，93 S.Ct. 2303（1973）。

⑤ 西尔斯、罗巴克公司诉斯替菲尔公司（Sears，Roebuck & Co. v. Stiffel Co.），376 U.S. 225，84 S.Ct. 784（1964）；康波科公司诉代一布莱特公司（Compco Corp. v. Day-Brite Lighting，Inc.），376 U.S. 234，84 S.Ct. 779（1964）。

⑥ 参见海明威遗产诉兰登书屋（Estate of Hemingway v. Random House），23 N.Y.2d 341，296 N.Y.S. 2d 771，244 N.E.2d 250（1968）。

⑦ 《美国法典》第17编第301条(a)。

侵犯了与第 106 条规定的……任何专有权不等同的法定性或衡平法权利的行为”,[①]该法特别规定,优先适用条款不适于州法之诉(state action)。优先适用直接关系到管辖权问题,且因其相当重要而可由法院自身主动提出;该原则甚至可能在人身保护(habeas corpus)诉讼中提出,以附带性地反驳州法上的犯罪认定(当事人辩称,联邦版权法优先于州法)。[②]

为了判断联邦法是否优先于州法诉求,对于某些疑问——何种权利“等同”(equivalent)于版权拥有者依《版权法》享有的专有权、什么属于“版权的客体”,日益复杂的联邦判例法得以产生。

> “与版权一般范围内的任何专有权利等同的”权利,是由法律确认的权利——这些权利限制着作者以外的任何人的选择自由。版权法禁止复制、公开表演等行为,除非希望复制或表演作品的人获得许可;沉默意味着禁止复制。版权属于对世性权利。[③]

显然,联邦法优先原则并非基于这样一个判断:州法诉求是可以作为联邦版权诉求而获得成功的诉求;州法诉求所涉及的内容(不管它如何得到解决)一般属于版权的客体范围,便足可适用优先原则,即使相关材料本身不具有可版权性。[④] 几乎同样不明确的,是对州法诉求何时“等同”于版权诉求做出判断。

---

① 《美国法典》第 17 编第 301 条(b)。

② 科科伦诉苏利文(Corcoran v. Sullivan),112 F. 3d 836 (7th Cir. 1997)。

③ 普罗唱片有限公司诉蔡登伯格(ProCD, Inc. v. Zeidenberg),86 F. 3d 1447 (7th Cir. 1996)。

④ 参见全国篮球协会诉摩托罗拉公司(National Basketball Ass'n v. Motorola),105 F. 3d 841 (2d Cir. 1997)“第 301 条的优先原则禁止在可版权性因素之外就不可版权性因素滥用州法的诉求”;普罗唱片诉蔡登伯格(ProCD, Inc. v. Zeidenberg),86 F. 3d 1447 (7th Cir. 1996),“版权的客体”必须包括“第 102 条和第 103 条所覆盖类型的所有作品,甚至是联邦法律不提供保护的作品”;伦奇有限责任公司诉塔克·贝尔公司(Wrench LLC v. Taco Bell Corp.),256 F. 3d 446 (6th Cir. 2001), *cer. denied*, 534 U. S. 1114 (2002),“与我们的姊妹巡回法院一起,我们主张,《版权法》上的客体范围比该法的保护范围更加宽泛”。

> 其本身会侵犯某种排他性权利的行为如果有可能剥夺州法界定的权利，就存在等同性（equivalency）。……相反，除了，或者在复制、表演、发行或展示等行为之外，如果某种额外因素是形成州设诉由所必须的，则不存在优先适用，只要该额外因素改变了诉讼的性质，以致它在本质上不同于版权侵权之诉。[①]

虽然人们普遍承认，如果某一诉求不包括版权诉求必要因素之外的实质性要素，它就不属于优先适用的对象，但人们如何对这些要素做出判断，却并无共识。[②] 在把优先原则适用于合同诉讼，尤其是涉及“拆封”合同时[③]，问题往往更为棘手；同样如此的是，法院一直在极尽辛苦地分析州法上的形象权（right of publicity）诉求，以使它们符合优先适用原则。[④]

《版权法》声称其具有广泛的综合性；然而，美国司法解释所具有的普通法传统，以及《版权法》的表述方式都使它受制于联邦法院——包括各地区法院、上诉法院以及最高法院广泛的司法解释。并且，70 多年里得到第一次全面修订的 1976 年《版权法》是国会历经 20 多年调研和听证的产物，积聚了长篇大论的报告，这一立法进程对于该法的解释至关重要。

---

① 伦奇有限责任公司诉塔克·贝尔公司（Wrench LLC v. Taco Bell Corp.），256 F. 3d 446 (6th Cir. 2001)，*cer. denied*，534 U. S. 1114 (2002)。

② 比较普罗唱片诉蔡登伯格[ProCD, Inc. v. Zeidenberg, 86 F. 3d 1447 (7th Cir. 1996)]、全国汽车租赁机构诉计算机合伙[National Car Rental System, Inc. v. Computer Associates, Int'l, 991 F. 2d 426 (8th Cir. 1993), *cer. denied*, 510 U. S. 861, 114 S. Ct. 176 (1993)]（两案均裁定不存在优先适用）与佛尔特公司诉奎德软件[Vault Corp. v. Quaid Software, Ltd., 847 F. 2d 255 (5th Cir. 1988)]、兰诺诉赛帕[Rano v. Sipa Press, Inc., 987 F. 2d 580 (9th Cir. 1993)]（两案都裁定存在优先适用）。另参见巴尔的摩·奥利奥尔斯诉职业棒球大联盟（Baltimore Orioles v. Major League Baseball Players），805 F. 2d 663 (7th Cir. 1986)。

③ 参见鲍尔诉贝斯忒特技术有限公司（Bower v. Baystate Technologies, Inc.），F. 3d 1317 (Fed. Cir. 2003)。

④ 比较巴尔的摩·奥利奥尔斯诉职业棒球大联盟（Baltimore Orioles v. Major League Baseball Players），805 F. 2d 663 (7th Cir. 1986) 和布朗诉埃姆斯（Brown v. Ames），201 F. 3d 654 (5th Cir.)，*cert. Denied*，531 U. S. 925 (2000) 以及托尼诉美国罗瑞尔有限公司（Toney v. L'Oreal USA, Inc.），406 F. 3d 905 (7th Cir. 2005)。

1.3
第三节 条约和国际协议

美国是包括《伯尔尼公约》、《世界版权公约》、《日内瓦保护录音制品公约》以及世界贸易组织协议在内的多个国际条约和协议的成员。除了其他情形，这些协议为外国作者在成员国法院起诉当地侵权行为提供了相互的“国民待遇”。[①]美国受《与贸易有关的知识产权协定》拘束，该协议来源于《关贸总协定》；作为其义务的一部分，美国已经签署并在有限的程度上实施了[②]世界知识产权组织的《版权条约》和《表演与录音制品条约》。

① 参见下文§2.2。
② 参见下文§11。

第二章　保护客体

2.1　第一节　受保护作品的种类

属于版权客体的原创作品包括：

(1)文字作品；

(2)音乐作品，包括配词；

(3)戏剧作品，包括配乐；

(4)哑剧和舞蹈作品；

(5)绘画、图形和雕刻作品；

(6)电影和其他视听作品；

(7)录音制品；以及

(8)建筑作品。[①]

这些作品种类的列举并不是排他性的。在一定程度上，它们的作用是作为管理性分类而被版权作品登记所遵行。举例来说，正如下文所论，计算机软件将作为“文字作品”被归入版权客体。具有根本性意义的观念是，除非受到特别的排除，一切被固定在有形体的表达媒介上的原创性表达都有资格获得版权保护。

---

① 《美国法典》第 17 编第 102 条(a)。

2.2　第二节　来源国

未发表作品受版权保护，且无需考虑作者的国籍和住所。[①] 在下列情况下，已发表作品受到保护：

(1)在首次发表日，一个或多个作者是美国国民或居民，或者是签约方的国民、居民或主权当局，或者是无国籍的人，无论此人是否有居所；或者

(2)作品首先发表在美国，或者发表在某外国且该国于首次发表日系签约方；或者

(3)作品是首先在某签约方被固定的录音；或者

(4)作品是包含于某建筑物或其他构筑物中的绘画、图形或雕塑作品，或者是体现于某建筑物中的建筑作品，而该建筑物或构筑物位于美国或某一签约方；或者

(5)作品系由联合国或其专门机构、或者美洲国家组织首先发表；或者

(6)作品处于总统宣告的范围内。[②]

“签约方”(treaty party)系指美国之外的国家或政府间组织，它们是《世界版权公约》、《日内瓦录音公约》、《伯尔尼公约》、世界贸易组织协议、世界知识产权组织的《版权条约》和《表演与录音制品条约》，或美国加入的其他任何版权条约的成员。[③]

对于已在“签约方”国家发表的外国作者的作品，当侵权诉讼在美国提

---

① 《美国法典》第 17 编第 104 条(a)。

② 《美国法典》第 17 编第 104 条(b)。“就(2)项而言，对于在非签约方的外国发表的作品，之后 30 日内在美国或在某签约方发表的，被视为首先在美国或该签约方发表，视具体情况而定。”同上。

③ 《美国法典》第 17 编第 101 条(“签约方”和“国际协议”的定义)。美国加入《日内瓦录音制品公约》和《WIPO 表演与录音制品条约》本身不是保护录音之外的任何作品的依据。《美国法典》第 17 编第 104 第(d)。

起时,准据法的选择会因侵权问题与作品所有权问题之别而有所不同。[①]“尽管这些问题相互关联,但版权利益的性质与版权是否遭到侵犯属于不同的问题。”[②]作为《伯尔尼公约》的基本原则,“国民待遇”原则的适用是要确保侵权国的版权保护实体法“将毫无差别地适用于外国与本国作者。”[③]不过,作品的初始所有权及其附随权利问题将受到其来源国法律的规制。[④]

2.3 第三节 除外作品

2.3.1 一、无形体的表达

“版权保护赋予……固定在任何有形体的表达媒介上的原创作品”[⑤]——《版权法》的这一规定同时也是一项禁止:该规定与将国会权力局限于“著作”的宪法规定一起,排除了对未固定在有形体的表达媒介上的任何作品的保护。因而,无形体的表达——如未被固定的言论、演讲、跳舞或其他动作或表演,便处于保护范围之外,除非赋之以有形体的形式。[⑥] 由于这些无形体的作品不在联邦法律体系的保护范围内,在不与 1976 年《版权法》上的优先适用条款相冲突的情况下,它们可以构成州法保护的客体。

2.3.2 二、政府作品

《版权法》还专门排除了对“联邦政府作品”的保护,尽管该政府可以对

---

① 俄通社一塔斯社诉俄罗斯库里尔公司(Itar-Tass Russian News Agency v. Russian Kurier, Inc.),153 F.3d 82 (2d Cir. 1998)。

② 前注,at 91。

③ 前注,at 89。

④ 前注,at 90—91。

⑤ 《美国法典》第 17 编第 102 条(a)(着重号为作者所加的强调)。

⑥ 参见下文 § 3.1.1。注意,其中讨论的是,对于未经授权录制现场表演并“非法制售”的特殊处理,以及《版权法》中有关“固定”的界定,它将有关体育事件的现场电视播放视为“固定”,如果该播放进行了同步录制的话。

其受让的版权作品行使权利。[①] 不过，什么是“联邦政府的作品”、何种转让有可能赋予该政府以权利，这些问题可能会变得相当复杂。[②]

《版权法》没有排除对州政府或地方政府作品的版权保护。可是，虽然州或地方政府的各类作品的保护问题存有争议，州成文法、条例和司法意见书却是不能获得版权保护的。[③]

2.3.3　三、思想/原创表达的统一体

2.3.3.1　（一）概述

版权保护只授予思想的原创性“表达”，而不授予“思想”本身，这是版权保护的根本原则。《版权法》第 102 条(b)款表明，其意图是要把最高法院对于贝克诉塞尔登案[④]的司法意见写入成文法：

> 在任何情况下，对作者原创作品的版权保护，决不及于思想、程序、方法、体系、操作方法、概念、原则或发现，无论它在作品中以何种方式得到描述、说明、图示或体现。[⑤]

为了对该原则以及成文法的表述做详细解释，《版权局条例》(Copyright Office Regulations)[⑥]提供了除外材料的范例——它们可能是“表达性

---

① 《美国法典》第 17 编第 105 条。

② 参见施纳珀诉福利(Schnapper v. Foley)，667 F. 2d 102 (D.C. Cir. 1981)，*cert. denied*，445 U.S. 948，102 S.Ct. 1448 (1982)。

③ 约翰·丹尼尔森有限公司诉温切斯特－科南特(John G. Danielson, Inc. v. Winchester-Conant)，322 F. 3d 26 (1st Cir. 2003)(“确定的是，司法判决书和成文法都属于公有领域”)；参见卡拉汉诉梅尔斯(Callaghan v. Myers)，128 U.S. (1888)；国际建筑官员与编码管理者诉编码技术公司(Building Officials & Code Administrators International, v. Code Technology, Inc.)，628 F. 2d 730 (1st Cir. 1980)。比较维克诉南方建筑编码国际组织[Veeck v. S. Bldg. Code Cong. Int'l, Inc.，293 F. 3d 791 (5th Cir. 2002)]和业务管理信息公司诉美国医学会[Practice Management Information Corp. v. American Medical Association，121 F. 3d 516 (9th Cir. 1997)]。

④ 贝克诉塞尔登(Baker v. Selden)，101 U.S. 99 (1879)。

⑤ 《美国法典》第 17 编第 102 条(b)。

⑥ 《联邦管理法规》第 37 卷(37 C.F.R.)，§ 202.1。

的”,却达不到受保护作品的水准:

> **§ 202.1　不享有版权的材料**
>
> 下列属于不享有版权的作品范例,有关此类作品的登记申请不能被接受:
>
> (a)词语和短语,如姓名、标题和口号;惯用标记或设计;排印装饰的单纯变化,文字标示和涂色;成分要素或内含物的单纯排列;
>
> (b)构思、设想、方法、规则或手段,在著述中,它们有别于其得到表达或描述的特定方式;
>
> (c)空白表格,如计时卡片、方格纸、账簿、日程记录本、银行支票、记分卡、报表以及订单之类,其设计目的是为了记录信息,而其本身并不传达信息;
>
> (d)完全由信息组成的作品,而此信息是不包含独创性的公有财产,如标准日历、高度与重量图标、卷尺、体育比赛时间表,以及取自公共文件或其他公有资源的名单或表格;
>
> (e)单纯的字体(Typeface as typeface)。

该《条例》对单纯词语和短语的排除,是对版权保护以原创性表达为基础这一原则的肯定。[①] “版权不保护思想;它只保护作者对这一思想的具体表达。”[②]然而,一般来说,版权保护只及于思想的表达而不及于思想本身——这一原则性命题需要一套标准,以区分被保护的“表达”和不受保护的“思想”。除了第 102 条(b)款的一般性规定之外,《版权法》没有提供更多的引导;这个区分过程已变得相当复杂,且无法做出明确的概括。

---

① CMM公司诉大洋海岸房地产公司(CMM Cable Rep, Inc. v. Ocean Coast Properties, Inc.),97 F. 3d 1504 (1st Cir. 1996);内瑞尔诉弗瑞曼(Narell v. Freeman),872 F. 2d 907 (9th Cir. 1989)。

② 美泰公司诉戈德伯格玩具生产公司(Mattel, Inc. v. Goldberger Doll Manufacturing Co.),365 F. 3d 133 (2d Cir. 2004)。

复杂性来自于这样一种理念:版权保护已经超越了字面表达的取用(taking);版权作品中非字面的、结构性的因素如果足够细致而具体,也可能受到保护。[①] 相应地,在适当的背景下,文字作品故事情节的细节、戏剧或电影细密的结构、音乐作品的和声与韵律结构以及计算机程序中一套算法的编排,都可能处在保护的范围内,这样,对它们的取用可能构成对相关版权作品的侵犯。

对于一部具体作品的诸多成分,由于具有视野如此宽泛的"表达",随之而来的必然是一个选择范围(spectrum)——从作品中显然不受保护的抽象思想,到构成作品整体的文字表达。在特定案例中,当被告被指侵犯了原告的作品时,通常需要判定的是,在这个可选择的范围内,所谓被取用的材料位居何处。[②] 因而,举例来说,在试图区分受保护之表达与不受保护之"思想"或计算机软件所涉"操作方法"(processes)时,法院意见产生了分歧。[③] 有法院曾评论说,"版权的第一原理是,版权保护只涉及思想的表达而不是思想本身。其第二原理是,该第一原理有着太多的模糊性,而不是教人遵循的路标。"[④]不过,由于实践中的区分活动必须有针对性地进行,法院便系统地提出了辅助性的分析概念,例如,合并原则、"必要情境"不受保护。

2.3.3.2　**(二) 合并**

为了避免让思想获得保护,即使对那些显然具有表达性的成分,如果它是某思想的为数非常有限的表达方式之一,法院可以拒绝予以保护。当表达被认为与思想发生合并时,保护表达就会不适当地导致对思想的垄断。

---

① 尼科尔斯诉环球电影公司(Nichols v. Universal Pictures Corp.),45 F. 2d 119, *cert. denied*, 282 U. S. 902 51 S. Ct. 216 (1931);谢尔登诉梅特罗—戈尔德温电影公司(Sheldon v. Metro—Goldwyn Pictures Corp.),81 F. 2d 49, *cert. denied*, 98 U. S. 669, 56 S. Ct. 835 (1936)。

② 参见下文 §9.2。

③ 参见下文§2.4.1。

④ 查克·布罗尔和唐·里奇曼公司诉20/20广告公司(Chuck Blore & Don Richman Inc. v. 20/20 Advertising Inc.),674 F. Supp. 671, 676 (D. Minn. 1987)。

这一原则最早在第一巡回法院1967年的一份司法意见[①]中得到表述，然后被大多数巡回法院在处理此种问题时进行了肯定性重申(尽管常常以法官个人意见的方式)。[②] 如第八巡回法院这样描述：

> 按照版权法上思想/表达两分法的近亲——合并原则(doctrine of merger)，如果表达背后的思想只能以数量非常有限的方式得到表达，这些思想的某些表达方式将不受版权保护。该学说的设计是为了防止一个作者仅仅通过对一种思想的一些表达享有版权而独占这一思想。[③]

然而，在合并原则的分析框架下，"可版权性"与"侵权"之间还是发生了冲突。这样，在第二巡回法院，某些意见明确遵循合并原则的经典表述，否定了思想所必需之表达的可版权性，[④]而其他的意见则拒绝合并之"不可版

① 莫里西诉普罗科特与甘步尔公司(Morrissey v. Procter & Gamble Co.)，379 F. 2d 675 (1st Cir. 1967)。

② 参见BUC国际公司诉国际帆船委员会有限公司(International Corp. v. International Yacht Council Ltd.)，89 F. 3d 1129 (11th Cir. 2007)；莱克斯马克国际公司诉SCC有限公司(Lexmark Int'l, Inc. v. Static Control Components, Inc.)，387 F. 3d 522 (6th Cir. 2004)；约翰·丹尼尔森有限公司诉温切斯特—科南特(John G. Danielson, Inc. v. Winchester－Conant)，322 F. 3d 26 (1st Cir. 2003)；维克诉南方建筑编码国际组织(Veeck v. Southern Building Code Cong. Int'l, Inc.)，293 F. 3d 791 (5th Cir. 2002)，*cert. denied*，539 U. S. 969 (2003)；盖茨橡胶公司诉班多化工公司(Gates Rubber Co. v. Bando Chemical Industries, Ltd.)，9 F. 3d 823 (10th Cir. 1993)；艾伦诉美国学术游戏联盟有限公司(Allen v. Academic Games League of America, Inc.)，89 F. 3d 614 (9th Cir. 1996)；混凝土机械公司诉克拉西克草坪装饰公司(Concrete Machinery Co. v. Classic Lawn Ornaments, Inc.)，843 F. 2d 600 (1st Cir. 1988)；沃伦出版公司诉麦克罗道斯数据公司(Warren Publishing, Inc. v. Microdos Data Corp.)，115 F. 3d 1509 (11th Cir. 1997)；托罗公司诉R & R产品公司(Toro Co. v. R&R Products. Co.)，787 F. 2d 1208 (8lh Cir. 1986)；教育考试服务组织诉卡茨曼(Educational testing services v. Katzman)，793 F. 2d 533 (3d Cir. 1986)。

③ 托罗公司诉R&R产品公司(Toro Co. v. R&R Products. Co.)，787 F. 2d 1208, 1212 (8lh Cir. 1986)。

④ 参见纽约商贸公司诉洲际交易公司(New York Mercantile Exchange Inc. v. Intercontinental Exchange Inc.)，497 F. 3d 109 (2d Cir. 2007)，*cert. denied*，128 S. Ct. 1669 (2008)；我的网店有限公司诉家乡信息有限公司(MyWebGrocer, LLC v. HomeTown Info, Inc.)，375 F. 3d 190 (2d Cir. 2004)；计算机联合国际有限公司诉阿尔泰有限公司(Computer Associates International, Inc. v. Altai, Inc.)，982 F. 2d 693 (2d Cir. 1992)("为了不把思想垄断权赋予版权所有人，该表达不应受到保护")。

权性"的观点,并认为该问题属于侵权,当某表达是传递某思想仅有的为数有限的方式之一时,仅做字面的、照抄式的取用则支持侵权指控。[①]

适用合并原则,认定某一表达与它所传递的思想如此密切关联以致发生合并,需要准确判断何为内含的"思想",而这项工作常常在同一案件中滋生司法分歧。[②] 此外,第二巡回法院认为,有鉴于此,应该区分"硬"思想——"那些致力于促进现象理解或问题解决的思想"和"软"思想——"那些充满了作者趣味或观念的思想";对于后者,法院可以恰当地行使其裁量权,以"拒绝"合并原则的适用。[③]

2.3.3.3　**(三)必要情境**

与合并原则类似的是这样一种论点:版权保护不及于"必要情境"(scenes à faire),它们是因类似的情节场景而必定会发生的主题性观念或事件:[④]

> 按照……必要情境学说,如果作品的表达必定要随老生常谈式的思想而发生,法院将不保护这一版权作品;与合并相同,其理据在于,不可保护的内在思想不应被垄断。[⑤]

---

① 大陆事故公司诉比尔兹利(Continental Casualty Co. v. Beardsley),253 F. 2d 702 (2d Cir.), *cert denied* 358 U. S. 816, 79 S. Ct. 25 (1958);克里格斯诉联合出版(Kregos v. Associated Press),937 F. 2d 700 (2d Cir. 1991);CCC 信息服务公司诉麦克莱恩·亨特(CCC Information Services, Inc. v. Maclean Hunter Market Reports, Inc.),44 F. 3d 61 (2d Cir. 1994), *cert. denied*, 116 S. Ct. 72 (1995)。

② 比较克里格斯诉联合出版(Kregos v. Associated Press),937 F. 2d 700 (2d Cir. 1991)。

③ CCC 信息服务公司诉麦克莱恩·亨特(CCC Information Services, Inc. v. Maclean Hunter Market Reports, Inc.),44 F. 3d 61 (2d Cir. 1994), *cert. denied*, 116 S. Ct. 72 (1995)。

④ 默里·希尔出版公司诉20世纪福克斯(Murray Hill Pubs. v. Twentieth Century Fox),361 F. 3d 312 (6th Cir.), *cert. denied*, 543. U. S. 959 (2004);雷黑尔诉儿童电视工作室(Reyher v. Children's Television Workshop),533 F. 2d 87 (2d Cir.), *cert. denied*, 429 U. S. 980, 97 S. Ct. 492 (1976);哈特曼诉霍尔曼公司(Hartman v. Hallmark Cards, Inc.),833 F. 2d 117 (8th Cir. 1987)(版权不保护主题观念或必要情境)。

⑤ 埃茨—霍金诉斯凯有限公司(Ets-Hokin v. Skyy Spirits, Inc.),225 F. 3d 1068 (9th Cir. 2000)。

必要情境的排除不限于文学或戏剧作品，它已经延伸至有关计算机软件①和音乐作品②的诉讼分析。

由于"思想"本身不属于版权的客体，声称保护思想的州法可得到实施，且不遵循优先适用原则。在保护思想的路径方面，各州有着相当的差异。③

2.4 第四节 特殊的作品类型

《版权法》没有创设具有不同保护方案（除了半导体芯片）的特殊作品类型，但是，把该法的某些具体条款与审判实践相结合，便有了针对计算机软件、汇编与数据库、历史与事实材料、功能作品、建筑作品、录音以及虚构角色等特殊类型的不同处理，即使并非专属的。

2.4.1 一、计算机软件

2.4.1.1 （一）作为"文字作品"的软件

与1976年《版权法》的通过相关，美国国会成立了"版权作品新技术使用全国委员会"（CONTU），其任务是决定以何种特别立法处理计算机软件——如果需要的话。最终，该委员会的深思熟虑产生了最低限度建议：将计算机程序定义和有关可允许之复制的特殊条款纳入《版权法》；简言之，最

---

① 邓恩和布拉德斯特利特软件诉格雷斯咨询（Dun & Bradstreet Software v. Grace Consulting），307 F. 3d 197 (3d Cir. 2002)，*cert. denied*，538 U. S. 1032 (2003)；麦特尔公司诉伊克特尔公司（Mitel, Inc. v. Iqtel, Inc. ），124 F. 3d 1366 (10th Cir. 1997)（扩展必要情境分析，"对于那些因作品题材固有的外观因素所必然导致的成分，排除侵权保护"）；计算机联合国际有限公司诉阿尔泰有限公司（Computer Associates International, Inc. v. Altai, Inc. ），982 F. 2d 693 (2d Cir. 1992)；苹果计算机公司诉微软公司（Apple Computer, Inc. v. Microsoft Corp. ），35 F. 3d 1435 (9th Cir. 1994)，*cert. denied*，115 S. Ct. 1176 (1995)。

② 斯沃斯凯诉凯里（Swirsky v. Carey），376 F. 3d 841 (9th Cir. 2004)；斯密斯诉杰克逊（Smith v. Jackson），84 F. 3d 1213 (9th Cir. 1996)。

③ 参见默里诉全国广播公司（Murray v. National Broadcasting Co. , Inc. ），844 F. 2d 988 (2d Cir. 1988)。

终的决定是,专门针对计算机软件的概括而独立的条款是不必要的。

与新技术委员会的建议相一致,《版权法》将计算机程序界定为“为产生某种结果而直接或间接使用于计算机的语句或指令序列。”[①]尽管对软件做如此界定,但在例证式地列举属于版权客体的“原创性作品”时,该法却并未专门提及软件。不过,这样“语句或指令序列”如果足够原创,就有资格作为“文字作品”受到保护。简言之,计算机程序虽然具有某些高度特殊的例外属性,《版权法》以及其他立法并没有把它作为适用特别规则的特殊的知识产权类型。由此产生的观念性问题是,计算机程序是否作为文字作品被分析,其保护是否以适用于传统文字作品的相同标准加以确定和限制。

2.4.1.2

(二) 代码本身的保护

对于构成程序的字面作品——用以撰写文字作品的“代码”,法院明确阐述了一些观点:(1)只要能满足原创性的最低要求,代码就属于享有版权的“原创性作品”,无论它是“源代码”或“目标码”,还是以可直接感知的高水平程序化语言或以只能由计算机理解的机器语言写成的;[②](2)得以“固定”的形式无关紧要,只要它被“固定”在了某种形式中——这就是说,它可能被固定为纸上的书写、光盘或磁带上的磁性形式,甚或表现于只读存储器(ROM)芯片;[③](3)程序的功能无关紧要,无论它是由系统的人工用户使用的应用程序,还是为机器而非人处理的内部控制程序(如操作系统之类)——保护独立于程序的属性而存在。[④]

2.4.1.3

(三) 结构与“观感”的保护

有关计算机程序的重要而充满争议的问题涉及到程序的非字面、结构性因素以及程序“观感”(look and feel)的可保护性。一个程序的整体结构

---

① 《美国法典》第17编第101条。

② 威廉姆斯电子公司诉阿克蒂克国际公司(Williams Electronics, Inc. v. Arctic International, Inc.),685 F. 2d 870 (3d Cir. 1982)。

③ 同上。

④ 苹果计算机公司诉富兰克林计算机公司(Apple Computer, Inc. v. Franklin Computer Corp.),714 F. 2d 1240 (3d Cir. 1983)。参见列克斯马克国际公司诉SCC有限公司(Lexmark Int'l, Inc. v. Static Control Components, Inc.),387 F. 3d 522 (6th Cir. 2004)。

是不能受保护的，但其他非字面成分则有可能相当具体，足可形成受保护的"表达"，一如版权保护及于其他"文字作品"中足够复杂、具体的非字面性成分，只要这些成分具有充分的原创性和创造性。法院面临的问题一直是各种标准的形成，以判定在何时，并如何保护这种复杂的结构。针锋相对的立场可以从第三和第二巡回法院所发表的相互冲突的意见中推演出来：分别见于惠兰联合诉贾斯洛牙科实验室案[①]和计算机联合国际诉阿尔泰案。[②]

在惠兰案中，第三巡回法院的判决在对构成程序结构的算法提供保护时，首先提出了如今已被广泛接受的观点："通过与其他文字作品相类比……即使没有复制程序的字面要素，计算机程序的版权也可能受到侵犯。"在认定程序结构类似于程式和算法汇编的情况下，如果它包括必要的原创性和创造性，而且不受合并学说的限制，法院就可以保护该汇编的"顺序和布置"。[③] 法院的分析路径是扩张性的，特别是，它以此区分了汇编中的思想和原创性表达。

另一方面，在 1992 年的计算机联合国际公司一案中，第二巡回法院的司法意见对计算机程序中非字面成分的保护采取了更具限制性的立场。法院明确批评了已有五年之久的惠兰案，认为"其司法意见对计算机科学的判断多少有些过时"，并提出"抽象、过滤、比较"测试标准（abstraction，filtration，comparison tests），以判断非字面因素的可版权性与侵权。具体言之，法院提出，在评判保护结构的诉求时，首先必须将该结构置于从程序的文字代码到其最终功能的连续区间内，排除那些被认为太过抽象，因而属于思想领域的成分；然后筛除不可保护的成分，并将剩余部分与被控侵权的程序进行比较。在"筛除"的过程中，有必要分离出（1）与相关思想合并的表达；（2）程序中必然附属于其功能的成分；（3）必要情境；（4）属于公共领域的

---

① 惠兰联合公司诉贾斯洛牙科实验室（Whelan Associates，Inc. v. Jaslow Dental Laboratory，Inc.），797 F. 2d 1222 (3d Cir)，*cert. denied*，479 U. S. 1031，107 S. Ct. 877 (1987)。

② 计算机联合国际有限公司诉阿尔泰有限公司（Computer Associates International，Inc. v. Altai，Inc.），982 F. 2d 693 (2d Cir. 1992)。

③ 参见下文 § 2.4.2。

内容；以及(5)“功效”所必需的因素。结构中留存下来的任何因素如果被认定受到取用，都可以受到保护。该法院承认其分析方法的有限性，以及它对计算机软件作为“文字作品”的极不情愿的接受：

> [原告]和某些司法顾问反对我们所提出的分析方法，其根据是，它将阻碍未来的计算机软件研究和开发……版权法的宗旨并不是简单地赋予勤劳之人以垄断，而是要通过回报艺术创造来推进公共福利，同时允许不受保护的思想和方法得到自由的使用和发展。
>
> ……
>
> 与此同时，国会清楚地表明，计算机软件是文字作品，有资格获得版权保护。我们当然应该遵守这些指令，但在这样做的同时，一定不能损害版权法的完整性……如果我们所概括的这一测试标准造成了对保护范围的缩小，那么，正如我们所预计的，按照国会的意图，这一结果正缘于把版权法的长期性原则适用于计算机软件。的确，我们的决定也体现了我们的考量：这些基本原则依然没有被扭曲。①

就像第五、第十、第十一以及联邦巡回法院一样，第九巡回法院回应了针对惠兰案的批评，并对计算机联合国际公司一案做出称赞。②

程序“观感”的保护问题——其中，取用所涉及的既不是实际的代码，也

---

① 计算机联合国际有限公司诉阿尔泰有限公司(Computer Associates International, Inc. v. Altai, Inc.), 982 F. 2d 693, 711－712 (2d Cir. 1992)。

② 参见塞加有限公司诉阿克雷德有限公司(Sega Enterprises, Ltd. v. Accolade, Inc.), 977 F. 2d 1510 (9th Cir. 1992)；苹果公司诉微软公司(mputer, Inc. v. Microsoft Corp.), 5 F. 3d 1435 (9th Cir. 1994), *cert. denied*, 115 S. Ct. 1176 (1995)；工程动力有限公司诉结构软件(Engineering Dynamics, Inc. v. Structural Software, Inc.), 26 F. 3d 1335 (5th Cir. 1994), rehearing *denied*, 46 F. 3d 408 (5th Cir. 1995)；麦特尔公司诉伊克特尔公司(Mitel, Inc. v. Iqtel, Inc.), 124 F. 3d 1366 (10th Cir. 1997)；盖茨橡胶公司诉班多化工公司(Gates Rubber Co. v. Bando Chemical Industries, Ltd.), 9 F. 3d 823 (10th Cir. 1993)；贝特曼诉记忆术有限公司(Bateman v. Mnemonics, Inc.), 79 F. 3d 1532 (11th Cir. 1996)；阿塔里游戏公司诉任天堂美国公司(Atari Games Corp. v. Nintendo of America Inc.), 975 F. 2d 832 (Fed. Cir. 1992)。

非程序的结构,而是其运行的外表与方式所具有的娱乐性(recreation)——依然没有解决。在莲花发展公司诉博兰[①]这起重要案例中,第一巡回法院判定,与录像机(VCR)的控制装置类似,电子数据表程序的控制菜单结构是不受保护的"工序"(process)。最高法院两派人数相等(4:4),该意见得到维持,[②]从而使先例的价值受到限制。第一巡回法院的分析似乎与第十巡回法院的分析针锋相对[③],但显然得到了第十一巡回法院的支持。[④]

计算机程序处在一种怪异的、混血儿的状态。虽然人们认为计算机软件不能准确纳入专利或版权框架,但在不同的程度上,它却可以作为《版权法》上的"文字作品"之一类获得保护。法院不得不把传统的版权概念适用于这个相当不传统的知识产权形式。司法上的难堪已经得到了清楚的表达:

> 坦率地说,对非字面性的程序结构提供版权保护的准确脉络并非完全清晰……。
>
> 的确,对于程序源代码和目标码背后的理论空隙,《版权法》具有相对较弱的阻止公众获取的作用。其原因在于计算机程序的混血儿属性——尽管程序是文字性表达,却也是更大规模的计算过程中的一种高度功能性、实用性的组成部分。
>
> 总体而言,我们认为,其可利用性毫无差别的版权登记理论上不适于处理高度动态的计算机技术。迄今为止,该领域的很多判决反映了

① 莲花发展公司诉博兰国际公司(Lotus Development Corp. v. Borland Int'l., Inc.),49 F. 3d 807 (1st Cir. 1995)。

② 116 S. Ct. 804 (1996)。

③ 自动技能有限公司诉全国教育支持系统有限公司(Auto skill, Inc. v. National Education Support Systems, Inc.),994 F. 2d 1476 (10th Cir.), *cert. denied*, 114 S. Ct. 307 (1993)。

④ 参见麦特科资产诉阿奇工程(Mitek Holdings v. Arce Engineering),89 F. 3d 1548 (11th Cir. 1996)。在苹果诉微软[Apple Computer, Inc. v. Microsoft Corp., 35 F. 3d 1435 (9th Cir. 1994), cert. denied, 115 S. Ct. 1176 (1995)]一案,第九巡回法院"首次处理如下主张,即将计算机程序的艺术外观作为视听作品,而不是以文字作品登记的程序代码进行复制。"对于苹果公司的图画式用户界面,在当事人许可协议限定的情况下,法院支持使用"原创性、功能性、标准化、必要情境和合并这些限制性学说,裁定不存在对受保护成分的复制"。

各法院的尝试，如谚语所云，将方钉放在圆孔里。如今，CONTU 发布的最终报告已经过去 12 年多了，这一特殊问题的解决需要更深入的立法调研——也许是 CONTU 之二。①

截至 2010 年夏季，为保护计算机程序而进行的特别机制创新尚未取得重要进展。同时，专利保护范围在近期的扩张——特别是就计算机程序而言，已在某种程度上把关注的焦点转离版权。②

2.4.2 ## 二、汇编与数据库

“版权法和汇编可谓同床异梦的一对。”③《版权法》规定，“版权的客体……包括汇编……”④它把“汇编”界定为“通过收集和汇合已有材料，或以能产生整体上属于原创性作品的方式选择、协调或排列数据所形成的作品。”⑤为保护原创性汇编，该法对材料汇编（即选择与排列）和材料本身进行了区分。曾有法院评论说，“版权法公开挑战逻辑之法则……因为它向一百条……单个事实及其单纯表达的总和提供一种重要的保护措施，同时却不向事实本身提供任何东西。……汇编作为整体……超越了其部分之和。”⑥

无论构成汇编的材料如何，正是汇编本身的原创性决定着版权保护的性质和程度。与原创性不同，关于辛勤努力在确定汇编的可版权性时所发挥的作用，各巡回法院之间存有分歧。而在菲斯特出版公司诉乡村电话服务公司一案中⑦，联邦最高法院对此做出了回答，果断地结束了这一观念：

---

① 计算机联合国际公司诉阿尔泰(Computer Associates, International, Inc. v. Altai, Inc.), 982 F. 2d 693 (2d Cir. 1992)。

② 通常参见下文 § 2.6.2(似应是指第二编的该节——译者)。

③ 埃克斯诉卡价更新系统(Eckes v. Card Prices Update), 736 F. 2d 859, 862 (2d Cir. 1984)。

④ 《美国法典》第 17 编第 103 条。

⑤ 《美国法典》第 17 编第 101 条。

⑥ 财经信息公司诉穆迪氏投资者服务公司(Financial Information, Inc. v. Moody's Investors Service, Inc.), 751 F. 2d 501, 505 (2d Cir. 1984)。

⑦ 菲斯特出版公司诉乡村电话服务公司(Feist Publications, Inc., v. Rural Telephone Service Co., Inc.), 499 U. S. 340, 111 S. Ct. 1282 (1991)。

辛勤，即“额头之汗水”(例如，按字母表排列姓名和号码以制作电话簿)，可以使汇编享有版权，虽然它缺乏独创性。最高法院[奥康纳(O’Connor)法官]毫不含糊地指出：

> 汇编者的大量劳动成果可以被他人无偿使用——这看上去有失公平。这并非“成文法机制不可预见的副产品。”……可以说，它是“版权的实质，”……也是宪法的要求。版权的首要目标不是奖赏作者的劳动，而是“促进科学和实用艺文之进步”(《美国宪法》第1条第8款第8项)……为了这一目标，版权保障作者就其原创性表达享有权利，但却鼓励他人自由利用作品上承载的思想和信息。①

对于汇编，就像对于为之寻求版权保护的任何其他作品一样，“版权的要件是原创性。”②此外，菲斯特案的论述是颇具启发性意义的：“1976年的《版权法》修订让人确信，原创性，而不是‘额头上的汗水’，是对电话簿和其他事实性作品进行版权保护的试金石。”③不过，原创性的门槛并不很高。单纯呆板或受制于材料本身的排列不包含任何创造性活动，故不受保护④。但是，当材料的排列或选择体现了原创性时，汇编就可能享

---

① 菲斯特出版公司诉乡村电话服务公司(Feist Publications, Inc., v. Rural Telephone Service Co., Inc.)。at 349－350, 111 S. Ct. 1289－1290[引自布伦南法官在哈珀与罗出版公司诉民族公司(Harper & Row, Publishers, Inc., v. Nation Enterprises), 471 U. S. 539, 105 S. Ct. 2218 (1985)一案中的不同意见]。

② 参见下文 §3.2.2。

③ 菲斯特案(*Feist*), 499 U. S. at 359－360, 111 S. Ct. at 1295.

④ 菲斯特案(*Feist*), 499 U. S. at 349－350, 111 S. Ct. at 1289－1290。参见财经信息公司诉穆迪氏投资者服务公司(Financial Information, Inc. v. Moody’s Investors Service, Inc.), 808 F. 2d 204 (2d Cir. 1986), *cert. denied*, and 484 U. S. 820 (1987)；另参见中部美利坚公司诉柯克(Mid America Title Co. v. Kirk), 59 F. 3d 719 (7th Cir.), *cert. denied*, 116 S. Ct. 520 (1995)(拒绝保护那种“只是单调、机械的完成差事而不能形成原创性特征”的选择)；沃伦出版公司诉麦克罗道斯数据公司(Warren Publishing, Inc. v. Microdos Data Corp.), 115 F. 3d 1509 (11th Cir. 1997)(按字母表顺序对有线电视公司进行的排列在选排上缺乏足够的原创性，不能作为汇编作品获得保护)。

有版权。[1] 即使当汇编的原创性足以受到保护时，该保护也是相当“稀少”的：保护仅仅及于汇编中的原创成分，而作品本身的大多内容则可任由他人获得。[2]

汇编的可版权性问题与数据、数据库的保护密切相关。无论是单个形式的数据，还是数据库中的集合，数据本身不属于版权客体的范围。作为思想，单独的或是集合形式的事实均不受保护。[3]正如最高法院在菲斯特案中所表明的[4]：“人们已普遍理解的是，有效的版权不可能存在于事实中。版权法最根本的法则是，‘没有作者可以为他的思想或他所讲述的事实享有版权。’”[5]奥康纳法官解释说：

> 这是因为，事实不是源自创作。创造与发现之间的区别在于：第一个发现并报告某个事实的人没有创造该事实；他或她只是发现了它的存在。……这适用于所有的事实——科学、历史和传记事实以及日常新闻。

---

① BUC国际公司诉国际帆船(BUC International Corp. v. International Yacht Council Ltd), 489 F. 3d 1129 (11th Cir. 2007)(游船价格)；CCC信息服务公司诉麦克莱恩·亨特(CCC Information Services, Inc. v. Maclean Hunter Market Reports, Inc.), 44 F. 3d 61 (2d Cir. 1994), *cert. denied*, 116 S. Ct. 72 (1995)(对所选二手车定价汇编给予保护)：

> 具有典型性的是，汇编作者选择汇集了哪些事实、以什么顺序安排它们，并如何布置所收集数据，从而使它们能够得到读者的有效使用。只要汇编者独自进行选择和布置，且具有最低程度的创造性，这些选择和布置就有着足够的原创性，国会就可以通过版权法来保护这类汇编。

参见利普顿诉自然公司(Lipton v. Nature Co.), 71 F. 3d 464 (2d Cir. 1995)(保护“狩猎术语”汇编——多系列的集体名词，从“狮子的骄傲”到“法官席位”，——它们由原告从各种各样的文本与手稿中选择并汇编)。

② 参见克里格斯诉联合出版(Kregos v. Associated Press), 937 F. 2d 700 (2d Cir. 1991); same, 795 F. Supp. 1325 (S. D. N. Y. 1992), *aff'd*, 3 F. 3d 656 (2d Cir. 1993), *cert. denied*, 114 S. Ct. 1056 (1994)。

③ 威斯康辛评估技术公司诉怀尔数据公司(Assessment Technologies of Wisconsin, LLC. v. Wiredata, Inc.), 350 F. 3d 640 (7th Cir. 2003)。

④ 499 U. S. 340, 111 S. Ct. 1282 (1991)。

⑤ 见前注, at 344－345, 111 S. Ct. at 1287 [引自哈珀与罗出版公司诉民族公司(Harper & Row, Publishers, Inc., v. Nation Enterprises), 471 U. S. 539, 556 (1985)]。

它们不可能享有版权,而是属于公共领域的一部分,人人可以得而享之。[①]

尽管某些事实收集和数据库创造可能包含了辛勤努力,如果其中有版权保护,也只能及于这些数据被选择和/或排列的方法。其结果一直是一个令人困惑的焦点问题,即数据选择(而非排列)涉及到的原创性,这体现于近期有关汇编数据库的案例中。[②] 与之相伴的是,数据库特别权保护引起了越来越多的关注和激烈的争论。而该保护与欧盟已经采纳的制度相类似。[③]

2.4.3

三、历史与事实材料

事实本身不在版权保护的范围之内——这一命题的必然推论是,历史、传记和其他事实性作品被赋予较为有限的版权保护。历史事实或解释性理论都不受保护,并且,为研究所付出的劳动不构成版权保护的依据:“为避免对那些专心研究历史问题或事件的作者构成冷阻效应,必须让后来的作者享有宽泛的自由,让他们使用包括理论或情节在内的历史题材。”[④]

各法院对有关事实性或历史类作品的侵权诉讼进行了密切关注,以便从受保护的表达中剔除不受保护的思想。另一方面,奥康纳法官在菲斯特案中的说法是有益的:“本法院很久就已承认,事实/表达两分法严格限制事实性作品的保护范围。”[⑤]尽管此类文字作品确实可以获得版权保护,但与

---

① 见前注,at 347—348, 111 S. Ct. at 128—1289[内引见米勒诉环球城市电影公司(Miller v. Universal City Studios),650 F. 2d 1365, at 1369 (5th Cir. 1981)]。

② 参见如利普顿诉自然公司(Lipton v. Nature Co.),71 F. 3d 464 (2d Cir. 1995);CCC 信息服务公司诉麦克莱恩·亨特(CCC Information Services, Inc. v. Maclean Hunter Market Reports, Inc.),44 F. 3d 61 (1994)。

③ 截至 2006 年中,在国会提出的此类立法未获通过。

④ 赫凌诉环球城市电影公司(Hoehling v. Universal City Studios, Inc.),618 F. 2d 972 (2d Cir. 1980)。

⑤ 菲斯特案(Feist),499 U.S. at 350, 111 S. Ct. at 1290。

虚构类或其他声称具有创造性的材料相比，其保护的范围则受到更多的限制。因此，举例来说，食谱图书的编排呈现出少量的创造性，可以作为食谱汇编受到保护，而一个个单独的食谱则通常不会受到保护。[①] 实质上，为了避免保护构成作品的事实，法院所防止的只是整体性的、逐字逐句的盗用。[②] 正如第九巡回法院所评论的：

> 由于希望表达事实性作品之思想的作者常常被限于"范围狭窄的表达……表达的相似性必定是逐字逐句的复制，或者是非常接近的改述，事实性作品才会被认为受到侵权。"[③]

当然，对一部完整的事实性作品做整体性挪用完全可能属于侵权。[④]

一部具体作品究竟是"事实性的"或"历史性的"而不是"虚构性的"，各法院通常不做究问。不妨说，要界定保护的范围，作品所包含的作者自己的特点具有决定性意义。因而，与一部声称属于精确历史的作品相比，声称是"历史小说"的作品更有资格要求版权保护。[⑤]

---

① 因特恩出版公司诉梅雷迪斯(Publications Intern.，Ltd. v. Meredith Corp.)，88 F. 3d 473 (7th Cir. 1996)。

② 赫凌案(Hoehling)，618 F. 2d at 972("在专注于历史性题材的作品中……后来的作者可以大量使用在先作品，只要他没有整体性地挪用他人的表达")；纳什诉 CBS 公司(Nash v. CBS, Inc.)，899 F. 2d 1537 (7th Cir. 1990)；纳瑞尔诉弗里曼(Narell v. Freeman)，872 F. 2d 907 (9th Cir. 1989)。

③ 沃斯诉塞尔乔和莱特(Worth v. Selchow & Righter)，827 F. 2d 569，572 (9 Cir. 1987)，*cert. denied*，108 th 86 S. Ct. 1271 (1988) [引自兰兹伯格诉斯科莱布拼字游戏玩家有限公司(Landsberg v. Scrabble Crossword Game Players，Inc.)，736 F. 2d 485，488 (9th Cir.)，*cert. denied*，469 U. S. 1037 (1984)]。

④ 参见应用创新有限公司诉明尼苏达大学校务委员(Applied Innovations，Inc. v. Regents of the University of Minnesota)，876 F. 2d 626 (8th Cir. 1989)(心理感觉测验)；教育考试服务机构诉卡茨曼(Educational testing services v. Katzman)，793 F. 2d 533 (3d Cir. 1986)(标准化的测试)。

⑤ 参见纳什诉 CBS 公司(Nash v. CBS，Inc.)，899 F. 2d 1537 (7th Cir. 1990)。

2.4.4 四、实用性作品和产业设计

2.4.4.1 (一)"实用物品"

《版权法》没有直接规定"工业设计"①,且在外观设计专利法之外,也没有独立的部门法专门规范实用性作品。但在某种程度上,《版权法》区分了可版权的(并被笼统界定的)"绘画、图形和雕刻作品"和不可版权的"实用物品"(useful articles),后者被定义为"具有内在的实用功能[的物品],该功能不仅仅描绘物之外观或传递信息"②。

当然,定义问题极其重要。③ 一部作品因为其执行,或可用来执行某些功能而属于"实用性的",这一事实并不一定导致它被认定为"实用物品"。因而,玩具模型或玩具物体可作为"雕塑作品"受到保护,而与其作为玩具的实用性无关。④ 同样,面具设计与猪、大象和鹦鹉的鼻子相似,被认定为可受版权保护的"雕塑作品",而不是"实用物品"。⑤ 被用来展示服装的人体模特儿被认定为"实用物品",⑥而标本使用以支撑动物皮毛的动物身体形式被视为雕塑作品,因为"形体模型的任何实用层面'只是为了描述(动物的)外形'。"⑦另一方面,衣服以及戏剧的和其他类服饰本身被认为是不受

---

① 例外是,第13章在有限的意义上对"船体"做出了规定。17 U.S.C. 1301;参见下文§2.4.4.4。

② 《美国法典》第17编第101条。

③ 参见波诉失踪人乐队(Poe v. Missing Persons),745 F.2d 1238 (9th Cir. 1984)。

④ 参见盖伊玩具公司诉巴迪公司(Gay Toys, Inc. v. Buddy L Corp.),703 F.2d 970 (6th Cir. 1983)("诚然,玩具飞机是用来玩乐的,但可受版权保护的飞机图画则是被观看并娱乐的。不同于真实飞机的描绘,玩具飞机就像图画一样,不具有内在的实用性功能")。

⑤ 马斯克雷德公司诉尤尼克公司(Masquerade Novelty, Inc. v. Unique Indus., Inc.),912 F.2d 663 (3d Cir. 1990)("鼻子面具的设计目的是让人们佩戴以令人发笑,这一点不能将它们明确区别于可版权的艺术作品,如图画。动物鼻子面具的实用性特征……仅仅是其外观所固有的一部分")。

⑥ 卡罗尔·巴恩哈特公司诉伊科诺米公司(Carol Barnhart Inc. v. Economy Cover Corp.),773 F.2d 411 (2d Cir. 1985)。

⑦ 修珀雷尔国际诉丹·蔡司动物标本公司(Superior Form Builders, Inc. v. Dan Chase Taxidermy Supply Co.),74 F.3d 488 (4th Cir.), *cert. denied.*, 117 S. Ct. 53 (1996);另见哈特诉丹·蔡司公司(Hart v. Dan Chase Taxidermy Supply Co.),86 F.3d 320 (2d Cir. 1996)。

保护的“实用物品”，例外情形是它可以满足“可分性”(separability)测试(下文详论)。[①]

虽然一件物品的模型或照片本身可能作为图画或雕塑作品受到版权保护，但该版权却不能及于其所描绘的实用物品的制造。[②] 同样，如果作品被合法复制在“已许诺销售或以其他方式公开发行”的实用物品中，“在涉及与该物品的发行或展出有关的广告或评论，或涉及相关新闻报道的情况下，该物品的图画或照片的制作、发行或展出”，不受版权人的阻碍。[③]

2.4.4.2　(二) 形式与功能的可分性

尽管实用物品本身不可享有版权，但在某些情况下，其设计可以作为绘画、图形或雕刻作品受到保护。关键的问题是，该物品设计中的形式性、审美性因素能否与其功能性、实用性成分区分开来。按照《版权法》的规定，可获得版权的绘画、图形和雕刻作品包括：

> 艺术性工艺品的形式性而非机械或实用性层面；实用物品的设计……只要且只有当此设计包含了可与该物品的实用方面分别辨认，并可独立存在的绘画、图形或雕塑特征，便可被视为绘画、图形或雕塑作品。[④]

立法上的这一规定[⑤]是对联邦最高法院对马泽诉斯坦因案[⑥]的司法意见的成文化。最高法院在该案中指出，包含于灯台中的小雕像可作为雕塑作品享有版权，即使它可能也属于外观设计专利的客体。同时，该法院重申“非歧视”(nondiscrimination)原则，承认版权不限于优美的艺术；并

---

① 参见异想天开有限公司诉儒比斯公司(Whimsicality, Inc. v. Rubie's Costume Co.), 891 F. 2d 452 (2d Cir. 1989)。

② 《美国法典》第 17 编第 113 条(b)。

③ 《美国法典》第 17 编第 113 条(c)。

④ 《美国法典》第 17 编第 101 条。

⑤ 连同《美国法典》第 17 编第 113 条。

⑥ 马泽诉斯坦因(Mazer v. Stein), 347 U. S. 201, 74S. Ct. 460 (1954)。

表明，一件本可享有版权的作品(如雕塑)不会因为被融合于一件商业性、实用性物品而失去其版权属性。[①] 问题的关键在于审美性与功能性的可分性。

在马泽案中，把灯台中的“雕塑”与其他部分区分开来是相当容易的；它在物质层面上是明显可分的。但是，物的可分性并非需要考虑的唯一因素。对于《版权法》在界定“绘画、图形和雕刻作品”与“实用物品”时所表述的“可分性”，1976 年的国会委员会报告(House Committee Report)曾进行评论，并提及“物质上或观念上可以被识别为与该物品实用性方面相区分”的成分(着重号系作者所加)。在一系列不完全一致的司法意见中，各法院试图总结并适用观念上的可分性这一思想，以判断实用物品设计的可版权性。从而，意见不一的陪审团认定，对于用来展示服装的人体模特儿[②]和自行车行李架[③]，审美性与实用性因素在观念上是不可分的；而对于用来化妆的人体模特儿和安放动物皮毛的模型，则判定其不是实用物品，且还显示了形式与功能在观念上的可分性。[④] 法院承认，“观念上的可分性是……实际存在且可取的，问题……是要准确地判断它是什么以及它如何被适用。”[⑤]有关这一问题的最佳例证，可能是第二巡回法院在否定自行车行李架设计的版权

---

① 《美国法典》第 17 编第 113 条吸收了马泽案，其中规定：(a)……将有版权的绘画、图形或雕塑作品复制成复制件的专有权利……包括将该作品复制于任何种类物品之内或之上的权利，无论其是不是实用性的。

② 卡罗尔·巴恩哈特公司诉伊科诺米公司(Carol Barnhart Inc. v. Economy Cover Corp.)，773 F. 2d 411 (2d Cir. 1985)。

③ 布兰迪尔国际公司诉卡斯凯德公司(Brandir International, Inc. v. Cascade Pacific Lumber Co.)，834 F. 2d 1142 (2d Cir. 1987)。

④ 皮沃特国际公司诉查伦产品(Pivot Point International, Inc. v. Charlene Products)，372 F. 3d 913 (7th Cir. 2004)；修珀雷尔国际诉丹·蔡司公司(Superior Form Builders, Inc. v. Dan Chase Taxidermy Supply Co.)，74 F. 3d 488 (4th Cir.)，*cert. denied.*，117 S. Ct. 53 (1996)；哈特诉丹·蔡司公司(Hart v. Dan Chase Taxidermy Supply Co.)，86 F. 3d 320 (2d Cir. 1996)。

⑤ 卡罗尔·巴恩哈特公司诉伊科诺米公司(Carol Barnhart Inc. v. Economy Cover Corp.)，773 F. 2d 411 (2d Cir. 1985)。参见皮沃特国际公司诉查伦产品(Pivot Point International, Inc. v. Charlene Products)，372 F. 3d 913 (7th Cir. 2004)，其中，法院考察了各种分析方式。比较：伽利亚诺诉哈拉氏管理公司(Galiano v. Harrah's Operating Co.)，416 F. 3d 411 (5th Cir. 2005)(就衣服和服装设计提出了一种独特的分析方法)。

保护时所说过的话:

> 形式与功能难解难分地纠缠于行李架上,其最终的设计既是审美选择,也是实用性要求的结果。(设计者)达到了现代产业设计的最高目标,这就是,功能与审美的无缝融合。因而,那种……可以被分别辨认、“可独立存在于该物品的实用层面”上的艺术成分是不存在的。[①]

2.4.4.3 (三)“掩膜作品”的特别保护:《半导体芯片保护法》[②]

2.4.4.3.1 1. 概述

在通常情况下,半导体芯片自身的属性使其无法满足专利保护所要求的严格条件,而作为天生的“实用物品”,它也不具有获得版权保护的资格。芯片由其制作的电路设计或技术绘图可能作为绘画作品受到保护,但是,无论是用以制作芯片内嵌模型的“掩膜”,或是这些模型,抑或是芯片本身,都不能获得保护。某一半导体芯片最初的开发可能是付出了可观的劳动与资源的产物,但一个芯片一旦被制造出来,就能以相对较低的成本,通过复制掩膜而被分析和复制。为了回应产业界的忧虑,国会于 1984 年颁布了《半导体芯片保护法》[③],即《版权法》第九章“半导体芯片产品的保护”,[④]以保护内嵌于半导体芯片中的“掩膜作品”。[⑤]

---

① 布兰迪尔国际公司诉卡斯凯德公司(Brandir International, Inc. v. Cascade Pacific Lumber Co.),834 F. 2d 1142 (2d Cir. 1987)。

② 关于该问题,更详细的讨论参见理查德·斯特恩:《半导体芯片的保护》(Richard H. Stern, *Semiconductor Chip Protection*),Law & Business, Inc. 1986);保罗·戈德斯坦:《版权》(Paul Goldstein, Copyright),§ 15. 26 *et seq* (Little Brown & Company 1989)。

③ Pub. L. No. 98—620, 98 Stat. 3335, 3347—3356(1984)。

④ 《美国法典》第 17 编第 901 条及以下。

⑤ “掩膜作品”系指以无论何种方式得到固定或编码的一系列相关图像:

> (A)具有或体现于、存在于半导体芯片产品各层之中或自其刻蚀而成的金属、绝缘或半导体材料的预定式三维模型;和(B)在该系列中,各图像相互之间的关系是,各图像都有半导体芯片产品的一种形式的表面的模型[《美国法典》第 17 编第 901 条(a)(2)]。

有关《半导体芯片保护法》的国会报告将掩膜作品描述为,“一个个掩膜的布图设计和总和,这些掩膜相互设定,被用来构成整个芯片。”

国会相当明确地指出，该立法虽然在技术上被并入《版权法》，却并非该法普通条款中的一部分，而是“一种特别形式的知识产权，在很多方面与现行版权法相似，却又在很多方面与之有别。”[①]国会对半导体芯片提供保护，是在按照《宪法》第1条第8款正确行使其有关“著作”的权力[②]，还是在行使有关州际商贸的笼统的国会权力？国会回避了这个有些模糊的问题，将保护限于对“以商业的或影响商业的行为”[③]实施的侵权提供救济。

该立法的设计是为了给掩膜作品保护提供独一的法源，因为其明确规定，“当各州法就掩膜作品规定的权利和救济等同于[第九章]所规定的权利或救济时，[本章规定]优先于任何州法而得到适用。”[④]另一方面，它显然不能优先于半导体芯片可适用的版权或专利之诉[⑤]，如有关芯片内嵌计算机程序的版权之诉，或者，在芯片设计可通过严格的专利性标准测试情况下的专利之诉。

芯片保护法的保护仅仅及于“由掩膜作品所有人或授权的人固定于半导体芯片产品中的掩膜作品”。[⑥] 受保护的“掩膜作品”不是芯片本身，而是用来将电路蚀刻于芯片中的模板。由于保护限于固定在半导体芯片上的掩膜作品，所以，实现同样效果但在制造过程中不使用半导体或掩膜的其他技术，则不在保护的范围内。另一方面，该法不限于任何特定类型的半导体材料。

合格的掩膜作品的保护开始于该作品被登记之日或在世界任何地方被首次商业利用之日，其中以在先日期为准，持续期间为此日之后10年。[⑦]然而，如果保护因商业利用而开始，而在该开始日之后两年内未提出登记申

---

① 国会众议院报告[H. R. Rep. No. 781, 98th Cong., 2d Sess. (1984)]。

② 比较上文§1。

③ 《美国法典》第17编第910(a)条。

④ 《美国法典》第17编第912(c)条。

⑤ 《美国法典》第17编第912(a)条。

⑥ 《美国法典》第17编第902条(a)(1)。“半导体芯片产品”是最终的或中间形式的任何产品：(A)具有两层或多层金属、绝缘或半导体材料，按照预定的模型，储存或以其他方式置放于一片半导体材料上，或者是从中蚀刻或移离而出；且(B)目的是实行电路功能。

⑦ 《美国法典》第17编第904条。就此而言，保护期持续至其将届满日的当年的结束。

请者，保护将终止（无追溯力）。[①]

作为对《版权法》的呼应，[②]对于"由联邦政府官员或雇员所完成、作为其公务之一部分的"掩膜作品，芯片保护法排除对其保护，同时承认联邦政府有权持有或行使它从非其官员或雇员处受让而获得的权利。[③]

2.4.4.3.2　　2. 保护的实质要件

版权的保护被限于"原创性"表达，[④]这既要求独立的来源，也要求某些最低程度的创造性，并且，人们可以认为，这一标准将以它通常适用的方式适用于掩膜作品保护。[⑤] 的确，与拒绝保护惯常、平庸或熟知之物所适用的总体性版权标准相比，[⑥]这甚至是更为明确的。

进而，芯片保护法完全遵循《版权法》，将其保护局限于"表达"而不及于"思想"。[⑦] 虽然内涵丰富的版权法试图克服"思想"与"表达"的区分问题，[⑧]而考虑到所涉作品的性质，同样程度的复杂性将不可能适于这一有关掩膜作品的分析。

保护还被限于这样的掩膜作品：在该作品登记时，或在世界任何地方被首次商业利用时（以首先发生的为准），其所有人是美国国民或居民（或者，其所有人是美国加入的某条约的其他成员国的国民或居民，且该国保护掩膜作品；或者，其所有人是无国籍人）；或者，其首先在美国被商业利用；或者是总统特别声明的对象。[⑨]

---

① 《美国法典》第 17 编第 908 条(a)。

② 参见上文 § 2.3.2。

③ 《美国法典》第 17 编第 903 条(d)。

④ 《美国法典》第 17 编第 902 条(b)(1)。

⑤ 参见上文 § 2.3.3 和下文 § 3.2.2。

⑥ 《美国法典》第 17 编第 902 条(b)(2)。

⑦ 《美国法典》第 17 编第 902 条(c)："无论如何，掩膜作品的……保护决不延及思想、程序、方法、体系、操作方法、概念、原则或发现，无论它在作品中是以何种方式被描述、说明、图示或体现的。"

⑧ 大体上可参见下文 § 3.2.2。

⑨ 《美国法典》第 17 编第 902 条(a)(1)。对于那些其所有者是外国国民或居民，因而不在本条规定范围之内的掩膜作品，总统可以向其提供保护，只要该国将同等保护给予美国国民或居民所拥有的掩膜作品。《美国法典》第 17 编第 902 条(a)(2)。

2.4.4.3.3 3. 保护的形式要件

另一方面，芯片保护法遵照《版权法》的要求，以“固定”作为掩膜作品保护的限定条件。但是，与《版权法》不同，固定必须是在特定的媒介，即“半导体芯片产品”上。[①] “当掩膜作品持久或稳固地表现在产品上，足以使该掩膜作品在非短暂的时间内通过该产品被感知或复制，该掩膜作品就是被‘固定’于半导体芯片产品。”[②]

芯片保护法对固定于半导体芯片产品上的掩膜作品的保护，始于登记之日或首次在世界任何地方的“商业性利用”之日，二者取其在先者。[③] “商业性利用”一件掩膜作品，“就是为了商业目的向公众发行含有该掩膜作品的半导体芯片产品。”[④]其中还包括要约销售或转让半导体芯片产品，“如果要约采取书面形式，并发生在掩膜作品被固定于半导体芯片产品之后。”[⑤]

保护虽然开始于可以二选一的时间(登记或商业利用)，而实际上，登记才是持续性保护所必须的，因为“掩膜作品在世界任何地方被首次商业性利用的日期之后两年内……如果登记申请……没有提出”，其保护将终止。[⑥]因为登记或利用是保护开始的必要条件，这一规定的后果是，登记对于持续保护具有了强制性。

按版权局规定填写适当的表格，同时缴纳必要的费用、缴存指定的鉴别材料，登记即告完成。[⑦] 该申请完全像版权申请那样接受审查；如符合要求，则颁发登记证书，生效日为版权局收到申请、合格的费用以及鉴别材料的日子。[⑧] 如果登记被拒绝，申请人可以在拒绝之日后60日内向联邦地区法院起诉，要求进行司法审查。[⑨]

---

① 《美国法典》第17编第902条(a)(1)。

② 《美国法典》第17编第901条(a)(3)。

③ 《美国法典》第17编第902条(a)，904(a)。

④ 《美国法典》第17编第901条(a)(5)。

⑤ 同上。

⑥ 同上。

⑦ 《美国法典》第17编第908条(c)、(d)。

⑧ 《美国法典》第17编第908条(e)。

⑨ 《美国法典》第17编第908条(g)。

登记者因登记而有权因其受保护的掩膜作品提起侵权诉讼。[①] 就像对于享有版权的作品那样,[②]芯片保护法规定,登记证书是其所载事实,符合登记条件的初步证据(尽管它并未反映《版权法》对有效性的进一步假定)。[③] 如果登记被拒绝,而申请人没有尽快起诉,申请人仍然可以对侵权提起民事诉讼——如果起诉通知以及起诉书副本送达版权局长。版权局长可以决定参与该诉讼。[④]

公告可以置于受保护的掩膜作品以及包含该作品的半导体芯片产品上,以便"对该保护做出合理公告"。[⑤] 公告不是保护的条件,但它构成了公告内容的初步证据[⑥],因而,在公告存在时,它必将排除无辜侵权人可取得的责任限制。按照成文法指示,版权局长已经通过条例为公告的固定规定了示例性方法。

2.4.4.3.4 4. 所有权与转让

掩膜作品的"所有者"系指"创作掩膜作品的人、该人死后或处于无行为能力时的法定代理人,或……通过转让而从此人或代理人获得一切权利的当事人。"[⑦]如果掩膜作品属于某人职务范围内的创作,则"所有者是此人为其创作该掩膜作品的雇主,或者是从该雇主……受让一切权利的一方。"[⑧] 大体上,在判定一件作品是否属于职务范围的创作时,法院依照《版权法》而形成的"雇佣作品"标准可被适用。[⑨] 与《版权法》的定义不同,对于非雇员职务范围内的特别委托作品,芯片保护法没有将其作为另一种雇佣情形加

---

① 《美国法典》第17编第910条(b)(1)。

② 参见下文§3.1.4.3。

③ 《美国法典》第17编第908条(f)。

④ 《美国法典》第17编第910条(b)(2),版权局长为参与诉讼,不会使法院失去就[登记资格]做出裁定的管辖权。

⑤ 《美国法典》第17编第909条。公告采用文字形式"mask work"(掩膜作品)、符号"M"或符号"Ⓜ",连同作品所有者的姓名。

⑥ 同上。

⑦ 《美国法典》第17编第901条(a)(6)。

⑧ 同上。

⑨ 参见下文§4.6.1。

以考虑。有可能的是，掩膜作品可以联合开发，而《版权法》有关合作作者的判定标准对此应该是有帮助的。[①]

构成版权的权利束可做无限分割，与此相关，版权作品可能涉及到多个专有权主体，[②]而与版权性作品的“所有权”不同，掩膜作品的所有权则必定是单一的。

芯片保护法明确承认，掩膜作品“排他性权利”的所有者有权“转让这些权利的全部，或者对这些权利的全部或部分进行许可”。[③] 但是，此种转让或许可（即使是非排他性许可）只能采用书面文件的形式，由“所有者”或所有者授权的代理人签署。[④] 转让或许可也可以是因为执行法律、通过遗嘱以及无遗嘱继承的有效州法而发生。[⑤]

转让以及“有关掩膜作品”的其他任何文件都可以在版权局备案；如有关手续正确执行，转让或许可备案“就有关转让或许可的备案文件所述事实，向所有的人提供了推定性公告。”[⑥]备案以及所附推定性公告将决定着冲突性转让的解决。[⑦]

2.4.4.3.5 5. 权利的属性

芯片保护法为掩膜作品授予了范围广泛的复制权——覆盖了任何形式的复制，排他性的发行与进口权以及禁止帮助侵权的权利。[⑧] 芯片保护法

---

① 参见下文§4.4。

② 参见下文§4.2。

③ 《美国法典》第17编第903条(b)。

④ 同上。

⑤ 同上。

⑥ 《美国法典》第17编第903条(c)(1)。

⑦ 《美国法典》第17编第903条(c)(2)：

当掩膜作品专有权转让存在冲突时，如果在后转让是有价的，且是在不知在先转让的情况下订立，在先订立的转让应归于无效，除非在先转让……在订立之日后三个月内，无论如何在不迟于在后转让订立前一天做过备案。

⑧ 掩膜作品所有者的专有权利被限于下列权利：(1)以光学、电子或任何其他手段复制掩膜作品；(2)进口或发行包含掩膜作品的半导体芯片产品；(3)诱导或故意促使他人实施第(1)、(2)项所述行为中的任何一项。《美国法典》第17编第905条。就此而言，“发行或进口一件以半导体芯片产品作为其中一部分的产品，即是对该半导体芯片产品的销售或进口。”《美国法典》第17编第901条(b)。

没有规定一般性的“合理使用”侵权抗辩，而是以“反向工程”例外限制专有复制权，以“首次销售”例外来限制发行/进口权利。

《版权法》没有对反向工程做一般性规定，因而法院便把合理使用的原则适用于计算机程序的反向工程问题。[①] 然而，对于某些形式的反向工程，芯片保护法则明确排除了其侵犯专有复制权的责任。[②] 这一规定的结果是，允许竞争者使用反向工程分析的成果来创造不仅仅包含受保护掩膜作品的竞争性产品。[③]

对于包含掩膜作品的半导体芯片产品的排他性进口或发行权，作为权利限制，芯片保护法依照《版权法》[④]创设了“首次销售”的免责规则。[⑤] 进口或发行权（而不是复制权）所受到的限制，还有侵权性半导体芯片产品的无辜购买人如果是在知悉其中所含掩膜作品受保护之前进口或发行了该侵权产品，则完全免除其责任。[⑥] 而且，侵权产品的无辜购买人如果在购买之后获悉存在保护，然后再进口或发行该产品的，“仅就（所进口或发行的）每件侵权半导体芯片产品上的合理使用费”承担责任；[⑦]如果不能自愿解决，该使用费的数量将在侵权诉讼中由法院判决。[⑧] 无辜购买人免责和损害赔偿费限制的条款还适用于“任何从无辜购买人那里直接或间接购买侵权性半

---

① 参见下文§7.4.

② 具体而言，下列情形不侵犯掩膜作品所有人的专有权：

（1）他人复制掩膜作品，仅仅是为了对掩膜作品所包含的观念或技术，或用于掩膜作品的电路、逻辑流程图或元件组织进行讲解、分析或评价；或（2）他人实施第（1）项所述分析或评价，是要将该活动之结果纳入为发行而制作的原创性掩膜作品。《美国法典》第17编第906条（a）。

③ 参见布鲁克特里公司诉高级微处理设备公司（Brooktree Corp. v. Advanced Micro Devices, Inc.），705 F. Supp. 491, 495 (S. D. Cal. 1988)。

④ 参见下文§6.3.2。

⑤ 《美国法典》第17编第906条（b）：掩膜作品所有人或经掩膜作品所有人授权的任何人所制作的具体半导体芯片产品的所有人，可在不经该掩膜作品所有人授权的情况下进口、发行或以其他方式处置或使用该半导体芯片产品，但不得复制。

⑥ 《美国法典》第17编第907条（a）（1）。

⑦ 《美国法典》第17编第907条（a）（2）和（d）。

⑧ 《美国法典》第17编第907条（b）。

导体芯片产品的人”。[①]

2.4.4.3.6　### 6. 侵权与救济

除了明确的免责规定，“任何人以商业的或影响商业的行为……侵犯掩膜作品所有人的任何专有权，应作为该权利的侵权人承担责任。”[②]针对侵权的诉讼必须在诉权产生后三年内提起。[③] 就像著作权侵权诉讼那样，对于受保护的掩膜作品，登记也是起诉侵权的条件。[④] 同样，如果登记已被拒绝，申请人可以对侵权提起民事诉讼，只要向版权局长送达了有关通知和起诉书副本。[⑤] 与侵犯版权的诉讼有所不同，只有受保护掩膜作品的“所有人”，或者受保护掩膜作品的“所有权利的专有被许可人”才可以就该作品上的侵权提起民事诉讼。[⑥]

芯片保护法特别要求各州及其附属机构服从其规定，并明确取消了各州及其各机构按照宪法第 11 修正案所可能主张的任何豁免权。[⑦] 如同下文有关版权的讨论，[⑧]取消豁免权这种做法的合宪性仍有一些严重的问题悬而未决。与版权法不同的是[⑨]，芯片保护法没有包含对侵权课以刑罚的规定。

该法准许发出禁令救济（包括临时的和永久的），判付实际损害赔偿金以及侵权人的非双重利润，也可选择适用法定赔偿（总额不超过 25 万美

---

① 《美国法典》第 17 编第 907 条(c)。“无辜购买人”(innocent purchaser)被定义为“善意地购买半导体芯片产品，且不知悉该半导体芯片产品受保护的任何人”，就此而言，“知悉保护”被定义为“实际上知道，或者有充分理由相信一件掩膜作品受到保护”。《美国法典》第 17 编第 901 条(a)(8)。

② 《美国法典》第 17 编第 910 条(a)。

③ 《美国法典》第 17 编第 910 条(d)。

④ 《美国法典》第 17 编第 910 条(b)(1)。

⑤ 《美国法典》第 17 编第 910 条(b)(2)，“登记处如未能参加诉讼，不应该使管辖法院丧失[就登记的合格性]做出裁判的资格”。

⑥ 《美国法典》第 17 编第 910 条(b)(1)。

⑦ 《美国法典》第 17 编第 910 条(a)和 911 条(g)。

⑧ 参见下文§9.1.6。

⑨ 参见下文§9.4。

元),并可扣留、查封和处置侵权物品。[1] 这些规定的大部分与《版权法》相同,并被认为可做同样的解释。在因侵犯版权而涉及法定赔偿的诉讼中,联邦最高法院支持获得陪审团决定的宪法权利[2];在针对律师费判付行使法院裁量权时,它认定胜诉的原告或被告应得到同等对待[3]——而鉴于成文法表述的相似性,最高法院的这种支持和认定显然可被适用于基于芯片保护法的诉讼。

2.4.4.4 **(四)船体的特别保护**

1998年10月,美国国会为船体(vessel hulls)设计颁布了同样的特别保护。以《船体设计保护法》为题,它为《版权法》增加了新的一章,即第13章"原创性设计保护",[4]相当多地模仿了半导体芯片保护法。该章为原创设计的设计者提供了明显有限的保护:10年的保护期,涉及制造、进口、销售或发行,包含该设计的船体。[5] 该规定以登记和独特的公告为条件。[6] 对于救济、无辜侵权之豁免、所有权与转让以及类似事项,该法有着详细的规定。当一件受保护的设计获得外观设计专利时,依据这些条款的保护即告终止。[7]

该立法显然具有实验色彩和临时过渡性,因为它从一开始就包含一个"日落"(sunset)条款,表明第13章在通过之日后实际上只维持两年。另外,按照最初计划,两年之内将有两项关于船体保护法实施效果的联合研究,由版权局长和专利商标局长执行,最终向国会提交研究报告。然而,按照1999年的《知识产权与通信综合改革法案》,国会对"日落"(sunset)条款以及两报告的要求做出了修改,要求版权局长与负责知识产权的商务部副

---

① 《美国法典》第17编第911条。

② 参见下文§10.2.2.3。

③ 参见下文§10.3。

④ 《美国法典》第17编第1301条及以下。

⑤ 《美国法典》第17编第1301条、1305条和1308条。

⑥ 《美国法典》第17编第1306条和1310条。公告采取的形式是文字"Protected Design"(被保护的设计),或者"Prot'd Des.",符号"＊D＊"或者符号"Ⓓ",伴以设计所有者的姓名。

⑦ 《美国法典》第17编第1329条。

部长、联邦专利商标局局长共同提交一份报告。该报告在发布时指出，只有"少量的和传闻的"事例表明该法有效地阻止了侵权。但它得出的结论是，"《船体设计保护法》对于船舶建造产业是否产生了相当全面的效果，断论为时尚早。"

2.4.5

五、建筑作品

建筑作品看上去应是典型的"实用物品"，并适用与其他实用性作品同样的分析模式和限制。在1990年12月1日之前，对于该日之前构建的所有建筑作品，"实用物品"分析范式确实可以适用于建筑作品；这就是说，在当时，作为"实用物品"的建筑物(buildings)以及类似的构筑物(structures)本身不能享有版权。[①] 不过，构筑物与它所依据的平面图或草图被区分开来；前者作为实用物品不受保护，而平面图或草图则可以作为"绘画或图形作品"受到保护。"你可以建造一栋与建筑平面图所描绘的房子相同的房子，但你不能直接复制那些平面图，然后再使用这个侵权的复本去建造这栋房子。"[②]而且，保护虽然被限于平面图或草图，而当平面图被复制时，法院还是对损害赔偿做出了十分宽泛的判决。因而便有了如下主张：侵犯平面图并依据这些图建造建筑物的人可能被判决，其所承担的责任不仅包括平面图的直接价值，而且还包括原告因侵权人应用该图所遭受的损失，[③]或者侵权人通过再售依该图所建之构筑物所实现的利润。[④]

受美国1989年加入《伯尔尼公约》之驱动，也迫于法律现况所受到的尖锐批评，国会通过了《建筑作品版权保护法》，于1990年12月1日生效并覆盖此后创作的作品。该立法将"建筑作品"定义为：

---

① 因佩尔里尔公司诉拉蒙特(Imperial Homes Corp. v. Lamont)，458 F. 2d 895 (5th Cir. 1972)。

② 参见前注；又参见罗伯特·琼斯联合公司诉尼诺(Robert R. Jones Assoc. Inc. v. Nino Homes)，858 F. 2d 274 (6th Cir. 1988)。

③ 罗伯特·琼斯联合公司(Robert R. Jones Assoc.)，858 F. 2d 274。

④ 阿瑟·拉滕伯格诉道尼(Arthur Rutenberg v. Dawney)，647 F. Supp. 1214 (D. Fla. 1986)。

> 体现于有形体的表达媒介——包括建筑物、建筑平面图或草图中的建筑设计。该作品包括设计的总体形式以及其中之空间与要素的排列和布局，但不包括个别的普通特征。[①]

更重要的是，它将“建筑作品”增列于“原创性作品”[②]，从而将此类作品与“绘画、图形和雕刻作品”相区分，使它不再从属于“实用性物品”和可分性标准。[③] 作为立法基础的国会委员会报告周密考虑了一个“两步分析”：

> 首先，一件建筑作品应该得到考察以判定是否存在原创性设计要素，包括总体外形和内部建筑。如果此种设计要素存在，第二步要考察的是，该设计要素是否因功能所需。如果设计要素不是功能所需，该作品就受到保护，而不用考虑物质的或观念上的可区分性。[④]

其结果是，按照所有作品都可适用的原创性标准，“建筑作品的具有审美愉悦性的总体外形”受到保护。[⑤]

然而，建筑作品的保护范围不像其他作品的保护那样相当宽。因此，建筑师未能就作品享有精神权利，不可反对建筑的改造或毁坏。[⑥] 而且，对于“位居或通常可见于公共场所”的建筑物，其建筑作品的版权所有人不能阻

---

① 《美国法典》第 17 编第 101 条。

② 《美国法典》第 17 编第 102 条(8)。

③ 国会委员会报告评论说：

通过创造一种新的可保护客体范畴……因此，通过故意将建筑作品排除于绘画、图形或雕刻作品……建筑作品可版权性的评价不必遵照适用于实用性物品中之绘画、图形和雕刻作品的可区分性测试标准。国会众议院报告[H. R. Rep. No. 101—735, 101st Cong., 2d Sess. 20 (1990)]。

④ 见前注 at 21。

⑤ 见前注。参见因特维斯特建筑有限公司诉坎特伯雷家园有限公司(Intervest Const. Inc. v. Canterbury Estate Homes, Inc.),554 F. 3d 914 (11th Cir. 2008)。

⑥ 《美国法典》第 17 编第 120 条(b)。

碍该作品之照片或其他图画作品的制作、发行或展示。[①]

2.4.6 六、录音作品

《版权法》承认"录音作品"是"原创作品"中的一个特殊类型，既不同于构成录音的作品（音乐的或其他声音的），也有异于使其得到体现的物理形式——录制品。录音作品被定义为"将一系列音乐、发言或其他声音（视听作品的伴音除外）加以固定所形成的作品，而无论它得以体现的……物质客体是何种属性。"[②]

录音作品的版权是有限且非常具体的：其宗旨是保护被专门录制的作品表演。1971 年的《录音作品修正案》开始为作品表演提供独立于被表演作品的版权保护，此前，录音作品本身不受保护。[③] 该立法直指"录音盗版"——即未经授权对留声机和其他录音进行的商业复制，后被并入 1976 年《版权法》，使"录音作品"作为原创作品得到承认。[④] 它与 1974 年在美国生效的 1971 年《保护唱片制作者防止擅自复制其唱片的日内瓦公约》保持着一致。

录音作品的版权所有人拥有的专有权利是："以录制品或者复制件的形式复制录音作品，直接或间接再现固定于录音中的实际声音"；创作演绎性作品，"其中，已被录音作品固定的实际声音受到再编排、再合成或以其他方式进行顺序或音质上的修改"；公开发行录音作品复制件（为此目的的网络上传被视为"发行"）；"以数字音频传输的方式"公开表演录音作品。[⑤]

有人认为，"适于判断音乐作品侵权的分析，不同于适用于判断录音作

---

① 《美国法典》第 17 编第 120 条(a)。

② 《美国法典》第 17 编第 101 条。

③ 参见纽约上诉法院有关录音版权和"普通法"版权之历史的讨论，见卡皮托唱片诉拿索斯美国有限公司(Capitol Records, Inc. v. Naxos of America, Inc.)，4 N. Y. 3d 540，830 N. E. 2d 250，797 N. Y. S. 3d 352 (2005)。

④ 《美国法典》第 17 编第 102 条(7)。

⑤ 《美国法典》第 17 编第 114 条。

品侵权的分析”,“实质性相似”[①]和微量复制之类的问题不适合于录音作品的侵权调查。[②]

除了以“数字音频传输”进行的表演,录音作品版权人未被赋予任何公开表演权。[③] 这种由《录音作品数字表演权法案》于1995年创设,并于1998年由《数字千年法案》加以扩展的有限表演权被限定于预订式(subscription)或交互式(interactive)的数字音频传输。[④]

虽然该立法为录音作品创设了极为有限的表演权——其本质是直指那些取代录音作品市场需求的使用,而不是那些(如通过空中广播)可以促进市场的使用,而扩展录音作品表演权的立法仍在继续努力。这种努力是要让美国法律[⑤]更加接近于欧共体法,并有资格加入《保护表演者唱片制作者和广播组织的罗马公约》(美国如今还不是其成员)。

根据音乐作品制作的录音作品属演绎作品,所以,未经音乐作品版权人许可而制作录音作品的人,不可对该录音作品主张版权利益。[⑥]

2.4.7 七、虚构角色

虚构角色(fictional characters)可能是相当有价值的。商品化权、电视制作和广告以及一系列的商业开发都可建立在利用虚构角色的基础上。这种利用可能产生商标法和不正当竞争法框架下的权利,而虚构角色在版权法上的地位并不明确。实质而言,这反映了第二与第九巡回法院之间的长期分歧,而其最终似乎已经得到了弥合。

《版权法》所列举的一系列“原创作品”中没有明确包含“角色”。当然,

---

① 参见下文§9.2.1。

② 布里奇珀特音乐公司诉迪门申电影公司(Bridgeport Music, Inc. v. Dimension Films), 410 F.3d 792 (6th Cir. 2005)。

③ 《美国法典》第17编第114条(a)。

④ 《美国法典》第17编第114条(d);参见下文§6.6。

⑤ 参见布里奇珀特音乐公司诉帝门影业(Bridgeport Music, Inc. v. Dimension Films),410 F.3d 792 (6th Cir. 2005)。

⑥ 帕拉迪亚姆音乐公司诉伊特斯里普音乐(ESM)公司(Palladium Music, Inc. v. Eatsleepmusic, Inc.),398 F.3d 1193 (10th Cir. 2005)。

包含角色的作品通常属于版权客体的范畴。而当某一作品中的"角色"被版权人之外的人用于其他作品时,问题就产生了。一种分析模式是,质问此种对角色的取用是否对首先创造该角色的作品构成侵权。① 而角色利用的实际情形会让该问题变得更加困难。简而言之,它已经成为这样一个问题:在脱离它首先出现于其中的背景之后,角色本身是否受保护。

当涉及纯粹的绘画角色如卡通时,问题就更具学术性而非现实性。此类作品可以作为"绘画"作品得到更容易的分析,以判定其中的可版权性与侵权,而它们作为"角色"的地位实际上并无多大意义。② 然而,就文学性的和那些取自视听作品的角色而言,该问题就不容易解决。第二巡回法院曾依据勒尼德·汉德(Learned Hand)法官的权威论断,③从根本上断定,角色本身在其"被表现"的意义上具有可版权性和可保护性。④ 可是,1954 年,第九巡回法院开始提出这样一种绝对性主张:角色本身不具可版权性,只有在它们作为其中一部分"实际构成"整体故事的意义上才受到保护。⑤ 后来,第九巡回法院的判例似乎更正了它对独立可版权性的绝对否定⑥,使问题

---

① M. 尼莫和 D. 尼莫:《尼莫论版权》(M. Nimmer & D. Nimmer, *Nimme on Copyright*),2. 12 (1997),"在某种意义上,一部虚构作品的角色在除去它出现于其中的故事之后可否受到保护,这个问题被恰当地归结为构成侵权所必要的实质性相似的程度,而不是对可版权性本身的判定"。参见莱斯利·A. 库尔茨:《虚构角色独立的法律生命》(Leslie A. Kurtz, *The Independent Legal Lives of Fictional Characters*),1986 Wisc. L. Rev. 429。

② 参见沃尔特·迪斯尼诉空中海盗(Walt Disney Productions v. Air Pirates),581 F. 2d 751 (9d Cir 1978), *cert. Denied*, 439 U. S. 1132, 99 S. Ct. 1054 (1979);侦探连环画诉布伦斯出版(Detective Comics v. Bruns Publications),111 F. 2d 432 (2d Cir. 1940)。

③ 尼科尔斯诉环球电影公司(Nichols v. Universal Pictures Corp.),45 F. 2d 119 (2nd Cir 1930), *cert, denied*, 282 U. S. 902, 51 S. Ct. 216 (1931)("角色被展现得越少,其享有版权的可能性就越小")。

④ 西尔弗曼诉 CBS 有限公司(Silverman v. CBS Inc.),870 F. 2d 40 (2d Cir), *cert, denied*, 492 U. S. 907, 109 S. Ct. 3219 (1989)。

⑤ 华纳兄弟诉哥伦比亚广播公司(Warner Bros. Pictures v. Columbia Broadcasting System),216 F. 2d 945 (9th Cir. 1954), cert. denied, 348 U. S. 971, 75 S. Ct. 532 (1955)。

⑥ 奥尔森诉 N. B. (Olson v. N. B.),855 F. 2d 1446 (9th Cir. 1988);沃尔特·迪斯尼诉空中海盗(Walt Disney Productions v. Air Pirates),581 F. 2d 751 (9th Cir. 1978), cert. denied, 439 U. S. 1132, 99 S. Ct. 1054 (1979)。

变得不太明朗[①]。但是，该法院最近的审判意见表明，各巡回法院两种意见之间的分歧已经得到了有效的弥合。[②]

---

① 参见赖斯诉福克斯广播公司(Rice v. Fox Broad. Co.)，330 F. 3d 1170 (9th Cir. 2003)；安德森诉斯塔隆(Anderson v. Stallone)，11 U. S. P. Q. 2D 1161 (C. D. Cal. 1989)。

② 参见哈利凯电影公司诉桑德森(Halicki Films LLC v. Sanderson Sales & Mktg.)，547 F. 3d 1213 (9th Cir. 2008)。在盖门诉麦克法兰(Gaiman v. McFarlane)，360 F. 3d 644，660 (7th Cir, 2004)中，波斯纳(Posner)法官认为，第九巡回法院"扼杀"了它在1954年的判决。

第三章　版权保护要件

3.1

第一节　形式要件

3.1.1

一、固定

1976 年《版权法》取消了早期有关版权产生的形式要件，代之以作品的固定。在 1978 年 1 月 1 日（1976 年《版权法》的生效日期）之前，版权产生以及联邦版权体制适用所必要的形式要件是作品的“发表”，附以合适的版权公告。发表之前，作品受到州法，即所谓“普通法版权”的保护，而发表行为则终止该种保护。作品一旦发表，且伴随着合适的公告，就要受到联邦体制的保护；如果发表的同时没有进行合适的公告，作品将丧失一切保护，进入公有领域。此种发表附以合适公告的形式要件，产生了大量有关“发表”①和“公告”定义的司法注解。

1976 年法律修改所引起的最重大变化之一是，普通法版权及其对发表作品和未发表作品所作区分、版权产生所附随的手续均被排除。取而代之的是，一件“原创性作品”一旦由作者或经其授权“固定于任何有形体的表达

---

① 参见拉·切尼伽音乐公司诉 ZZ 托普（La Cienega Music Co. v. ZZ Top），53 F3d 950（9d Cir.），*cert. denied*，116 S. Ct. 331（1995），比较罗塞特诉彩虹唱片公司（Rosette v. Rainbow Record Mfg. Corp.），546 F. 2d 461（2d Cir. 1976）。拉·切尼伽一案的判决认为，录音的公开发行属于 1909 年版权法上的“发表”。1997 年立法推翻了这一观点[《美国法典》第 17 编第 303（b）]，其中规定：“1978 年 1 月 1 日之前对于一件录制品的发行，无论如何不构成对其中之音乐作品的发表。”比较 Society Civile Succession Guino v. Renoir，549 F. 3d 1182（9th Cir. 2008）（该案判定，按照 1976 年以前的《版权法》，未加公告而发表美国境外的作品，在美国不会使作品置于公共领域）[重申了特温图书公司诉沃尔特迪斯尼公司案（Twin Books Corp. v. Walt Disney Co.），83 F. 3d 1162（9th Cir. 1996）]。

媒介"[①],版权随之而生、保护也就开始了。该媒介的性质无关紧要,只要它使作品"可以被感知、复制或者以其他方式被传播——直接地或者借助于某种机器或设施"[②],"足够持久或稳固,以致可在非短暂的时间内被感知、复制或以其他方式传播"[③]。因此,假定一作品能满足原创性标准,且由作者或代表作者进行了固定,它便是"固定的",版权保护便随之产生,无论该固定所采取的方式是纸上的书写、录音或录像带之类介质上的磁脉冲,还是计算机硬盘、软盘,或者是硅片上的蚀刻。由于宪法授权所规定的版权需以"作者"的"著作"为基础,固定于有形体的表达媒介这一条件就成为一种宪法要求。[④] 这样,固定具有"非短暂的时间"这一要求也是可版权性的一个重要前提。[⑤]

未记录之讲话、现场音乐表演或其他转瞬即逝之物不会被视为固定之物,因此不受版权保护。为应对现场表演(即使是对新创之作的表演,其不被视为"固定",因而其所涉作品不受版权保护)之擅自录制品的"制售"问题,国会通过了《乌拉圭回合协议法案》(1994 年 12 月签订)以实施《关税与贸易总协定》,增设了《版权法》第 1101 条"擅自固定与贩卖录音作品和音乐录像",专以禁止擅自制作与发行现场表演录制品。[⑥] 第十一巡回法院承认该立法提出的难题——即正确行使国会因《宪法》第 1 条第 8 款享有的调控

---

① "版权保护存在……于固定在任何有形体的表达媒介上的作者原创作品。"《美国法典》第 17 编第 102 条。

② 同上。

③ 《美国法典》第 17 编第 101 条。

④ 合众国诉莫伽丹(U. S. v. Moghadam),175 F. 3d 1269, 1273－1274 (1999), cert. denied, 529 U. S. 1036 (2000)。

⑤ 参见卡通网络诉 CSC 控股有限公司(Cartoon Network LP, LLLP v. CSC Holdings, Inc.),536 F. 3d 121, *cert. denied*,129 S. Ct. 2890 (2009)。

⑥ 《美国法典》第 17 编第 1101 条(a)规定:"未经有关表演者或表演者群体的同意,任何人(1)将现场音乐表演的声音或声像固定于复制品或录制品,或者把擅自固定中的表演复制为复制品或录制品,(2)传输或以其他方式向公众传播现场音乐表演的声音或声像,或者(3)发行或许诺发行、销售或许诺销售、出租或许诺出租,或者贩卖以第(1)项所述的任何固定的复制品或录制品,无论该固定是否发生于美国,都应受到第 502 条至 505 条所规定的惩治,就像对待版权侵权人一样。"该立法规定显然不对州法优先[《美国法典》第 17 编第 1101 条(d)]。

"著作"的宪法权力，肯定该法令是在正确行使一种一般性的国会权力，以处理影响州际商贸的问题。[①] 尽管第二巡回法院得出了相同的最终结论，它却使涉及国会权力正确行使的严重问题悬而未决。[②]

主要是考虑到有组织的运动会的利益，同样的保护性立法也被包含在《版权法》有关"固定"的界定中(一)为了达到版权保护的目的，对于"由声音、图像或此二者构成、正在被传输"的作品，"如果该作品在传输的同时被固定"[③]，法律便将其视为"被固定"。由此，对于体育赛事的现场电视直播，如果在直播的同时进行录制，该直播就已"被固定"，从而享有版权保护。[④]

3.1.2　二、发表

随着 1976 年《版权法》对普通法版权的抛弃，对"发表"进行界定的意义也就结束了。作品的发表不再是版权获得的条件。当然，对于 1978 年 1 月 1 日前已发表的作品，那些围绕着可使版权丧失的"发表"所形成的丰富的司法阐述依然可以适用。而且，按照《版权法》，发表仍然有着不可忽视的重要意义。例如，它可能影响版权、终止权以及《伯尔尼公约》和《世界版权公约》上的权利的保护期。"发表"被定义为：

> 通过销售或以其他方式转让，或者通过租、赁或借，向公众发行作品的复制件或录制品。为了进一步的发行、公开表演或公开展示而向成群

---

① 合众国诉莫伽丹(U. S. v. Moghadam)，175 F. 3d 1269；另见合众国诉马梯格农(U. S. v. Martignon)，346 F. Supp. 2d 413 (S. D. N. Y. 2004)，它对莫伽丹案的判决进行了批评，并判决指出，国会不能普遍性地行使它按照商贸条款所拥有的权力以规定版权，或者，无论如何，反非法制售的法规不能如此受到支持，因为它看上去是创造了"永久性"权利，违背了宪法第 1 条第 8 款所规定的"有限时间"这一前提条件。

② 合众国诉马梯格农(U. S. v. Martignon)，492 F. 3d 140 (2d Cir. 2007)。

③ 《美国法典》第 17 编第 101 条。

④ 例如，参见全国足球联盟诉麦克比和布鲁诺公司(National Football League v. McBee & Bruno's, Inc.)，792 F. 2d 726 (8th Cir. 1986)；巴尔的摩·奥利奥尔斯诉美国棒球大联盟(Baltimore Orioles, Inc. v. Major League Baseball Players Ass'n.)，805 F. 2d 663 (7th Cir. 1986)，*cert. denied*，480 U. S. 941 (1987)。

的人提供发行复制品或录制品，均构成发表。公开表演或展示一部作品本身不构成发表。①

一般来说，作品在发表后的三个月内，其版权所有人必须向国会图书馆交存该作品“最佳版本”(best edition)的复制件两份。②

3.1.3　三、公告

虽然《版权法》有很多条款涉及公告，③而一旦将版权产生的界点从“发表”转向“固定”，公告在过去曾经具有的重要性就被大大弱化。《版权法》规定，版权公告“可以”(而非“应该”)被置于公开发行的作品复制件上。④ 合适的版权公告依然是值得建议的、比较有效的做法，但这一手续对于权利的赋予却不再是决定性的。凡有适格公告的场合，无辜侵权的主张通常不会有助于减轻赔偿。⑤ 现行法对公告的方式做出了一般性的规定：单词“Copyright”或其缩写“Copr.”，或符号“©”；首次发表的年份；以及版权所有人的名称。⑥

按照《版权法》，公告的缺陷甚或被遗漏不会再产生以前的法律所规定的致命性影响。而且，1988 年《伯尔尼公约实施法案》(1989 年 3 月 1 日生效)极大地弱化了(如果说不是完全取消)版权作品未附加公告所产生的后果。然而，特别是对于某些来源于美国的作品而言，公告或其遗漏可能有着重要的影响。遗漏公告会导致对无辜侵权人的免责，至少对于 1989 年 3 月 1 日前公开发行的作品来说是这样的。对于 1989 年 3 月 1 日前发行的作品，这种遗漏如果经过了版权所有人的准许，并且，如果该作品发行了相当数量的复制件，

① 《美国法典》第 17 编第 101 条。
② 《美国法典》第 17 编第 407 条。
③ 《美国法典》第 17 编第 401－412 条。
④ 《美国法典》第 17 编第 401 条(a)。
⑤ 《美国法典》第 17 编第 401 条(d)。
⑥ 《美国法典》第 17 编第 401 条(b)。

而在发表后5年内没有进行版权登记，则可能造成版权的丧失。[①]

与《伯尔尼公约》的实施相一致，对于那些因为没能遵循公告等手续而在美国失去保护的外国作品（在其来源国仍受保护），《乌拉圭回合协议法》为其规定了版权恢复。[②] 这些规定是相当处心积虑的，因为它们试图保护无辜当事人[“信赖方”(reliance parties)]的权利，这些人一直相信这些作品属于公共领域。第104A条的合宪性受到了挑战；特区联邦巡回法院简单明了地支持了这种版权恢复条款的合宪性[③]，而第十巡回法院最初曾主张，虽然第104A条没有违背国会权力的宪法约束，但它对于公共领域资源的减除，“改变了版权保护的传统特征，需受第一修正案的审查”。[④] 最终，第十巡回法院撤销了地区法院所谓成文法缺乏“严密设计”的判决，[⑤]并发回重审，从而支持了该法的合宪性。[⑥]

3.1.4 四、登记和交存

3.1.4.1 （一）登记

按照《版权法》，国会图书馆下属的版权局管理版权登记和样本交存系统。作品版权登记，伴以作品样本交存，为作品版权利益的记录和推定性公告提供了一个核心场所；它还确保着作品样本的公开查阅。除了1976年之前作品的版权可以延期之外，[⑦]登记是任意性的，不影响版权的存在与产生。[⑧] 但登记依然是一项重要的程序，对于版权人有着重要的意义。

3.1.4.2 （二）登记程序

填写正式的申请表格后向版权局提交，并支付合适的费用，交存作品样

① 《美国法典》第17编第405条(a)。

② 《美国法典》第17编第104A条。

③ 拉克音乐图书馆诉冈萨雷斯(Luck's Music Library v. Gonzales)，407 F. 3d 1262 (D. C. Cir. 2005)。

④ 戈兰诉冈萨雷斯(Golan v. Gonzales)，501 F. 3d 1179 (10th Cir. 2007)。

⑤ 戈兰诉霍尔德(Golan v. Holder)，611 F. Supp. 2d 1165 (D. Colo. 2009)。

⑥ 戈兰诉霍尔德(Golan v. Holder)，609 F. 3d 1076 (10th Cir. 2010)。

⑦ 参见下文§8有关1976年《版权法》以前作品续期的讨论。

⑧ 《美国法典》第17编第408条(a)。

本，即可完成登记；[①]无论处理申请表的时间有多长，登记自版权局收到这些材料之日起生效。提交的申请材料受到审核，程序远比一件专利申请要简单且需时较短；只要登记未因程序中的缺陷或因作品不能被恰当地归入版权客体而被拒绝，版权局长就要颁发登记证书。绝大多数登记申请得到了准许；基于“怀疑规则”[*]（rule of doubt），只要有至少一项合理的理由支持可版权性，即可给予登记。如果版权局长拒绝登记，申请人可向联邦法院起诉。

3.1.4.3　（三）登记之益

尽管登记对于作品版权的产生不具有强制性，它却是“美国作品”[②]遭遇侵权后寻求诉讼的前提条件[③]。“美国作品”的限定是为了使美国版权法符合《伯尔尼公约》和其他条约，禁止对外国作者施加遵守国内手续的保护条件。如果系争问题涉及到未登记作品，登记是不是一个影响法院审案资格的司法管辖权问题？在解决这一现有的巡回法院分歧时，联邦最高法院

---

① 《美国法典》第 17 编第 408—409 条。依照《美国法典》第 17 编第 407 条，将样本交存国会图书馆，即可满足登记所需的交存条件。

* 按照美国版权局创立的“怀疑规则”（rule of doubt），在版权登记过程中，即使版权局对一项申请的可版权性持有合理的怀疑，总是倾向于将怀疑利益给予登记申请人，并准予登记。同时，版权局可以就此向申请人发出警示函，申明这一怀疑。参见豪厄尔：《版权法》（Herbert A. Howell, The Copyright Law 92）（1942）；美国众议院报告[H. R. Rep. No. 388，103d Cong.，1st Sess. 18 (1993)]。——译者。

② 《美国法典》第 17 编第 411 条。就第 411 条而言，只有下列情况可视为“美国作品”：

(1)对于已发表作品，其首次发表是——(A)在美国；(B)同时在美国和其他的签约方，后者法律授予的版权保护期与美国规定期限相同或更长；(C)同时在美国和非签约方的外国；或者(D)在非签约方的某一外国，作品的作者都是美国的国民、居民或惯常居住者，或者，视听作品的法律实体总部位于美国；

(2)对于未发表作品，作品的所有作者均是美国国民或居民、惯常居住者，或者，未发表的视听作品作者均是总部设于美国的法律实体；或者

(3)对包含于建筑物或构筑物中的绘画、图标或雕塑作品，该建筑或构筑物位于美国。

《美国法典》第 17 编第 101 条。“签约方”是美国之外的国家或政府间组织，《世界版权公约》、《日内瓦录音公约》、《伯尔尼公约》、《WTO 协议》、WIPO 的《版权条约》和《表演与录音制品条约》以及美国加入的其他任何版权条约的成员方——同上。

③ 除非诉讼是因为《美国法典》第 17 编第 106A 条所保护的视觉艺术作品的归属权与完整权受到侵犯，参见下文 § 6.7.2。

主张，《版权法》上的登记要求是程序性的，而不是"司法管辖权的"问题[①]。

如果合格的登记申请提出后遭到拒绝，申请人仍然可以起诉侵权，只要他将起诉通知连同起诉副本一起送达版权局长：[②]

> 第411条(a)明确规定，被拒绝登记的申请人依然可以起诉侵权……但申请人必须通知版权局长。……通知要求并不严格，只须通过挂号信或保证邮件方式把起诉寄至版权局的总顾问。……该条件"只是要求，如果版权局在起诉之前曾拒绝承认有关诉求，在诉讼提起之后，它必须再一次得到机会，就该诉求的有效性表达其观点。的确，尽管版权局长曾拒绝就有关要求进行登记，它在该诉案中所表达的观点，对法院不具拘束力。"[③]

按照"有效登记"学说，"一部演绎作品的各层面即使复制了未曾登记的在先作品，它的登记也能使其各个层面满足登记要求，只要前后两作品属于同一版权人。"[④]然而，这种"有效登记"并不能推定基础作品中未被登记作品借用的部分也由此获得登记。

并且，在侵权诉讼中，即使登记不是提起诉讼的前提条件，登记依然提供了诉讼程序和救济方法上的便利，而这是未登记作品所难以得到的。如果作品在首次发表后5年内获得登记，登记证书便是版权有效性和证书所

---

① 里德·爱思唯尔诉马奇尼可(Reed Elsevier, Inc. v. Muchnick)，130 S. Ct. 1237 (2010)，推翻"有关电子数据库中文字作品的版权诉讼"(In re Literary Works in Electronic Databases Copyright Litigation)，509 F. 3d 116 (2d Cir. 2007)。参见布鲁克斯－恩圭尼亚诉印第安纳波利斯公学(Brooks－Ngwenya v. Indianapolis Public Schools)，564 F. 3d 804 (7th Cir. 2009)，"即使非关司法管辖权，通知条件也是起诉的前提。国会希望确保版权局能够介入，并捍卫其对登记某作品的拒绝"。以及珀费克特10有限公司诉亚马逊网站(Perfect 10, Inc. v. Amazon. com, Inc.)，508 F. 3d 1146 (9th Cir. 2007)，"一旦法院对依照第411条提起的版权侵权之诉拥有管辖权，该法院就可以发出禁令以限制版权侵权，无论其是否登记过"。

② 《美国法典》第17编第411条。

③ 布鲁克斯－恩圭尼亚诉印第安纳波利斯公学(Brooks－Ngwenya v. Indianapolis Public Schools)，564 F. 3d 804 (7th Cir. 2009)。

④ 奥拉韦茨诉桑尼·艾尔奢侈品风险公司(Oravec v. Sunny Isles Luxury Ventures, L. C.)，527 F. 3d 1218 (11th Cir. 2008)。

载事实的初步证据。[1] 进而，登记对于侵权诉讼中的损害赔偿有着巨大的影响。只有在作品先于侵权进行登记的情况下，成功的原告才可以获得法定赔偿和律师费；否则，如果侵权先于未发表作品的登记生效日，或者侵权开始于首次发表之后、登记生效之前（除非该登记是在首次发表后 3 个月内进行），就不能获得法定赔偿和律师费。[2]

3.1.4.4 **（四）备案与登记**

对于作品担保权益受让者或持有者的权利保护，登记也是有意义的、事实上也是必要的。因而，对于转让版权所有权或就版权作品赋予其他利益的文件，虽然《版权法》包含了版权局备案的规定，且备案可作为备案文件所述事实的推定性公告，[3]但该备案只有在有关作品已经登记时才是有效的。[4] 对于作品上的担保权益，版权局的有效备案是确立其优先效力的必备条件，即使按照州法进行了任何契据文件备案。[5] 但是，只有当有关作品已获得登记时，该备案以及附随的优先权才可能生效。对于未获登记的作品，其中优先权益的确定存在着一些模糊性。

3.1.4.5 **（五）交存**

如上所述，对于在美国发表并附有版权公告的作品，必须向国会图书馆交存两份复制件或录制品以供其使用，否则会引来一系列的罚款。到国会图书馆进行有效的交存，将满足登记所需的交存要求（事实上，这只需一份样本）。以作品“完整样本”的交存作为登记程序的一部分——第 408 条(b)规定的这一要求不能通过提供作品的“复原”版本得到满足；“复原物的制作没有直接接触原作，不能构成足以满足样本交存条件的‘样本’。”[6]此种无效交存将

---

① 《美国法典》第 17 编第 410 条(c)。

② 《美国法典》第 17 编第 412 条。

③ 《美国法典》第 17 编第 205 条(a)－(c)。

④ 《美国法典》第 17 编第 205 条(c)(2)。

⑤ 《美国法典》第 17 编第 205 条(d)。参见佩里格林有限公司诉丹佛卡比多联邦储蓄与信贷联合会(National Peregrine, Inc. v. Capitol Fed. Sav. & Loan Ass'n of Denver),116 B. R. 194 (C. D. Cal. 1990)。

⑥ 托里斯一内格龙诉 J & N 唱片公司(Torres-Negron v. J & N Records, LLC),504 F. 3d 151 (1st Cir. 2007)。

导致有关登记无效，进而失去诉讼标的管辖权，妨碍对侵权诉讼的支持。

3.1.5 五、国内生产

尽管经过修订，1976 年的《版权法》依然传承了早期的一些规则，要求英语图书或期刊以及美国作者所著外语图书需在美国生产。1986 年 7 月 1 日之前，1976 年《版权法》虽然未涵盖一切且不够严厉，却禁止向美国进口并/或公开发行“主要由非戏剧性英语文学内容构成的作品复制品……除非含有这些内容的部分是在美国或加拿大生产”①。该条件有大量的例外，未遵守者并不导致其版权的丧失。② 而最为重要的是这样一个事实：按照其期限，这种对进口和发行的禁止于 1986 年 7 月 1 日终止。

3.2 第二节 实质要件：由“原创性表达”构成的“作者”之“著作”

3.2.1 一、“作者”及其“著作”

要受到《版权法》的保护，一部作品必须是“作者”的“著作”。有关这些宪法术语的解释对于版权法的发展至关重要。1884 年，联邦最高法院在巴罗-贾尔斯平版印刷公司诉萨罗尼③一案中判决认为，摄影师可以是“作者”，其摄影则是“著作”，由此以来，这些术语一直得到了宽泛的解释。最高法院界定说，“‘作者’是事物由其而生的人”，由此，人们也就很容易相信，不仅传统意义上的“作者”，而且艺术家、雕塑家、作曲家、摄影师以及其他表达性的创造者也都是“作者”，其作品如果得到合格固定，就属于宪法规定给予

---

① 《美国法典》第 17 编第 601 条(a)。

② 《美国法典》第 17 编第 601 条(b)－(d)。

③ 巴罗－贾尔斯平版印刷公司诉萨罗尼(Burrow-Giles Lithographic Co. v. Sarony)，111 U. S. 53，4 S. Ct. 279 (1884)。

保护的"著作"。正如有关1976年《版权法》的国会委员会报告所言,"版权法的历史一直是一部受保护作品的类型不断扩张的历史……"

这种扩张采取了两种形式:一是直接的国会决定,它把某些类型的表达包含于独创性作品中(如摄影、电影、舞蹈、建筑作品等),二是司法上承认新的创造性表达形式只是已认可的版权客体的延伸。"作者不断在发现表达自我的新方式,但要预测那些新的表达方法所能采取的形式却是不可能的"——国会报告承认这一点,并清楚地指出,新《版权法》并不打算"冻结可获得版权的客体范围,或者允许无限扩张进入那些完全属于前国会意图之外的领域。"

"作者"大约意味着一种人类创造力的存在,而不是作品的机械性或其他非人力的发生。① 提及计算机生成作品的"作者身份"问题,《新技术应用委员会报告》指出:"任何作品获得版权保护的资格不在于其创作过程中所使用的设备或设备组群,而是取决于作品创作时所包含的至少是最低程度的人类创造性成果。"②

一般而言,作品的作者不是那个仅仅将其进行机械性固定的人,而是该客体的智力创造者。③ 的确有这样一些情形,如雇佣关系,其中版权意义上的"作者"是一个法人实体,而生产力却依然是人。

3.2.2　二、原创性表达

3.2.2.1　(一) 概述

在费斯特诉乡村电话公司案④中,联邦最高法院明确指出,"版权的必

---

① 比较:乌兰提亚基金诉马赫拉(Urantia Foundation v. Maaherra),114 F. 3d 955 (9th Cir. 1997),其中,"双方都认为,(系争图书)中的语言由非人类精神性存在'创作'";但该作品仍被认为可享有版权,因为图书制作者在选择和编排这些非人类性显示时所进行的"人类性"干预,"并非机械得可以排除创造性"。

② 《新技术应用委员会报告》(Report of the Commission on New Technological Uses),第45条。

③ 参见安德里恩诉南洋国家商会(Andrien v. Southern Ocean County Chamber Of Commerce),927 F. 2d 132 (3d Cir. 1991)。

④ 费斯特出版公司诉乡村电话公司(Feist Publications v. Rural Telephone Service),499 U. S. 340, 348, 111 S. Ct. 1282, 1289 (1991)。

要条件是原创性”,原创性是可版权性的宪法条件。① 该“原创性”既包含独立来源的观念,也包括最低程度的创造性,某些数量适度的智力劳动。奥康纳法官评论说,“原创的……只是意味着作品被作者独立创造(而不是从其他作品复制的),它至少拥有最低程度的创造性。”②因此,原创性的宪法要求本身包含着另外一个要求,即“创造性”③。然而,费斯特案指出,“必要程度的创造性是相当低的,甚至轻微的数量即可满足。”④

另一方面,作品整体上合乎原创性/创造性标准并因此受到保护,这一事实无助于将版权保护延伸至该作品所包含的一切方面;版权保护只及于作品中属于原创性表达的部分。⑤

要判断一部声称属于原创性表达的作品是否可享有版权,背后是非歧视(nondiscrimination)原则;也就是说,要回避有关内在价值或文化意义的审美或艺术性的判断。一部属于原创性、创造性表达,因而有资格受到版权保护的作品,不能因为其创作是为了商业目的或被用做广告,或可能被认为平淡无奇,或缺乏审美价值而否定版权保护。⑥ “任何原创性文字作品都可以享有版权。‘原创性’的必要程度很低,作品不必具有审美的愉悦就可以

---

① 费斯特出版公司诉乡村电话公司(Feist Publications v. Rural Telephone Service),at 348,111 S. Ct. at 1289。

② 同上。

③ 参见巴尔的摩·奥利奥尔斯诉美国棒球大联盟(Baltimore Orioles, Inc. v. Major League Baseball Players Ass'n.),805 F. 2d 663, 668 & n. 6 (7th Cir. 1986)(“原创性要件实际上包括两个独立的条件,也就是,作品必须具有独立的来源和最少量的创造性。……如果作品系作者的独立创作,它就是原创的。……作品如果包含了中等量的智力劳动,它就是创造性的”)。

④ 参见阿塔里游戏诉奥曼(Atari Games v. Oman),979 F. 2d 242 (D. C. Cir. 1992),其中,一个简单的“浆状物”(paddle)几何图形视频游戏的登记被拒绝,而法院则予以撤销。法官金斯伯格(R. B. Ginsburg)强调,创造性标准是如何之低(“我们注意到了……费斯特案中的学说,即‘绝大多数的作品让[版权]达标相当轻松’”)。

⑤ 参见博伊松诉巴尼扬有限公司(Boisson v. Banian, Ltd.),273 F. 3d 262, 266 (2d Cir. 2001)[“原告还必须证明,被告(作品)与他们自己(作品)中可受保护的成分之间具有‘实质性相似’”]。

⑥ 布来斯坦诉唐纳森平版印刷公司(Bleistein v. Donaldson Lithographing Co.),188 U. S. 239, 23 S. Ct. 298 (1903)(“让仅仅受到法律培训的人成为绘画图案价值的最后评判者,超出了最狭窄、最明显的界限,这将是一件危险的工作”);马泽诉斯坦(Mazer v. Stein),347 U. S. 201, 74 S. Ct. 460 (1954)。

成为'文学性的'。"[①]

有关1976年《版权法》的国会报告清楚地表达了国会的如下目的，即遵循已有判例法有关最低水平的原创性和创造性的规定，体现这样一种司法宣称："具有最低表现力的图画"[②]就能满足原创性标准。

> "原创作品"这一术语没有定义乃故意为之，其目的是要不加更改地吸收法院根据现行(1909年)版权成文法确立的原创性标准。该标准不包括新颖性、新奇性或审美价值的要求，并无意为它们扩大版权保护的水平要求。

因为没有"新颖性"要求，分别创作的作品有其独立的版权，即使经严密考察后被认为是相同的。[③]

如今已经得到普遍承认的是，除了最为机械呆板的摄影，其他作品实际上都包含着版权保护所要求的足够的原创性和创造性。[④] 同样，相机部位、快门选择的判断也包含着足够的原创性/创造性，体育比赛电视广播的制作也可以使该广播受到版权保护。[⑤]

当然，可满足原创性标准的绘画表现——即一幅图像中的版权显然不

---

① 美国牙科协会诉德尔塔牙科规划协会(American Dental Association v. Delta Dental Plans Association)，126 F. 3d 977，979 (7th Cir. 1997)(判定一项牙科手术分类法可受版权保护)；但是，另参见ATC发行集团诉WITTP有限公司(ATC Distribution Group, Inc. v. Whatever It Takes Transmissions & Parts, Inc.)，402 F. 3d 700 (6th Cir. 2005)。

② 布来斯坦案(*Bleistein*)，188 U.S. 239。

③ 玛格珠宝公司诉切诺基有限公司(Mag Jewelry Co., Inc. v. Cherokee, Inc.)，496 F. 3d 108 (1st Cir. 2007)。

④ 参见伯罗—贾尔斯平版印刷公司诉萨罗尼(Burrow-Giles Lithographic Co. v. Sarony)，111 U.S. 53，4 S. Ct. 279 (1884)；埃茨—霍金诉斯凯·斯比里茨有限公司(Ets-Hokin v. Skyy Spirits, Inc.)，225 F. 3d 1068 (9th Cir. 2000)；时代公司诉伯纳德·盖斯公司(Time Inc. v. Bernard Geis Associates)，293 F. Supp. 130 (SDN Y. 1968)。在梅史沃克斯公司诉丰田汽车(Meshwerks, Inc. v. Toyota Motor Sales USA, Inc.)，528 F. 3d 1258 (10th Cir. 2008)，*cert. denied*，129 S. Ct. 1006 (2009)一案中，这一问题得到了评述。

⑤ 巴尔的摩·奥利奥尔斯诉美国棒球大联盟(Baltimore Orioles, Inc. v. Major League Baseball Players Ass'n.)，805 F. 2d 663 (7th Cir. 1986)。

能把任何权利赋予其表现对象本身。正如霍姆斯(Holmes)法官在布莱斯坦(Bleistein)一案中所说过的,“他人可以自由复制原物。他们不得自由地复制该复制品,……该复制品是个人对于自然的个性化反应。”对于作为某摄影作品客体的同一景象,他人通常是可以拍摄的,而不会侵犯第一位摄影人的权利。然而,对他人所描绘景象进行蓄意的再创造,不同于对同一普通客体的描绘,可能会构成对原“复制品”的侵权“复制”。[①]

3.2.2.2 **(二)演绎作品中的原创性**

在处理有关演绎作品的原创性标准问题时,霍姆斯法官的上述言论即使算不上令人困惑,却也已经证明是比较棘手的。这就是说,一旦某人以已有作品为基础创作了一部演绎作品,该演绎作品本身需要多大量的原创性才能受到保护?当演绎作品是以公有领域作品为基础,或者是经已有作品版权人同意之后进行创作时,常常会产生这种问题。“在涉及演绎作品的情况下,原创性要件尤为重要。此时,如果它得到的解释过分随意,从而让第一位创作者拥有相当大的权力来干预源自已有作品的演绎作品创作,它就会事与愿违地阻碍,而不是促进此类作品的创作。”[②]

因此,要满足低门槛的原创性,演绎作品比其他作品需要符合更多要求[③];原作与演绎作品之间必须有相当大的差异,或者具有并非微不足道的变化。[④] 为复制已有的作品,仅仅是辛苦努力,即使复杂而细密,也不足以

---

① 参见莱博维茨诉派拉蒙影业公司(Leibovitz v. Paramount Pictures Corp.),137 F. 3d 109 (2d Cir. 1998);格罗斯诉塞利格曼(Gross v. Seligman),212 Fed. 930 (2d Cir. 1914);基尔希诉阿米拉蒂和普瑞斯有限公司(Kisch v. Ammirati & Puris Inc.),657 F. Supp. 380 (S. D. N. Y. 1987)。

② 格雷森诉布拉德福德(Gracen v. Bradford Exchange),698 F. 2d 300 (7th Cir. 1983)。

③ 参见娱乐研究机构诉吉妮西丝创意集团(Entertainment Research v. Genesis Creative Group),122 F. 3d 1211 (9th Cir. 1997) (“与原创性作品相比,演绎作品的版权保护要受到更多的限制”)。

④ 梅史沃克斯公司诉丰田汽车(Meshwerks, Inc. v. Toyota Motor Sales USA, Inc.),528 F. 3d 1258 (10th Cir. 2008), *cert. denied*, 129 S. Ct. 1006 (2009);格雷森诉布拉德福德(Gracen v. Bradford Exchange),698 F. 2d 300 (7th Cir. 1983);巴特林诉斯奈德(L. Batlin & Son. v. Snyder),536 F. 2d 486, (2d Cir.), cert. denied, 429 U. S. 857, 97 S. Ct. 156 (1976);达拉谟制造公司诉特米公司(Durham Industries, Inc. v. Tomy Corp.),630 F. 2d 905 (2d Cir. 1980);赫恩诉迈耶(Hearn v. Meyer),664 F. Supp. 832 (SDNY 1987)。

创造可享有版权的演绎作品。[①] 一部以原有作品为基础的作品要获得保护，就必须“比旧作有显著的变化，该变化必须是重大的，而不只是微不足道的。”[②]并且，演绎作品的原创部分必须反映出它对原有材料的依赖程度，且决不能影响原有材料拥有版权保护的范围。[③] 因而，对于黑白电影的“着色”版，如果着色比原作具有并非微不足道的变化，版权局就允许它作为演绎作品进行登记。另一方面，传统纸质玩偶的木制版本被判定为不受保护的观念，而不是享有版权的演绎作品[④]，公共领域艺术品的数字式精确复制虽包含着技术进步，却未被作为演绎作品受到保护，因为它是依样画葫芦的“复制”。[⑤]

如前文所述，关于录音作品，未经已有作品版权人许可而创作演绎作品的人通常是侵权人，他不可对该演绎作品主张权利，无论该作品如何具有“创造性”。[⑥]

---

① 同前。从巴特林案(*Batlin*)开始，各判例似乎都推翻了早期不太苛刻的判例，如阿尔佛雷德·贝尔诉卡塔尔多美术公司(Alfred Bell & Co. v. Catalda Fine Arts, Inc.)，191 F. 2d 99 (2d Cir. 1951)。参见布里奇曼美术图书馆诉科利尔公司(The Bridgeman Art Library v. Corel Corp.)，36 F. Supp. 2d 191 (S. D. N. Y. 1999)。

② 诺玛丝带与装饰有限公司诉利特尔(Norma Ribbon & Trimming, Inc. v. Little)，51 F. 3d 45 (5th Cir. 1995)；娱乐研究机构诉吉妮西丝创意集团(Entertainment Research v. Genesis Creative Group)，122 F. 3d 1211 (9th Cir. 1997)。

③ 达拉谟制造公司诉特米公司(Durham Industries, Inc. v. Tomy Corp.)，630 F. 2d 905, 909 (2d Cir. 1980)，该案在娱乐研究机构诉吉妮西丝创意集团(Entertainment Research v. Genesis Creative Group)，122 F. 3d 1211 (9th Cir. 1997)案中得到了肯定性的援引。

④ 乡村儿童玩具公司诉希恩(Country Kids' N City Slicks, Inc. v. Sheen)，77 F. 3d 1280 (10th Cir 1996)。

⑤ 布里奇曼美术图书馆诉科雷尔公司(The Bridgeman Art Library v. Corel Corp.)，36 F. Supp. 2d 191 (S. D. N. Y. 1999)。

⑥ 参见如：马尔卡希诉齐塔赫学习有限公司(Mulcahy v. Cheetah Learning LLC)，386 F. 3d 849 (8th Cir. 2004)(“因为原作版权的所有人对演绎作品的创作拥有专有权，因而，如果原创的演绎作品创作者就原有版权作品获得了使用许可，她就拥有其版权”)。

第四章　所有权

4.1　第一节　版权所有权与物体所有权

一部作品中的版权所有权必须与体现该作品的物体所有权相区分。一个人在信中写了一首诗，当他把信邮寄给他人后，依然拥有该诗的版权，而收信人则同时拥有该信之物体，即其中写有该诗的纸张。因而，寄信既未夺去作者对该诗的版权利益，也未将该利益赋予收信人。[①] 这一区分原则(principle of separation)被写进了1976年《版权法》：

> **第202条　区别于物体所有权的版权所有权**
>
> 版权或者版权名下的任何排他性权利的所有权与体现该作品的任何物体所有权不同。转让任何物体——包括该作品被首次固定于其中的复制品或录制品——的所有权，本身并不移转该物体所体现的该版权作品的任何权利；在没有协议的情况下，转让版权或者版权名下任何排他性权利的所有权，也不移转物体上的财产权。[②]

---

① 参见如：塞林格诉兰登书屋(Salinger v. Random House, Inc.)，811 F. 2d 90 (2d Cir. 1987), cert. denied, 484 U.S. 890, 108 S.Ct. 213 (1987)。在一则税案的意外背景下，该原则得到了例证；在西北公司诉国内税务局长(Norwest Corp. v. Commissioner)，108 TC No. 18, 1997 WL 211303 (US Tax Ct., 1997)一案中，税法院陪审团以9∶8的分歧裁定，公司获得并用于业务的计算机软件是有形的动产，有资格享受投资税减免，而不是无形财产，只要该公司取得了软件而没有取得任何版权或其他无形财产权。

② 《美国法典》第17编第202条。

4.2　第二节 可分性

作品版权的所有人拥有的权利实际上是可做无限性划分的。这就是说，"copyright"（版权）其实应该被视为"copyrights"，因为版权利益确实是由一系列，或一束不同的排他性权利所构成，其中的每一种都可以被分别拥有、转让并做进一步分解。版权利益的可分性得到了1976年《版权法》的明确承认：

> 组成版权的任何排他性权利，包括任何一种权利的任何分项……均可被单独转让……和拥有。任何具体的排他性权利的所有者，在该权利的范围内都有资格享有……给予版权所有者的一切保护和救济。[①]

因此，一部作品的复制权受让人在该项权利范围内成为该作品的"所有人"，并对侵犯该权利的行为保有诉权。就此而言，排他性许可（不同于非排他性许可）相当于转让。[②]

4.3　第三节　作者身份

版权"最初授予作品的作者或作者群"。[③] 对于版权利益的产生，作者身份是核心概念。然而，在把初始权利授予作品之"作者"的同时，《版权法》本身却没有对这一术语下定义。而正如前文所述，所有权问题开始于这一

---

① 《美国法典》第17编第201条(d)(2)。

② 参见下文§5.1和9.1.4。

③ 《美国法典》第17编第201条(a)。

陈述，即"'作者'就是作为某物之来源的人。"①

作为版权的原初获得者，作者拥有版权所有者的全部权利，并因此可以许可或转让其全部或部分权利(按照《视觉艺术家权利法》即第106条A所享有的精神权利除外)，也可以终止该转让或其他授权。② 同样，正是作者的属性(如被认定的个人、合作作者、受雇人的雇主或匿名作者)决定着版权保护的期限以及1976年《版权法》之前的作品所涉及到的保护期续展的权利。③

4.4 第四节 合作作品与多重作者

当单部作品由多人创作时，就产生了合作作者问题。此类作品的财产利益可以与其他共有财产中的利益相类比。④ 第一个问题做出界定，以判断某作品是否是"合作"作品，而不同于那种每个参与者都有其可分的版权利益的作品。正确界定的结果非常重要。比如，合作作品的版权期限通常按照最后一位合作作者的死亡时间来计算。⑤ 意义更加重要的是，"合作作品的作者是该作品版权的共同所有人。"⑥这样，每一个合作作者都拥有一份不可分割的整体利益，可以处理作品，或进行非专有性的许可，或实施利用，且无需其他合作作者的同意，但应就由此获得的利润进行报账。⑦ 总

---

① 伯罗－贾尔斯平版印刷公司诉萨罗尼(Burrow-Giles Lithographic Co. v. Sarony)，111 U.S. 53, 4 S. Ct. 279 (1884)。

② 参见下文§5。

③ 参见下文§8。

④ 戴维斯诉布莱基(Davis v. Blige)，505 F.3d 90 (2d Cir. 2007), cert. denied, 129 S. Ct. 117 (2008)(讨论了合作作者在合作作品的转让、许可以及其他处理方面的权利)。

⑤ 同上。

⑥ 《美国法典》第17编第201条。

⑦ 夏皮罗·伯恩斯坦公司诉杰里·沃格尔音乐公司(Shapiro Bernstein & Co. v. Jerry Vogel Music Co.), 221 F.2d 569 (2d Cir. 1955)。国会的委员会报告指出，"版权的共同所有人通常应该被视为共同的占有人(tenants)，每个共有人都对作品的使用或许可使用拥有独立的权利，并就其利润承担向其他共有人报账的义务。"国会众议院报告[H. R. Rep. No. 1476, 94th Cong., 2d Sess. 121 (1976)]；国会参议院报告[S. Rep. No. 473, 94th Cong., 1st Sess. 104 (1975)]。

之，在承担报账义务的情况下，作品的每个共有人都可以就该作品行使版权所有人的一切权利，唯一的例外是不得对作品的任何权利进行转让或排他性许可。

1976 年《版权法》对“合作作品”的解释是，“两名或多名作者为了把他们的创作合并成为一个整体中不可分割或相互依存的部分而创作的作品。”[①]更早的版权法没有对合作作品做明确界定，结果则是始终未能形成共识的逐案判断。1976 年《版权法》以早期判例法为起点，创造了一个以各方共同意图为基础的定义。国会委员会报告很清楚地表达了意图的重要性：

> 这里的判断标准是创作时所表达的意图，即各部分被吸收或合并于完整的单位中，即使各部分本身是“不可分割的”（如小说或绘画）或“相互依存的”（如电影、歌剧或歌曲的词与曲）。[②]

在依照《版权法》审理的判例中，为判定一部作品是否是“合作作品”，各方共同意图的首要性一直受到强调。一部作品要成为“合作作品”，(i)各方（如其都进行了创作）都必须预料到，他的创作将成为其他人也将或已经为其进行创作的整体作品的一部分；(ii)每个合作作者在其进行相应的创作时，必须具有为合作作品而创作的目的。[③] 第二巡回法院评论说：

> 被假定的合作作者是否具有成为合作作者的意图——考察这一问题所具有的重要作用是，对适用版权法而产生的合作作者的范围进行恰当限定，同时让那些和作者之间没有真正的合作创作关系的人以自由谈

---

① 《美国法典》第 17 编第 101 条。

② 国会众议院报告[H. R. Rep. No. 1476, 94th Cong., 2d Sess. 120 (1976)]。

③ 韦斯曼诉弗里曼(Weissmann v. Freeman)，868 F. 2d 1313 (2d Cir.), cert. denied 493 U. S. 883, 110 S. Ct. 219 (1989)；参见 Childress v. Taylor, 945 F. 2d 500 (2nd Cir. 1991); Erickson v. Trinity Theatre, Inc. 13 F. 3d 1061 (7th Cir. 1994)。

> 判来达成协议——这被认为同时属于版权法和合同法上的问题。[合作作者身份]应该根据相互关系来确定，其中所有的参与者都应完全具有成为合作作者的意图。①

即使某作者对一部作品贡献了重要的原创性内容，如果没有证据表明该作者具有成为合作作者之意图，该贡献本身也不能使他成为合作作者。②

每个参与者只需为了将其创作份额融于单一性的整体作品而创作，实际上不一定在一起或在同一个时期内工作，甚至也不必相互知道对方。不过，作品的合作作者身份不会使一个人成为由另一个合作作者创作的演绎作品的合作作者。③

每个合作作者之创作部分的性质具有不确定性。曾有判决认为，要把一个参与者视为合作作者，他或她除了具有将其创作融入一个"单一性整体"的共同意图，其创作本身还必须含有足够的原创性，从而能独自获得版权保护。④ 因而，提供思想、引导或编辑指导的做法虽然有其价值，却不足以使一个人成为合作作者。不过，至少在第七巡回法院，这一"要件"曾受到质疑。⑤

在某些有限的情况下，共同所有权——作品中一种不可分割之利益——的状态可能来自于作品创作和权利最初产生之外的因素。通过合同、继承法或州财产法从版权所有人那里获得作品的受让者可能对作品拥有共同利益。在此种情况下，共同所有权权利独立于合作作者身份问题。

---

① 奇尔德雷斯诉泰勒(Childress v. Taylor)，945 F. 2d 500 (2nd Cir. 1991)。

② 汤姆森诉拉森(Thomson v. Larson)，147 F. 3d 195 (2nd Cir. 1991)。

③ 里奇林诉米高梅电影公司(Richlin v. Metro－Goldwyn－Mayer Pictures)，531 F. 3d 962 (9th Cir. 2008)。

④ 奇尔德雷斯诉泰勒(Childress v. Taylor)，945 F. 2d 500 (2nd Cir. 1991)；埃里克森诉特里尼蒂剧院(Erickson v. Trinity Theatre, Inc.)，13 F. 3d 1061 (7th Cir. 1994)。

⑤ 盖门诉麦克法兰(Gaiman v. McFarlane)，360 F. 3d 644, 660 (7th Cir. 2004)。

4.5　第五节　集体作品

集体作品(collective works)中的份额必须与合作作品相区分。“集体作品”,“是期刊、选集或百科全书之类的作品,其中,本身可以构成个别性、独立性作品的很多创作被汇集在一个集合性的整体中。”①单独创作的作者拥有并保留该单独部分的单独版权利益,而在没有明确的权利移转的情况下,集体作品本身的版权所有人对其中的单独部分仅获得将其作为集体作品或其修订版之部分进行复制和发行的权利。②

1976 年《版权法》第 201 条(c)针对有关集体作品中单独部分的法律规则和权利平衡进行了重大改革,特别对单独部分的创作者的版权利益做出了保留。由此,联邦最高法院曾经判定,自由撰稿人,即报纸文章的独立作者可以反对报纸的在线数据库使用其文章,这种数字复制不是集体作品的“修订版”,这些集体作品的版权所有人无权对其中的部分做如此使用。③而在另一方面,法院认定集体作品整体的数字版属于此种“修订版”,其中的单独部分的作者不能提出反对。④ 第十一巡回法院指出,“总的来说,塔西尼(Tasini)一案具有两种启示。第一,‘修订版’这一概念必定包括新颖性或‘新奇性’的某些要素,最高法院对此有过界定;第二,在判定这种新颖性是否足以胜过第 201 条(c)上的出版商特权时,具体作品得以呈现的背景是考虑问题的关键所在。”⑤

---

① 《美国法典》第 17 编第 101 条。

② 《美国法典》第 17 编第 201 条(c)。另参见贾维斯诉 K2 有限公司(Jarvis v. K2 Inc.),486 F. 3d 526 (9th Cir. 2007)(它区分了“集体作品”——以及被赋予集体作品版权所有人在“修订本”中使用他人材料的保护——与该集体作品版权所有人对其并无权利的“演绎作品”)。

③ 纽约时报公司诉塔西尼(New York Times Co. v. Tasini),533 U. S. 483, 121 S. Ct. 2381 (2001)。

④ 福克纳诉愿景有限公司(Faulkner v. Mindscape Inc.),409 F. 3d 26 (2d Cir. 2005)。

⑤ 格林伯格诉国家地理协会(Greenberg v. National Geographic Society),533 F. 3d 1244 (11th Cir. 2008), *cert. denied*, 129 S. Ct. 727 (2008)。

4.6

第六节　雇佣作品

1976年《版权法》延续以前的法律，承认雇佣作品的特殊地位。它规定，对于某些作品，“雇主或作品为其创作的其他人被认为是（本法）意义上的作者，并拥有版权所包括的一切权利，除非各方在他们所签署的书面文件中明确达成了不同协议。”[①]雇主不是作品的实际创作者，却有资格享有“作者”的一切权利（且实际创作者一无所有），除非这些权利受到特别的限制。

《版权法》承认雇主作为雇佣“作者”的不同地位，为雇佣作品规定了固定的保护期（而不是按照作者的寿命来计算），并对其排除终止权以及《视觉艺术家权利法案》（第106条A）所规定的精神权利保护。[②]

由于作品的所有者权利依赖于雇主/雇员地位，判定一部作品是否属于“雇佣作品”，是一个严肃而重要的问题。《版权法》对“雇佣作品”做出了界定，同时为这种地位的产生规定了根本不同的两种方式。第一个是宽泛的界定，将“雇佣作品”解释为“雇员在其职务范围内所创作的作品”；另一个受到更多限定的解释则指向某些受到专门委托的作品。[③]

4.6.1

一、雇员在其职务范围内创作的作品

雇员在其职务范围内创作的作品被视为雇佣作品，雇主则被视为该作品的“作者”，除非各方明确以书面文件达成相反的协议。在美国联邦最高法院就创意非暴力团体诉里德一案（*Community for Creative Non-Violence v. Reid*）[④]发表司法意见以前，为判定一部作品是否雇佣作品，各上诉

---

① 《美国法典》第17编第201条(b)。

② 参见下文§6和§8。

③ 《美国法典》第17编第101条。

④ 创意非暴力团体诉里德（Community for Creative Non－Violence v. Reid），490 U.S. 730，109 S. Ct. 2166 (1989)。

法院对“雇员”的涵义存有分歧，其中一些法院对该术语进行宽泛解释，足以包括了某些场合的独立签约方，具体情形视雇方实行控制的程度而定；另一些法院则对其做出狭义解释，将它局限于传统的主/仆(master/servant)关系，甚至是形式上的、发放薪水的雇主/雇员(employer/employee)关系。为了化解冲突，最高法院曾认定，合适的问题是，按照“一般的普通代理法”上有关主/仆关系的定义，作品的创作者是否被视为“雇员”。

虽然最高法院声称要避免某些低级法院坚持的“控制”标准，但在事实上，控制问题已然成为了判断一个人是不是普通代理法上之“雇员”的一个重要因素。最高法院依据的是《代理法重述(第二版)》第 220 条，其本身列举了包括作品细节控制在内的 10 种因素。由此产生的结果是，虽然一个真正的“独立签约人”似乎不能被视为“受聘之雇员”，而对于下级法院而言，最高法院并不明确的导向仍然造成了不确定性。为了对这 10 种因素做出澄清，第二巡回法院曾表示：

> 有些(因素)……只有很少的甚至没有意义，而某些因素实际上会在每种情形中都十分重要，这包括：(1)雇佣方控制创作方式与方法的权利；(2)必要的技能；(3)雇员利益规定；(4)受雇方的税收待遇；以及(5)雇佣方是否有权把额外项目指派给受雇方。①

一部作品是否属于雇佣作品的判断，是一个以规定当事人关系的背后事实为依据的法律推论。因而，曾有判决认为，某作品的创作是职务关系之一部分，因而就属于雇佣作品，即使当事人之间存在着合作作者和共同所有

---

① 艾姆斯诉博内里(Aymes v. Bonelli)，980 F. 2d 857 (2d Cir. 1992)；比较格雷厄姆诉詹姆斯(Graham v. James)，144 F. 3d 229 (2d Cir. 1998)(该案适用了艾姆斯案，并以相关的高水平之技能以及利益的缺乏为依据，认定不存在雇佣关系)与 卡特诉赫尔姆斯利—斯皮尔公司(Carter v. Helmsley-Spear, Inc.)，71 F. 3d 77 (2d Cir. 1995)，cert. Denied, 116 S. Ct. 1824 (1996)(该案适用了艾姆斯案，并主要以第五个因素为依据认定存在着雇佣关系)。

者之协议。[①]

4.6.2

二、专门委托作品

《版权法》另外还规定，某些作品即使明确由独立签约人而非"受聘之雇员"创作，也应被视为雇佣作品。此类作品限于 9 种专门定做或委托的作品。具体而言，此类作品必须基于：

> 专门定做或委托，被用作集体作品之部分，作为电影或其他视听作品之一部分，作为译文、补充作品、汇编、教学课文、试题、试题解答材料或地图集，[②]且当事人必须"以他们所签署的书面文件明确同意该作品应被视为雇佣作品。"[③]从而，与以往的法律截然不同[④]，《版权法》明确限制了可被视为雇佣作品的委托作品种类；立法上的列举相当明确，委托作品必须恰好归入其中以满足雇佣作品的定义。这样，举例来说，所提"视听作品"就不包括仅仅是"音频"或仅仅是"视频"的作品。并且，在对旧法的变革中，《版权法》规定，不能因委托创作一部作品的事实就推定委托方将被视为该作品的作者。毋宁说，各当事人必须通过书面形式共同、明确承认其地位。

对于 1978 年 1 月 1 日(1976 年《版权法》的生效日期)前创作的作品，

---

① 萨恩基尔有限公司诉全国保险许可联合公司(Saenger Org.. Inc. v. Nationwide Ins. Licensing Assocs.),119 F. 3d 55 (1st Cir. 1997)。

② 《美国法典》第 17 编第 101 条。定义中所指"补充作品"被进一步定义为，"作为另一作者之作品的次要附件而创作并发表的作品，目的是介绍、总结、图示、解说、修订、评注或协助使用另一作品，例如序言、后记、插图、地图、图表、表格、编辑注释、乐曲改编、试题解答材料、书目、附录和索引"，"教学课文"则"是以在系统的教学活动中使用为目的，并为出版而创作的文字、图画或图表作品。"

③ 《美国法典》第 17 编第 101 条。

④ 参见花花公子有限公司诉杜马(Playboy Enters., Inc. v. Dumas),53 F. 3d 549 (2d Cir. 1994), *cert. denied*, 116 S. Ct. 567 (1995);20 世纪福克斯公司诉娱乐传输(20th Century Fox Film Corp. v. Entertainment Distributing),429 F. 3d 869, 875 (9th Cir. 2005), *cert. denied*, 548 U.S. 919 (2006)。

早期以案例为基础的雇佣作品的定义依然具有重要意义。对于那些作品，法律创设了有利于雇佣方或委托方的假定，其中的相关因素是管理并控制作品的权利。对于委托创作的作品，曾有判决认为，“如果作品系按照雇方的‘要求和花费’而创作，[换言之]，当‘制作作品的推动因素是引起创作的雇主’时，独立签约人是‘雇员’，而雇方则是‘雇主’。”[①]

诚然，即使一部作品既非合作作品也非雇佣作品，其他人——无论是参与人、委托人或无关系者，都可以通过转移或让与来获得其中的一切或部分权利。但该获得者绝非《版权法》意义上的“作者”。

---

① 花花公子案(Playboy Enters., Inc.)，53 F. 3d 549。正如第九巡回法院所言：“已在本院范围内得到确定的是(按照1909年《版权法》)，独立签约人创作的作品有资格成为雇佣作品，只要它们的创作系基于委托方的要求和费用。”20世纪福克斯公司案(20th Century Fox Film Corp.)，429 F. 3d at 878。该法院明确拒绝承认，最高法院对于创意非暴力团体一案(*CCNV*)的决定更改了与1909年《版权法》相关的这一结果(“该决定没有任何部分是依据1909年《版权法》上雇佣作品条款的涵义做出的”)。

第五章　版权利益的转移

5.1　第一节　转移的界定

前文已述，版权所有权实际上是无限可分的，这样，构成版权人之利益的一切或任何权利的全部或某一部分（除非是第106条A所设立的受到限制的精神权利）都可以转移或许可给他人。在《版权法》的意义上，"版权所有权的转移"被大致定义为：

> 版权或包含于版权中的任何专有权利的转让、按揭、排他性许可，或其他任何让渡、让与或抵押，而不论其效力是否有时间和地点上的限制，但不包括非专有许可。[①]

因而，如果作者/版权人向电影制作人授予根据其作品制作电影的排他性权利，就发生了作者专有的创作演绎作品的子权利"转移"。另一方面，如果歌曲的曲作者/版权人授权歌手在音乐厅演唱该歌曲的非排他性权利，就没有"转移"其专有的公开表演权的任何部分；[②]然而，如果歌手获得的是在音乐厅演唱该歌曲的专有权利，就发生了"转移"，即使该授权被限于一周或一个特定的地理区域。

简言之，专有许可与其他种类的转移、转让或让渡并无区别，而专有与非专有许可之间则存在着截然不同。

---

① 《美国法典》第17编第101条。

② 约翰逊诉琼斯(Johnson v. Jones)，149 F.3d 494，500 (6th Cir. 1998)（"已经得到……公认的是，非专有许可不是对所有权的转让"）。

5.2
第二节　书面要件

由于作品版权的所有权不同于作品之承载物的所有权[①]，在1976年《版权法》生效之前，曾有过这样一场争论：在多大程度上，该物体的无条件转移将默示性地包含了版权的转移。转移问题的解决，曾涉及到有关意图问题、前后不一的推定问题的判断。为强调无形的版权利益与有形的物体利益之间的区别，也为了解决关于物体所有权转移何时默示着版权利益发生转移的争论，《版权法》明确要求以"书面文件"作为版权所有权转移的效力要件：

> 只有具备了书面的转让书、或者函件或备忘录，并经被让与权利的所有者或他完全授权的代理人签名，版权所有权的转移才是有效的——因法律实施而发生的转移除外。[②]

《版权法》没有明确的是，何种具体的书面形式能满足法定条件；而书面形式的宽泛语言能否推导出版权的转移，各上诉法院之间存有争议。[③] 不过，显而易见的是，一定要有与转移相关的书面形式，书面要件所导致的正是转移的有效性：

---

① 参见上文§4.1。

② 《美国法典》第17编第204条(a)。

③ 比较花花公子有限公司诉杜马(Playboy Enters., Inc. v. Dumas)，53 F. 3d 549 (2d Cir. 1994)，*cert. denied*，116 S. Ct. 567 (1995)(经作者/收款人背书的绘画作品支付账单，其中包括文字说明"收款人承认，已为[特定的艺术作品]所有权利、权益和利益……转让进行足额支付"，被判决认为不属于合格的书面文件)与席勒和施密特有限公司诉诺迪斯科公司(Schiller & Schmidt, Inc. v. Nordisco Corp.)，969 F. 2d 410 (7th Cir. 1992)(没有明确提及"版权"，而协议背景表明各方目的是以协议转移版权，这样一份书面转让协议被判定为合格)。如果协议对授权时尚不存在的新技术表示沉默，所产生的解释问题可参见韦尔斯诉特纳娱乐公司(Welles v. Turner Entertainment Co.)，503 F. 3d 728 (9th Cir. 2007)。

第 204 条之(a)规定的条件虽然有时被称为版权的反欺诈法(statute of frauds),实质则与欺诈法不同。按照第 204 条之(a),"未采用书面形式的版权转移完全'没有效力'"[①],而不是发挥证据功能,使本来有效的协议不可强制执行。

书面要件适用于版权利益的转让,但不适用于非专有性许可,前文所引述的立法定义表明,后者不被视为转移,因此可采用口头授权。[②] 事实上,依据当事人各方的行为,因采用口头形式而无效的专有许可可以被视为默示的、可实施的非专有许可。[③]

5.3

第三节 转移和授权的终止

5.3.1

一、权利之属性

正如下文在涉及版权保护期时要讨论的[④]《版权法》创立了单一制的版权保护期制度,即从原创作品固定于有形的表达媒介开始,通常延续至作者有生之年再加 50(如今是 70)年。该体制取代了早期的双重保护期结构,即作品发表并合格公告后 28 年,加上相同时间的续展期,后者开始于首期届满,并经合格的续展登记。国会创设这种结构的目的显然是要让作者就续展期享有一种收回权利(a recapture right)——针对首期内所做出的撤销、

① 利里克工作室诉大观念有限公司(Lyric Studios, Inc. v. Big Idea Productions, Inc),420 F. 3d 388,5th Cir. 2005(引文被省略)。

② 例如,参见约翰逊诉琼斯(Johnson v. Jones),149 F. 3d 494, 500 (6th Cir. 1998)。

③ 雅克布·马克斯韦尔公司诉维克(Jacob Maxwell, Inc. v. Veeck),110 F. 3d 749 (11th Cir. 1998)。

④ 参见下文 § 8。

许可、转移和其他授权的能力，但登记续展权不是不可让渡的，[①]作者因此常常被迫转让与授权有关的续展权。随着1976年《版权法》的颁行，国会开始更有效地贯彻这一理念，即赋予作者一种权利，使他在受让者因授权、许可和其他转移而使用其权利超过合适的时间以后，能够重新获得这些权利。

《版权法》[②]赋予作者或特定的法定继承人（作者的遗孀、子女或孙辈，或者，如果他们都不在世的话，则是作者的遗产）5年内有权终止任何或所有的授权，并重新获得曾授出的权利，只要能妥善遵守通知及其他法定手续。终止权不适用于有关雇佣作品的授权。[③] 该权利不可让渡。[④] 终止权的范围曾被认为是宽泛的，足以使期限不定的口头许可被终止，只要法定期间届满，并优先于可使该许可任意终止的州法。[⑤]

通知必须说明终止的生效期，且必须在可允许的5年终止期之内做出；通知必须在该日期前至少2年、最多不超过10年的时间里送达；它必须遵守版权局发布的规章；并且，它必须在终止的生效日之前由版权局备案。[⑥]通知条款相当严格，任何违背都将导致终止权的丧失。[⑦]

终止权在适格的终止通知发出当天生效。相应地，如果获得该权利的个人在实际恢复之前去世，被恢复的权利将移转到此人的遗产中。同样，作者在终止权行使之前去世，继承人由成文法确定，由此，该继承不因作者的

---

① 弗雷德·费舍尔音乐公司诉维特马克（Fred Fisher Music Co. v. M. Witmark & Sons），318 U.S. 643 (1943)。

② 《美国法典》第17编第203条(a)(2)，第304条(c)(2)。按照1998年的《版权延期法案》，作为权利最终所有人的作者遗产得到了增加。

③ 《美国法典》第17编第203条(a)，第304条(c)。

④ 《美国法典》第17编第203条(a)(5)，第304条(c)(5)。“尽管有相反的协议，包括遗嘱或未来授权，授权终止仍可生效。”

⑤ 兰诺诉塞帕有限公司（Rano v. Sipa Press, Inc.），987 F.2d 580 (9th Cir. 1999)。第七和第十一巡回法院得到的是相反的结果——对于可任意终止的许可，裁定没有对州法的优先：沃索尔诉拉斯科（Walthal v. Rusk），172 F. 3d 481 (7th Cir. 1999)；科曼诉HBC佛罗里达有限公司（Korman v. HBC Florida, Inc.），182 F. 3d 1291 (11th Cir. 1999)。

⑥ 《美国法典》第17编第203条(a)(4)，第304条(c)(4)。

⑦ 《美国法典》第17编第203(a)(4)(A)－(B)。参见伯勒斯诉米高梅有限公司（burroughs v. Metro-Goldwyn-Mayer, Inc.），683 F.2d 610 (2d Cir. 1982)。

遗愿而改变；"[终止权]的目的是为了保障作者配偶与子女在版权上的权利，[且]不一定是为了实现作者'意愿'而做出的规定。"①法定性条件是复杂的，且授权与转让的历史可能产生极其复杂的诉讼问题。②

对于终止权，《版权法》区分了1978年1月1日前和之后的授权终止。

5.3.2 二、1978年1月1日前的授权

对于在其生效当天拥有版权的作品，1976年《版权法》实质上是将其续展期延长了39年(当初是19年)。该法生效日之前做出、且相关作品之版权处于续展期内的转让、授权以及专有或非专有许可，均可以在版权最初获得之日起满56年后(或者是1978年1月1日后，以较晚者为准)的5年内被终止。③ 在效力上，这里的终止权所收回的是对续展期的延伸。该权利可以由实施授权的"作者"行使，或者，如果作者在终止产生时已不在世，则由其在世配偶和子女或孙子女或遗产管理者④来行使(对于作者法定继承人实施的授权⑤，终止可以由仍然在世的实施该授权的人实行)。⑥ 如果(1978年1月1日前做出的)授权正处于当时仍然有效的版权的初始期，这些终止条款与该授权无关，因为授权者至少在理论上拥有一种与续展期有关的有限的"收回"的权利。

1998年的法律修正案将版权保护期延长了20年，⑦同时，对于法律修正案生效时尚处于续展期，此前未曾行使的终止权已届满的作品，法律修正案还规定了与20年延期相关的终止权的有限恢复；在版权最初获得满75

① 拉里·斯比尔有限公司诉伯恩公司(Larry Spier, Inc. v. Bourne Co.)，953 F. 2d 774 (2d Cir. 1992)。

② 比较企鹅集团有限公司诉斯坦贝克(Penguin Group (USA), Inc. v. Steinbeck)，537 F. 3d 193 (2d Cir. 2008), cert. denied, 129 S. Ct. 2383(2009) 和克拉斯科媒体公司诉纽伯恩(Classic Media, Inc. v. Newborn)，532 F. 3d 978 (9th Cir. 2008)。

③ 《美国法典》第17编第304条(c)(3)。

④ 生存者的权利和谁是合格的配偶与子女，这些问题由可适用的州法管辖。

⑤ 《美国法典》第17编第304条(a)(1)(C)对此作了规定。

⑥ 《美国法典》第17编第304条(c)(1)，(2)。

⑦ 参见下文§8。

年后的5年期内发出通知，即可行使被恢复的权利。[①]

5.3.3　三、1978年1月1日后的授权

由“作者”做出并于1978年1月1日或其后执行的授权、移转或其他许可，可以由作者（或作者的法定继承人）终止，终止时间是授权之日起35年后的5年内任何时间；如果授权包括发表权，终止时间则是发表后35年或授权之日40年后的5年期内，二者中以在先者为准。[②] 为此，作品的版权何时开始无关紧要，唯一需要考虑的只是授权日期。

5.3.4　四、终止授权对演绎作品的影响

只要有合格的通知，终止将在通知指定的日期生效；在此日期，所授权利将归还作者或其他拥有终止权益的人。[③] 然而，该终止不能损害继续使用演绎作品的权利。这些演绎作品“在授权终止之前依据该授权创作”，“可以按照授权条件继续使用”，虽然这种使用“在终止之后不能扩大到以授权作品为基础创作其他演绎作品”[④]。准确而言，“按照授权条件使用的”演绎作品是什么？这一直是一个相当棘手的问题，特别是当其关系到间接被授权人的权利时。在密尔斯音乐公司诉斯奈德[⑤]一案中，这一问题在联邦最高法院产生了激烈分歧：

> 密尔斯音乐一案似乎是在要求，当多层次的许可影响着一部演绎作品的使用时，“授权条件”包括从作者向出版者的最初授权以及后来每次具体使用所必需的授权。……如果其中的某次授权需要由被许可人向媒体如出版社支付费用，那么，“按照授权条件”继续使用演绎作品，就

---

① 《美国法典》第17编第304条(d)。

② 《美国法典》第17编第203条(a)。

③ 《美国法典》第17编第203条(b)，第304条(c)(6)。

④ 《美国法典》第17编第203条(b)(1)，第304条(c)(6)(A)。

⑤ 密尔斯音乐公司诉斯奈德(Mills Music, Inc. V. Snyder)，469 U.S. 153，105 S. Ct. 638 (1985)。

需要继续向该媒体付费。……这样，密尔斯音乐一案的意义就在于，在授权终止之后的时间里，影响演绎作品所有人及其被许可人在终止之前使用演绎作品的全套合同义务都要保持原状。[①]

① 伍兹诉伯恩公司(Woods v. Bourne Co.),60 F. 3d 978 (2d Cir. 1995)。该案裁定，“如果音乐改编曲包含于一部授权终止之前按照出版者的授权制作的视听作品中，在表演权许可协议终止之后依照终止前的条件表演该视听作品时，该出版者有资格收取使用费”。

第六章 排他性权利的范围

《版权法》第106条列举了版权所有人的排他性权利。除了某些视觉艺术作品的某些作者依照第106条A拥有有限的精神权利(下文详论)之外，这些列举是完全的、穷尽式的，不可能再推导出其他权利来。对下列任何行为，版权所有人享有实施和授权实施的排他性权利：

(1)在复制品或录制品中复制版权作品；

(2)根据享有版权的作品创作演绎作品；

(3)通过销售或其他形式的所有权转移，或者通过出租、租赁或出借，向公众发行版权作品的复制品或录制品；

(4)对于文字、音乐、戏剧和舞蹈作品、哑剧和电影及其他视听作品，公开表演版权作品；

(5)对于文字、音乐、戏剧和舞蹈作品、哑剧和绘画、图形或雕塑作品，包括电影或其他视听作品中的个别形象，公开展示版权作品；以及

(6)对于录音作品，借助数字音频传输的方式公开表演版权作品。[①]

版权所有人被授予的这些权利要受到《版权法》第108至121条规定的非常明确的限制和免责，并像下文第七章所讨论的那样，还要受到第107条规定的概括性的合理使用限制。

---

① 《美国法典》第17编第106条。

6.1

第一节 作品复制权

6.1.1

一、定义宽泛的权利

在构成版权的权利集合中，版权作品的排他性复制权是最为基本的成分。当版权所有人之外的人根据其作品制作“复制品”或“录制品”时，该权利就受到了侵犯。这些术语在《版权法》中得到了概括性的界定：

> “复制品”是录制品之外的物体，作品以现在已知或未来发展的方法被固定于其中，并可以直接地或借助于机器设备由其得到感知、复制或传播。“复制品”这一术语包括作品被首次固定于其中的物体，而录制品除外。[①]
>
> “录制品”是以现在已知或未来发展的方法固定声音（电影或其他视听作品之伴音除外）于其中的物体，且这些声音可以直接地或借助于机器设备由其得到感知、复制或传播。“录制品”这一术语包括这种声音被首次固定于其中的物体。[②]

《版权法》由此表明，有关复制设备之属性，或者用于复制的媒介或方法这些问题，与判断某一“复制品”是否由版权作品构成全无关系。[③] 因而，复制这一概念就像固定一样弹性十足，其定义可能产生复杂的问题——包括

---

① 《美国法典》第17编第101条。

② 同上。

③ 参见如麦系统公司诉匹克计算机公司（MAI Systems v. Peak Computer, Inc.），991 F. 2d 511 (9th Cir. 1993). *cert. dismissed*, 501 U. S. 1033, 114 S. Ct. 671(1994)（它认为，把操作系统复制到计算机内存中，在《版权法》的意义上构成了该程序的“复制品”）。

有关侵权行为的来源这些问题。①

实践中,某些类型的复制,作为复制权的子类得到了特别的处理,且实际上是以特定的行业术语为人所知。例如,就像处理电影中的音轨那样,将录音并入视听作品,使声音与图画同步,这些行为中所涉及的“复制”如果未经同意,就侵犯了所有人所专有的“同步化权”(synchronization right),并且,有关该权利的授予与行使程序的行业惯例已得到发展。“同步化权”是一种超越成文法的行业术语,用于特定情况下的专有复制权。②

同样,提到以唱片表现作品的专有权时,人们称其为版权所有者的“机械权”(mechanical right),并如下文所论,为了处理此种权利的行使,一种以《版权法》的强制许可规定为依据的同样专业性的惯例已经形成。

6.1.2

二、专门的法定限制与强制许可

作为对广泛的复制权的限制,《版权法》有一系列规定对某些类型的复制免除了侵权责任,并以符合许可条件为前提,通过强制许可(compulsory license)条款免除某些行为的责任。强制许可机制的适用是国会决策的产物:某些使用方式的主要价值是经济性的,而固定的使用补偿金即可满足版权所有人的利益。在通过强制许可获得使用费的情况下,版权所有人让出的是决定谁能实施其某些权利的权利。鉴于某些强制许可及相关规定,在商请版权局长的情况下,国会图书馆按照指示,“委派三名全职的版权使用费裁判官……依据第 112 条(e)、第 114、115、116、118、119 和 1004 条规定,

---

① 卡通网诉 CSC 控股有限公司(Cartoon Network LP, LLLP v. CSC Holdings, Inc.),536 F. 3d 121 (2d Cir. 2008), *cert. denied*, 129 S. Ct. 2890 (2009),该案特别具有启发意义,因为法院认为,“超过临时”的固定要求是“复制”定义的一部分,并进而认定,在对系统发出的直接指令中,缓冲器上的瞬间“复制”不是侵权意义上的“复制”。

② 参见阿吉诉派拉蒙有限公司(Agee v. Paramount Comms., Inc.),59 F. 3d 317 (2d Cir. 1995)[它认为,派拉蒙公司未经授权将录音复制(同步化)至录像带的音轨上(只被广播一次,没有为销售或出租而向公众发行),侵犯了录音作品的专有复制权]。

就合理的付费条件和比率作出决定和调整。”[①]

6.1.2.1　### (一) 图书馆与档案馆复制

《版权法》第 108 条专门就图书馆和档案馆实施的某些复制和发行行为免除其侵权责任。该免责通常涉及的是图书馆或档案馆非商业性地复制或发行作品的一份复制品或录制品,而这些图书馆或档案馆系向公众开放,或允许那些非其下属研究者,但在专业领域从事研究的人员进入。[②]

这一免责也及于下述情形:(ⅰ)把图书馆或档案馆所藏未发表作品复制和发行不超过三份复制品或录制品,“仅仅为了保存和保护,或者是为了在另一图书馆或档案馆做研究性使用而存档”,如果以数字格式复制的该复制品或录制品没有以这种格式发行,且没有以这种格式提供给该图书馆或档案馆场地之外的公众;(ⅱ)复制已发表作品不超过三份,“目的只是为了代替破损的、变坏的、遗失的或被盗的复制品或录制品,或者,如果作品的原有储存格式已过时”,图书馆或档案馆经合理努力后断定,无法以合理的价格获得未使用的替代品,且在合法拥有该复制品的图书馆或档案馆场所之外,以数字格式复制的复制品或录制品没有以此种格式向公众提供。[③]

应一用户或另一图书馆或档案馆请求,复制和发行“享有版权的文集或期刊中的一篇文章或其他部分,或享有版权的其他作品中的一小部分的复制品或录制品”;如果已经判定,“基于充分调查,享有版权的作品的复制件或录制品不能以合理价格获得”,应用户或另一图书馆请求复制和发行该整部作品,也均可获得免责。这些免责的其他条件是,[图书馆或档案馆]不知道该复制品“会被用于私人学习、学术或研究之外的目的”,图书馆或档案馆

---

① 《美国法典》第 17 编第 801 条。2004 年末通过的第 801—805 条确立了“版权使用费裁判官”(Copyright Royalty Judges)制度,修改并取代了以前的第 8 章所创立的“版权使用费仲裁庭”(Copyright Arbitration Royalty Panels)。

② 《美国法典》第 17 编第 108 条(a)。

③ 《美国法典》第 17 编第 108 条(b)—(c):“对于以某种格式储存的作品,如果使用它所必需的机器或设备不再生产,或者不能在市场上合理获得,该格式就应被认为是过时的(obsolete)”《美国法典》第 17 编第 108 条(c)。

显著地展示了正确的版权通告和侵权警示。[①]

将版权保护期延长20年的1998年《版权延期法案》[②]为图书馆和存档复制规定了特别的免责。在已发表作品的最后20年保护期里，为了保存、学术或研究目的，这些机构可以复制、发行、展示或表演该作品的复制件或录制品，除非“该作品受到了商业性开发利用”，或者能够以合理价格获得一份复制件或录制品，或者其版权所有人通告称存在上述情形之一。[③] 该免责原本排除了音乐作品，绘画、图像和雕塑作品，以及大多数视听作品[④]，但这一排除又于2005年被删除了。

6.1.2.2 **（二）临时录音**

广播电台或其他“传播机构”（transmitting organization）被许可或以其他方式而有权向公众传输某作品之表演或展示，或对数字格式录音作品之表演进行非预订（nonsubscription）的广播传输，可以对该传输制作单件复制品或录制品，只要这是为了用于其自身的存档保留；或者当该复制件或录制品在首次传播后6个月内发生毁损，为了保护或为了在其自己的服务区内传播。[⑤] 为制作这种被许可的复制件，如果需要规避技术措施，且版权人没有提供制作复制件所必要的方法，此种规避就不违反《版权法》第1201条有关版权保护系统的规避禁止规定。[⑥] 同样，具有法定许可，或者因第411条而被授权传播录音作品之表演[⑦]的传播机构，在遵循其他法定条件的情况下，可以对该录音制作一份录制品。[⑧]

如果传播实体是政府机构或者其他非营利组织，它就可以对某一传播制作30份复制件或录制品，只要除了为存档留存一份复制件外均在首次传

---

① 《美国法典》第17编第108条(d)—(e)。

② 参见下文§8。

③ 《美国法典》第17编第108条(h)。

④ 《美国法典》第17编第108条(i)。

⑤ 《美国法典》第17编第112条(a)。

⑥ 《美国法典》第17编第112条(a)(2)。参见下文§11。

⑦ 参见下文§6.6。

⑧ 《美国法典》第17编第112条(e)。

播之日后7年内被销毁。并且,如果该作品属于宗教性质的非戏剧音乐作品的表演或录音,政府机构或其他非营利组织就可以对所传播的该作品免费制作并发行一份复制品或录制品,供被许可传播该作品的广播机构使用,只要除了为存档留存一份复制件外均在首次传播之日后一年内被销毁。另外,有资格向某些残疾人受众传播某作品之表演的政府机构或其他非营利组织,为了进行该传播或为了档案保存或保护,可以对该作品制作10份复制品,只要没有因为该使用而收费。[①]

6.1.2.3 (三) 计算机程序的某些副本

为了回应CONTU报告,[②]国会在1976年《版权法》的第117条中规定,当计算机程序复制件的所有人制作"该程序的另一复制件或修订本"时,如果该复制件或修订本的使用只是"与机器相连的计算机程序使用过程中的必要步骤",或者只是为存档目的而制作,不构成对复制权的侵犯。[③]

按照第117条,为了使用而将程序复制到计算机的随机存取存储器,不构成侵权,即使有关"使用"不是该程序设计的目标。[④] 不过,曾有法院主张,如果实施复制行为的人不是程序复制件的"所有人",而只是其被许可人,则不适用该免责规定。[⑤] 为了推翻这种由法院适用于特定事实的观点,国会于1998年修改第117条,其中规定,仅仅由于计算机所有人或其租户

① 《美国法典》第17编第112条(b)—(d)。

② 参见上文§2.4.1.1。

③ 《美国法典》第17编第117条(a)。

④ 参见沃尔特公司诉奎德软件公司(Vault Corp. v. Quaid Software ,Ltd.),847 F. 2d 255 (5th Cir. 1988)。

⑤ 麦系统公司诉匹克计算机公司(MAI Systems Corp. v. Peak Computer, Inc.),991 F. 2d 511 (9th Cir. 1993), *cert. dismissed*, 510 U.S. 1033, 114 S. Ct. 671 (1994)[计算机服务公司将被许可的操作系统装入被许可人的计算机随机存储器(打开计算机时的附属行为),属于"复制",不因第117条而被免责];参见克劳斯诉泰透瑟弗公司(Krause v. Titleserve, Inc.),402 F. 3d 119 (2d Cir.), *cert. denied*, 126 S. Ct. 622 (2005),法院注意到免责只保护"计算机程序复制件的所有人",通过强调拥有程序与拥有程序"复制件"之间的区别,来判定复制件"占有"何时变成"所有"。为此,形式上的资格转让不是绝对必要的:"相反,法院应该调查的是,当事人是否对程序复制件实施了足够的所有权行为,从而在第117条(a)的意义上被合乎情理地视为复制件所有人。"另参见沃尔数据公司诉洛杉矶治安局(Wall Data, Inc. v. Los Angeles County Sheriff's Dep't),447 F. 3d 769 (9th Cir. 2006)。

运行该机器而造成对程序授权副本的复制，如果其目的只是对该计算机进行维护或修理，则不构成侵权。[①] 第117条(c)规定的安全港条款得到了宽泛的解释：

> 第117条(c)得以通过的一般政策……是"要确保独立的服务机构不要仅仅因为他们为了检修硬件设备而打开机器就意外地承担版权责任。"[国会众议院报告(H. R. Rep. No. 105－551，pt. l，at 27)]因而，国会试图保护那些安装和维护计算机系统的公司，而不是就版权内容从事其他商业性使用的公司。[②]

6.1.2.4 **（四）为盲人或其他残疾人而进行的复制**

复制(或发行)"过去出版的非戏剧性文字作品(的复制件或录制品)，如果该复制件或录制品以特殊格式复制或发行，专门为盲人或其他残疾人所使用"[③]，就不构成对专有复制权的侵犯。该免责被专门限定于以特殊格式复制的"非戏剧文字作品"，有合适的通知，且不适用于考试和测验资料或计算机程序。[④] 并且，该免责只适用于"其首要任务是为盲人或其他残疾人提供涉及培训、教育或适应性阅读或信息获取特殊服务的非营利机构或政府部门。"[⑤]为"中小学专用教育出版物"的出版者规定的特别免责是，对于他们有资格以印刷格式发行的材料，可以在指定情况下制作，向国家教学材料获取中心发行电子文件复制件。[⑥]

6.1.2.5 **（五）家庭录音**

"消费者非商业性使用"数字或模拟式录音设备或媒介，"以制作数字音

---

① 《美国法典》第17编第117条(c)。

② 储存技术公司诉消费者硬件咨询公司(Storage Tech. Corp. v. Custom Hardware Eng'g & Consulting, Inc.)，421 F. 3d 1307 (Fed. Cir. 2005)。

③ 《美国法典》第17编第121条。

④ 《美国法典》第17编第121条(b)。

⑤ 《美国法典》第17编第121条(d)。

⑥ 《美国法典》第17编第121条(c)。

乐录音或模拟式音乐录音”的,《版权法》专门免除其侵权之责。[①]数字录音技术(DAT)为免除非商业性复制音乐作品之责任提供了动因。

在便宜而便捷的CD复制设备被采用之前,DAT技术让用户能够对已录作品制作高度逼真的复制品(特别是数字化编码的CD),曾一直容忍家用模拟式磁带录音的录音产业为反对采用DAT设施发起了轰轰烈烈的运动。国会的反应是给《美国法典》第17编增加了第10章——《数字录音设备与媒介》[②],其在对“消费者非商业性使用”免除责任的同时,禁止“输入、制造和发行”数字录音设备,除非该种设备的构造能够防止“连续复制”(serial copying),即“以数字格式,从数字音乐录音的数字复制品中复制享有版权的音乐作品或录音作品”[③]。《版权法》试图禁止对数字式已录作品的数字复制件制作数字复制件;它的目标是作品的大规模复制,而不是对原作的简单复制,甚或多份复制。[④]

得到准许的数字音频设备或媒介(例如数字音频磁带、光盘或其他录制媒介)生产商或进口商被课以版税义务。税金的2/3被版权局分配给录音公司和表演者,1/3给了出版商和作曲家。[⑤]

时间和技术进步已经弱化了存在于国会决定背后的假定。聚焦数字录制技术,无论是国会还是音乐产业,既没有为CD之间直接复制的便捷做好准备,也没有预料到网上音乐发行以及MP3压缩对这种发行提供的便利。正如第九巡回法院所评论的,国会或各利益方都没有仔细考虑过“由于数字录音和因特网而变得可能的革命性音乐发行新方法;……因特网音乐发行的美丽新世界”。[⑥]

结果,在适用第1008条专门的法律规定时,第九巡回法院裁定,计算机

① 《美国法典》第17编第1008条。

② 《美国法典》第17编第1001条及以下。

③ 《美国法典》第17编第1001条。

④ 《美国法典》第17编第1002条。

⑤ 《美国法典》第17编第1003—1007条。

⑥ 美国唱片业协会诉戴梦得多媒体公司(Recording Industry Ass'n of America v. Diamond Multimedia Systems Inc.),180. F. 3d 1072 (9th Cir. 1999)。

硬盘驱动器不是“数字录音设备”，也不是MP3播放器，因此，根据硬盘进行录音的MP3播放器的制造商不受第10章的禁止、不适用其版税条款。[①] 同样适用该推理，第九巡回法院还判定，通过计算机对网上版权音乐进行非商业性下载，不能以第1008条免除其责任。[②]

6.1.2.6　(六) 机械复制的强制许可

1976年《版权法》大大扩大了强制许可的使用，并延续了1909年《版权法》所创立的最主要的强制许可，即“制作和发行录制品的强制许可”[③]。本质上而言，它允许对以前已被录音的作品制作“翻唱式”(cover)录音。在符合强制许可条件的情况下，它允许制作和发行非戏剧音乐作品的录制品，而不需获得版权所有人的同意；有了这种强制许可，人们就无需从作品的版权所有人那里寻求专门的“机械许可”(mechanical license)。

依其规定，这种强制许可仅仅适用于以录制品形式制作、发行非戏剧类音乐作品的机械复制品，且该作品的录制品已经根据版权所有人授权在美国公开发行，而制作新录制品的主要目的是为私人使用而公开发行。1995年《录音作品数字表演权法》将这种强制许可扩大到非戏剧类音乐作品的数字音频传送。[④] 简单地说，一旦非戏剧类音乐作品的版权人在美国授权制作、发行该作品的录制品，在符合强制许可规定的情况下，任何他人也可以为了同样的公开发行，制作该作品的录制品。这些规定、限制，获取强制许可证、决定并支付版税等程序都详细规定在《版权法》第115条。[⑤]

由于强制许可被限定于非戏剧类音乐作品，它就不能适用于对歌剧或整部音乐剧的录音制作。同样，对一部非戏剧音乐作品制作新录音的强制

---

① 美国唱片业协会诉戴梦得多媒体公司(Recording Industry Ass'n of America v. Diamond Multimedia Systems Inc.)，180. F. 3d 1072 (9th Cir. 1999)。

② 阿莫唱片公司诉纳普斯特(A&M Records v. Napster)，239 F. 3d 1004, 1024 (9th Cir. 2001)[“《家庭录音法》不涉及将MP3文件下载(到计算机的硬驱中)”]。

③ 《美国法典》第17编第115条。

④ 《美国法典》第17编第114条(d)。

⑤ 《美国法典》第17编第115条(b)—(c)。

许可，并不能授权复制包含该作品的已有录音，除非取得该录音作品版权人的同意。[①] 该强制许可仅仅涉及“录制品”的制作和发行，而不涉及对作品进行其他任何种类的复制。因而，同时包含歌曲音乐及其歌词画面（如卡拉OK或伴唱所使用）的CD或其他设备，就不是强制许可意义上的“录制品”。[②]

此种许可包括“在必要的范围内对作品进行音乐改编的特权，以使之符合特定表演的风格和诠释方式”，只要这种改编“不改变作品的主旋律和基本特征”；并且，除非取得版权所有人的明确同意，改编本身无论如何不能作为演绎作品受到保护。[③]

虽然强制性机械许可的创立对于繁荣录制音乐的政策实施是一个重要因素，但这种法定机制本身并非录音制品的商业性制作和发行所依凭的主要手段；事实上，它很少被使用。在一定程度上，绝大部分录音是遵循自愿机制，由全国音乐出版者协会的下属机构哈里·福克斯代理中心（Harry Fox Agency）管理、经版权人许可而制作的。依照这种机制，对非戏剧音乐作品制作复制品的非排他性权利被授予那些愿意制作“翻唱”录音的人，为此，他们基本上遵循着立法上的强制许可所规定的相同版税条件，但不考虑其繁重的结算条款。

6.1.2.7　（七）公共广播的强制许可

《版权法》的第118条创设的一项强制许可向“公共广播实体”授予一种有限的权利，即当与有关作品表演与展示的广播相关时，复制已经发表的非戏剧音乐作品和已经发表的绘画、图形和雕塑作品。对此，该法没有确定许可费，而是周密地规定了公共广播组织与有组织的版权人之间为设定自愿

---

① 《美国法典》第17编第115条(a)(1)。

② 阿布科音乐公司诉斯泰勒唱片公司（ABKCO Music, Inc. v. Stellar Records, Inc.），96 F. 3d 60 (2d Cir. 1996)。该法院还注意到，即使强制许可在其他方面适用，它也不涉及歌词的视觉展示。另见精英歌手公司诉贝塔斯曼音乐出版公司（Leadsinger, Inc. v. BMG Music Publishing），512 F. 3d 522 (9th Cir. 2008)（制作和发行录制品的强制许可也不允许对歌词进行实时的，并伴以歌曲录音的展示）。

③ 《美国法典》第17编第115条(a)(2)。

版税率而进行的谈判。在没有协议的情况下，版税率由国会图书馆长召集版税仲裁庭进行确定。①

6.2　第二节　作品演绎权

"演绎作品"的创作会提出两个独立的问题。如上文所论②，一个问题是非侵权的演绎作品所具有的独立的可版权性；它涉及到将演绎作品与其原作区分开来的创造性与原创性的数量。这枚钱币另一面的问题是，按照一部版权作品进行创作的人是否侵犯了其版权人基于第106条(2)享有的"根据版权作品创作演绎作品"的专有权。

《版权法》对"演绎作品"的定义是：

> 以一部或多部已有作品为基础的作品，如译文、音乐编排、戏剧化、小说化、电影版、录音、美术复制、节略、缩写，或者作品得以改写、转化或改编的其他任何形式。由编辑修订、注释、详解或其他修改构成的作品，整体上呈现为原创性作品的，属于"演绎作品"。③

要判断一部所谓"演绎作品"本身是否可受版权保护，如已所述，它必须经过原创性测试，必须被固定于有形体的表达媒介上。另一方面，一个人即使没有制作原作的复制件，也没有固定其侵权作品，却也可能被认为侵犯了排他性的演绎权。④ 正如国会委员会报告的解释，"创作演绎作品……可能

① 《美国法典》第17编第118条。

② 上文§3.2.2.2。

③ 《美国法典》第17编第101条。

④ 刘易斯玩具公司诉任天堂公司(Lewis Galoob Toys, Inc. v. Nintendo of America, Inc.), 964 F.2d 965 (9th Cir. 1992), *cert. denied*, 507 U.S. 985, 113 S.Ct. 1582 (1993)。

属于侵权，即使没有任何东西被固定于有形形式上。”[①]

创作演绎作品的专有权不是防止一切借用行为的万能盾牌，它所禁止的是通过这种或那种方式的转化来取用原作，例如，就像将一部小说转化成一部电影。[②]

认定侵权性演绎作品的前提是，“侵权作品必须以某些形式包括了版权作品的一部分；对一部作品或受小说启发的标题乐曲做详尽的评注，通常不会构成侵权……”[③]并且，曾有判决指出，被诉作品必须与原作有“实质性相似”，才能被视为侵权的演绎作品。由此，即使某作品实际包含了对某原作的“融合”，如果最终结果与原作之间没有“实质性相似”，该新作也不属于侵权。[④]

就像对待计算机程序的专有复制权那样，《版权法》第 117 条为计算机程序副本的合法所有人创立了有关该程序“改编”的有限免责，如果该改编

---

① 国会众议院报告[H. R. Rep. No. 1476, 94th Cong., 2d Sess. 62 (1976)]；参议院报告[S. Rep. No. 473, 94th Cong., 1st Sess. 58 (1975)]。

② 当视觉艺术作品复制件的合法所有人对它加框、重装，并出售最终产品，但没有复制或改变该作品本身时，是否有侵权性演绎作品的产生？对此，“转化”(transformation)的定义在巡回上诉法院中引发了冲突。比较：米拉吉有限公司诉阿尔布开克公司[Mirage Editions, Inc. v. Albuquerque A. R. T. Co., 856 F. 2d 1341 (9th Cir. 1988), *cert. denied*, 489 U. S. 1018, 109 S. Ct. 1135 (1989)]和李诉 A. R. T. 公司[Lee v. A. R. T. Co., 125 F. 3d 580 (7th Cir. 1997)]。另参见彼得有限公司诉科学论派世界研究会(Peter Letterese & Associates, Inc. v. World Institute of Scientology Enterprises), 533 F. 3d 1287 (11th Cir. 2008)(该案拒绝判定销售技巧课程材料和大纲是以原告的销售技巧教材为基础的演绎作品，原告图书本身没有任何部分被编入被告材料)。

③ 同上；刘易斯玩具公司诉任天堂公司(Lewis Galoob Toys, Inc. v. Nintendo of America, Inc.)964 F. 2d 965 (9th Cir. 1992), *cert. denied*, 507 U. S. 985, 113 S. Ct. 1582 (1993)(该案认为，被告的设备允许用户更改原告的视频游戏特征，本身不是“演绎”作品，因为它在实际上没有将原告的作品有形性地包括在内)。

④ 卡斯尔娱乐公司诉卡罗尔出版集团(Castle Rock Entertainment, Inc. v. Carol Publishing Group, Inc.), 150 F. 3d 132 (2d Cir. 1998)：

> 如果在后作品对原作表达进行了足够的转变，以致二者不再具有实质性相似，那么，在后作品就不是演绎作品，因此也不侵犯原作的版权。

同上，at 143；另参见阿特金诉费舍尔(Atkins v Fisher), 331 F3d 988 (D. C. Cir. 2003)；韦尔一梅德玩具公司诉戈法国际公司(Well-Made Toy Mfg. Corp. v. Goffa International Corp.), 354 F. 3d 112 (2d Cir. 2003)；利奇菲尔德诉斯皮尔伯格(Litchfield v. Spielberg), 736 F. 2d 1352 (9th Cir. 1984), *cert. denied*, 470 U. S. 1052, 105 S. Ct. 1753 (1985)；微星诉福姆根公司(Micro Star v. Formgen Inc.), 154 F. 3d 1107 (9th Cir. 1998)。关于“实质性相似”的讨论，参见下文 § 9. 2. 1。

“是该计算机程序与机器结合使用过程中的必要步骤，且不以其他方式使用”。在未经有关作品版权人同意的情况下，这一改编不得转让。[①] 基于第117条和CONTU报告，有一种主张认为，计算机程序副本所有人有权修改该程序——即创造一个演绎作品，且无需版权人的同意，只要该修改只是为了该所有人的“内部事务需要”，“是该软件得到继续使用的必要措施”。[②]

如果原作没有登记，在合适的情况下，演绎作品的登记可以被推定性地视为原作的登记，这“甚至适用于未登记原作中被复制的部分，只要两个版权的所有人是相同的。”[③]

6.3　第三节　发行权

6.3.1　一、首次发表权

版权所有人拥有“通过销售或其他转让所有权的方式，或通过出租、租赁或借用，向公众发行版权作品的复制件或录制品”的排他性权利。[④] 实质而言，公开发行权是对旧的普通法上的首次发表权的改造，是作品创作者决定何时首次向公众披露其作品的权利。[⑤] 就像对于每一种法定专有权那样，公开发行权与其他权利截然区分，这样，例如，允许复制或表演作品，不

---

① 《美国法典》第17编第117条。参见沃尔数据公司诉洛杉矶治安局(Wall Data, Inc. v. Los Angeles County Sheriff's Dep't), 447 F. 3d 769 (9th Cir. 2006)；克劳斯诉蒂特瑟弗公司(Krause v. Titleserve, Inc.), 402 F. 3d 119 (2d Cir. 2005), *cert. denied*, 546 U. S. 1002 (2005)。

② 艾姆斯诉博内利(Aymes v. Bonelli), 47 F. 2d 237 (2d Cir. 1995)。

③ 奥拉维克诉太阳岛奢侈品投机公司(Oravec v. Sunny Isles Luxury Ventures, L. C.), 527 F. 3d 1218 (11th Cir. 2008) [引自斯特里特怀斯地图公司诉范丹公司(Streetwise Maps v. VanDam, Inc.), 159 F. 3d 739 (2d Cir. 1998)]。

④ 《美国法典》第17编第106条(3)。

⑤ 比较哈珀与洛诉民族杂志(Harper & Row v. Nation Enters.), 471 U. S. 539, 533, 105 S. Ct. 2218, 2226 (1985)(从一开始，那些受托从事修法的人就认识到了“压倒性的理由，以保留未传播作品的普通法保护，直至作者或其继承人决定公开它们”)。

包括允许公开发行这些复制件。

《版权法》没有解释"发行",虽然在多数情况下,"发表"的定义已经足够,即"通过销售或其他转让所有权的方式,或通过出租、租赁或借用,向公众发行作品的复制件或录制品"。[①] 不过,有关数字传播造成侵权的属性的忧虑,已经引起立法上的努力,以便更明确地承认此种传播是一种可诉的"发行"。在 1990 年代中期,在专利商标局长主持下,信息基础设施特别工作组的知识产权工作小组建议修改第 106 条(3),将"传播"(transmission)包括在"发行"中,从而使作品"传播"构成侵权性"发行",即使传播者保留了作品的复制件。它建议,立法修改要解释"传播"以包含作品复制件以及作品表演或展示的传播,把来自国外的"传播"作为第 602 条上的"进口"[②],并解释"发表"以包含"传播"。虽然国会没有奉行这些建议,但法院这样做了,如其曾经主张的那样,录音的因特网传播(不同于电视或无线电"广播")[③]是对该录音及其所含之版权音乐的侵权性"发行"。[④]

6.3.2 二、首次销售原则

《版权法》第 109 条规定:"合法制作的特定复制品或录制品的所有人……或该所有人授权的人,有权……出售或以其他方式处置他对该复制品或录制品的占有。"[⑤]该规定吸收了此前案例法确立的"首次销售原则"[⑥]。通过这一规定,版权所有人的"首次销售"或其它类似行为使其公开发行权用尽。当然,首次销售原则对发行权之外的权利没有影响,因而它不能被用

---

① 《美国法典》第 17 编第 101 条。

② 参见下文§6.3.4。

③ 广播应被视为"表演",而不是"发行"。阿吉诉派拉蒙公司(Agee v. Paramount Communications, Inc.),59 F. 3d 317 (2d Cir. 1995)。

④ 阿莫唱片公司诉纳普斯特(A&M Records v. Napster),239 F. 3d 1004 (9th Cir. 2001)。

⑤ 《美国法典》第 17 编第 109 条。

⑥ 参见如:包博思—梅里尔公司诉斯特劳斯(Bobbs-Merrill Co. v. Straus),210 U. S. 339 (1908);独立新闻社诉威廉姆斯(Independent News Co., Inc. v. Williams),293 F. 2d 510 (3d Cir. 1961)。

来庇护侵犯复制权或表演权的行为。[①] 对于在美国已经进入公共领域但其版权又得到恢复的外国作品[②]，恢复日之前生产的复制件或录制品的所有人，可以销售或以其它方式处置它们，无须得到被恢复版权的所有人同意，但此种“为了直接或间接的商业利益”的处置只能在恢复通告之后，或意图申请恢复的通告发布之后12个月内实行。[③]

版权所有人之外的人发行版权作品复制件或录制品的权利，被限于该复制件或录制品的合法“所有人”。因此，版权所有人的租借或许可，不是对该复制件或录制品上的“权益”(title)进行的转让，不会导致对首次销售原则的适用，或使版权人失去其发行权。[④] 就此而言，版权所有人与复制件获得者之间的交易的实质而非形式，才是具有决定性的。

除了下文将要论及的专门例外，第109条所包含的首次销售原则概括性地准许作品复制件或录制品的合法所有人采取一切发行或转让行为。对于已得到广泛承认的版权所有人的公共借阅权，美国法律没有规定与之相同的权利。录像带、DVD或其他媒介上的电影出售或出租，图书馆转借图书，以及涉及版权作品发行的同类行为，都处于首次销售原则的适用范围内。

6.3.3

三、首次销售原则的例外——录制品与计算机程序出租

首先是为了回应录音产业的压力，然后是回应计算机程序开发者，国会排除了“首次销售”原则对录音和计算机程序之商业性租借的适用，由此禁止未经授权复制录音和计算机程序。1984年《录制品出租修正案》和1990年《计算机程序出租修正案》对第109条做出修改，将“为了直接或间接的商业利益”出租、租赁、出借或以类似方式处置计算机程序复制件或录制品的

---

① 参见哥伦比亚影业公司诉雷德霍恩(Columbia Pictures Industries v. Redd Horne, Inc.), 749 F.2d 154 (3d Cir. 1984)。

② 《美国法典》第17编第104条(A)。

③ 《美国法典》第17编第109条(a)。

④ 《美国法典》第17编第109条(d)(首次销售原则赋予的“特权……不……适用于通过出租、租赁、借用或其它方式从版权所有人处获得复制或录制品占有，但没有获得其所有权的人”)。

行为排除在首次销售原则的庇护之外，除非获得该程序、录音和其中音乐作品的版权所有人的同意。[①] 非营利图书馆或非营利教育机构，为非营利目的出租、租赁或出借录制品的行为[②]，或者是非营利图书馆为非营利目的出借计算机程序的行为[③]，不适用该规定；计算机程序如果“与为播放视频游戏而设计，且目的有限的计算机结合使用”，也不适用该规定。[④] 并且，曾有判决认为，首次销售原则对于录制品出租的例外仅适用于音乐作品，因而不适用于“音频图书”或其他非音乐的录音。[⑤] 有关录制品出租与计算机软件出租的两个修正案开始被认为是“试验性的”，且有其限制性条件；然而，作为实施《北美自由贸易协定(NAFTA)》和 GATT 协定的一部分，这些日落条款已被撤销。

6.3.4

四、首次销售原则与进口

《版权法》第 602 条(a)规定，“未经版权所有人授权……把在境外获得的作品复制件或录制品进口到美国”，属于“侵犯第 106 条规定的复制件或录制品排他性发行权”的行为。[⑥] 不被禁止的进口有：为美国联邦或州政府或其政治分支机构使用而进口复制件或录制品；为进口者私人使用且不再发行而进口，或者作为个人私人行李的一部分带进美国一份复制件或录制品；为其图书馆或存档目的而由学术性、教育性或宗教性机构进口或为其进口不超过 5 份复制件或录制品，或仅为存档目的而进口一份视听作品复制件。[⑦]

向美国进口在国外获得的作品复制件，即使是合法制作和获得的复制

---

① 《美国法典》第 17 编第 109 条 (b) (1) (A)。

② 同上。

③ 《美国法典》第 17 编第 109 条 (b) (2) (A)。

④ 《美国法典》第 17 编第 109 条 (b) (1) (B)(ii)。

⑤ 布里连斯音频公司诉海茨·克罗斯传播公司(Brilliance Audio, Inc. v. Haights Cross Communications, Inc.),474 F. 3d 365 (6th Cir. 2007)。

⑥ 《美国法典》第 17 编第 602 条(a)。

⑦ 《美国法典》第 17 编第 602 条(a) (1)－(3)。

件，被第602条规定为侵犯发行权的行为。曾经造成严重冲突和混乱的问题是，第109条的首次销售原则可在多大程度上限制第602条(a)所规定的进口限制的适用。该问题的发生有多种情形，而其中最棘手的显然关系到"灰色商品"或真品的"平行进口"，这些真品购于外国并拿到美国零售，价格通常低于被授权的美国商人的开价。只要不存在对商品的歪曲且他们都是"真实的"，该进口就不属于商标侵权或不公平竞争。然而，如果商品包装包括了版权内容，进口此种包装的商品就可能导致第602条(a)所规定的禁止。[①]

冲突在一系列判例中展开。在塞巴斯蒂安一案[②]，第三巡回法院显然认为，如果商品在美国制造，再运往国外，随后被进口回到美国，首次销售原则限制着第602条(a)的适用；这就是说，法院心目中的重要问题是商品最初的制造地在哪里。在帕富姆·吉文凯诉药品商场一案[③]，第九巡回法院裁定，具有独特设计的香水盒如果在国外制造并首次销售，首次销售原则不能使这些盒子免除进口责任。该法院强调说，进口商和为零售而向该进口商购买商品的人都要按第602条(a)承担侵犯发行权的责任。对于登比凯尔诉玩具公司一案[④]，该法院强化了其主张并指出，帕富姆·吉文凯案的影响是，"只有当版权所有人或经其授权在美国销售的情况下，第109条才适用于产自国外的复制品。"

可是，此后不久，在兰扎国际公司诉品质王发行公司案[⑤]，第九巡回法院的另一个陪审团拒绝塞巴斯蒂安一案依据商品最初销售所进行的区分，明确主张第602条(a)不受首次销售原则[第109条(a)]的限制，从而增加

---

① 参见如：塞巴斯蒂安国际公司诉消费者联络有限公司(Sebastian International, Inc. v. Consumer Contacts (PTY) Limited)，847 F. 2d 1093(3d Cir. 1988)。

② 同上。

③ 帕富姆·吉文凯诉药品商场一案(Parfums Givenchy, Inc. v. Drug Emporium, Inc.)，38 F. 3d 477 (9d Cir. 1994), *cert. denied*, 115 S. Ct. 1315 (1995)。

④ 登比凯尔诉玩具公司(Denbicare U. S. A., Inc. v. Toys "R" Us, Inc.)，84 F. 3d 1143 (9d Cir.), *cert. denied*, 117 S. Ct. 190 (1996)。

⑤ 兰扎国际公司诉品质王发行公司(L'Anza Research International, Inc. v. Quality King Distributors)，98 F. 3d 1109 (9d Cir. 1996)。

了困惑。1998 年 3 月,联邦最高法院为解决这一问题而发出了移送诉讼文书的指令。

在推翻第九巡回法院所做判决的时候,最高法院主张,第 109 条(a)的首次销售原则可适用于进口的作品复制件,从而对第 602 条(a)构成制约。[①] 史蒂文斯(Stevens)法官指出,第 602 条(a)"不是无条件地禁止未经授权进口版权资料",而是"规定此种进口是对'第 106 条上的'复制品专有发行权的侵犯",且第 106 条受到第 109 条(a)的限制,这样,他对于成文法规定的解读是,将首次销售原则明确适用于那些"依据美国《版权法》"在国外合法制造并获得的复制品的进口。[②] 该法院判决,这两个条款"包含着各自独立的重要涵义",第 602 条(a)没有被第 109 条(a)所吞没,因为进口条款还将适用于那些按照美国《版权法》属于非法制作的复制品。提出附议的金斯伯格(Ginsburg)法官认为,"符合美国《版权法》的合法制作","一定意味着'在美国合法制作'"[③],这在实质上正是塞巴斯蒂安一案所采纳的观点。

6.4 第四节 公开表演权

6.4.1 一、概述

版权所有人被赋予排他性权利,"在涉及文学、音乐、戏剧和舞蹈作品,哑剧,电影及其他视听作品的情况下,公开表演这些享有版权的作品"。[④] 该权利不是适用于一切享有版权的作品,比如,绘画、图形、雕塑以及除例外

---

① 品质王发行公司诉兰扎国际公司(Quality King Distributors, Inc. v. L'anza Research International, Inc.), 523 U.S. 135 (1998)。

② 同上,at 1130。

③ 同上,at 1135。参见欧米伽有限公司诉科斯特可批发公司(Omega S.A. v. Costco Wholesale Corp.),541 F.3d 982 (9d Cir. 2008)。

④ 《美国法典》第 17 编第 106 条(4)。

情形(见下文论述)的录音作品就没有表演权。广播、电视、电影和瞬间发生的数字传播使得版权所有人的表演权特别重要,同时也充满了争议。

事实上,由于音乐被不断地使用于广播和电视播放以及其他方式的公开传播,表演权对于音乐产业特别重要。与戏剧类音乐作品有关的表演权["大表演权"(grand performance rights)]常常受到与非戏剧类音乐作品表演权["小表演权"(small performance rights)]相当不同的处理。举例来说,某些免责制度仅适用于非戏剧类音乐作品的表演,某些许可可能被限于"小表演权"。由于此种区分,仅包含一部非戏剧性音乐作品表演的许可,不能包含同一作品的戏剧版表演。音乐剧独立曲目的表演许可不包括该剧原版全本(original cast album)的表演,或这些歌曲被连续演出的其他表演,因为后者构成了作品的"戏剧性"版本。[①] 不幸的是,并没有一条清晰的界线能将戏剧类与非戏剧类的音乐作品或表演区分开来。表演本身的性质可能是决定性的——与之相关的问题是,音乐作品是不是"被戏剧化了"。

若影响表演权的必须是对版权作品的"表演",且该表演必须是"公开的";在确定该权利的范围和意义时,这些术语的解释方式意义重大。下面讨论这些定义。

6.4.2

二、"表演"

《版权法》对"表演"做了清晰的解释:

> "表演"一部作品意味着,直接或借助任何设备或方法,朗诵、表现、演播、舞蹈或扮演它,或者,对于电影作品或其他视听作品,连续展现其图像,或使其伴音被听得到。[②]

"表演"不限于一个人用身体向其他人传递作品的行为。无疑地,个人

---

① 参见罗伯特集团有限公司诉斯珀伯(Robert Stigwood Group, Ltd. v. Sperber),457 F.2d 50 (2d Cir. 1972)。

② 《美国法典》第17编第101条。

演唱一首歌是表演；管弦乐队演奏交响乐是表演；戏中的演员是在表演这出戏。如果所涉作品受版权保护且这些表演是公开的，在版权所有人没有同意该表演的情况下，公开表演权就受到了侵犯，并可发生侵权诉讼。在这种情况下，正如该术语的一般理解，“表演者”实施了“表演”。

然而，此种意义上的“表演者”对于表演权的适用并不是必不可少的。如果某人演唱歌曲的录音被播放，就产生了“表演”，表演版权作品(即该歌曲)的人就是造成该录音被播放的人。虽然“表演”定义宽泛，为了其预定目的而简单地使用一部版权作品，未必构成表演；因而，当受版权保护的游戏被运行，甚至在公开竞赛中被大群人运行时，该游戏就没有被“表演”。[①]

承认单一事件(single event)所产生的多重表演(multiple performance)，符合宽泛的表演定义。一部戏的剧院演出如果同时被电视播出，那么在演员表演的同时，电视台也“表演”了，饭店老板通过电视设备向顾客播放电视也是表演。简而言之，表演一部戏的单一事件产生了多重表演，它们都可以单独构成侵权行为；版权所有人对这单一事件做出的授权许可，不能使那些未经许可的表演免除责任。上述事例说明，版权人可能授权了一部戏的剧院演出，以及该戏的电视播出，但该授权不能袒护饭店老板在饭店里打开电视进行表演的责任。[②]

将电视转播视为“表演”一直是个麻烦问题。如上所述，当一个事件被广播、传输被同步接收后再进一步传播或转播时，就发生了各自独立的公开表演——这种多重表演的概念最早是由美国最高法院在巴克诉朱厄尔—拉萨尔不动产公司案[③]中予以承认的。该案所涉及的是，某旅馆以管线向各

---

① 艾伦诉美国教学游戏联盟(Allen v. Academic Games League of America, Inc.), 89 F. 3d 614 (9th Cir. 1996)。

② 参见大卫·希普利《版权法与你隔壁的酒吧和烧烤店：表演权的最新变革及第 110 条(5)规定的免责》(David E. Shipley, Copyright Law and Your Neighborhood Bar and Grill: Recent Developments in Performance Rights and the Section 110(5) Exemption), 29 Arizona L. Rev. 475 (1987)。

③ 巴克诉朱厄尔一拉萨尔房地产公司(Buck v. Jewell-LaSalle Realty Company), 283 U. S. 191, 51 S Ct. 410 (1931)。

个客房"输送"无线电广播。然而,历经 35 年之后,在两起涉及以有线电视系统转播广播信号的判例[①]中,最高法院表示了对此种学说的极大怀疑,并在一起涉及快餐店收听无线电广播的判例中删除了该学说的实质部分。[②]然而,1976 年通过的《版权法》将这一问题束之高阁,实则恢复了巴克诉朱厄尔一拉萨尔案的观点,并推翻了其后的几个判例。如今该法明确规定,当版权作品的表演被传播或转播,如果未经同意或不属于专门的例外,就有各自独立且可被起诉的"表演"发生。

6.4.3 三、"公开"

要适用表演权,一个表演必须是"公开"的。《版权法》试图使它的定义做到综合、广泛:

> "公开"表演或展示一部作品意味着——
>
> (1)在一个向公众开放的地方,或者是,在通常的家庭圈及其社会交往之外的大量人群聚集的地方表演或展示;或者
>
> (2)向第(1)项所指定的地方,或借助任何设备或方法向公众传输或以其他方式传播作品的表演或展示,无论可以接收该表演或展示的公众是在同一地方还是在其各自的地方,在同一时间还是在不同的时间接收它。[③]

因而,上述定义的第一个方面所关注的是作品表演的场所。如果它发生于向公众开放的地方,即使是一个受到限制的空间,同一时间只可容纳少数的人,甚至实际上并无听众,它依然是"公开的",表演也会是可诉的。相

---

① 双周刊公司诉统一艺术家电视台(Fortnightly Corp. v. United Artists Television),392 U.S. 390, 88 S.Ct. 2084 (1968);电子提示器公司诉哥伦比亚广播公司(Teleprompter Corp. v. Columbia Broadcasting System),415 U.S. 394, 94 S.Ct. 1129 (1974)。

② 21 世纪音乐公司诉艾肯(Twentieth Century Music Corp. v. Aiken),422 U.S. 151, 95 S.Ct. 2040 (1975)。

③ 《美国法典》第 17 编第 101 条。

应地，在哥伦比亚影业公司诉雷德·霍恩公司案①中，盒式录像带租赁店向消费者提供私人"播映"间，向同时不超过 4 个人传输出租的录像带，从而被认定实施了录像带公开表演；因为租赁店属于"向公众开放的地方"，录像带表演因而是公开的，无论该地方大小与观众成分如何。②

另一种情形是，对于发生在不向公众开放，因而显然是私人场所的表演，如果其针对的受众由"通常的家庭圈及其社会交往之外的大量人群"组成，则仍然会被认为是"公开"的。多大规模的人群会被认为是"大量"，并无明确的判断标准。但这种判断所要依赖的，不仅是人群的绝对规模，还包括场合的特征以及人群成员之间的关系。③

就像雷德·霍恩案，向开放场所传播，或如广播电视那样一般性地向公众传播表演，可构成《版权法》上的公开表演，无论受众是同步还是按顺序接收。因而，宾馆根据客人要求，以电子手段向客房传送电影，是对作品的公开表演，就像在宾馆厅堂或其他公共房间里的显示器上播放磁带或光盘；另一方面，如果它向客人单独出租电影，在各自装有播放器的客房里使用，该表演就不是"公开的"。④

6.4.4　四、法定免责概述

按照 1909 年《版权法》，非戏剧性音乐作品的公开表演权范围被限于"营利性"的表演。随着预录音乐广播的发展，以及随之而来的非戏剧音乐

---

① 哥伦比亚影业公司诉雷德·霍恩公司（Columbia Picture Industries, Inc. v. Redd Horne, Inc.），749 F. 3d 154 (3d Cir. 1984)。

② 同上，at 158—159。

③ 参见哥伦比亚影业公司诉埃维克有限公司（Columbia Pictures Industries, Inc. v. Aveco, Inc.），800 F. 2d 59 (3d Cir. 1986)（录像带租赁店被认定为帮助侵权，因为它向消费者出租录像带，由其在位于独立播映间里的播放器上播放，而不是发自中心区域的传输）。另一方面则参见卡通网诉 CSC 控股有限公司（Cartoon Network LP, LLLP v. CSC Holdings, Inc.），536 F. 3d 121, *cert. denied*, 129 S. Ct. 2890 (2009)（其判定，由"远程存储 DVR 系统"向个体订户传输的 RS－DVR 回放使用了该订户制作的独一性的复制件，不属于"面向公众"的表演）。

④ 参见哥伦比亚影业公司诉不动产投资公司（Columbia Pictures Indus, Inc. v. Prof.' Real Estate Investors, Inc.），866 F. 2d 278 (9th Cir. 1989)。

作品表演权重要性的不断增加，有关何为“营利性”表演问题的大量判例法得以发展，法院由此表明，直接或间接地源自表演（例如，钢琴师在饭店演奏背景音乐，或以无线方式播放预录音乐）的任何利益都足以构成“营利性”表演。[①]

1976年《版权法》取消了对非戏剧性音乐作品的“营利性”限制。第106条(4)将表演权适用于所有作品（除了录音与绘画、图像和雕塑作品），不以表演的“营利”属性作为权利构成的条件。可以说，该法确立了一种宽泛的表演权，然后又提供了一系列极为具体的免责，即规定某些特殊的非商业性或非营利性背景下的表演被免除侵权责任，如上所述，其中多数来自于对旧的、宽泛的一般性非营利免责规定所做改造。

6.4.5 五、法定免责的具体情形

法定免责被详细规定于《版权法》第110、111、118和119条。第110条的免责包括范围广泛的多种情形；第111条免除了某些转播的责任；第111条和第119条确立了针对某些转播的强制许可机制；第118条的免责涉及某些非商业性广播机构依照协议许可实施的公开表演。

第110条专门为10种被严格界定的表演规定了免责。[②] 完全符合这些免责规定字面表述的表演“不侵犯版权”。[③] 第110条(1)—(4)、(6)和(8)—(10)所涉及的是各种类型的非营利性表演，而该条(5)和(7)严格界定的则属于商业性免责。

6.4.5.1 （一）第110条(1)和(2)：课堂免责

“在专门从事教学的课堂或类似场所，在非营利教育机构的面授教学过程中，教师或学生实施的表演或展出”，被规定为免责，但是，当所涉作品是电影或其他视听作品时，如果该表演“所使用的复制件系非法制作”，且“负

① 参见赫伯特诉尚利(Herbert v. Shanley)，242 U. S. 591，37S. Ct. 232 (1917)。

② 《美国法典》第17编第110条。

③ 同上。

责表演的人知道或有理由相信”它属非法制作，则不适用该免责规定。[①] 该免责覆盖了一切版权客体的表演，并适用于非营利性教育机构里的面授场合。因而，在课堂教学过程中，如果教师在课堂上通过播放器和视频监视器播出合法获得的涉及教学课程的电影复制件，教师对该电影的表演被免责。

该免责的焦点是，表演是教育性的、具有课堂属性；为了其他目的而开放这一场所，使表演面向更广泛的受众，就不能受到该免责的保护。如果没有在位于课堂内的播放器上播放复制件，而是由教师安排从外部场所向该课堂传送电影，即使受众被限定为教师上课的学生，该免责也不能适用。

第 110 条(2)将教学免责从面授扩大到了教学性的“传输”。按最初的规定，该免责被局限于非戏剧类文学或音乐作品的表演，不包括视听作品、电影或戏剧性文学或音乐作品；这样，这些作品表演的“传输”只在涉及课堂使用的有限情况下才被免责。远程教育(尤其是在互联网上)的发展促使这些教学性免责得到重新考察。为响应 1998 年《数字千年版权法》，美国版权局长向国会提交了《版权与数字远程教育报告》，国会则于 2002 年通过了《技术、教育和版权协调法》，即“教学法”，以贯彻某些建议方案。由此得以修改的第 110 条(2)扩张该免责所适用的作品类型，将其范围放宽至课堂之外，从而扩大了“传输”免责，以适应远程教育之急需；但它依然保留了某些重要限制，这样来说，它并不是“教育类”传输的广泛免责，而希望使用该免责的教育机构还必须满足一系列严格条件。[②]

6.4.5.2 (二) 第 110 条(3)：宗教组织

作为宗教服务的一部分，表演“非戏剧类文学或音乐作品，或者是宗教性质的戏剧一音乐作品”，该条规定对其免责。[③]

6.4.5.3 (三) 第 110 条(4)：非戏剧作品的一般性非营利免责

本条试图在相当有限的程度上保留 1909 年《版权法》将表演权限于“营利”的规定。非戏剧性文学或音乐作品的表演如果未向公众传输，且“没有

① 《美国法典》第 17 编第 110 条(1)。

② 《美国法典》第 17 编第 110 条(2)。

③ 《美国法典》第 17 编第 110 条(3)。

任何直接或间接的商业目的，没有因表演向任何表演者、承办者或组织者支付任何费用或其他补偿”，其责任被免除。[①] 并且，该免责要求：(a)要么不存在直接或间接的许可收费；(b)要么直接或间接的收入（扣除成本之后）被“专用于教育、宗教或慈善目的，且不用做私人财物收益”。就后者而言，如果版权所有人至迟在表演日前7天向表演负责人送达了反对该表演的书面通知，说明其反对的理由，即使收益被捐献，该免责也不能适用。[②] 有趣的是，该法没有明确要求活动主办者要把其使用作品的意图通知版权所有人。

6.4.5.4 **（四）第110条(6)：政府农业组织**

如果政府机构或非营利的农业或园艺组织在一年一度的农业或园艺博览或展会上表演非戏剧性音乐作品，属免责情形；对于该农业博览或展会上的参展人(concessionaires)或其他人实施的侵权行为，原本可能要由主办组织承担的转承责任被免除（但不保护实施侵权的个别人）。[③]

6.4.5.5 **（五）第110条(8)和(9)：为某些残疾人的表演和传播**

非戏剧类文学作品的表演如果发生于“为盲人或其他无法正常阅读印刷材料的残疾人、聋哑人或其他无法听到视像伴音的残疾人而专门设计或以其为主要目标的传播[过程中]，如果该表演没有其他直接或间接的商业性目的，且其传播所使用的设备属于（ⅰ）政府机构；或（ⅱ）非商业性教育广播台；或（ⅲ）无线电转载者(radio subcarrier)；或（ⅳ）有线电视系统”[④]，应得到免责。

该免责仅仅适用于非戏剧性的文学作品，因而不适用于戏剧或音乐作品、视听作品的表演。

在“专为盲人或其他无法正常阅读印刷材料的残疾人设计或以其为主要目标”的传播中，在唯一场合对戏剧性文学作品进行单次性表演，如果没

---

① 《美国法典》第17编第110条(4)。

② 《美国法典》第17编第110条(4)(B)。

③ 《美国法典》第17编第110条(6)。

④ 《美国法典》第17编第110条(8)。

有任何直接或间接的商业营利目的，且该传播系通过无线电转载者的设备，可享有有限的免责。并且，要适用这一免责，该作品必须是在该表演日之前已经发表至少 10 年。[1]

6.4.5.6　(六) 第 110 条(10)：互助会和退伍军人团体，为慈善目的

"在由非营利的退伍军人或互助会团体组织并推动，且不邀请普通公众参加的社交集会上……在扣除合理的制作成本后，如果表演收益被专用于慈善目的且不以财务收入为目的"(就此而言，学院或大学的兄弟会或女生联谊会也可包括在内，只要其社交集会"的举办只是为了特定的慈善目的而筹款")，表演非戏剧性文学或音乐作品可被免责。[2] 将这一免责加入《版权法》，使这些团体获得了比第 110 条(4)范围更宽的权利。

6.4.5.7　(七) 第 110 条(5)：有关表演传输的传播

6.4.5.7.1　1. 艾肯案中的"家庭"设备免责

如上所述[3]，1976 年《版权法》推翻最高法院在 20 世纪音乐公司诉艾肯案[4]中达到极致的一系列司法意见，从而解决了表演权对于多重表演和转播(secondary transmissions)的适用问题；该法有效地恢复了巴克诉朱厄尔一拉萨尔不动产公司案[5]的判决，使单一事件之多重表演的每个环节都被视为该法意义上的独立"表演"。但与此同时，国会又免除了那些发生在与该案类似背景下的表演的责任，将艾肯案中所形成的结果写入立法。具体而言，当构成一项表演的是"在私人家庭通用的单独接收器上"公开接收包含作品表演的传输(transmission)，如该传输的收看或收听没有直接收费，或该作品没有进一步向公众传输，第 110 条(5)(a)则免除其责任。[6]简

---

① 《美国法典》第 17 编第 110 条(9)。

② 《美国法典》第 17 编第 110 条(10)。

③ 参见上文 § 6.4.2。

④ 20 世纪音乐公司诉艾肯(Twentieth Century Music Corp. v. Aiken)，422 U. S. 151，95 S. Ct. 2040 (1975)。

⑤ 巴克诉朱厄尔一拉萨尔房地产公司(Buck v. Jewell - LaSalle Realty Company)，283 U. S. 191，51 S Ct. 410 (1931)。

⑥ 《美国法典》第 17 编第 110 条(5)。

言之，本条在这里免责的表演是在饭店打开普通无线电或电视接收机。该免责被特别限于针对某一传输的传播，因此，对于在同样环境下、同样的普通设备上播放CD或录音、录像带或光盘的行为，它不予免责。

判断这一免责之适用性的关键问题在于，接收设备被赋予的“私人家庭通用性”特征。该免责背后的目的是，允许小型商业店堂(establishment)使用普通的广播电视机。在考虑该免责的适用性时，人们必须考虑到此类店堂的大小规模和接收设备的属性。《国会委员会报告》表示，需要考虑的因素是“(场地的)规模、物理性摆放、噪音水平以及接收设备被改造或扩大的程度”。[①] 该报告认为，当“商业店堂的规模足够证明它属于……商业性背景音乐服务的预订(subscription)”时[②]，这一免责就不能适用了。为此，相关的“规模”是单独店堂的规模，这样，连锁店的每个小店里的设备将在单体店的基础上进行评估，法院不会把这些店合计在一起；只要每个店使用的是“私人家庭通用性”设备，这种使用即可适用本免责规定。[③]

6.4.5.7.2

2. 被许可的广播传输中的非戏剧性音乐作品

技术变革以及视听设备复杂性的提高，改变了立法用语的界定范围。“家庭”与“商业”设备的区分已变得不再很容易。其结果是，法律适用中缺乏清晰的界定规则或连贯性。[④] 为了回应技术问题和美国作曲家作者和出版者协会(ASCAP)以及其他表演权协会提出的问题，国会通过了《1998年

---

① 国会众议院报告[H. R. Rep. No. 94-1476, 94th Cong., 2d Sess. 87 (1976)]。

② 同上，at 75。

③ 参见广播音乐公司诉克莱尔精品店(Broadcast Music, Inc. v. Claire's Boutiques, Inc.), 949 F. 2d 1482 (7th Cir. 1991), *cert. denied*, 112 S. Ct. 1942 (1992)。

④ 比较广播音乐公司诉克莱尔精品店(Broadcast Music, Inc. v. Claire's Boutiques, Inc.), 949 F. 2d 1482 (7th Cir. 1991), *cert. denied*, 112 S. Ct. 1942 (1992)；卡斯音乐公司诉米蒂尼(Cass County Music Co. v. Muedini), 55 F. 3d 263 (7th Cir. 1995)，其中，第七巡回法院检查并适用了它对克莱尔(Claire's)案的司法意见，得出不同的结论，判决认为，给标准的接收器增加精密的控制面板和9个凹形扬声器，与一个高功率变压器相连，在被告饭店里产生了一个并非“家庭通常所见”的系统，因此不能免责。参见全国足球联盟诉麦克比与布鲁诺公司(National Football League v. McBee & Bruno's, Inc.), 792 F. 2d 726 (8th Cir. 1986)(其裁决，在位于酒吧里的单一电视机上，使用蝶形天线接收已经中止的电视信号，不被免责；虽然接收设施满足了有关条件，而使用大型天线接收信号则属侵权)。

音乐许可公平法》,就非戏剧性音乐作品的表演和展示进一步创立了一项免责规定。[①]

这些规定所免责的是,商业店堂传播被许可的电台或电视台的传输(或转播),或传播有线电视系统或卫星信号传载者的视听传输,其中内容是为了让普通公众接收的非戏剧音乐作品的表演或展出,且该传输或转播的收视或收听没有被直接收费,该传输或转播没有被进一步传输至接收店堂以外,该传输或转播得到了该作品版权人的许可。这一免责被进一步限定的条件还有,该店堂拥有总计 2000(或者,食品服务店堂是 3750)平方英尺以上的空间,该传播不能包括:(ⅰ)对于音频表演或视听表演的音频部分,多于 6 个扩音器(摆放在任一房间或临近室外空间的不多于 4 个);(ⅱ)就视听表演的视频部分而言,屏幕对角线尺寸大于 55 英寸的视听设备超过 4 个(任一房间里放置的不超过 1 个)。[②]

第 110 条(5)(B)的增加大大地扩展了有关非戏剧性音乐作品传输之传播的免责。这一扩展极其有助于美国版权法及其一系列免责和强制许可机制与《伯尔尼公约》之间的协调。大体而言,《伯尔尼公约》对版权限制预留了空间,因为成员国保留着对公开表演权实施"最低保留"(minor reservation)的权利。然而,针对爱尔兰版权人提出的有关第 110 条(5)(B)范围的指控,2000 年 6 月,世界贸易组织(WTO)争端解决小组做出回应,裁定这一条款使美国违反了《与贸易有关的知识产权协定》,特别是违反了该协定第 13 条(《伯尔尼公约》第 9.2 条的重述),该条对版权免责的限制是"不与作品的正常使用相冲突"。该小组裁决,就其范围和实质性经济影响而言,第 110 条(5)(B)存在此种冲突。比较而言,该小组支持第 110 条(5)(A)为家庭类设备规定的艾肯免责是相对轻微的,且没有违背《伯尔尼公约》。如此,美国没有遭遇任何强制措施,其国会也没有为修改该条款而采取行动。

---

① 《美国法典》第 17 编第 110 条(5)(B)。

② 同上。

关于第110条(5)上的免责，坚持以免责机制对抗侵权指控的店堂业主(proprietor)[①]如果没有合理理由相信免责可被适用，除了承担损害赔偿，还应支付他本应支付的许可费的双倍，计时为前三年。[②]

6.4.5.8 **(八) 第110条(7):附属于零售的表演**

向普通公众开放的零售店表演非戏剧性音乐作品，如果未收取任何直接或间接的入场费，唯一目的是促进该作品复制件或录制品，或用于该表演的视听设备或其他设备的零售，且该表演未向店堂所在地之外传送，并“在销售所在地的当前区域内”进行，则属于《版权法》规定的免责。[③] 该表述明确显示，这一免责的目的是，保障作品的表演以提高该作品录制品或关联设备的销售。[④] 因而，以位于百货公司音乐部收银机附近的播放器或扬声器播放CD可以免责，而以位于录像租赁店收银机附近的录像播放机和监视器播放电影录像带则不享受免责，因为电影不是非戏剧音乐作品；对于CD，如果音乐从百货公司音乐店被进一步传送至其他区域，该百货公司也将失去免责保护。

6.4.5.9 **(九) 第111条:转播的免责**

对于“包含作品表演或展出的首播(primary transmission)进行的转播(secondary transmission)”[⑤]，第111条创立了某些情况下的有限免责；该免责所关注的实际上是空中广播信号的再传输。它明确免责的不是有线电视系统的转播，而是“宾馆、公寓或类似店堂的管理者”，“向这些馆所的客人或宿者的私人住处”转播被许可的广播台的传输，如果没有因观看或收听这种转播而直接收费。[⑥]在这里，对于巴克诉朱厄尔－拉萨尔不动产公司案的情形——即单单把广播信号向私人房间转播(只是把收音机或电视机置于宾

---

① 这些术语的定义参见《美国法典》第17编第101。

② 《美国法典》第17编第504条(d)。

③ 《美国法典》第17编第110条(7)。

④ 将“用(于该表演)的视听设备或其他设备”包含在内是1998年《音乐许可公平法》所增加的。

⑤ 《美国法典》第17编第111条(a)。

⑥ 《美国法典》第17编第111条(a)(1)。

馆的私人房间，无论如何不属于公开表演且不可诉），《版权法》试图免除其责。

第 111 条予以免责的还有，按照第 110 条(2)规定的情形（如上文所论），转播属于政府部门或非营利性教育机构所实施的系统性教育活动的一部分[①]；"被动"传载者（"passive" carrier）进行的转播——不对首播的内容或转播接收者实行控制，而仅仅提供硬件和传播渠道供他人使用[②]；"卫星信号传载者依照（该法）第 119 条上的法定许可为私人房间观看而进行的"转播[③]；以及政府部门或其他非营利组织在不向接收者收费（维持、经营转播业务的实际和合理花费支付所必要的核定款额除外）的情况下实施的转播。[④]

如果所转播的首播"为特定的公众成员所控制且接收被局限于他们"，前述第 111 条(a)上的免责不予适用。例外情形是，首播系被许可的广播机构所为；而按照联邦通讯委员会的规章，转播乃输送该信号所必需且该信号未被改变。[⑤]

第 111 条最后关注的是有线电视系统的转播，并创立了复杂的强制许可机制；有线电视系统通过这种机制，并按照各个系统的规模支付使用费，而国会图书馆按照版权局长的建议，负责分配和发放这些使用费。立法精心设计了一种复杂的程序，借此确定发放使用费的数额和获得使用费支付的适当人员。[⑥] 要受到强制许可的保护，有线电视系统不可改变首次广播的内容。

卫星信号传输公司产生了独特的问题——这种机构通过卫星向家庭卫星信号接收盘转发电视节目播出信号。如果这些信号传输者属于"有线电视系统"，它们就可适用第 111 条；如果它们不属于有线电视系统，不能满足

---

① 《美国法典》第 17 编第 111 条(a)(2)。
② 《美国法典》第 17 编第 111 条(a)(3)。
③ 《美国法典》第 17 编第 111 条(a)(4)。
④ 《美国法典》第 17 编第 111 条(a)(5)。
⑤ 《美国法典》第 17 编第 111 条(b)。
⑥ 《美国法典》第 17 编第 111 条(c) — (f)。

该条的规定，并缺乏其他免责因素，其信号转发就构成侵权。为了弥补制度上的空白，国会于 1988 年通过《卫星家庭观众法》，就“为私人家庭观看而对超级台（super station）和联网台（network station）所做转播”创设了强制许可机制。[①] 而这些信号传输者如何才能得到适当分类，却并非十分清楚。为了回应第十一巡回法院的一项判决——认为此种信号传输者属于“有线电视系统”[②]，版权局发布规章规定，此种传输者不是第 111 条上的“有线电视系统”；这些规定已得到司法支持。[③]

6.4.5.10 ### （十）第 118 条：非商业性广播

如上所论[④]，按照《版权法》第 118 条，非商业性广播组织的强制许可可包括“在非商业性教育广播台所实施的传输过程中”[⑤]表演或展出一部作品的权利。

6.4.6 ## 六、表演权协会

虽然《版权法》明确地承认了表演权，但该权利的行使却可能存在困难，特别是对于“小表演权”——即有关非戏剧性音乐作品的表演权。除了现场表演的跟踪给版权所有人带来的难度之外，预录音乐广播的无所不在更令表演权的单独行使几乎不可能。预录音乐刚一发端，这种困难就立即得到了承认，而集体行动则被发现是一个妥善的解决之道。主要是由于著名作曲家维克多·赫伯特（Victor Herbert）和律师内森·博肯（Nathan Burkan）的努力，ASCAP 于 1914 年成立。

---

① 《美国法典》第 17 编第 119 条。

② 全国广播公司诉卫星广播网（National Broadcasting Co., Inc. v. Satellite Broadcast Network, Inc.），940 F. 2d 1467 (11th Cir. 1991)。

③ 美国卫星广播与通讯协会诉奥曼（Satellite Broadcasting and Communications Ass's of America v. Oman），17 F. 3d 344, 345（11th Cir. 1994），*cert. denied*, 115 S. Ct. 88 (1944)（“尽管新规章与我们在 SBN 案中有关‘有线电视系统’的解释有冲突，但它们既不是随意的、变幻莫测的，也不与立法上的明确意义相冲突。因此，它们是版权局解释强制许可条款这一法定职权的有效行使，对本院具有约束力”）。

④ 见上文 § 6. 1. 2. 7。

⑤ 《美国法典》第 17 编第 118 条。

作为第一个，且至今依然是最大的表演权协会[①]，ASCAP实质上是一家授权、收集并分发使用费的实体机构。其成员——作曲家、作家以及音乐作品出版商将其小表演权（非戏剧性音乐的表演权）的非专有许可权集体性地转移给协会。有了成员个人的授权之后，该协会与广播台、饭店、酒吧、健身俱乐部以及其他要求表演作品的实体通过协商达成一揽子许可协议；以支付年费作为交换，被许可人可以实施属于协会的任何作品的非戏剧音乐权利。在支付成本之后，主要根据会员作品被表演的频率，所有收集来的许可费被分发给会员，具体由统计抽样决定。[②]

作曲家不满ASCAP采取的不均衡的分配机制——据说它更偏袒老的、更成功的作曲家，而广播组织对ASCAP的要价惯例感到忧虑，于是，广播组织支持下的竞争性表演权协会广播音乐公司（BMI）成立。其他几个规模更小、目标具体的表演权协会也同时存在。它们所共有的特点是集体行动，以及发放一揽子许可。这不可避免地招致以反托拉斯法为依据的监查和批评，从而导致ASCAP与BMI必须在限制其活动的同意令（consent decrees）下运行。例如，ASCAP只能取得其成员的非专有许可证，而其成员则保留了单独协商许可的自由，并且，ASCAP还必须向用户既提供一揽子许可，也提供每一节目的许可。[③]

作为《1998年音乐许可公平法》[④]的一部分，国会通过了《版权法》第512条，准许拥有不足7个公开表演非戏剧音乐的店堂的单一业主，有权起诉依据

① “表演权协会”是“一种社团、团体或其他实体机构，它代表非戏剧性音乐作品的权利人，对其表演权发放许可，例如美国作曲人、作者和出版商协会（ASCAP）、广播音乐股份有限公司（BMI）和SESAC有限公司。”《美国法典》第17编第101条。

② 参见科曼与柯里格斯伯格：《音乐表演权与表演权协会》（Korman and Koerigsberg, *Performing Rights in Music and Performing Rights Societies*），33 Journal of the Copyright Society 332（1986）。

③ 参见阿兰·哈特尼克：《一揽子许可的最新胜利：ASCAP与BMI/CBS的第四轮诉讼》（Alan J. Hartnick, *The Newest Blanket License Triumphant: The Fourth Round of The ASCAP－BMI/CBS Litigation*），2 Comm. & L. 49（1980）；拉尔夫·奥曼：《许可之源：旧战争中的新摩擦》（Ralph Oman, *Source Licensing: The Latest Skirmish in an Old Battle*），11 Colum.－VLA J. L. & Arts 251（1987）。

④ 见上文§6.4.5.7.2。

同意令(consent decree)从事经营的表演权协会,以决定合理的许可费。[1]

表演权协会,特别是 ASCAP,积极行使其权利,并经常起诉那些未经许可就使用小表演权的机构。同样,对于电影作品,电影协会虽非表演权协会,却也相当积极地监督电影作品表演,并作出合适的许可。如上所论[2],其他一些组织在努力促进各种各样权利的许可,尽管它们本身并非许可组织,而毋宁是版权主体的代理人。

6.5 第五节 展示权

版权所有人的专有权利包括“公开展示版权作品”的权利。[3]

6.5.1 一、权利属性

“展示”一部作品:

> 意味着展现其稿本,或直接或通过影片、幻灯、电视图像或其他任何设备或方法,或者对于电影作品或其他视听作品,非连续性地展示单一图像。[4]

就表演而言,你可以“传播”其展示,这就是说,“通过任何设备或方法传播它,图像或声音借此可以在其发出地以外的地方被接收。”[5]

展示权一直没有成为大量深入探究和阐述的主题,且其功能在很大程度上是技术变化的一个占位符。但它对版权人的权利依然有着重要的实践意义。1976 年以前,法律尚未明确承认展示权;不过,作品在大众传播媒介

---

① 《美国法典》第 17 编第 512 条。

② 见上文§6.1.2.6。

③ 《美国法典》第 17 编第 106 条(5)。(“对于文字、音乐、戏剧和舞蹈作品、哑剧和绘画、图形或雕塑作品,包括电影或其他视听作品中的个别形象,公开展示版权作品”。)

④ 《美国法典》第 17 编第 101 条。

⑤ 同上。

和其他传播形式上的展示，虽然不一定构成表演或发行，却导致这些作品在公众中的广泛传播，从而有可能对版权人形成威胁。此种忧虑是展示权得以产生的主要原因。该权利的明确承认反映了这样一个意图：让版权所有人控制版权作品的直接展现，以及形象投影和电子传播。

展示权在很多方面类似于公开表演权。该权利所关注的是对作品的公开展示，而（公开）这一术语在展示权意义上的界定与其在表演权意义上的解释是相同的。相应地，因特网站对版权材料缩略图的"展示"关系到展示权（虽然该展示也可能被裁定为受保护的合理使用），而仅仅对（错误地）展示全图的其他网站设置链接则不涉及展示权。[①]

6.5.2　**二、展示权的限制**

在很大的程度上，展示权上的免责与限制类似于表演权。具体而言，第110条(1)（面授）、第110条(2)（教育广播）、第110条(3)（宗教服务）、第110条(5)（对传输的传播）、第111条(c)（有线电视系统进行的转播）和第118条（公共广播站台的活动）[②]规定的表演权免责都同样适用于展示权。

并且，有一种类似于首次销售原则[③]的机制对展示权构成限制。除了转让和处置的权利，合法制作的复制件的主人还可以向复制件所在地的现场观众公开展示该复制件——直接展示、或每次一幅图画进行投影。[④]

因此，购买了艺术品（没有获得其版权）的博物馆不必取得版权所有人的同意就可以在该馆展示该作品。就像首次销售原则，寻求免责利益的人必须是合法制作的作品复制件的所有人。并且，只要展示活动发生在复制件所在地，它就可以被直接或间接（如通过投影）展示。免责还被局限于"每次一幅图画"，因而，通过使用多幅图画或多种接收设施如计算机终端，从而

---

① 珀费克特10公司诉亚马逊网(Perfect 10, Inc. v. Amazon. com, Inc.)，508 F. 3d 1146 (9th Cir. 2007)。

② 见上文§6.4.5。

③ 见上文§6.3.2。

④ 《美国法典》第17编第109条(c)。

可让大批人获取的传播则不适用该免责。

6.6　第六节　录音作品的有限表演权

如上所述[①]，1976年《版权法》在创立录音作品版权的时候，明确拒绝将表演权作为录音作品版权所有人专有权之一[②]；结果，美国不符合《保护表演者、唱片制作者和广播组织罗马公约》。

然而，随着1995年《录音作品数字表演权法》的通过，一种严格限定的录音作品表演权得以创设，其根本的矛头所向是那些转移录音作品市场需求的应用，而不是那些促进这一市场需求的应用（如通过空中广播）。1995年法案有效地把权利限定于预订（subscription）或交互式（interactive）数字音频传输以及规定类型的非预订式传输（nonsubscription transmission）。

《录音作品数字表演权法》向录音作品版权所有人授予了“借助数字式音频传输手段公开表演版权作品”的专有权。[③]“数字式传输”被界定为“整体或部分地使用数字式或其他非模拟格式的传输”，[④]因此，表演权不适用于录音作品的模拟式传输，如通常由无线电广播台进行的传输。同样地，该权利被限于“传输”，因而不适用于其他形式的录音表演，如在饭店或其他公共场所播放预录音乐；同时也不能适用于任何视听作品。[⑤]最有意义的是，这套复杂的限制与例外制度使录音作品表演权有效地适用于数字式“预订传输”（和经特选的“适格的非预订传输”）——即面向受控制的、付费的受众

---

① 见上文§2.4.6。

② 《美国法典》第17编第114条(a)。

③ 《美国法典》第17编第106条(6)。可一般性地参见索贝尔《数字技术时代的音乐新法》(Sobel, *A New Music Law for the Age of Digital Technology*), 17 Enter. L. Rep. (No. 6) 3 (1995)。

④ 《美国法典》第17编第101条。

⑤ 《美国法典》第17编第114条(j)(3)。

群进行的传输。[①]

1998 年《数字千年版权法》极大地扩大了第 114 条的范围和复杂性(使它成为现行 1976 年《版权法》中表述最复杂、最精密的条款之一),从而,如今它已延及因特网表演,包含了一个与该法反盗版条款相关的法定性与自愿性强制许可(statutory and voluntary compulsory licensing)机制与措施。[②] 这些修订是努力"在新技术影响创造性作品使用方式时确保录音艺术家和录音企业受到保护……并创造合理而有效的许可机制,以处理版权所有人和使用者因数字音频服务快速发展而面临的复杂问题"的一部分。[③]

由于担忧录音作品的有限表演权会对相关音乐作品所有人的应得使用费造成经济影响,国会明确规定:"国会的意图是,因公开表演音乐作品而应付给其版权所有人的使用费,无论如何不应由于第 106 条(6)所授予的权利而减少。"[④]

6.7

第七节 精神权利[⑤]

6.7.1

一、背景

所谓的"精神权利",乃依据这样一种观念:艺术家将其人格投注于

---

① 《美国法典》第 17 编第 114 条(d)－(j)。

② 见下文 § 11。

③ 大会报告,《大会委员会的共同解释与声明》(Conference Report, *Joint Explanatory Statement of the Committee of Conference*), 105th Cong., 2d Sess (1998)。

④ 《美国法典》第 17 编第 114 条(i)。

⑤ 参见 R. R. 克瓦尔:《美术何为:VARA 之后》(Roberta Rosenthal Kwall, *How Fine Art Fares Post VARA*), 1 Marq. Intell. Prop. L. Rev. 1, 3－4 (1997)。谢尔登·W. 哈尔彭:《关于精神的权利与正义》(Sheldon W. Halpern, Of Moral Right and Moral Righteousness), 1 Marq. Intell. Prop. L. Rev. 65 (1975);谢尔登·W. 哈尔彭:《诽谤、隐私、公开与精神权利法》,第四部分精神权(Sheldon W. Halpern, *The Law of Defamation, Privacy, Publicity, and Moral Right*, Part Four－Moral Right), 4th ed., 2000。

作品[①],作品的创作因此会产生独立于其作品之经济利益的人格权利。就像人们所理解的,精神权利不仅与美国社会根深蒂固的财产原则相冲突,也必定与其平等主义准则相冲突。虽然我们可以把法语 droit moral(精神权利)几乎(但非完全)按字面翻译为短语"moral right",但是,将这一民法体系上的概念翻译成其美国式的替身不能如此近乎呆板。[②] 对于精神权利所保护的一系列人格利益,民法体系的适应和普通法上的不适应是明显的。[③]

民法体系内的精神权利制度虽然有着相当大的差异,但民法体系上通常不存在"copyright"与"moral right"之间的区分或排斥。精神权利是知识产权制度内在固有的部分,这种结构明确容纳了"创造者"的经济和非经济权利。法律反映了有关艺术创作的社会共识。至少,这种共识关系着创作者的归属权与保持完整权,也即,将他们的名字附着于其作品的权利与不附着于他人作品的推论性权利,和反对歪曲其作品的权利。精神权利的这些主要成分被规定于《伯尔尼公约》的第 6 条之二。[④]

美国不存在与此相同的观念,美国法律也一直不欢迎这种精神权利的结构。一般而言,美国的普通法拒绝承认精神权利是创作者归属权或完整权的

---

① 马丁·罗德:《精神权原则:艺术家、作者和创造者法律研究》(Martin A. Roeder, *The Doctrine of Moral Right: A Study in the Law of Artists, Authors and Creators*), 53 Harv. L. Rev., 540 (1940):

> 艺术家创作时,如果他是作家、画家、雕塑家、建筑师或音乐家,其所作所为就远非把一个只具利用可能性的独特物带入世界;他向世界投入的,是其人格的一部分,并使之经受公众使用的考验。

② 这些词语的翻译尚有值得期待之处。参见 R. R. 克瓦尔:《版权与精神权:美国式的联姻可能吗?》(Roberta Rosenthal Kwall, *Copyright and the Moral Right: Is an American Marriage Possible?*), 38 Vand. L. Rev. 1 (1985)。科沃尔(Kwall)教授表明,"moral right"没有充分表达术语 droit moral,后者意味着"一种权利,它存在于一个独立实体的终极存在(an entity's ultimate being)中。"同上,at. n. 6。

③ 这在几乎 60 年前的一篇文章中得到了充分举证,参见马丁·罗德:《精神权原则:艺术家、作者和创造者法律研究》(Martin A. Roeder, *The Doctrine of Moral Right: A Study in the Law of Artists, Authors and Creators*), 53 Harv. L. Rev. 540 (1940)。

④ "不受作者经济权利的影响,甚至在上述经济权利转让之后,作者仍拥有主张其作品作者身份的权利,和反对就其作品实施任何将会有损其荣誉或名声的歪曲、割裂或其他更改,或其他损害行为的权利。"《伯尔尼公约》,第 6 条之二,1971 年 7 月 24 日巴黎修订。

独立根据，否认其具有独立于作品版权所有权的可诉性。[1] 随着时间的推移，法院通过解释合同法、解读版权法并延伸商标法，在不吸收精神权利架构本身的情况下，采纳替代性的同源词，以贯彻精神权利的某些实质。[2]

到了1980年代末，美国迫于加入《伯尔尼公约》的直接需要，综合性的精神权利立法才有了实质性的利益。最终，当立法行动背后的利益共同体确信，无需此种立法，基本的精神权利同类物的司法解释也能让美国符合伯尔尼公约，他们便放弃了精神权利立法。在没有提及精神权利或《伯尔尼公约》第6条之二的类似权利的情况下，1988年《伯尔尼公约实施法案》被通过。[3]

由于黑白影片彩色化遭到反对，作为回应，国会采取了意在保存作品的措施，创立国家影片保藏委员会(National Film Preservation Board)[4]。该机构每年可为国家影片档案库(National Film Registry)增加25部影片，从而使那些影片的未改版本总能获得。然后，国会于1990年通过了VARA(《视觉艺术家权利法》)[5]，对于将精神权原则加入联邦版权体制，这是一次尝试性的进展。

6.7.2 二、《视觉艺术家权利法》

《视觉艺术家权利法》(VARA)即《版权法》第106A条[6]为某些视觉艺

---

① 参见谢尔登·W. 哈尔彭:《诽谤、隐私、公开与精神权利法》,第四部分精神权(Sheldon W. Halpern, The Law of Defamation, Privacy, Publicity, and Moral Right, Part Four—Moral Right), 4th ed. 2000。

② 参见吉列姆诉美国广播公司(Gilliam v. American Broadcasting Companies, Inc.),538 F. 2d 14 (2d Cir. 1976);拉莫斯诉大西洋唱片公司(Lamothe v. Atlantic Recording Corp.),847 F. 2d 1403 (9th Cir. 1988);格兰兹诉哈里斯(Granz v. Harris),198 F. 2d 585 (2nd Cir. 1952)。

③ 参见拉尔夫·布朗:《遵守伯尔尼版权公约:精神权问题》(Ralph S. Brown, *Adherence to the Berne Copyright Convention: The Moral Right Issue*),35 J. Copyright Society 196 (1988);另参见R. R. 克瓦尔:《美术何为:VARA之后》(Roberta Rosenthal Kwall, *How Fine Art Fares Post VARA*),1 Marq. Intell. Prop. L. Rev. 1, 3—4 (1997)。

④ Pub. L. No. 100—446 (1988)。

⑤ Pub. L. No. 101—650 (1990)。

⑥ 《美国法典》第17编第106条(A)。

术作品创立了有限的归属权和保持完整权。这些权利被赋予"作者"而不是"版权所有人",目的是保障与版权所有权的经济属性无关的个人权利①,这些权利在视觉艺术作品稿本所有权或作品版权转移后仍然保留。② 这些规定所关注的"作者"是个人(或个人合作作者);本条所专门适用的有关艺术作品的定义排除了"任何雇用作品"③。可以明确的是,针对与第106A条所设权利等同的州法诉求,《视觉艺术家权利法》优先适用。④

6.7.2.1

(一)作品归属与完整权

依照该条,视觉艺术作品之"作者"被赋予权利,"对作品主张作者身份"和"禁止以其姓名称呼非他或她创作的视觉艺术作品之作者"。⑤

作者另被赋予的权利是,"当其视觉艺术作品受到了有损他或她荣誉或名声的歪曲、割裂或其他更改时,禁止以他或她的姓名称呼该作品之作者"。经过对这种保护完整权做进一步精心设计,作者被赋予了这样的权利:"禁止对该作品实施有损其荣誉或名声的任何蓄意的歪曲、割裂或其他更改";并且,作者有权"禁止损坏具有公认水准的作品"。⑥

这里的作品完整权多少有些绕弯子,但它也被明确地限定于对作者"荣誉或名声""可能有损"的行为。这一表达直接引自《伯尔尼公约》第6条二,但美国《版权法》和美国法律的其他部分都没有对"荣誉" 提供定义。要判断什么是"有损于……荣誉和名声"以认定责任,可能会产生严重的问题。精神权与诽谤法两种背景下使用的"名声"一词并没有共同的范围;美国的法学理论也没有太多的机缘去处理作为一项司法构建的"荣誉"概念。

到目前为止,几乎没有针对这些术语的司法考察。只有一个地区法院曾试图界定它们,而最高法院在这样做时没有参照民法体系的经验;可以

---

① 《美国法典》第17编第106条(A)(b)。["只有视觉艺术作品的作者拥有(a)款赋予该作品的权利,无论该作者是不是版权所有人"。]

② 《美国法典》第17编第106A条(e)。

③ 《美国法典》第17编第101条。

④ 《美国法典》第17编第301条(f)。

⑤ 《美国法典》第17编第106A条(a)(1)。

⑥ 《美国法典》第17编第106A条(a)(2),(3)。

说，它所依据的仅仅是其在词典上的释义。① 同样不清楚的是，什么使一部视觉艺术作品成为具有“公认水准”的作品。②

6.7.2.2 (二) 排除与限制

《版权法》有关“视觉艺术作品”的界定相当狭窄，将它局限于单件“油画、素描、版画或雕塑”，或“一幅只为展出目的而制作的静止摄影图像”，或这些作品不超过200份，并经签名和编号的限量版复制件；电影作品、图书、期刊和大量的其他类作品被明确排除在外，就像雇佣作品。③ 并且，上述被排除类型中的任何作品，以其为基础或与其有任何关系的“任何复制、描述、摹写或其他任何使用”，均不适用作品的归属与完整权；与这些被排除作品相关之作品的任何复制、描述、摹写或其他任何使用都不会被认为是对作品完整权的违反。

完整权还受到了进一步限制。就该权利的立法目的而言，视觉艺术作品发生改变“是源自时间流失或材料固有属性的，不属于损坏、割裂或其他更改”；与此性质相同的是，“由于作品的保存或公开再现，包括光照和放置[而发生的改变]……，除非改变出于显而易见的疏忽”。④

对于已并入建筑物或成为其一部分的视觉艺术作品，“依其方式，从该建筑物中移除该作品将造成对作品的损坏、歪曲、割裂或其他更改”，如果建筑物所有人与作者已经签订的书面文书约定，作品的安装可以使它在移除时遭受损坏或其他更改的，则这种移除不因作品完整权而受妨碍(如果该作

---

① 卡特诉赫尔姆斯利－斯皮尔公司(Carter v. Helmsley-Spear, Inc.)，861 F. Supp. 303 (S.D.N.Y. 1994)，*rev'd on other grounds*，71 F.3d 77 (2d Cir. 1995)，cert. denied，116 S. Ct. 1824 (1996)[依据《韦氏第三新国际词典》(未删节，1971年版)：“‘荣誉’通常被理解的含义是，‘好的名声或公众好评’……通常所理解的‘名声’的意思是‘被认为是可尊敬的或值得称赞的地位’”]。

② 同上。[“原告必须做出两方面说明：(1)所涉视觉艺术具有‘水准’，即被视为‘值得称赞’，(2)该水准得到艺术行家、艺术界其他人士或社会各界的‘认可’”。]比较马丁诉印第安纳波利斯(Martin v. City Indianapolis)，192 F.3d 608 (7th Cir. 1999)。另参见菲利普斯诉彭布鲁克不动产公司(Philips v. Pembroke Real Estate, Inc.)，459 F.3d 128 (1st Cir. 2006)。

③ 《美国法典》第17编第101条。

④ 《美国法典》第17编第106A条(c)。

品在《视觉艺术家权利法》生效前被安装，则该同意不必采取书面形式）。[①]另一方面，如果“并入”采取了“限定地点”(site-specific)的技术形式，已有判决认为，《视觉艺术家权利法》上的保护不被适用。[②]

如果一件作品被合并入建筑物或成为其一部分，并可以在不发生损坏或其他更改的情况被移除，而其主人希望移除该作品的，完整权就适用于此种移除过程中发生的行为，除非该主人“实行了勤勉的、善意的努力却没能成功地将其打算实施的行为通知作者”，或者，通知已经发出，而作者在收到通知后 90 天内没有移除作品，也没有为移除付费（如果作者移除该作品，该作品件的权益应归作者）。[③] 为了进行这类通知，法律要求版权局长建立一种制度，为合并于建筑物的视觉艺术作品的作者进行地址与身份备案。[④]

对于 1991 年 6 月 1 日或其后创作的作品（以及较早创作而权利在此日前没有被转移的作品），这些权利是固有的，有效时间一般只是作者终生。[⑤]立法禁止这些权利的转让，但明确承认它们通过充分被履行的文书而具有可放弃性。在该立法与存在于其他大多数国家的“精神权利”之间，弃权问题是一个显著的差异。国会曾指示版权局对该条款的影响开展研究。[⑥] 这些研究已表明是毫无结果的。

《视觉艺术家权利法》是国会明确处理“精神权利”问题的第一个尝试性步骤。事实上，如其所受限制，该法案不适用于电影作品“彩色化”的争论；即使是在其用语的范围内，它与民法体系的路径也显然没有共同的外延。

---

① 《美国法典》第 17 编第 113 条(d)(1)。

② 菲利普斯诉彭布鲁克不动产公司(Philips v. Pembroke Real Estate, Inc.), 459 F. 3d 128 (1st Cir. 2006)。

③ 《美国法典》第 17 编第 113 条(d)(2)。参见 Martin v. City Indianapolis, 192 F. 3d 608 (7th Cir. 1999)。

④ 《美国法典》第 17 编第 113 条(d)(3)。

⑤ 《美国法典》第 17 编第 106A 条(d)。

⑥ 《美国法典》第 17 编第 106A 条(e)。关于第一次研究结果的分析，参见 R. R. 克瓦尔：《美术何为：VARA 之后》(Roberta Rosenthal Kwall, *How Fine Art Fares Post VARA*), 1 Marq. Intell. Prop. L. Rev. 1, 3—4 (1997)。

这些规定，连同更早时期创造精神权利类似物的司法解释[①]，能否算得上是对《伯尔尼公约》的完全遵守，还有待确定。

适用《视觉艺术家权利法》的有限的视觉艺术作品，雇佣作品的大规模免责，有限的保护期间，联邦法对州法的优先性，以及这些法定权利的可放弃性——所有这些都使该法案与普遍接受的精神权模式截然不同，从而招致大量的批评之词。[②] 但是，时至今日尚无任何重要的立法建议来扩大《版权法》所规定的有限精神权利的范围。

6.7.3 三、州法上的精神权利

在《视觉艺术家权利法》通过之前，一些州曾采取立法，声称创立了不同类型的"droit moral"。这些成文法没有一部能够接近民法体系上的广泛范围。纽约州[③]和加利福尼亚州[④]立法是其中的典范。在每一个娱乐与艺术中心，这类立法在平衡创造性艺术家与企业家、商人之间的利益时，自然要包含限制性的折中。[⑤]

---

① 这些类似物，尤其是《兰哈姆法》之延伸的影响可能已经因最高法院对达斯塔诉20世纪佛克斯影业[Dastar v. Twentieth Century Fox Film Corp., 539 U.S. 23 (2003)]案的表述而削弱。参见简·金斯伯格：《依美国版权与商标法主张作者身份的权利》(Jane C. Ginsburg, *The Right to Claim Authorship in U.S. Copyright and Trademarks Law*), 41 HOUS. L. REV., 263 (2004)；谢尔登·哈尔彭：《高度的混淆可能性：沃尔－玛特、特拉菲克斯、莫斯利和达斯塔案——最新的最高法院商标法理》(Sheldon Halpern, *A High Likelihood of Confusion*: Wal-Mart, Traffix, Moseley, and Dastar — *The Supreme Court's New Trademark Jurisprudence*), 61 N.Y.U. Annnual. Survey of American Law 237 (2005)。

② 参见R. R. 克瓦尔：《美术何为：VARA之后》(Roberta Rosenthal Kwall, *How Fine Art Fares Post VARA*), 1 Marq. Intell. Prop. L. Rev. 1, 3－4 (1997)。

③ 《纽约艺术文化事务法》[N.Y. Arts & Cult. Aff. Law §§14.01－08 (McKinney 1996)]。

④ 《加州民法典》[Cal. Civ. Code §987 (West 1980)]。

⑤ 有关该立法的分析，参见佩特罗维奇：《加州的艺术家法定精神权：批评性评估》(Petrovich, *Artists' Statutory Droit Moral in California*: *A Critical Appraisal*), 15 Loyola L.A. L. Rev. 29 (1981)；陶步曼：《1983年〈纽约艺术家作者身份权利法〉：弃权与合理使用》(Taubman, *New York Artists' Authorship Rights Act of* 1983: *Waiver and Fair Use*), 3 CARDozo ARTs & ENT. L.J. 113 (1984)；达米奇：《〈纽约州艺术家作者身份权利法〉：比较性批评》(Damich, *The New York Artists' Authorship Rights Act*: *A Comparative Critique*), 84 Columbia L. REV. 1733 (1984)。

纽约[1]和加利福尼亚立法被限于"美术"作品[2]，加利福尼亚还将其定义为"具有公认水准的原创性油画、雕塑或素描，或原创性玻璃艺术(art in glass)作品。"[3]对于"美术作品，或者在本州某地故意向公众展示、发表或复制的不超过300份的限量版艺术作品"，纽约立法承认其归属权，还把完整权限定于"以改变、污损、割裂或更改的形式"公开展示或发表这些作品，如果"艺术家的名声极有可能由此受到损害"[4]。在处理来自不同方面的问题时，加利福尼亚州法主要关注的是，故意对美术作品实施物理性的污损、割裂、改变或毁坏。两个州的成文法都有很多限制和例外。如上所述，1990年《视觉艺术家权利法》明确包含了联邦法优先适用的条款，而如今有多少现行州法仍然可行，并不清楚。

6.7.4　四、追续权

追续权(Droit de suite)——艺术家分享其作品的日后再售收益的权利——被明确地规定为《伯尔尼公约》的一部分(第14之三条)，并得到欧盟的广泛承认，但它却没有得到美国的承认。加州是个例外，其成文法采纳了有限的追续权。1976年《加州再售版税法》[5]规定，当美术作品被售出、卖方居住在加州或买卖在加州发生，当再售价格高于1000美元且高于卖方支付的初始价格，"卖方或卖方的代理人应该将该售价总额的5%支付给该美术作品的艺术家或该艺术家的代理人(或者，如果找不到该艺术家，支付给加州艺术委员会)"；这种再售获酬权可由艺术家转让，却不能放弃，当艺术家

---

① 路易斯安那(La Rev. Stat. Ann. §51:2152 et seq.)、缅因(Me. Rev. Stat. Ann. tit. 27, §303)、新泽西(N.J. Stat. Ann. §2a—1 et seq.)，以及罗德岛(R.I. Gen. Laws. §5—62—2 et seq.)各州的立法都曾以纽约州立法为范本。

② 在各州立法中，只有马萨诸塞州立法范围广泛，涵盖了"任何媒介的视觉或图画类原创艺术作品"。Mass. Gen. Laws Ann. Ch. 231 §85S (b) (West Supp. 1987)。

③ 《加州民法典》[Cal. Civ. Code §987 (b) (2)(1980)]。

④ 《纽约艺术文化事务法》[N. Y. Arts & Cult. Aff. Law §14.03 (McKinney 1996)]；参见沃伊纳罗维茨诉美国家庭协会(Wojnarowicz v. American Family Ass'n.)，745 F. Supp. 130 (S.D.N.Y. 1990)。

⑤ 《加州民法典》[Cal. Civ. Code §986 (1980)]。

去世后 20 年内被归入遗产利益。

按照《视觉艺术家权利法》的精神权优先适用的规定,《加州再售版税法》就像该州精神权立法一样,提出了一个联邦法优先适用的问题。虽然此问题不甚明确,《视觉艺术家权利法》的立法史似乎支持着这样一个观点:再售获酬权不因联邦法优先原则而被取代。[①]

① 国会众议院报告[H. R. Rep. No. 101－514, 101st Cong., 2d Sess. 21 (1990)]。另参见卡茨:《1976 年〈版权法〉上的版权优先:追续权为例》(Katz, *Copyright Preemption under the Copyright Act of* 1976: *The Case of Droit de Suite*), 47 George Washington L. Rev. 200 (1978); 诺特《作为优先权测试例的〈加州再售版税法〉》(Note, *The California Resale Royalties Act as a Test Case for Preemption*), 81 Columbia L. Rev. 1315 (1981)。迄今为止,国会已否决了有关联邦"追续权"立法的建议。

第七章　合理使用:版权保护的限制

7.1　第一节　合理使用的概念

版权法第 106 条列举了版权所有人的基本权利,未经许可而实施这些专有权,就会产生版权侵权之诉。第 108—109 条对版权所有人的专有权规定了极其详尽、严密设计的限制。概括而言,这些具体的免责涉及:

第 108 条　图书馆与档案馆
第 109 条　"首次销售"
第 110 条　被免责的表演
第 111 条　转播:宾馆与有线电视系统
第 112 条　临时录制
第 113 条　实用性物品
第 114 条　有关录音作品的限制
第 115 条　强制性机械许可
第 116 条　自动点唱机
第 117 条　计算机程序复制
第 118 条　公共广播
第 119 条　转播:超级台
第 120 条　建筑作品图画
第 121 条　为了盲人的复制
第 122 条　转播:卫星信号传载者

在涉及这些免责的判例中，侵权与否的判断不依赖于类比推理，或者是普通法或衡平原则的适用——它只是一个对成文法的具体词语进行解读的问题。然而，为了在版权所有人的权利与《版权法》背后的公共利益之间维持平衡，这些立法表述未必能解决一切需要解决的问题。而为实现这一功能，法院创造了"合理使用"学说，1976 年《版权法》则将其编入法典。

"从版权保护的初期开始，[合理使用原则]就一直被认为是实现版权法之目的，即'促进科学与实用性艺文'进步所必要的。"①"合理使用的根本准则……是'促进科学与实用性艺文之进步'——版权法的这一目标能否……通过允许使用而不是禁止使用得到更好的满足。"②借助于这一安全阀，即使没有任何特定的免责规定，法院仍可判定，作为一项政策，被告虽然使用了版权材料，而社会却因不侵权判决而成为最大的赢家。

合理使用学说一直被称为"整个版权法中最大的麻烦"③。这是一个法官创造的概念，其在美国法上的起源可追溯至 1841 年④；但是，直到 1984 年的索尼公司诉环球一案，意见极难统一的联邦最高法院才首次论及该学说。⑤ 随后则是另一分歧较大的判例即 1994 年的哈珀与洛出版社诉国家杂志⑥，还有貌似达成共识的坎贝尔诉阿卡夫一罗斯一案⑦。这三个判例相互间并不一致，却存在着一个大致的共识，即"合理使用是法官创立的一个

---

① 坎贝尔诉阿卡夫一罗斯(Campbell v. Acuff-Rose Music, Inc.)，510 U.S. 569, 575, 114 S.Ct. 1164, 1168 (1994)(引文见《美国宪法》第 1 条第 8 款第 8 项)("事实上，在文学、科学和艺术领域，在抽象的意义上，即使存在，却也很少有什么东西是绝对新颖或完全原创的。文学、科学和艺术方面的每一本书都借鉴了，且必定要借鉴，使用很多此前已经著名且被用过的东西")。

② 阿里卡诉帕尔默(Arica Inst., Inc. v. Palmer)，970 F.2d 1067, 1077 (2d Cir. 1992)。

③ 德拉诉塞缪尔·戈尔德温(Dellar v. Samuel Goldwyn, Inc.)，104 F.2d 661, 662 (2d Cir. 1939)。

④ 福尔瑟姆诉马什(Folsom v. Marsh)，9 F. Cas. 342 (C.C.D. Mass. 1841)。

⑤ 索尼美国公司诉环球电影公司(Sony Corp. of America v. Universal City Studios)，464 U.S. 417, 104 S.Ct. 774 (1984)。

⑥ 哈珀与洛出版社诉国家杂志(Harper & Row, Publishers v. Nation Enterprises)，471 U.S. 539, 105 S.Ct. 2218 (1985)。

⑦ 坎贝尔诉阿卡夫一罗斯音乐公司(Campbell v. Acuff-Rose Music, Inc.)，510 U.S. 569, 114 S.Ct. 1164 (1994)。

‘合理性规则’,在作者作品获得补偿的权利与思想、信息得到最大可能的广泛传播这一公众利益之间做出平衡。”[①]

尽管法律积极保护艺术家的商业利益免受不择手段的机会主义侵入者,它却也承认,并非所有对于艺术创作的复制都必然是不受欢迎的盗版。对艺术作品做某些形式的复制,乃教育、新闻、历史、批评、幽默和其他信息活动所不可或缺的;因而,立法在某些场合为复制受保护的艺术表达提供了自由的余地,为这种复制免除侵权责任。合理使用原则便是对此类被允许的复制行为的支持。[②]

该原则的目的相当清楚——“当版权法原本要促进的创造有时会受到它的阻碍时,允许并要求法院,避免对版权成文法做僵硬的适用”[③],这正是它的特殊地位:在复杂而无所不包的成文法中,作为法官创造的“合理性规则”,面临程度不同之困扰。对于合理的可预见性而言,该原则所必要的边界、标准和范围是不明确的。有关 1976 年《版权法》的国会报告曾经简要明了地描述了这一问题:

> 虽然法院曾一次又一次地对合理使用学说做出考虑与判决,却没有对其形成真正的定义。事实上,因为该学说属于衡平法上的合理性规则,不可能有可普遍适用的定义,且每一件引发问题的个案都必须依其自身的事实做出决定。[④]

---

① 三角出版公司诉奈特一里德报社(Triangle Publications. Inc. v. Knight-Ridder Newspapers, Inc.),626 F. 2d 1171, 1174 (5th Cir. 1980)[引自索贝尔:《版权与第一修正案:风暴席卷?》(Sobel, *Copyright and the First Amendment: A Gathering Storm?*), 19 ASCAP Copyright L. Symp. 43 (1971),并引自拉特曼:《版权作品的合理使用》(Latman, *Fair Use of Copyrighted Works*),5 (Sen. Comm. on Judiciary Study No. 141960)]。

② 新时代出版公司诉亨利·霍特(New Era Publications Int'l v. Henry Holt & Co.),695 F. Supp. 1493 (S. D. N. Y. 1988) (Leval, J.)。

③ 坎贝尔诉阿卡夫一罗斯(Campbell v. Acuff - Rose Music, Inc.),510 U. S. 569, 577 (1994)。

④ 国会众议院报告[H. R. Rep. No. 94－1476]。

皮埃尔·勒瓦尔(Pierre Leval)法官的论说可能更加有力：

> 该学说最为奇妙的地方是，无论是曾经适用它的判决……还是其最终的立法构造，都没有对它的结构特征或目标进行界定或解释。……法官们没有就合理使用的涵义形成共识……困惑并不限于法官。法官将如何解决版权纠纷，作家、历史学家、出版者以及他们的法律顾问对此只有进行猜测和祈祷的份儿。①

7.2　第二节　第107条——合理使用原则的法典化

7.2.1　一、范围和目的

完整的第107条引述如下：

> §107　专有权的限制：合理使用
>
> 虽然有第106条和第106A条的规定，为了诸如批评、评论、新闻报道、教学(包括用于课堂的多件复制品)、学术或研究之目的，版权作品的合理使用，包括制作复制品、录音制品或以该条规定的其它方法使用作品，不属于侵犯版权。在任何特定情况下，确定作品的使用是否合理使用，要考虑的要素应当包括：
>
> (1)使用的目的和性质，包括这种使用具有商业性质还是为了非营利的教育目的；

---

① 皮埃尔·勒沃尔：《走近合理使用的标准》(Pierre Leval, *Toward a Fair Use Standard*), 103 Harv. L. Rev. 1105—07 (1990)。

(2)版权作品的性质;

(3)与整个版权作品相比,被使用部分的数量和重要性;以及

(4)该使用对版权作品的潜在市场需求或价值的影响。

如果判定是依据对上述所有要素的考虑而做出的,一部作品尚未发表这一事实本身不应该妨碍合理使用的判定。①

立法语言表明,"合理使用"限制着《版权法》赋予的一切排他性权利["虽然有第 106 条和第 106A 条的规定,版权作品的合理使用(为了所述之目的)不属于侵犯版权"]。最高法院曾经指出,"任何人都可以为了'合理使用'而复制版权作品;版权所有人对此种使用不拥有排他性权利。"②

国会的意图是,按照第 107 条,"法院延续着有关合理使用判决的普通法传统。"③"《版权法》中合理使用抗辩的立法模式反映了国会对普通法原则进行法典化的意图。"④然而,该司法原则是什么却并非总是明确的,而成文法表述本身又留下了太多的解释空间。国会报告对合理使用的这种开放性路径进行了周密的考虑。"关于合理使用,在非常宽泛的立法解释及其可适用的某些标准之外,法院必须以逐案考察为基础,不受限制地把这一原则适用于具体情形。"⑤倘非特别情形,合理使用分析最终仍然"要求进行逐案

① 《美国法典》第 17 编第 107 条。

② 索尼美国公司诉环球电影公司(Sony Corp. of America v. Universal City Studios),464 U. S. 417, 433, 104 S. Ct. 774, 784 (1984);参见桑德门诉西杰伊(Sundeman v. Seajay Society, Inc.),142 F. 3d 194, 202 (4th Cir. 1998)。

③ 坎贝尔诉阿卡夫一罗斯(Campbell v. Acuff - Rose Music, Inc.),510 U. S. 569, 577, 114 S. Ct. 1164, 1170 (1994)。国会报告评论说,"第 107 条的目的是重述现有的合理使用司法学说,而决不是要改变、缩减或扩大它。"国会众议院报告[H. R. Rep. No. 1476, 66 (1976)];参议院报告[S. Rep. No. 94—473, 62 (1975), U. S. Code Cong. & Admin. News 1976, 5659, 5679]。

④ 哈珀与洛出版社诉国家杂志(Harper & Row, Publishers v. Nation Enterprises),471 U. S. 539, 549, 105 S. Ct. 2218, 2224 (1985)。

⑤ 国会众议院报告[H. R. Rep. No. 1476, 66 (1976)];参议院报告[S. Rep. No. 94—473, 62 (1975), U. S. Code Cong. & Admin. News 1976, 5659, 5679]。

分析。”[①]然而，人们对秩序的迫切要求以及立法语言本身都为形成普遍适用的规则提供了动力。

7.2.2 二、成文法文本分析

7.2.2.1 （一）导语：创造性与转化性使用

第107条的开始句有着相当丰富的内涵：它指出，“……为了诸如批评、评论、新闻报道、教学……学术或研究之目的，版权作品的合理使用，不属于侵犯版权。”[②]这种表述似乎表明，适用合理使用需要做两部分析：其一须首先判定是否存在“合理使用”，然后要判断该使用是否为了合适的目的。随后被列举的“各要素”似乎是针对第一个问题，即“合理使用”是否存在；但“目的”分析显然是判断该“合理使用”能否有效保护该行为的关键。联邦最高法院一直没有完全做到始终如一，也没有就适当的分析模式明确提供指导。

最高法院处理的合理使用第一案——索尼美国公司诉环球案[③]是一起帮助侵权诉讼，它由大电影制片商提出，指控著名的盒式磁带录像机制造商。本案解决帮助侵权问题的依据是，在享有版权的电影作品被广播时，为了“时间改变”(time shifting)的目的而进行录像是侵权还是合理使用。在5∶4的法官意见中，多数派主张该使用是合理使用，被告因而不承担帮助侵权责任。在代表多数派发言时，史蒂文斯(Stevens)法官虽然提到合理使用具有“衡平法上的合理性规则”[④]这一特征，实质上却忽略了第107条的开始语，并几乎排他性地聚焦于立法所列要素的分析，在判决其使用为“合理”时，着重强调了家庭录像的个人性、非商业性特征。代表异议者意见的法官布莱克门(Blackmun)主要集中于导语提到的示例性使用，称这些使用

---

① 坎贝尔诉阿卡夫－罗斯音乐公司(Campbell v. Acuff - Rose Music, Inc.)，510 U. S. 569，577，114 S. Ct. 1164，1170 (1994)。

② 《美国法典》第17编第107条(着重号系著者所加)。

③ 索尼美国公司诉环球电影公司(Sony Corp. of America v. Universal City Studios)，464 U. S. 417，104 S. Ct. 774 (1984)。

④ 464 U. S. at 448，104 S. Ct. at 792。

(“批评、评论、新闻报道、教学……学术或研究”)具有“创益性”(productive)使用的特征,“从而在原作者之作品所产生的利益之外为公众增加了利益。”[①]他表示,尽管不是所有的“创益性使用”都属于合理使用,但是,只有“创益性使用”才是“合理的”。

一年后,在一个极其不同的语境中,最高法院再次遇到合理使用问题。在哈珀与洛出版社诉国家杂志案[②]中,杂志出版人对原告材料进行“抢先报道”,发表了未曾发表过的杰拉德·福特总统回忆录的摘要,而法庭以6∶3的分歧否定了前者提出的合理使用抗辩。法官奥康纳代表多数派强调[③],合理使用一般不可适用于未发表的作品,并否决了如下观点:有某种高于一切的一般“公共利益”或第一修正案考量,可以借合理使用来庇护具有强烈公共利益的版权材料的传播。[④]“作品未发表这一特征‘尽管未必是决定性的,却是[一个]关键的要素’,可以否定合理使用抗辩”[⑤]——在作此判决时,她得出的结论是,“对于未发表作品,合理使用的范围比较狭窄。”[⑥]

虽然这一判决意见很少提及“创益性使用”或导言中所列目的要素的影响,但为了回应被告提出的其有资格因“新闻报道”活动而得到特别考虑的要求,判决意见明确指出,第107条对各“目的”的列举只是示例性的,而不是穷尽性的,不是为了“假定性地挑选任何特定的使用方式作为‘合理性’使用”[⑦]。除了创益性或非创益性使用的问题,已发表和未发表作品之间的区分极大地影响了最高法院有关合理使用各要素的适用。(该区分曾导致激烈争论,可作为其例证的是,第二巡回法院的一些判决试图适用哈珀与洛案

---

① 464 U.S. at 478, 104 S. Ct. at 807。

② 471 U.S. 539, 105 S. Ct. 2218 (1985)。

③ 471 U.S. at 550－54(“在通常情况下,作者支配其未散播表达被首次公开发表的权利应该超越合理使用的诉求。”同上,at 554)。

④ 471 U.S. at 558－559, 105 S. Ct. at 2229－2230。

⑤ 471 U.S. at 554, 105 S. Ct. at 2233。引自参议院报告。

⑥ 471 U.S. at 564, 105 S. Ct. at 2232。

⑦ 471 U.S. at 561, 105 S. Ct. at 2231。

对于未发表作品的限制，受到了强烈指控。)[①]最终，经过广泛听证，国会对第 107 条做出修改，即如今规定，“一部作品尚未发表这一事实本身不应该妨碍合理使用的判决，如果该判决是依据对所有[被列举]要素的考虑而做出的。”

总而言之，索尼案的多数派取消了“创益性使用”在合理使用分析中的核心地位，哈珀与洛案的多数派则拒绝给予它任何专门的考虑。[②] 然而，下级法院继续强调源自被告行为的社会价值对于合理使用判断的重要性，[③]尽管其所用术语不一定是所谓“创益性”[④]。1994 年，最高法院在坎贝尔诉阿卡夫一罗斯一案[⑤]中直面这一问题，并以“转化性使用”(transformative use)为题坚定地复兴了创益性使用的理念，使之成为合理使用分析的核心。该案涉及一首流行歌曲的说唱音乐仿讽(parody)，为最高法院提供了一个处理一系列问题的机会(合理使用对仿讽的适用问题将在下文讨论)。

苏特(Souter)法官的意见把最高法院此前的两个司法意见明确限定于它们各自的事实，并且，当他试图清楚表达并适用合理使用的基本原则时，实质上是在一块白板上写作。尽管该意见主要依据的是第 107 条开放的表述：

---

① 参见塞林格诉兰登书屋(Salinger v. Random House)，811 F. 2d 90 (2d Cir.)，*cert. denied*，484 U. S. 890，108 S. Ct. 213 (1987)；新时代出版公司诉亨利·霍特公司(New Era Publications Int'l, ApS v. Henry Holt & Co., Inc.)，873 F. 2d 576 (2d Cir.)，*rehearing denied*，884 F. 2d 659 (1989)，*cert. denied*，493 U. S. 1094，110 S. Ct. 1168 (1990)；莱特诉华纳图书公司(Wright v. Warner Books, Inc.)，953 F. 2d 731 (2d Cir. 1991)。

② “一篇文章可能是‘新闻’，并因此属于创益性使用——这一事实只是合理使用分析中的要素之一。”哈珀与洛出版社诉国家杂志(Harper & Row, Publishers v. Nation Enterprises)，471 U. S. at 561，105 S. Ct. at 2231。

③ 参见洛杉矶新闻社诉塔罗(Los Angeles News Service v. Tullo)，973 F. 2d 791 (9th Cir. 1992)；马克斯通一格雷赫姆诉伯彻尔(Maxtone-Graham v. Burtchaell)，803 F. 2d 1253，*cert. denied*，481 U. S. 1059，107 S. Ct. 2201 (1987)；太平洋与南部公司诉邓肯(Pacific and Southern Company Inc. v. Duncan)，744 F. 2d 1490，*cert. denied*，471 U. S. 1004，105 S. Ct. 1867 (1985)。

④ 参见哈斯特勒杂志诉道德多数派(Hustler Magazine, Inc. v. Moral Majority, Inc.)，796 F. 2d 1148 (9th Cir. 1986)(判决被告为了“自我抗辩”而对版权材料的使用支持合理使用判决)。

⑤ 510 U. S. 569，114 S. Ct. 1164 (1994)。

> 工作任务不能以明线规则得以简单化,因为就像该立法所承认的原则,它所需要的是逐案分析。[并且,在这里,立法]导语段使用了术语"包括"和"诸如",以显示其所列举情形的示例性而非限定性作用,……因而其所提供的仅仅是就法院和国会最常认定为合理使用的复制类型的一般性指导。①

然而,导语清楚地表达了合理使用调查的"核心目的":判断新作品是否"增加了具有其他效果或不同特征的新事物,以新的表达、涵义或寓意改变了原作;换言之,它询问的是新作是否并在多大程度上属于'转化性使用'。"②作为对布莱克门法官在索尼案中就"创益性使用"所作评论的回应,该意见继续指出:

> 尽管转化性使用对于合理使用判决并非绝对必要,……版权促进科学与艺文的目标通常因转化性作品的创作而得到促进。此种作品因而成为合理使用原则在版权控制之下保留喘息空间的核心所在,……并且,新作品越是具有转化性,重商主义等可能不利于合理使用判定的其他要素所发挥的作用就越小。③

坎贝尔案之后,上诉法院更加倾向于以导语及其"示例性"合理使用分类来进行合理使用调查。④ 不过,正如第七巡回法院所论,尽管坎贝尔案对该分析模式进行了合理化,"合理使用抗辩并不遵从法典化的做法。"⑤

---

① 510 U.S. at 577, 114 S. Ct. at 1170。

② 同上。at 580, 114 S. Ct. at 1171。

③ 510 U.S. 580, 114 S. Ct. 1171。

④ 参见无穷大广播公司诉柯克伍德(Infinity Broadcast Corp. v. Kirkwood),150 F. 3d 104 (2d Cir. 1998)。

⑤ 芝加哥教委诉萨布斯坦斯(Chicago Board of Education v. Substance, Inc.),354 F. 3d 624, 629 (7th Cir. 2003)。

7.2.2.2 (二) 合理使用四要素

坎贝尔案表明,立法所列举的四个要素相互关联且不可"相互孤立处理。依据版权的目的,全部要素均需考察,各项结果一起发挥作用。"[①]第七巡回法院评论道:

> 重要的观点不过是……四项要素是一个需要考察的事项清单,而不是做出决定的公式;成文法上所列目的同样如此。[②]

7.2.2.2.1 1. 第一要素:商业性或非商业性目的

第一个分析要素需要考虑的是"使用的目的和性质,包括这种使用具有商业性质还是为了非营利的教育目的"。在索尼一案,多数派根据这一要素形成一个推定:"为了商业性或营利性目的(而使用)……将被推定为非合理的",而非商业性使用则构成合理性前提。[③] 翌年,在哈珀与洛一案中[④],奥康纳法官进一步表示,"营利/非营利之区分的症结,不在于使用的单一动机是否金钱收益,而在于使用者是否坚持以版权材料的开发使用来获利,同时又不支付通常的价钱。"[⑤]

索尼案的"推定"因哈珀与洛案而巩固,在上诉法院的合理使用案例分析中产生了不小的问题。这些案例中,有关被告获得商业利益,这些法院试

---

① 坎贝尔案(Campbell),510 U.S. at 578, 114 S. Ct. at 117;参见卡斯尔滚石娱乐公司诉卡罗尔出版集团(Castle Rock Entertainment, Inc. v. Carol Publishing Group, Inc.),150 F. 3d 132 (2d Cir. 1998)。

② 泰有限公司诉国际出版公司(Ty, Inc. v. Publications International, Ltd.),292 F. 3d 512, 522 (7th Cir. 2002)。

③ 索尼美国公司诉环球电影公司(Sony Corp. of America v. Universal City Studios),464 U.S. 417, 449, 104 S. Ct. 774, 792 (1984)。史蒂文斯相当有力地声称,"版权材料的每一项商业性使用都假定性地成为对隶属于版权人垄断特权的不合理使用。"同前,at 451, 104 S. Ct. at 793。

④ 哈珀与洛出版社诉国家杂志(Harper & Row, Publishers v. Nation Enterprises),471 U.S. 539, 562, 105 S.Ct. 2218, 2231 (1985) ("出版物是商业性的而不是非营利的——这一事实……不利于合理使用判决")。

⑤ 同上。

图改善该推定造成的影响,遂判决某些商业性使用附带了一定的社会性利益。①

在坎贝尔案中,最高法院重点强调了转化性使用,在它推翻下级法院"实际上赋予(被告之使用的)商业属性以决定性意义"这种做法时,似乎摒弃了这些推定②以及商业性的特别地位:

> 成文法的用语表明,一部作品的商业性或非营利性教育目的,只是考察其目的和属性的第一要素的成分之一。……相应地,一项使用是教育性的而非为营利的——单单这一个事实不能确保它免于侵权判决,而一项使用中较多的商业性质都会妨碍判决其为合理。的确,如果商业性带有对抗合理性判决的推定性力量,该推定就会吞没第107条导语所列举的几乎一切示例性使用,包括新闻报道、评论、批评、教学、学术和研究,因为这些活动"在这个国度通常被利润所引导。"③

---

① 参见马克斯通一格雷赫姆诉伯彻尔(Maxtone-Graham v. Burtchaell),803 F. 2d 1253 (2d Cir.), cert. denied, 481 U. S. 1059, 107 S. Ct. 2201 (1987); Hustler Magazine, Inc. v. Moral Majority, Inc., 796 F. 2d 1148 (9th Cir. 1986)。

② "最高法院将第一要素的调查集中于使用的'转化性'特征上,抛弃了索尼案中的声明……即'版权材料的每一项商业性使用都假定性地属于……不合理的……'",莱博维茨诉派拉蒙电影公司(Leibovitz v. Paramount Pictures Corp.),137 F. 3d 109, 113 (2d Cir. 1998)。

③ 坎贝尔诉阿卡夫一罗斯(Campbell v. Acuff - Rose Music, Inc.),510 U. S. 569, 584, 114 S. Ct. 1164, 1174 (1994)(引自布伦南法官对哈珀与洛案[Harper & Row, Publishers v. Nation Enterprises]的异议[471 U. S. at 574]);参见卡斯尔滚石娱乐公司诉卡罗尔出版集团(Castle Rock Entertainment, Inc. v. Carol Publishing Group, Inc.),150 F. 3d 132, 142 (2d Cir. 1998)("我们……不太重视这一事实,即二次使用是为了商业收入")。另参见 Sony Computer Entertainment America, Inc. v. Bleem, LLC, 214 F. 3d 1022 (9th Cir. 2000):

> 按照这一分析,版权材料的商业性使用并未被推定为不合理;毋宁说,商业性使用只是我们必须重视的四要素之一。在坎贝尔案中,对于商业背景不利于合理使用这一假定的不可辨驳性,最高法院明确予以否定,断然推翻了第六巡回法院对这一假定的合理性的支持……最高法院强调,尽管第四要素可能是最为重要的,但所有要素都必须得到考虑,且复制品的商业属性只是这一范围更宽的算式中的要素之一。

可以说，就第一要素而言，相关的问题是“使用的目的和性质”这样一个综合性的问题，该分析中的重要成分是某使用具有多大程度的“转化性”；“新作品越是具有转化性，重商主义等可能不利于合理使用判定的其他要素所发挥的作用就越小。”[①]简言之，合理使用算式包含着平衡，没有任何单一性要素能确立一种推定性的合理或不合理的使用。即使如此，旧的“推定”很难死去，且偶有复活。[②]

7.2.2.2.2 2. 第二要素：版权作品的性质

该要素的考察需要对原告作品进行分类；它“要求承认，有些作品比其他作品更接近版权保护的核心，以致于在前一类作品被复制时，合理使用较难成立。”[③]所以说，当版权作品属于创造性艺术或文学虚构，或是其他创造性表达，而非事实性、历史性资料或新闻报道时，第二要素就要发挥不利于合理使用判决的作用。[④] 尽管这种以内容为基础的分类方法被最高法院哈珀与洛案（其对已发表作品和未发表作品进行了区分）置之不理，而在坎贝尔一案中，最高法院的分析则回归到了这一基本区分——即“更接近（版权保护）之核心”与那些远离此核心的作品。

7.2.2.2.3 3. 第三要素：被取用的数量

在此，人们必须考虑“与整个版权作品相比，被使用部分的数量和重要性”。这一问题要关注的是，从质与量两个方面来看，被告从原告那里取用了多少；数量上的少数依然有可能触犯版权作品，而质的层面具有相当的重

---

① 坎贝尔案（Campbell），510 U.S. 579, 114 S. Ct. at 1171。

② 参见精英歌手公司诉贝塔斯曼音乐出版公司（Leadsinger, Inc. v. BMG Music Publishing），512 F.3d 522, 530, 531 (9th Cir. 2008)（该案判决，“版权材料的商业性使用‘被假定为对版权人垄断性特权的不合理使用’”，“如果‘预计的使用是为了商业收入’，市场损害的可能性‘可以被推定’”）（引自索尼案，464 U.S. at 451）。

③ 同上，at 586, 114 S. Ct. at1175。

④ 同上；另参见斯图尔特诉阿本德（Stewart v. Abend），495 U.S. 207, 237, 110 S. Ct. 1750, 1769 (1990)（一般而言，事实类作品比虚构性作品更可能被判定为合理使用）；卡斯尔滚石娱乐公司诉卡罗尔出版集团（Castle Rock Entertainment, Inc. v. Carol Publishing Group, Inc.），150 F.3d 132, 143 (2d Cir. 1998)（虚构性作品比之于事实性作品，合理使用的范围多少有些狭窄）；特温·皮克斯产品公司诉出版国际公司（Twin Peaks Prods., Inc. v. Publication Int'I, Ltd.），996 F.2d 1366, 1376 (2d Cir. 1993)（第二要素是“支持……创造性和虚构类作品”）。

要性。[①]

决定第三要素的核心是被告使用版权材料的方式和目的。就其表述而言,对该要素进行分析的焦点是被取用材料与整体性版权作品之间的关系;而被取用材料是否构成被告作品的实质性部分,则似乎无关紧要。然而,由于这一要素关注的是定性分析,被告作品大量使用的材料属于版权作品中的一小部分——这一事实证明了被取用材料在性质上的重要性。[②] 并且,被告在多大程度上以“转化性”方式使用这些材料,对于该取用是不是过分的认定,关系重大;与非转化性使用相比,转化性使用可以支持性质上更为重要的取用。[③] 下文将要论及,这在针对仿讽现象进行的合理使用分析中是一个特别重要的问题。

7.2.2.2.4

4. 第四要素:经济影响

该要素所针对的是“该使用对版权作品的潜在市场需求或价值的影响”。四种要素均未受到特别倚重,但取用对于原告作品的经济影响通常被视为其中最重要的要素。[④] 有关原告作品所受经济影响的考察既涉及已有的市场需求,也涉及该作品本身及其演绎作品的潜在的市场需求。[⑤] 简言之,所要关注的是作品版权现有的和未来的使用可能。通常而言,该要素“所关注的是,由于提供原作替代品,二次使用篡夺了可能属于版权持有人的市场需求。”[⑥]

---

① 坎贝尔案(Campbell),510 U.S. at 587, 114 S. Ct. at 1175(这一要素要求思考的不仅是被使用材料的数量,还有它们的性质和意义);另参见哈珀与洛案(Harper & Row)。

② 哈珀与洛案(Harper & Row);艾奥瓦州大学研究基金会诉美国广播公司(Iowa State University Research Foundation, Inc. v. American Broadcasting Companies, Inc.),621 F. 2d 57 (2d Cir. 1980)。

③ 坎贝尔案(Campbell),510 U.S. at 587—588, 114 S. Ct. at 1176(“主要由一部原作,尤其是其核心部分构成,且很少增添或进行改变的一部作品,很有可能仅仅是对原作的替换,其所满足的是对原作的需求”)。

④ “最后一个要素无疑是合理使用中唯一最重要的成分。”哈珀与洛出版社诉国家杂志(Harper & Row, Publishers v. Nation Enterprises),471 U.S. 539, 105 S.Ct. 2218, 2234 (1985)。

⑤ “该调查必须考虑的,不只是原作所受损害,还包括演绎作品市场需求所受到的损害。”同上,at 587, 105 S.Ct. at 2234。

⑥ 无穷大广播公司诉柯克伍德(Infinity Broadcast Corp. v. Kirkwood),150 F. 3d 104 (2d Cir. 1998)。

在这样的背景下，分析就提出了某些逻辑上的问题。例如，在被告取用了某些版权材料的特定情形中，该被告及其对该材料的使用在理论上就构成一种可能的需求，而对此需求，版权人是可以发放作品使用授权的。实际上，因为每一项使用都是一个潜在的市场，如果从表面上分析，单单这一个要素就可以吞没合理使用。① 而在实践中，法院回避了此种逻辑极端，并聚焦于版权的具有现实可行性的潜在需求上。② 最受关注的是，被告的使用是否会替代版权作品，或者替代以其为基础的合法演绎作品。由于焦点在于版权作品的替代，批评以及贬低版权作品的使用虽因其压抑了作品需求而损害了其市场，但毕竟没有盗用作品，因而也未构成版权法意义上的市场损害。对此，最高法院在坎贝尔案中指出：

> 法院的职责是区分“仅仅妨碍需求的尖锐批评[和]盗用它的版权侵犯”。……有可能被救济的替代与不可救济的贬低之间的这种区分体现于如下规则：对于批评而言，不存在可受保护的演绎市场。潜在的演绎性使用的市场仅仅包括原作创作者通常有可能开发或许可他人开发的市场。③

同样，如果侵权的后果是市场篡夺，即使侵权性使用恰恰可能有助于重振或创造版权作品的市场需求，从而有利于版权所有人，也没有多大意义。④

---

① “在考虑潜在授权的收入损失是否从有利于原告的角度加重第四要素时，我们承认循环论证的危险。”林戈尔德诉布莱克娱乐电视公司(Ringgold v. Black Entertainment Television)，Inc.，126 F. 3d 70，81 (2d Cir. 1997)。

② “在考虑受到质疑的潜在市场的使用时，我们‘只[考虑]传统的、合理的以及可能被开发的市场’，以尽量避免循环论证的缺陷。”同上，at 81 (2d Cir. 1997)。参见莱博维茨诉派拉蒙电影公司(Leibovitz v. Paramount Pictures Corp.)，137 F. 3d 109，117 (2d Cir. 1998)(“原告有关实际市场损害的唯一主张是，被告使用其作品，令其丧失了许可费……但是，当作品因合理使用而受到限制时，被告无权就此获得许可费”)。

③ 坎贝尔案(Campbell)，510 U. S. at 593，114 S. Ct. at 1179 (引自 Fisher v. Dees，794 F. 2d 432，438 (9th Cir. 1986))。

④ 参见艾奥瓦州大学研究基金会诉美国广播公司(Iowa State University Research Foundation，Inc. v. American Broadcasting Companies，Inc.)，621 F. 2d 57 (2d Cir. 1980)。

如上所述,在索尼案中,最高法院多数派不仅创造并严重依赖于一个推定——即被告行为合理与否,因其是否具有商业属性而变化,而且还把该推定引入了第四要素分析。其多数派看来是主张,商业性使用导致潜在市场损害,这一推定需要被告提出反驳;另一方面,非商业性使用则导致此种损害不存在的推定,这需要原告举证证明其损害。[①] 最高法院将索尼案限定于其自身事实,而在坎贝尔案中,它驳回了上述这些推定:"除了单纯为商业目的的复制之外,如果一个案件还包含了其他因素,在索尼案中得到支持的市场损害的'推定'或推论就不能适用于此案。……在判定某种转化性使用……是不是合理使用时,这种证据推定不能用来处理第一要素,即使用的性质和目的,以及第四要素,即市场损害。"[②]

在明确抛弃索尼案的推定时,坎贝尔案的法官意见以第107条导语为基础进行了合理使用分析,核心是该规定所关注的"转化性"目的,并将每一种要素与"转化性"使用放在一起相权衡。[③]

7.3　第三节　作为合理使用的仿讽

仿讽被定义为"'为了达到戏剧性效果或嘲讽而模仿某作者或作品之特有风格的文学或艺术作品',或者是'以一种令人感到荒唐可笑的方式模仿某作者或某类作者的思想或语言特征的散文或韵文创作'。"[④]以其自身属性而言,要具有完全的有效性,一个仿讽必须取用有关作品的实质的、核心

① 索尼案(Sony),464 U.S. at 451, 104 S. Ct. at 793("如果计划中的使用是为了商业收入,损害的可能性可以被推定。但是,如果它是为了非商业性目的,该可能性必须得到证明")。

② 坎贝尔案(Campbell),510 U.S. at 591, 594, 114 S. Ct. at 1177, 1179。

③ 参见比尔·格雷赫姆档案馆诉多林·金德斯利(Bill Graham Archives v. Dorling Kindersley Limited),448 F.3d 605 (2d Cir. 2006)(分析了所有的四要素,重点是被诉侵权作品的转化性使用);珀费克特10公司诉亚马逊网(Perfect 10, Inc. v. Amazon.com, Inc.),508 F.3d 1146 (9th Cir. 2007)(裁定搜索引擎使用缩微图片是"转化性的",属于推定的合理使用)。

④ 同上,at 580, 114 S. Ct. at 1172[引自《美国传统词典》American Heritage Dictionary 1317 (3d ed. 1992);《牛津英语词典》11 Oxford English Dictionary 247 (2d ed. 1989)]。

的部分；如果该作品受版权保护，那么在合理使用抗辩阙如的情况下，该仿讽就必定构成侵权。同样是依照其属性，由于仿讽在某种程度上构成批评性评论，它会显得特别能经得起合理使用的分析。然而，仿讽与合理使用的司法判定一直很复杂且变化多端。对此，第二、第九巡回法院所采取的不同路径提供了例证。

1956 年，第九巡回法院最初否决了这一观点。在合理使用分析中，某一使用的仿讽特征产生了特殊的意义；然后，联邦最高法院正反相等的意见使这一立场悬而未决。① 1978 年，第九巡回法院对其观点作出了修改，承认合理使用可以特别适用于仿讽，但其分析的焦点是第三要素即被取用的数量，并判定仿讽者只能从原作中取用"忆起或使人想起"原作所必要的数量。② 尽管该法院似乎依据了第二巡回法院在一个早期判例中的断言③，而当第二巡回法院于 1980 年直接处理这一问题时，它却采取了显著不同的立场。

可以说，第二巡回法院在合理使用的分析算式中为仿讽确立了一个特殊的位置，判决"仿讽至少要能够'使人想起'原作。即使大量使用也可能是合理使用，只要仿讽建立在原作基础上，将原作用作为现代文化中众所周知的成分，并为幽默效果或评论做出新的贡献。"④第二巡回法院清楚明白地判定，"仿讽和讽刺都是宝贵的批评形式，因为这种批评形式本身促进版权法所保护的创造性而受到鼓励。"⑤到了 1986 年，第九巡回法院明显靠近了第二巡回法院的立场，判定仿讽属于"可能的"合理使用，仿讽者被允许进行

---

① 本尼诉洛氏有限公司(Benny v. Loew's Inc.)，239 F. 2d 532 (9th Cir. 1956)，*aff'd by an equally divided court*，356 U. S. 43，78 S. Ct. 667 (1958)。

② 沃尔特·迪斯尼诉天空海盗(Walt Disney Productions v. Air Pirates)，581 F. 2d 751 (9th Cir. 1978)，*cert. denied*，439 U. S. 1132 (1979)。

③ 伯林诉 E. C. 出版公司(Berlin v. E. C. Publications，Inc.)，329 F. 2d 541 (2d Cir.)，*cert. denied*，379 U. S. 822 (1964)。

④ 埃尔斯米尔音乐公司诉全国广播公司(Elsmere Music，Inc. v. National Broadcasting Co.)，623 F. 2d 253 (2d Cir. 1980)(着重号为引者所加)。

⑤ 罗杰斯诉孔斯(Rogers v. Koons)，960 F. 2d 301，310 (2d Cir. 1992)。

足够多的取用“以充分完成其仿讽的目的”①。

最终,在坎贝尔案,最高法院明确论及仿讽在合理使用分析中的位置:

> 仿讽显然具有主张转化性价值的资格。……就像那些表面上很少有幽默性的批评形式一样,它可以通过凸显在先作品并创造新作以提供社会利益。因此,我们与那些法院保持一致,它们裁定,像其他评论或批评一样,仿讽可以按照第 107 条主张合理使用。②

而且,最高法院明确表示,在把合理使用诸要素适用于仿讽时,仿讽在多大程度上具有“转化性”,将对每一要素之影响的判定发挥重要的作用。因而,就第三要素而言,最高法院坚持,“仿讽必须能够‘使人想起’至少是足够多的原作,以使其批评目标得以辨认。……与仿讽的目的相关联,复制不会仅仅因为它取用了原作的核心而成为过分。……在仿讽中,……背景是最重要的,合理性问题所要究问的是,除了进入原作的核心,仿讽者还做了什么。”③

就第三要素而言,可允许取用的数量是使用性质的函数,与非转化性使用相比,转化性使用可以支持性质上更为重要的取用。④ 同样,对于第四要素,具有“转化性”的评论所进行的批评或贬低虽导致副面的市场影响,却完全可能是合理使用;相反,肆无忌惮的取用却仅仅是对市场的篡夺。⑤ 在评估市场影响时,“法律要超越批评,关注作品的其他因素。”⑥

---

① 费舍尔诉迪斯(Fisher v. Dees),794 F. 2d 432 (9th Cir. 1986)。不过,第九巡回法院最近似乎又折回了老路,并罔顾最高法院的意见(见下文),重申旧的“使人想起”限制。瑟斯博士娱乐合伙公司诉企业图书(Dr. Seuss Enterprises, L. P. v. Penguin Books),109 F. 3d 1394 (9th Cir. 1997)(“本院采纳了‘使人想起’标准,如果仿讽者的取用不超过‘忆起’或‘使人想起’,其仿讽对象所必要的数量,就被视为版权作品的合理使用”)。

② 坎贝尔案(*Campbell*),510 U. S. at 579, 114 S. Ct. at 1172。

③ 同上,at 588—589, 114 S. Ct. at 1176。

④ 同上,at 587—588, 114 S. Ct. at 1176。

⑤ 同上,at 593, 114 S. Ct. at 1178。

⑥ 同上,at 592, 114 S. Ct. at 1178。

由于仿讽在合理使用算式中占据着被优先考虑的地位，判断某作品是否“仿讽”，意义重大。“仿讽产生于‘提及与嘲讽的联合’。”①某作品是否属于“仿讽”，需要由法院判断，而不是依凭证据或其他证据性要素的权重而得到解决的“事实性”判断：“一作品是不是仿讽，此乃法律问题，而不是公众多数派意见的问题。”②

苏特法官对于坎贝尔案的意见也明确区分了“讽刺”和“仿讽”——前者幽默性地使用他人作品以评论社会问题，但不嘲讽该作品本身。只有后者可以享有特殊的合理使用保护：

> 就版权法而言，界定的要害、援用原有材料的仿讽者诉求的核心是，使用在先作者之作品的某些成分以创造新作，而该作品至少部分性地对原作者的作品做出评论。……相反，如果评论对原作的题旨或风格没有批评意义，被控侵权人在制造新鲜事物时只是用原作来吸引注意力或排除单调沉闷，借用他人作品的合理性主张就相应减弱（如其没有消失），而其他要素如商业性程度就会增大比重。仿讽需要模仿原作以表现自己，由此就有了使用被用者（或是集体被用者）想象力成果的要求，而讽刺则可以不依赖他人，因而就需要为其借用行为提供正当性说明。③

因此，虽然仿讽对原作的评论和批评在某种程度上是必要的，该批评却不必是猛烈的，而“仿讽者不必为说明其复制行为是合格的合理使用而论证版权人可能会禁止其使用。”④

---

① 美泰有限公司诉沃金·芒特恩（Mattel, Inc. v. Walking Mountain Productions），353 F. 3d 792, 802 (9th Cir. 2003)（引自坎贝尔案（*Campbell*），510 U. S. at 583, 114 S. Ct. at 1164）。

② 同上，at 801。

③ 坎贝尔案（Campbell），见前注，at 580－581, 114 S. Ct. at 1172。

④ 莱博维茨诉派拉蒙电影公司（Leibovitz v. Paramount Pictures Corp.），137 F. 3d 109, 115 n. 3 (2d Cir. 1998)。

7.4 第四节　实用性作品的合理使用

复杂的计算机软件判例所包含的问题,来自于为了反向工程并创作竞争性程序而对某程序进行的“分解”和“拆卸”。有判决认为,虽然“拆卸是批量复制,正属于成文法禁止行为的范畴”,但此种复制也可能是合理使用:

> 我们并非没有认识到这一事实:跟那些惯于在更加传统的背景下考虑版权问题的人相比,我们的结果咋看起来似乎与之不协调。
>
> ……
>
> 我们的结论是,如果拆卸是接触某计算机程序所含思想和功能性成分的唯一途径,且有正当理由寻求此种接触,那么,作为一个法律问题,拆卸就是对该版权作品的合理使用。①

7.5 第五节　合理使用与为研究和学术目的的影印

7.5.1 一、图书馆、档案馆与研究性复制

对于档案馆与图书馆所实施的某些复制行为,尽管《版权法》包含有专

---

① 塞加实业有限公司诉阿科雷德有限公司(Sega Enterprises, Ltd. v. Accolade, Inc.),977 F. 2d 1510 (9th Cir. 1992)。在贝特曼诉记忆术有限公司[Bateman v. Mnemonics, Inc., 79 F. 3d 1532 (11th Cir. 1996)]案中,塞加案(Sega)得到了明确吸收(鉴于版权的主要目的——科学与实用艺文的进步,我们发现塞加案的意见是具有说服力的);另参见阿特瑞游戏公司诉任天堂美国公司(Atari Games Corp. v. Nintendo of America Inc.),975 F. 2d 832 (Fed. Cir. 1992)(对目标码进行反向工程以辨明计算机程序中不受保护的思想,属于合理使用)。参见索尼计算机娱乐美国公司诉克奈克提科斯公司(Sony Computer Entertainment America, Inc. v. Connectix Corp.),203 F. 3d 596 (9th Cir), *cert. denied*, 121 S. Ct. 172 (2000)。

门的免责,图书馆与档案影印的合理使用免责的范围宽泛而并不明晰。[①] 为了商业背景下的研究而实施影印是地球物理联盟诉特克塞科案[②]的主题,其中的问题是,“依照美国《版权法》,营利性公司未经许可而复制发表在科技期刊上的享有版权的文章,供该公司在科研中所雇佣的科学家使用……是否合法。”地区法院裁定,此种复制不是合理使用。第二巡回法院充满分歧的维持判决的意见所关注的焦点是该复制的非转化性和“存档”属性:“为了未来的参考而收集一套论文,所实现的目的与额外订阅的正常销售或……发放影印许可证相同。”该许可可以通过版权清算中心[(Copyright Clearance Center)发放影印许可的核心清算处,1970 年代晚期成立]获得,从而方便了为研究目的的廉价复制,并避免了棘手的合理使用问题。

7.5.2

二、学术与课堂复制

虽然第 107 条中的示例性使用方式包含制作“用于课堂的多份复制件”,但是,为学术研究或课堂传播而进行的复制并没有获得普遍性的免责。为了回应各种考虑,出版商、作者和教育机构的代表们达成了一项协议,即《非营利性教育机构课堂复制指南》;这些“指南”被纳入了 1976 年《版权法》的国会委员会报告。它们没有直接的法律效力,却为用于学术研究的复制,以及为课堂传播而进行的有限的、摘要性的、自发的复制建立了最低安全港。不过,一般性合理使用分析在多大程度上适用于指南之外的学术性复制,依然是一个问题。在这一点上,判决已经认定,在“课程参考书”或“选集”中批量复制版权作品,既超出了指南,也不属于合理使用。[③] 另一方面,

---

① 参见威廉姆斯与威尔金斯公司诉合众国(Williams & Wilkins Co., v. United States),487 F. 2d 1345(1973),联邦索赔法院做出 4∶3 的判决意见,最高法院则以正反相等的意见予以维持,420 U. S. 376, 95 S. Ct. 1344 (1975)。

② 地球物理联盟诉特克萨科有限公司(Geophysical Union v. Texaco, Inc.),802 F. Supp. 1 (S. D. N. Y. 1992), *aff'd*,60 F. 3d 513 (2d Cir. 1994), *cert. dismissed*, 116 S. Ct. 592 (1995)。

③ 普林斯顿大学出版社诉密歇根文献服务中心(Princeton University Press v. Michigan Document Service),99 F. 3d 1381 (1996), *cert. denied*, 117 S. Ct. 1336 (1997);贝斯克图书公司诉金科氏制图公司(Basic Books, Inc. v. Kinko's Graphics Corp.),758 F. Supp. 1522 (S. D. N. Y. 1991)。

有判决依然指出,在用于抄袭核查的数据库中备份学生论文,属于合理使用。①

7.6　第六节　第一修正案上的考虑

偶尔会有人主张,第一修正案考虑提出了一种额外的、未申明的合理使用要素,一种有关合理使用的超成文法注解。② 奥康纳法官就哈珀与洛案③所发表的意见似乎坚决否认了这一主张,各上诉法院通常也拒绝承认独立于合理使用诸要素之外的第一修正案抗辩。④

> 版权条款和第一修正案虽然直觉上处于冲突之中,它们的制订是为了防止舆论审查而一起发挥作用;制定版权法部分是为了防止舆论的私人审查,而通过第一修正案则是为了防止舆论的公共审查……在版权法中,第一修正案与版权之间的平衡得以维持,部分是通过思想/表达两分法以及合理使用原则。⑤

---

① 范德希诉艾派拉代姆斯(A. V. ex rel. Vanderhye v. iParadigms LLC),562 F. 3d 630 (4th Cir. 2009)。

② 参见三角出版公司诉奈特—里德报社(Triangle Publications v. Knight-Ridder Newspapers),626 F. 2d 1171(5th Cir. 1980)(Tate, J., concurring);另参见马克斯通—格雷赫姆诉伯彻尔(Maxtone-Graham v. Burtchaell),803 F. 2d 1253, *cert. denied*, 481 U. S. 1059, 107 S. Ct. 2201 (1987)。

③ 哈珀与洛出版社诉国家杂志(Harper & Row, Publishers v. Nation Enterprises),471 U. S. 539, 105 S. Ct. 2218 (1985)。鉴于第一修正案保护已经体现于《版权法》对于可版权之表达与不可版权之事实和思想的区别,合理使用已经传统性地为学术与评论提供了自由空间,我们找不到理由来扩展合理使用学说,以创造一种公共人物版权例外。

④ 参见洛杉矶新闻社诉塔罗(Los Angeles News Service v. Tullo),973 F. 2d 791 (9th Cir. 1992);特温·皮克产品公司诉出版国际公司(Twin Peaks Prods., Inc. v. Publication Int'I, Ltd.),996 F. 2d 1366 (9th Cir. 1993)。

⑤ 太阳信托银行诉霍顿·米夫林公司(SunTrust Bank v. Houghton Mifflin Co.),268 F. 3d 1257, 1263 (11th Cir. 2001)。

然而，在合理使用分析的框架之内，"对于被并入版权法的第一修正案保护，我们必须保持察觉。"[1]

① 太阳信托银行诉霍顿·米夫林公司(SunTrust Bank v. Houghton Mifflin Co.)，at 1265。

第八章　版权保护的期限

8.1　第一节　概述

《宪法》第 1 条第 8 款明确规定，版权垄断只能被准予“有限的时间”。相应地，在行使其宪法所授权力时，国会不得允许永久性版权，而必须规定并限制版权的保护期。的确，版权保护期的确定对版权的经济价值具有深远的意义。

8.1.1　一、1976 年以前的续展权和续展期间

在 1790 年首部《版权法》中，国会为版权确立了二元保护期制度：一个初始期（14 年）和一项续展权——版权人通过续展获得长度相等的附加的续展期。此后，二元体制下的版权保护期得到延长；1909 年《版权法》确立的是初始期和续展期各 28 年。

根据 1909 年法，版权因作品发表并进行适格的通告而产生，并自发表日开始持续 28 年的初始期。如果此后没有采取进一步的行动，版权就在该期间届满时终止，作品就进入公共领域。然而，如果有权申请版权续展的人在初始期届满前采取适格的行动，版权便可再持续 28 年的续展期。

8.1.1.1　（一）续展权的归属

续展权通常属于作品的作者、自始获得原始版权的实体。因而，在初始期内转让和完全移转其版权利益的个人作者仍然享有其续展权，而受让人则不能享有续展期方面的利益。对于个人作者，如果该作者未能生存到初始期届满，该权利就属于被具体指定，并依先后次序的法定继承人，特别是

其家人，或归于作者的遗产。[①] 不能确定的是，作者需要生存多久才能使续展权和续展期属于该作者或其受让者；也就是说，作者可能需要生存到续展申请的登记日，或者度过初始期并至续展期开始，他或她，或其受让者便拥有续展期的版权，而不是归于法定继承人。[②] 如下文所述[③]，随着1992年自动续展修正案的通过，及其对该问题的特别安排，这已成为一个学术问题。

就雇佣作品而言，雇主是有权进行续展的实体。（对于1976年立法开始生效时处于初始期的作品，一部作品是否属于"雇佣作品"的判断要按照1909年立法的标准，而不是依据1976年立法对雇佣作品的定义。）[④]

要获得续展，作品必须已获登记，且续展登记申请必须由在初始期末年对此有权的人向版权局提交。一旦初始期届满，如果适格的续展申请已经提交，续展期即开始生效并属于对其有权的人。[⑤]

8.1.1.2 **（二）续展期是一个新的独立期**

续展期不是初始期的简单延续。它是一个全新的期间，只属于对续展享有权利的人。因而，初始期间内的转移、转让、许可以及作者授予的其他权利只能在该期间内有效，而不能涉及续展期。同样地，正如最高法院在斯图尔特诉阿本德案[⑥]中所明示的，这些权利不能仅仅依据初始期的授权而继续行使于续展期；新的协议安排必须通过续展期的所有者达成。

8.1.1.3 **（三）续展期的转让**

因为一项授权只能在版权初始期内有效——即使它是所有版权利益的授予，受权人经常试图获得续展期上的权利。国会创立二分型期间结构，并将版权移转限于初始期，其意图显然是要保护作者。但是，联邦最高法院认为，如果有效的合同存在，作者在初始期内对续展权的让渡具有约束力，使

---

① 参见马拉斯考克诉范泰西有限公司（Marascalco v. Fantasy, Inc.），953 F. 2d 469 (9th Cir. 1991)，cert. denied，504 U.S. 931，112 S. Ct. 1997 (1992)。

② 同上。

③ 参见下文§8.1.1.4。

④ 参见上文§4.6。

⑤ 参见《美国法典》第17编第304条(a)(3)。

⑥ 斯图尔特诉阿本德案（Stewart v. Abend），495U.S. 207，110 S. Ct. 1750 (1990)。

受让人获得优先于作者的续展权。[①]

然而，由于作者续展的权利要以作者的存活为条件，从而导致该续展、受让人的权利同样是有条件的；如果作者没有存活至赋予续展期所需要的时间，受让人就不能行使该续展权且不能享有续展期的权利——转让仅仅是“纯粹的期待”。[②] 这样，由权利受让人就续展期从作者以及能够找到的多个法定继承人那里获得权利转让，已成为通行的做法。

8.1.1.4　　**（四）自动续展**

对于依照1909年《版权法》享有版权的作品，国会于1992年修改法律，以缓解其续展上存在的某些技术性问题。第304条(a)[③]由此得到修改，为1976年《版权法》生效时处于初始期，并在1992年仍处于初始期的作品（即其版权保护期开始于1963年1月1日至1977年12月31日之间）规定了无需登记的自动续展。[④]

然而，为了鼓励通过登记达到续展，修正案为登记类续展和自动续展规定了不同的后果。从而，在权利归属的确立方面，该法对自动续展和通过申请和登记而取得的续展做出了区分。如果已经进行过适格的续展登记，续展期就归于在提出申请时享有续展资格的人；如果续展是自动的，因无需登记，该期间将归于在初始期结束日前享有续展资格的人。[⑤] 另外，根据这些修改，当（且仅当）续展为自动且不是登记之结果时，在初始期被授权的演绎作品的创作者可在续展期内继续使用该作品，这实际上是把斯图尔特诉阿

---

① 佛瑞德·费希尔音乐公司诉M·威特马可(Fred Fisher Music Company v. M. Witmark & Sons)，318 U.S. 643，63 S. Ct. 773 (1943)。

② 斯图尔特诉阿本德(Stewart v. Abend)，495 U.S. 207，110 S. Ct. 1750 (1990)（该案判决，作者在其短篇小说版权初始期将电影权利授予电影制作者，并向其转让了续展期的权利，在初始期据此短篇小说制作电影的制作者在续展期放映(exhibiting)该电影，侵犯了该短篇小说的版权，因为该作者在续展登记日期之前去世，而续展实际上已经属于其法定继承人，适格的续展申请已为其提出）。

③ 《美国法典》第17编第304条(a)。

④ 《美国法典》第17编第304条(a)(2)。

⑤ 同上。

本德一案的规则限定在了因登记而获得续展的情形。[①]

8.1.2　二、1976年法上的单一期限

1976年《版权法》做出的最大改革是放弃了这种以绝对固定化年份为基础的二元保护期体制，并代之以单一保护期，通常是作者生年加一个固定期限——开始是50年。1998年《版权延期法》将所有作品的保护期延长了20年，包括当时享有版权的已有作品。（对于真实作者无法确定的作品和雇佣作品，保护期开始被固定为创作之后100年[1998年被延长至120年]，而尚未发表作品则是发表后75年[后延长至95年]，其中以较早届满者为准。）最高法院支持1998年的延期法合乎宪法上的"有限时间"限制，且属于国会宪法权力的正确行使，即使对于已存在的版权而言：[②]

> 按照立法原文、历史以及先例，我们不能同意上诉人的意见：延长现有版权保护期明确超出了国会依照版权条款所享有的权力。
>
> ……
>
> 我们发现，CTEA是一部充满理性的法令；我们无权预言国会就此秩序做出的决定和政策判断，即使它们可能是值得争议的或不太明智的。因而，我们不能断定，CTEA——延续国会不断的做法，在保护期延长方面对未来和已有版权做同等处理——是对版权条款所授国会权力的不可容忍的行使。[③]

1998年10月获得通过的20年延期被适用于当时版权尚未终止的所有作品，但不为那些此前已经进入公有领域的作品恢复版权。

1976年立法转向固定保护期的变革既是为了使美国法律与伯尔尼公约更多地趋同，同时，按照国会的意见，也是为了更充分地保护作者。国会

---

① 《美国法典》第17编第304条(a)(4)(A)。

② 埃尔德雷德诉阿什克罗夫特(Eldred v. Ashcroft)，537 U.S. 186，123 S. Ct. 769 (2003)。

③ 同上。见187，208，123 S. Ct. 770，782。

委员会报告指出：

> 为了确保作者及其所供养人能从作品中获得合理的经济利益，56 年的保护期是不够的。寿命预期已延长很多，越来越多的作者在活着的时候眼睁睁地看着其作品进入了公共领域，促使后来的作品与其版权已经到期的在先作品进行竞争。
>
> ……
>
> 现行版权法最糟糕的特点之一，就是它有关版权续展的规定。大量负担和花费——这种不明确的和高度技术性的要求导致难以计数的无益劳动。在很多情况下，这造成了非故意的和不公正的版权损失。在终生加 50 年的体制下，续展机制将不再适用，且是不必要的。
>
> ……
>
> 绝大多数国家采用了作者终生加死后 50 年的版权保护期……①

通过对保护期规定②进行详细分析，可清楚地看出其所暗含的假定，这就是，适用这些规定的实际效果，将会产生一个平均 75 年的版权保护期。随着欧盟争取作者终生加 70 年保护期的努力，以及美国的响应并通过立法，对此种假定进行调整似乎势在必行。

8.2 第二节 1976 年立法生效日或之后创作的作品

总体而言，对于 1978 年 1 月 1 日（1976 年法生效日）或之后创作的作品，版权自作品固定于有形的表达媒体时产生，并持续作者终生加 70 年。③

---

① 国会众议院报告[H. R. Rep. No. 94－1476 at 133]。

② 《美国法典》第 17 编第 302—305 条。

③ 《美国法典》第 17 编第 302 条。

对于合作作品，保护期的计算依据是最后去世的作者终生(加70年)。①

为了有助于判断一具体作品的版权是否到期，版权局被要求，要对版权作品的作者死亡维持正常的信息备案；为此，任何与一版权有利害关系的人都可以到版权局备案有关作者死亡日期的声明，或作者在某日期前依然在世的声明。② 如果有关某作品之作者的备案阙如，在自作品发表95年或自其创作120年(以较早者为准)到期之后，该作者可以被推定已去世70年，而对于该推定的信赖可对任何侵权诉讼构成充分抗辩。③

对于匿名作品、假名作品以及雇佣作品，保护期被固定为首次发表后95年；如作品未发表，则是创作完成后120年，二者中以首先届满者为准。④对于匿名作品或假名作品，与其版权有利益关系的人可以向版权局备案可识别其一个或多个作者之身份的说明。在该固定期限届满之前，如果该声明已经提交，或者一个或多个作者的身份以其他方式在作品登记备案中被披露，该期限就要以身份被披露的最后存活作者的生卒来计算(加70年)。⑤

8.3 第三节 1978年1月1日前创作但未发表或无版权的作品

在放弃未发表作品的永久性"普通法"版权的同时，按照1976年《版权法》，国会为该法生效前已创作但未发表或无版权⑥或已处于公共领域的作品提供了保护。此类作品的版权从1978年1月1日开始存在并在下列较

① 《美国法典》第17编第302条(b)。

② 《美国法典》第17编第302条(d)。

③ 《美国法典》第17编第302条(e)。

④ 《美国法典》第17编第302条(c)。

⑤ 同上。

⑥ 按照1909年法律，对某些未发表作品提供联邦版权保护是可能的(例如，在戏剧本身以图书形式发表之前，为在剧院表演，但不构成"发表"的戏剧提供保护)。

晚的期间内持续：(a)如该作品在1978年1月1日当天或之后创作完成，其应适用的期限；(b)至2002年12月31日终止的期间；(c) 如该作品于2002年12月31日或之后发表，至2047年12月31日终止的期间。[①]

例如，1920年创作的未发表手稿可以获得版权，即使其作者已在1925年之前去世，且该版权将持续至2002年底；如其在此终止日前发表，则持续至2047年。按照1976年《版权法》，在未发表作品所享有的永久性"普通法"版权保护被取消之后，作为交换，该法生效前已经去世的未发表作品的作者实质上获得了仿佛在该生效日才去世的待遇。

8.4　第四节　1978年1月1日前享有版权保护的作品

对于该法生效前的已有版权，该法的目的是将其保护期从56年延长至75(如今是95)年。因而，对于在此日期前处于初始期间的版权，其初始期持续至28年结束，接着是另外67年的续展期(因登记或自动生效)。[②] 对于1978年1月1日前处于续展期或已经进行续展登记的作品，该续展期持续下去并获得起初是19年的延期，如今则延长为39年——如果该作品在1998年10月结束前尚处于续展期，从而产生了从版权最初获得日起算共计95年的保护期。[③] 如上所述，与转让终止相关[④]，作者可以重新获得该39年的延长期，消除其间发生的任何授权或转让。

---

① 《美国法典》第17编第303条。

② 《美国法典》第17编第304条(a) (1)。

③ 《美国法典》第17编第304条(b)。

④ 见上文§5。

8.5 第五节 某些外国作品的版权恢复

执行《北美自由贸易协定》的 1993 年立法增加了一项新规，即《版权法》第 104A 条，为在美国已进入公共领域的某些墨西哥和加拿大作品恢复版权。1994 年实施《关贸总协定》的修正案（1996 年 1 月 1 日生效）代之以更加宽泛的表述，为下述外国作品普遍恢复版权保护：这些作品在其“来源”国享有版权，但在美国因为不符合当时法定的手续，或其客体不受保护而进入了公共领域。恢复所提供的保护要覆盖在美国未进入公共领域之作品所应享有的保护期的剩余部分。“合乎条件的”国家、“信赖”者利益保护、已有演绎作品的继续使用以及通告和程序要求，都得到了详细规定。[①]

上文已指出，[②]第 104A 条的合宪性受到了质疑。虽然特区联邦巡回法院根据埃尔德雷德案支持恢复条款的合宪性，[③]而第十巡回法院当初主张，虽然第 104A 条没有违反针对国会权力的宪法约束，但它对于公共领域资源的减除，“改变了版权保护的传统特征，需受第一修正案的审查”。[④] 最终，第十巡回法院撤销了地区法院所谓成文法缺乏“严密设计”的判决[⑤]，并发回重审，从而支持了成文法的合宪性。[⑥]

---

① 《美国法典》第 17 编第 104A 条。参见达姆诉拉斯贝里（Dam Things From Denmark v. Russ Berrie & Co., Inc.），290 F. 3d 548 (3d Cir. 2002)。

② 见上文 § 3.1.3。

③ 勒克音乐图书馆诉冈萨雷斯（Luck's Music Library v. Gonzales），407 F. 3d 1262 (D. C. Cir. 2005)。

④ 戈兰诉冈萨雷斯（Golan v. Gonzales），501 F. 3d 1179 (10th Cir. 2007)。

⑤ 戈兰诉霍尔德（Golan v. Holder），611 F. Supp. 2d 1165 (D. Colo. 2009)。

⑥ 戈兰诉霍尔德（Golan v. Holder），— F. 3d—，2010 WL 2473217 (10th Cir. 2010)。

第九章 侵 权

任何人，当其侵犯《版权法》第 106 至 108 条为版权所有人、第 106A 条为作者规定的任何排他性权利，或者，当其违反第 602 条而向美国输入复制品或录制品时，就是对版权或作者权的侵犯（视具体情形）。[①]

9.1 第一节 侵权之诉的程序问题

9.1.1 一、登记

尽管登记不是作品获得版权的强制性条件，却是提起侵权诉讼的必要前提[②]，除非涉诉作品最先发表于美国之外的伯尔尼公约成员国。[③] 如果适格的登记申请已经提出但被拒绝，申请人仍可提起侵权诉讼，只要诉讼通知和起诉书副本被一起送达版权局长。[④] 另外，如果作品于首次发表后 5 年内被登记，登记证书就产生了可争议的推定效力，[⑤]是版权效力及证书所载事实的初步证据。[⑥] 如前文所述[⑦]，最高法院已认定，《版权法》规定的登记

---

① 《美国法典》第 17 编第 501 条(a)。

② 除非诉讼是因为《美国法典》第 17 编第 106A 条所保护的视觉艺术作品的归属权与完整权受到侵犯。

③ 《美国法典》第 17 编第 411 条。

④ 同上。

⑤ 参见娱乐研究诉吉尼西斯创意集团(Entertainment Research v. Genesis Creative Group)，122 F.3d 1211，1217 (9th Cir. 1997)。

⑥ 《美国法典》第 17 编第 410 条(c)。

⑦ 见上文§3.1.4.3。

是程序性要求，而非"司法管辖的"条件。[①]

9.1.2

二、诉讼事项管辖权

9.1.2.1

(一) 排他性的联邦法院管辖权

"基于"*《版权法》的民事诉讼管辖权被排他性地授予了联邦地区法院，"与州法院无关"。[②] 因此，版权侵权之诉必须在联邦法院提起。由于其中涉及诉讼事项管辖权限(subject matter jurisdiction)，当事人不可直接或间接地规避这一要求而将管辖权赋予州法院；法院可以因不属其管辖范围而自动驳回起诉。

然而，有关管辖权限的规定并不局限于版权侵权之诉。毋宁说，赋予联邦法院管辖权并排除州法院管辖，要求诉讼须是"依据有关[版权]的国会成文法"。虽然因擅自复制版权作品而发生的版权侵权之诉显然须向联邦地区法院，而不可向州法院起诉，但其他类型的诉讼也可能是"基于"《版权法》。这样，并非每一个可能涉及版权作品的诉权都将被视为"基于"《版权法》并将其管辖权赋予联邦法院。关于诉讼事项管辖权之边界的确定，弗兰德利(Friendly)法官在哈姆斯诉埃利斯库一案[③]中的解释性阐述至关重要：

---

① 里德·埃尔斯维尔有限公司诉马奇尼克(Reed Elsevier, Inc. v. Muchnick)，130 S. Ct. 1237 (2010)，推翻"电子数据库中文字作品版权诉讼案"[*In re* Literary Works in Electronic Databases Copyright Litigation, 509 F. 3d 116 (2d Cir. 2007)]。参见布鲁克斯－恩格温雅诉印第安纳波利斯公学(Brooks-Ngwenya v. Indianapolis Public Schools)，564 F. 3d 804 (7th Cir. 2009)(即使非关司法管辖权，通知要求也是起诉的前提。国会希望确保，版权局能够介入，并捍卫其对登记某作品的拒绝)，以及珀费克特 10 有限公司诉亚马逊网(Perfect 10, Inc. v. Amazon. com, Inc.)，508 F. 3d 1146 (9th Cir. 2007) (一旦法院对依照第 411 条提起的版权侵权之诉拥有管辖权，该法院就可以发出禁令以限制版权侵权，无论其是否登记过)。

* 在美国，arising under 是向联邦法院提起诉讼时常用的惯用语，意为"依据某法提起"。为行文方便，本书将之译为"基于"。它表明有关案件不属于州法院管辖范围，管辖权归联邦法院。依据联邦《版权法》提起的案件即属此类。——译者。

② 《美国法典》第 23 编第 1338 条(a)："就专利、植物品种保护、版权和商标而言，对基于国会制定法所产生的民事诉讼，地区法院应拥有初审管辖权。对于专利、植物品种保护和版权案件，该管辖权排除了各州法院。"

③ T. B. 哈姆斯诉埃利斯库(T. B. Harms Co. v. Eliscu)，339 F. 2d 823 (1964)。

> 有关管辖权的成文法没有在侵权方面做过表述，侵权之诉乃“基于”《版权法》——这一无争的事实并不表明其他事项不能……
>
> ……
>
> 我们注意到在这个危险领域进行公式化表述的风险，因而认为，当，且仅当起诉系因《版权法》明确给予的救济，例如因侵权或因法定的唱片复制版税提起诉讼，或者起诉所主张的权利需要对该法做出解释……或者，至少且可能更难以确定的是，起诉因该法的特殊政策要求以联邦准则调控诉讼安排而提起讼案，诉讼便是“基于”《版权法》。①

因而，即使并非因为侵权，要求诠释或解释《版权法》的诉讼也要专属于联邦法院的管辖范围。管辖权如何、何时会因《版权法》“特殊政策”之要求而被赋予——这一点虽然并不明确，但可以明确的是，“版权像其他所有形式的财产一样应由真正的所有人享有——一般考虑不足以满足这最后一项检验标准。”②当诉讼涉及版权作品的合同与许可的争议时，这一问题得到最明确的呈现。与哈姆斯案相反，已有判例表明，“原告的侵权之诉是否仅仅‘附属于’原告依据版权要求判决所有权或合同权利的诉求”③——这一主要争论的《版权法》解释的核心是决定性因素；虽然如此，第二巡回法院依然重申，哈姆斯案检验标准继续有效。④

---

① 同上，at 828。

② 同上。

③ 舍恩伯格诉沙珀斯基出版社（Schoenberg v. Shapolsky Publishers, Inc.），971 F. 2d 926，932— 933 (2d Cir. 1992)：

> 当起诉者声称侵权系产生于合同违反时，[要判定]该诉讼是否“基于”《版权法》，地区法院首先必须判定，原告的侵权之诉是否仅仅“附属于”原告依据版权要求确定所有权或合同权利的诉求。……如果……该诉求不只是附带的，那么……法院接下来就必须判定，该指控是否认为发生了对版权许可或转让合同的条件或约定违反（breach of a condition or a covenant）。如有条件违反指控，地区法院就拥有事项诉讼管辖权。……但是，如果指控仅仅提出合同承诺的违反，……地区法院就要采取第三个步骤，分析该违反是否很重要以至于产生了授权人解约权。如果违反产生了解约权，所提诉讼便是基于《版权法》的诉讼。

④ 巴西特诉马萨图格佩科特部落（Bassett v. Mashantucket Pequot Tribe），204 F. 3d 343 (2d Cir. 2000)（当指控所主张的权利或救济系《版权法》所规定，援引联邦管辖权就是适格的）。

9.1.2.2 (二)未决事项管辖权

在某些案件中,如果地区法院对版权诉求拥有管辖权,它还可以对相关的、非版权的未决诉求做出审判。在成文法上,这种管辖权被专门授予“主张不公平竞争诉求的民事诉讼——根据版权、专利、植物品种保护或商标法,该诉讼与某种实体的、相关的权利连在一起。”[1]因而,如果联邦法诉求是“实体的”,且与非联邦法诉求“相关”,对版权诉讼拥有管辖权的地区法院可以对未决的非联邦法诉求做出判定。虽然两种诉求之间必须具有密切的事实关联,但这种关系不必基于完全相同的事实。成文法只提到未决的“不公平竞争”诉求,但它已经得到了宽泛的解释,从而在适当的情况下包括了他类诉求。[2]

9.1.2.3 (三)因国外侵权行为而在美国起诉

通常情况下,对于外国辖区发生的侵权行为,地区法院没有诉讼管辖权。[3] “得到确定的是,《版权法》不具有治外法权。”[4]曾有判决认为,国外侵权行为的美国授权不足以构成可支持管辖权的国内行为。[5] 然而,只要完全的侵权行为存在于美国,原告就“有权针对国内侵权行为的国外收益要求获得损害赔偿。”[6]

---

① 《美国法典》第 28 编第 1338 条(b)。

② 参见郎恩·兰杰电视公司诉普罗格拉姆广播公司(Lone Ranger Television, Inc v. Program Radio Corp.), 740 F. 2d 718 (9th Cir. 1984)。

③ 参见影像发行公司诉黑斯廷斯(Filmvideo Releasing Corp. v. Hastings),668 F. 2d 91 (2d Cir. 1981);罗伯特·斯蒂格伍德集团诉奥莱利(Robert Stigwood Group Ltd. v. O'Reilly),530 F. 2d 1096 (2d Cir. 1976)。

④ 洛杉矶新闻社诉路透电视国际有限公司(Los Angeles News Service v. Reuters Television Int'l Ltd.),149 F. 3d 987, 990 (9th Cir. 1998), *cert. denied*, 525 U. S. 1141 (1999)。

⑤ 苏巴电影有限公司诉 MGM—帕赛传播公司(Subafilms Ltd. v. MGM-Pathe Communications Co.),24 F. 3d 1088 (9th Cir.), *cert. denied*, 115 S. Ct. 512 (1994)(当被称侵权的行为只是在美国境内对全部发生在国外的行为的授权,……此种指控并不构成美国版权法上的救济权);比较特温图书公司诉沃尔特·迪斯尼公司(Twin Books Corp. v. Walt Disney Co.),83 F. 3d 1162 (9th Cir. 1996);Societe Civile Succession Guino v. Renoir, 549 F. 3d 1182 (9th Cir. 2008)。

⑥ 洛杉矶新闻社案(Los Angeles News Servive),149 F. 3d 987, 992。

9.1.3　三、对人管辖权和审判地

版权侵权之诉不存在专门的对人管辖权(personal jurisdiction)规则。毋宁说,针对被告本人的管辖权遵行《联邦民事诉讼规则》有关对人管辖权的一般性规定。同样,对于审判地点,版权诉讼也像其他诉讼一样,可以“在被告或其代理人的居住地或其可能被发现的地方”提起。[①]

9.1.4　四、起诉权

按照1909年《版权法》,针对侵权的起诉权(standing)只属于整体版权利益的所有者;部分权利的受让人在此问题上仅被视为被许可人。由于1976年立法规定版权可无限分割,[②]任何数量的个体都可以拥有版权作品上的权利,该法就承认了他们对侵权行为的诉权。在符合登记要求的情况下,[③]“版权专有权的任何法定的或享有利益的所有人……对于在他或她拥有该权利期间发生的任何侵权行为”,均可以提起诉讼。[④]这一规定的结果是,起诉侵权的资格被授予了拥有版权中任何专有权利的任何人。例如,就一部图书制作电影作品的专有权所有人可以起诉该电影作品上的侵权行为。同样,排他的被许可人对侵犯其被许可权利的行为有资格提起诉讼。一项排他性权利的利益所有人,如让与版权以获得版税提成的作曲者,同样拥有起诉的资格。[⑤] 另一方面,非排他性的被许可人,无论是该许可证“法定的”还是“受益的”持有者,都不能因此被视为“所有人”。同样,曾有判决认为,侵权诉由的受让者不能仅凭这一让与就获得足可拥有起诉资格的充分利益。[⑥]

---

① 《美国法典》第28编第1400条(a)。

② 《美国法典》第28编第201条(d);见上文 §4.2。

③ 《美国法典》第17编第411条;见上文§3.1.4。

④ 《美国法典》第17编第501条(b)。

⑤ 参见科特纳诉伊斯雷尔(Cortner v. Israel),732 F. 2d 267 (2d Cir. 1984)。

⑥ 西尔弗斯诉索尼电影娱乐公司(Silvers v. Sony Pictures Entertainment, Inc.),402 F. 3d 881 (9th Cir.), *cert. denied*, 126 S. Ct. 367 (2005)(“按照《版权法》第501条(b),单纯让与附带诉由是不被允许的。因为这是[原告的让与人]转交给西尔弗斯的全部,西尔弗斯无权因为其所声称的版权侵权而起诉索尼,且不可继续这一诉讼”)。

为了解决因版权"所有权"之可分性造成的诉讼多重性问题，必须把待决诉讼通告送达"其利益可能因该案结果受影响的任何人"，而法院可以要求将通告送达任何显得"对该版权拥有或主张利益"的人。[①]

9.1.5　五、诉讼限制规则

以《版权法》为依据的民事诉讼必须"在诉权产生后 3 年内提出。"[②]由于被告掩盖其侵权，或者原告在一定期间内无法合理获知侵权事实，该规定的适用受到限制。[③] 依据《版权法》的刑事诉讼必须"在诉讼理由产生后 5 年内提出"[④]，除非该法另有规定。

9.1.6　六、针对政府机关的诉讼

9.1.6.1　（一）《宪法》第十一修正案规定的治权豁免

对于专利和版权侵权，联邦政府宣布放弃其免于诉讼的治权豁免(sovereign immunity)。[⑤] 然而，宪法第十一修正案似乎使州政府机关(state instrumentality)免遭起诉。它规定："合众国的司法权力不应被解释为，它及于由其他州之公民或任何外国公民或臣民对合众国一州进行起诉或控告的法律或衡平法上的任何诉讼。"解释认为，该规定禁止因版权侵权而起诉一州或其各机关。这样，对于国会明确表示要取消该豁免并施加责任的意图，人们一直对其效力存有困惑。[⑥]

9.1.6.2　（二）豁免权的取消

---

① 《美国法典》第 17 编第 501 条(b)。

② 《美国法典》第 17 编第 507 条(b)。

③ 泰勒诉梅瑞克(Taylor v Meirick)，712 F. 2d 1112 (7th Cir. 1983)。比较洛雷诉新世界公司(Roley v. New World Pictures, Ltd.)，19 F. 3d 479 (9th Cir. 1994)。

④ 《美国法典》第 17 编第 507 条(a)。

⑤ 《美国法典》第 28 编第 1498 条；而需要注意的是，在针对合众国的诉讼中，原告可获得的仅仅是损害赔偿，而没有禁令救济。

⑥ 参见 BV 工程诉加利福尼亚大学(BV Engineeing v. University of California)，858 F. 2d 1394 (9th Cir. 1988)，*cert. denied*，489 U.S. 1090，109 S. Ct. 1557 (1989)。

在 1989 年的宾夕法尼亚诉联合煤气公司一案[①]中，联邦最高法院认为，国会可以通过明确的决定来取消州政府依第十一修正案享有的豁免权。作为这一权力的行使，国会于 1990 年通过的《版权救济澄清法》明确表示，州政府各部门"不应该按照联邦宪法第十一修正案或依据其他任何治权豁免原则而免遭"版权侵权的诉讼。[②] 然而，在 1996 年色米诺尔部族诉佛罗里达[③]——一起不涉及版权或专利问题的案例中，存有严重分歧的最高法院推翻了宾夕法尼亚诉联合煤气公司案，并认定国会不能利用其在宪法第一条上的权力废除第十一修正案上的豁免权。很有可能，这一判决试图取消针对版权侵权的豁免，因为国会似乎是在依其第一条权力（Article 1 powers）行事。不过，色米诺尔部族案的司法意见仿佛为国会依据宪法第十四修正案的行为留下了余地。[④] 1999 年 6 月，最高法院推翻联邦巡回法院的判决并指出，即使按照第十四修正案，一项针对专利诉讼做出的同样是取消豁免权的决定也是违宪的。[⑤] 2000 年，对于版权之诉取消豁免的决定，第五巡回法院做出了同样的结论。[⑥]

9.1.7 七、版权滥用

通过借用专利法上的概念，一些法院指出，如果版权被"滥用"，对于本可受到起诉的侵权行为，版权所有人可能失去起诉的权利。版权的有限垄

---

① 宾夕法尼亚诉联合煤气公司一案（Pennsylvania v. Union Gas Company），491 U.S. 1，109 S. Ct. 2273 (1989)。

② 《美国法典》第 17 编第 511 条。

③ 色米诺尔部族诉佛罗里达（Seminole Tribe v. Florida），517 U.S. 44，116 S. Ct. 1114 (1996)。

④ 比较，学院储蓄银行诉佛罗里达（College Savings Bank v. Florida Prepaid Post Secondary Education Expense Board），148 F. 3d 1343 (Fed. Cir. 1998)；查韦斯诉阿蒂出版社（Chavez v. Arte Publico Press），157 F. 3d 282 (5th Cir. 1998)；学院储蓄银行诉佛罗里达（College Savings Bank v. Florida Prepaid Post Secondary Education Expense Board），131 F. 3d 353 (3d Cir. 1997)。

⑤ 佛罗里达诉学院储蓄银行（Florida Prepaid Post Secondary Education Expense Board v. College Savings Bank），527 U.S. 627，119 S. Ct. 2199 (1999)。

⑥ 查韦斯诉阿蒂出版社（Chavez v. Arte Publico Press），204 F. 3d 601 (5th Cir. 2000)。

断所包含的公共政策“禁止利用版权获取版权局未赋予的专有权或有限垄断。”①

> 简单地说，我们的《宪法》所强调的是版权与专利的目的和价值。而对它们的滥用所造成的损害则削弱了它们的效用。反竞争许可协议使公众失去潜在竞争者的创造，可能与版权保护背后的目的发生冲突。合理使用原则、不对事实和思想赋予版权也限制了可能与版权之宪法目的发生冲突的版权保护。但可能发生的是，在不实施反竞争行为或不涉及合理使用与思想/表达学说的情况下，版权持有人可能借版权限制另一方的创造性表达。②

专利模式通常所关注的是以违反反垄断法的方式利用垄断，而适用版权滥用之抗辩所要防止的，则是将版权垄断用于超越版权本身主旨的反竞争或限制性目的，而无论其是否涉及反垄断行为：“问题不在于版权使用的方式是否违反反垄断法……而在于它是否违反了版权保护所内含的公共政策。”③

---

① 镭射库姆美国公司诉雷诺兹(Laser comb America, Inc. v. Reynolds),911 F. 2d 970, 979 (4th Cir. 1990)。

② 视频通道公司诉比那远景家庭娱乐公司(Video Pipeline, Inc. v. Buena Vista Home Entertainment, Inc.),342 F. 3d 191, 204—205 (3d Cir. 2003), *cert. denied*, 540 U. S. 1178, 124 S. Ct. 1410 (2004)。

③ 镭射库姆美国公司案(Lasercomb America),at 978。参见视频通道案(Video Pipeline),见前注,342 F. 3d at 2006[“因而，虽然我们把专利滥用学说延伸至版权领域，并承认它可以在其传统的反竞争领域之外发挥作用，但我们认为，它在这里无法适用。在此案记录中，迪斯尼的许可协议并没有对版权政策造成值得关注的妨碍”(虽然相反的判决可以这样做、事实上也这样做了)];另参见普莱克提斯管理信息公司诉美国医学协会(Practice Management Information Corp. v. American Medical Association),121 F. 3d 516, 521 (9th Cir. 1997), *modified*, 133, F. 3d 1140 (9th Cir.), *cert. denied*, 524 U. S. 552, (1998) (“在版权侵权之诉中，被告不必证明违反反垄断法的行为来获得版权滥用抗辩的胜诉”);DSC 传播公司诉 DGI 技术公司(DSC Communications Corp. v. DGI Technologies),81 F. 3d 597 (5th Cir. 1996)。通常可参见威斯康辛评估技术公司诉维尔数据公司(Assessment Technologies of Wisconsin, Llc. V. Wiredata, Inc.),350 F. 3d 640 (7th Cir. 2003)。

9.2 # 第二节 侵权之诉的实体性问题

当原告诉称被告复制了其作品或创作了演绎作品时，他必须证明："(1)有效版权的所有权；(2)对原创作品的构成要素进行的复制。"①(尽管"复制"问题可能发生于涉及发行权、表演权或展出权的诉讼中，但在此类诉讼的一般进程中，对于被告实际上是否使用了原告的作品，并没有真正的辩论。)所有权问题通常是直接明了的。而经常发生的是，直接的复制证据很少能够取得，甚至无法取得。在一定程度上，确认侵权所必要的复制必须通过提交有关被告接触过版权作品，该作品与所指控的被告侵权复制品之间有实质性相似等证据，从而以足够的细节做出证明。② 而"实质性相似"是一个"令人难以捉摸的概念，不能做精确定义。"③

9.2.1 ## 一、实质性相似

9.2.1.1 ### (一) 概述

因为复制受保护的表达构成侵权，在判断两部作品之间是否存在实质性相似以做出复制的推论时，所做分析必须被限定于有关受保护表达的实质性相似的判断。"当我们确定某作品包含受保护和不受保护的成分时，我

---

① 菲斯特出版公司诉乡村电话服务公司(Feist Publications v. Rural Telephone Service Co.)，499 U. S. 340，361，111 S. Ct. 1282 (1991)；速记有限公司诉博萨德联合有限公司(Stenograph L. L. C. V. Bossard Associates，Inc.)，144 F. 3d 96，99 (D. C. Cir. 1998)。

② "要证明版权侵权，原告必须表明：(1)其版权所有权；(2)对版权作品的接触；以及(3)版权作品和被告作品之间的实质性相似。"利奇菲尔德诉斯皮尔伯格(Litchfield v. Spielberg)，736 F. 2d 1352，1355 (9th Cir. 1984)，*cert. denied*，470 U. S. 1052，105 S. Ct. 1753 (1985)(它还指出，"如果一部作品没有对在先作品进行实质性复制，它就不属于演绎作品")。

③ 混凝土机械公司诉克拉西克草坪装饰公司(Concrete Machinery Co. v. Classic Lawn Ornaments，Inc.)，843 F. 2d 600，606 (1st Cir. 1988)。

们必须注意，所要调查的只是'仅受保护成分自身实质上[是否]相似。'"①然而，如上文所述，②受保护的"表达"可能包括结构性成分以及其他超出作品字面文本的成分；"要从版权侵权的意义上认定'实质性相似'，两件作品不必是相同的。……字面的与非字面的相似都可能成为认定版权侵权的根据。"③

因此，法院有必要设计分析工具，以帮助其判断两作品间的相似性可否在"表达"层面而非"思想"层面得到认定。这些工具只是为其分析提供一个起始点。基本的分析性概念是由勒尼德·汉德(Learned Hand)法官阐述的，他曾评论说，"版权侵权的检验必然是模糊的。……因而不可避免的是，判断一定要具体问题具体分析。"④

9.2.1.2 **(二) 分析方式**

汉德法官表示，在试图判断两作品间是否有"实质性相似"时，如果缺乏字面复制，所谓被取用的非字面成分必须被放置在从"思想"到"表达"的区间内，其位置因材料的"抽象性"或"具体性"的程度而变化不定。⑤

为了在思想与其表达之间划出一条界线，法院使用了汉德法官最早从

---

① 威廉姆斯诉克莱顿(Williams v. Crichton)，84 F. 3d 581 (2d Cir. 1996) [引自尼特韦弗斯诉罗利托格斯公司(Knitwaves v. Lollytogs Ltd.)，71 F. 3d 996, 1002 (2d Cir. 1995)]。"为了证明受合法保护的材料被复制，原告通常必须表明原作受法律保护的成分与所指控的侵权作品之间存在的实质性相似。"

② 见上文 §2.3。

③ 贝特曼诉记忆术有限公司(Bateman v. Mnemonics, Inc.)，79 F. 3d 1532, n. 25 (11th Cir. 1996)；另参见特温·皮克斯产品公司诉出版国际公司(Twin Peaks Prods., Inc. v. Publication Int'l, Ltd.)，996 F. 2d 1366, 1372 (2d Cir. 1993)("实质性相似所采取的形式可能是'片段性字面相似'或'综合性的非字面性相似。'")引自尼莫第三卷[3 Nimmer §13.03 (A), at 13-28 to 13-29 (1992)]。

④ 彼得·潘织造公司诉马丁·韦纳公司(Peter Pan Fabrics, Inc. v. Martin Weiner Corp.)，274 F. 2d 487, 489 (2d Cir. 1960)。

⑤ 尼可拉斯诉环球电影公司(Nichols v. Universal Pictures Corp.)，45 F. 2d 119 (2d Cir. 1930)，*cert. denied*, 282 U.S. 902, 51 S. Ct. 216 (1931)；谢尔顿诉梅特罗-戈尔德温电影公司(Sheldon v. Metro-Goldwyn Pictures Corp.)，81 F. 2d 49 (2d Cir. 1936)，*cert. denied*, 98 U.S. 669, 56 S. Ct. 835 (1936)。

剧本的角度加以描述的抽象检验法。

该检验法只是把作品的各成分置于从更像表达到更像思想的区间内。它并非在此区间内选择一个参照点，在此点上，某些成分不再是不受保护之思想，而成为了受保护的表达。不过，在做出这些区分时，该检验法即使不具有决定性，也充当着有用的分析工具。[①]

"抽象分析法"一直被运用于各类情形，其中涉及到范围广泛的可版权材料，并如上文所述，在处理计算机程序的非字面复制问题时，它已成为针对合适方法之争议的核心。[②] 尽管汉德的分析"经常被指称为'抽象检验法'，事实上，正如汉德及其他人所指出的，它完全不是什么检验方法，而只是一种理解问题的方法。"[③]

与"抽象"模式并行，有时还与其对立的概念是"总体观念与感觉"(total concept and feel)，其中的考察与其说依赖于争议作品的分解和对其细节的严格比较，不如说是依赖于考察作品在总体观念和感觉上的相似和差异。[④]这一"检验法"并不总是合适的：

> 总体观念与感觉检验……实在是无助于分析那些必然具有不同观念和感觉的作品，因为它们属于不同的类型和媒介。的确，版权所有人

---

① 默里·希尔出版公司诉20世纪福克斯公司(Murray Hill Publications, Inc. v. Twentieth Century Fox)，361 F. 3d 312, 319 (6th Cir. 2004), *cert. denied*, 543 U. S. 959 (2004)。

② 见上文§2.4.1.3。第九巡回法院在苹果计算机公司诉微软公司[Apple Computer, Inc. v. Microsoft Corp., 35 F. 3d 1435, 1445 (9th Cir. 1994), *cert. denied*, 115 S. Ct. 1176 (1995)]一案中评论说，"图画式用户界面视听作品要遵从与其他作品相同的分析方法。"

③ CCC信息服务公司诉麦克林·亨特有限公司(CCC Information Services, Inc. v. Maclean Hunter Market Reports, Inc.)，44 F. 3d 61, 69 (2d Cir. 1994), *cert. denied*, 116 S. Ct. 72 (1995)。

④ 参见利奇菲尔德诉斯皮尔伯格(Litchfield v. Spielberg)，736 F. 2d 1352, 1356, 1357 (9th Cir. 1984), *cert. denied*, 470 U. S. 1052, 105 S. Ct. 1753 (1985)(在发现、列举并比较"本质上具有主观性和不可靠的"相似与差异时，各法院得出结论，"要构成对表达的侵权，作品在总体观念与感觉上必须具有实质性的相似")；哈特曼诉霍尔马克(Hartman v. Hallmark Cards, Inc.)，833 F. 2d 117, 120－121，(8th Cir. 1987)("只有当争议作品的总体观念与感觉具有实质性相似时，对表达的侵权才会发生")；另参见威廉姆斯诉克莱顿(Williams v. Crichton)，84 F. 3d 581 (2d Cir. 1996)("对一件作品总体观念与感觉的考虑")。

对其拥有专有权的很多类型不同的“演绎”作品……可能与原作有着不同的总体观念和感觉。[①]

9.2.1.3 (三) 外部/内部检验:“证明性相似”以及专家、法官和陪审团的地位

在1946年阿恩斯坦诉波特一案的审判意见中,[②]第二巡回法院就实质性相似的判断采用了一种两步分析方案。第一步是一个分解的过程,详细分析和比较两件作品,以判断是否存在表达上的相似;这一阶段涉及作品的客观分析,是一种“外部”检验,专家证词对此是合适的。曾有人认为,初步问题是存在“证明性”(probative)相似,寻找可证明复制的相似。[③] 如果该分析为找到相似表达提供了合理基础,那么,调查就要转向第二步,其中由事实审查者判断相似的实质性;这是一个主观性过程、一种“内部”检验,其中,专家让位于“普通的”外行观察者的主观评判。在第二巡回法院分析的基础上,第一巡回法院把“证明性相似”模式作为“实质性相似”两步分析中的第一步,并做出了明确的表述:

证明非法复制要分两步走。第一步,原告必须说明复制已实际发生。该说明需要有证据,即在事实上,被告复制了原告的版权材料。原告通过举证证明,被指控的侵权人曾获得其版权材料,版权作品与所谓侵权作品之间足够相似并产生实际复制的推断,就可以间接满足其“第一步”义务……我们已经将此种程度的相似称为“证明性相似”。这一要求……与系列分析第二阶段出现的实质性相似要求多少有点儿类似,但存在差异(原文如此)……

① 卡斯尔滚石娱乐诉卡罗尔出版集团(Castle Rock Entertainment, Inc. v. Carol Publishing Group, Inc.),150 F. 3d 132, 140 (2d Cir. 1998)。

② 阿恩斯坦诉波特(Arnstein v. Porter),154 F. 2d 464 (2d Cir. 1946)。

③ 卡斯尔滚石娱乐案(Castle Rock Entertainment),150 F. 3d 132 at 137; Repp v. Webber, 132 F. 3d 882, 889 (2d Cir. 1998)。

> 实质性相似要求全面地集中于涉案作品，并需要证据表明，复制大量存在以至这些作品如此相似，从而使在后作品表现出非法的表达借用。[①]

外部/内部两分型分析模式得到了普遍遵循，尽管第九巡回法院曾有过莫名其妙的迂回。声称要遵循阿恩斯坦案，该法院首先把外部检验描述为思想的相似性分析，把内部检验描述为表达的相似性分析。[②] 第九巡回法院在发表过一系列审判意见，扩大受保护表达之组成部分的范围之后，[③]最终使其分析路径更加接近于第二巡回法院。依其明确表述，"外部"检验由对表达的客观分析组成，"内部"检验的表现形式则是对表达的主观分析。[④] 第九巡回法院甚至比第二巡回法院更加坚定地表明，在不使用专家证词的情况下，事实审查者的主观判断是对侵权的最终判定。相应地，一旦客观的

---

① 约翰逊诉戈登(Johnson v. Gordon)，409 F.3d 12 (1st Cir. 2005)。

② 锡德与马蒂·克罗夫特电视公司诉麦克唐纳公司(Sid & Marty Krofft Television Prods., Inc. v. McDonald's Corp.)，562 F.2d 1157 (9th Cir. 1977)。

③ 参见奥尔森诉全国广播公司(Olson v. National Broadcasting Co.)，855 F. 2d 1446 (9th Cir. 1988)；纳瑞尔诉弗瑞曼(Narell v. Freeman)，872 F.2d 907 (9th Cir. 1989)。

④ 肖诉林德海姆(Shaw v. Lindheim)，919 F. 2d 1353 (9th Cir. 1990)。在布朗巴格软件诉西曼泰克公司案[Brownbag Software v. Symantec Corp., 960 F. 2d 1465 (9th Cir. 1992), *cert. denied*, 113 S. Ct. 198 (1992)]和斯密斯诉杰克逊案[Smith v. Jackson 84 F. 3d 1213 (9th Cir. 1996)]中，肖案模式得到第九巡回法院的重申；参见苹果电脑公司诉微软公司(Apple Computer, Inc. v. Microsoft Corp.)，35 F. 3d 1435, 1442 (9th Cir. 1994), *cert. denied*, 115 S. Ct. 1176 (1995)("如今，外部检验客观地考虑思想与表达两方面是否存在实质性相似，而内部检验则继续对表达做主观考量")；科夫诉迪斯尼影视公司(Kouf v. Walt Disney Pictures & Television)，16 F. 3d 1042 (9th Cir. 1994)；另参见芬凯电影诉时代华纳娱乐公司(Funky Films v. Time Warner Entertainment Co.)，462 F. 3d 1072 (9th Cir. 2006)；瑟斯博士娱乐合伙公司诉企业图书(Dr. Seuss Enterprises, L. P. v. Penguin Books)，109 F. 3d 1394 (9th Cir. 1997)。

外部检验得到满足，简易审判就被排除，案件必须转入主观的内部阶段。[①]

第九巡回法院对阿恩斯坦案的重申应该可以消除巡回法院之间的任何不一致，但是，第四和第八巡回法院似乎依然遵循了如今已被取代的第九巡回法院的旧规则[②]，同时，另一家法院则声称，“对于何时就第一部分检验允许专家证词，要适用更加严格的标准。”[③]

在适用主观的、内部的检验时，各法院反复提及“普通”观察者的首要性。[④] 但是，曾有提议指出，更加合适的是考虑“目标受众”(intended audi-

---

① 肖诉林德海姆(Shaw v. Lindheim)，919 F. 2d at 1359－1360：

> 外部检验的满足产生可审查的事实问题。……一旦法院确定表达的客观相似存在着可审查的问题，……其调查就不应再继续下去。剩下的便是对两件文学作品的观念和感觉进行主观评估——一件对于法官和陪审团同样不适宜的工作。

参见梅特卡夫诉博奇科(Metcalf v. Bochco)，294 F. 3d 1069 (9th Cir. 2002)。在阿米尼创新集团诉安东尼加利福尼亚有限公司[Amini Innovation Corp. v. Anthony California, Inc.，439 F. 3d 1365 (Fed. Cir. 2006)]案中，联邦巡回法院适用第九巡回法院的规则，推翻地区法院的简易判决，称之为对外部检验的错误适用：

> 此案中，初审法院的错误是，在它适用侵权审查的“外部”部分时将其扩大，使之包含了对于“作品总体观念与感觉”的检验。从而，初审法院错误地扩大了侵权审查的外部要素，以致将内部要素也包括在内。初审法院的错误是重大的，因为在进行简易判决时，第九巡回法院将侵权审查的外部检验部分置于法院视野范围内，但不赞成有关主观－内部检验部分的适用。

第九巡回法院依然存在的一些争议是，如果作品通过了外部检验，排除简易判决的肖案规则是否被限定于文字作品。在苹果电脑公司一案，冲突得到讨论但没有解决。参见上文。

② 参见陶勒诉塞尔斯(Towler v. Sayles)，76 F. 3d 579, 584 (4th Cir. 1996)：

> 首先，原告必须证明——通常要借助专家证词，涉案作品所包含的受版权保护的思想(ideas)在实质上是相似的，因而它们具有外部的相似性。其次，原告必须表明它们在思想的表达方式具有实质性的相似，以满足主观的或内部的检验。

另参见泰勒公司诉四季问候有限公司(Taylor Corp. v. Four Seasons Greetings, LLC)，403 F. 3d 958 (8th Cir. 2005)；校舍有限公司诉安德森(Schoolhouse, Inc. v. Anderson)，275 F. 3d 726 (8th Cir. 2002)：

> 我们必须首先从外部分析思想的相似性，将焦点置于作品细节上的客观相似。……如果作品背后的思想在实质上是相似的，然后，我们必须依据普通的、合理人的反应，再从内部评估表达的相似性。

③ 默里·希尔出版公司诉20世纪福克斯公司(Murray Hill Publications, Inc. v. Twentieth Century Fox)，361 F. 3d 312, 318 (6th Cir. 2004)。

④ 参见巴克斯特诉MCA有限公司(Baxter v. MCA, Inc.)，812 F. 2d 421 (9th Cir.), *cert. denied*, 44 U. S. 954, 108 S. Ct. 346 (1987)；混凝土机械公司诉克拉西克草坪装饰公司(Concrete Machinery Co. v. Classic Lawn Ornaments, Inc.)，843 F. 2d 600 (1st Cir. 1988)(“在可享有版权的表达之间是否存在实质性相似，要通过‘普通观察者’检验标准来判断”)。

ence)而不是"普通观察者"(ordinary observer):"版权法中无可争议的原则……要求将普通观察者检验标准定位于作品的目标受众,只有当外行公众完全代表作品的目标受众时,才允许以普通外行观察者来定性检验标准。"[①]在目标受众被特定化的地方,与该特定化有关的专家证词便是合适的。[②]

9.2.2　二、接触

在直接的复制证据阙如时,侵权判断不仅要求版权作品与被指侵权的作品之间存有表达上的实质性相似,而且还要求有证据显示被控侵权人曾经接触过版权作品。与其他诉讼要素一样,通过显示有充分的接触可能性——或因作品广泛流布,或因作者通过第三人获得作品,接触便可得到间接证明。[③] 另一方面,尽管有间接的接触证据,被告侵权人(或受控侵权人从他那里实际复制的第三人[④])独立实施创作的明确证据可以推翻侵权指控。[⑤]

实质性相似与接触之间似乎存在着互反关系(reciprocal relationship)——即一种"反比规则"(inverse ratio rule)。因而,有人认为,得到承认的或无可争议的接触证据可以降低相似性证据的必要数量,[⑥]相似性证据的主观性即使妨碍着量化。在更具实践性的层面上,令人信服的实质性

---

① 道森诉欣肖音乐有限公司(Dawson v. Hinshaw Music Inc.),905 F. 2d 731, 733 (4th Cir.), *cert. denied*, 498 U. S. 981, 111 S. Ct. 511 (1990)。

② 同上;另参见韦兰诉贾斯洛牙科实验室(Whelan Assocs. v. Jaslow Dental Laboratory), 797 F. 2d 1222 (3d Cir. 1986), *cert. denied*, 479 U. S. 1031,107 S. Ct. 877 (1987)。

③ 塞利诉吉布(Selle v. Gibb),741 F. 2d 896, 901 (7th Cir. 1984)。

④ 玛格珠宝公司诉切诺基有限公司(Mag Jewelry Co. v. Cherokee, Inc.),496 F. 3d 108 (1st Cir. 2007)。

⑤ 参见本森诉可口可乐公司(Benson v. Coca-Cola Co.),795 F. 2d 973 (11th Cir. 1986)。另参见拉·里索兰纳建筑师诉雷诺有限公司(La Resolana Architects, PA v. Reno, Inc.),555 F. 3d 1171, 1178 (10th Cir. 2009)("虽然原告不必证明被告对其作品的实际接触,'仅仅勉强证明被告有可能接触作品的证据则是不充分的'")。

⑥ 锡德与马蒂·克罗夫特电视公司诉麦克唐纳公司(Sid & Marty Krofft Television Prods., Inc. v. McDonald's Corp.),562 F. 2d 1157, 1172 (9th Cir. 1977)。

相似的证据可用来降低接触证据的必要数量。当相似性“显著”时，接触可以被推定；当作品属性与它们之间的相似性可以合理地排除巧合或者独立创作时，“显著的相似性”可以支持侵权判定，即使没有任何接触的证据：①

> 相似性如此接近以致于极不可能属于独立创作，正是接触的证据。……如果两件作品相互间非常相似却与公共领域毫无类似，以致在后作品有可能复制了在先作品，就可以推定其间存在接触（和复制），但是，通过对接触提出反证或在其他方面显示独立创作的存在，该推定也可以被否定……②

9.3 第三节 “善意”侵权

对于“违反版权所有人之排他性权利的任何人”，《版权法》都要追究其侵权责任。③ 就追究责任（不同于损害赔偿）而言，该法没有区分下列不同的复制者：明知侵权却取用他人作品的故意复制者，自以为他人作品不受保护或者其复制行为可依法抗辩的人，以及不知道自己是在复制他人作品的人。简言之，侵权意图不是责任的必要条件。在一定程度上，“善意”侵权人

---

① 泰有限公司诉 GMA 配件有限公司（Ty, Inc. v. GMA Accessories, Inc.），132 F. 3d 1167 (7th Cir. 1997)；利普诉韦伯（Repp v. Webber），132 F. 3d 882 (2d. Cir. 1997)；盖斯特诉凯瑟曼（Gaste v. Kaiserman），863 F. 2d 1061 (2d Cir. 1988)。默里·希尔出版公司诉20 世纪福克斯公司［Murray Hill Publications, Inc. v. Twentieth Century Fox, 361 F. 3d 312 (6th Cir. 2004), *cert. denied*, 543 US 959 (2004)］一案清楚地表明，尽管“勉强可能的接触”是不充分的，且“接触不能通过纯粹的思索或猜想来推断”，但显著的相似性就是下列主张的证据：侵权作品充分相似以致于侵入了版权作品的保护，被告必定已接触过版权作品，即使原告不能对此事实提出外部证据。

② 泰有限公司案（Ty, Inc.），132 F. 3d at 1170, 1171。第七巡回法院曾试图在盖斯特诉凯瑟曼（Gaste v. Kaiserman）案与以前对塞利诉吉布（Selle v. Gibb）案的审判意见之间做出平衡，后者认为，要说明充分接触的可能性，即使是显著的相似也不能完全摒弃提供证据的必要。

③ 《美国法典》第 17 编第 501 条(a)。

(其复制可能是无意识地保留版权作品的结果)仍然要为侵权负责:"当被告的作品复制了原告之作,但被告善意地忘记了原告之作是其作品的来源,这种'无辜的复制'仍然构成侵权。版权侵权可以是无意的。"①

因其属于无意识复制,或者因相信有关材料不受保护而善意复制,这些"无辜"侵权虽不能免除侵权人的责任,却可能有助于减轻损害赔偿或以其他方式满足版权所有人可能获得的救济。②

9.4 第四节 侵权的刑事责任

"故意:(1)为商业利益或私人金钱收益;或(2)复制或发行(包括以电子手段)一件或多件版权作品的一份或多份复制件或录制品,历经 180 天,总零售价值超过 1000 美元",从而侵犯版权的,属于犯罪行为。③ 依据侵犯行为的性质,犯罪者要遭受罚款和/或 1 至 10 年的监禁。④ 并且,"所有侵权复制品或录制品以及在制作侵权复制或录制品时所使用的一切器具、设施或设备"都要被没收和销毁。⑤ 就像对待其他犯罪行为一样,控诉要承担证明犯罪构成要件的责任,包括犯罪故意;就此而言,"复制或发行版权作品的证据本身不足以确认故意侵害的存在。"⑥

存有"欺诈意图",故意把错误的版权通告置于某物品上或故意公开发

① 阿布科音乐有限公司诉哈里桑斯音乐公司(ABKCO Music Inc. v. Harrisongs Music, Ltd.),722 F. 2d 988, 998－999 (2d Cir. 1983);另参见谢尔顿诉梅特罗－戈尔德温电影公司(Sheldon v. Metro-Goldwyn Pictures Corp.),81 F. 2d 49, 54 (2d Cir. 1936), *cert. denied*, 98 U. S. 669, 56 S. Ct. 835 (1936) ("无意识剽窃与处心积虑一样完全可以控告");三个男孩音乐公司诉博尔顿(Three Boys Music Corp. v. Bolton),212 F. 3d 477 (9th Cir. 2000), *cert. Denied*, 121 S. Ct. 881 (2001)。

② 参见下文§10。

③ 《美国法典》第 17 编第 506 条(a)。

④ 《美国法典》第 18 编第 2319 条。

⑤ 《美国法典》第 17 编第 506 条(b)。

⑥ 《美国法典》第 17 编第 506 条(a)。

行带有此种通告的物品，或者去除或更改版权通告，或者在版权登记申请中故意做错误的材料事实陈述者，也属于犯罪行为，应受最高达 2500 美元的罚款。[①] 2005 年，对于在影院里录制电影并发行当时尚未发行但“正准备进行商业发行”的作品的行为，国会明确将其确定为刑事侵害。

9.5 第五节 替代责任和帮助侵权

在很多情况下，即使未直接参与侵权行为的人，也可能被要求作为侵权人为他人的侵权行为承担责任。这种责任可因侵权人与被要求承担责任者的关系而替代性地产生，或者，在特殊的帮助侵权的情况下，它可能因某人的行为促进了他人的侵权行为而发生。[②] 随着因特网上数字传输与发行的发展与演进，这一问题已经变得特别棘手。由于个人利用因特网设备实施的侵权行为频频发生，法院正在努力把替代责任与帮助侵权原则适用于因特网服务提供者。各上诉法院一直没能就此提出一套清晰而连贯的司法意见；国会则进行了各种尝试，以采取免责或限制性立法。

9.5.1 一、替代责任

按照雇主责任学说（*respondeat superior*）的一般原则，雇主应该对雇员在其职责范围内实施的侵权行为负责。[③] 然而，就版权侵权而言，替代责任比雇主责任学说中的狭义侵权概念有着相当宽泛的范围。毋宁说，对侵权者拥有监管或控制权力以及对侵权者行为结果拥有金钱利益的人，要对侵权行为承担责任；一旦这些条件具备，这种责任即可产生，而无论其是否

---

① 《美国法典》第 17 编第 506 条(c)－(e)。

② 参见艾莉森诉罗伯特森(Ellison v. Robertson)，357 F. 3d 1072，1076 (9th Cir. 2004)(“我们承认三种有关版权责任的学说：直接侵权、帮助侵权和替代侵权”)。

③ 参见夏丕罗·伯恩斯坦公司诉格林公司(Shapiro, Bernstein & Co. v. H. L. Green Co.)，316 F. 2d 304, 307 (2d Cir. 1963)(“很显然，……雇主责任学说的通常代理规则适用于雇员在其职责范围内从实施的版权侵权”)。

知道该侵权行为的发生：

> 对于版权材料的利用，当监管的权利和能力与明显而直接的金钱利益相结合——即使对版权所受损害缺乏实际知晓……通过让该利用行为受益人承担责任，可使版权法的目的得到最佳实现。①

相应地，当他人租用场地作为酒吧和音乐厅时，如果场地所有人收取的是固定租金且不实施监管，对于其中发生的使用音乐作品的侵权表演，他不承担责任；而如果表演对该所有人的收益有所影响，该所有人就要承担责任。同样，那些场所的经营者要为侵权表演承担责任，"无论乐团领队被视为雇员还是独立合同方，且无论场地所有人是否了解被演出的作品、是否控制作品的选择，这些属于技术性问题。"②正是适用这些原则，"交换旧货"(swap meet)的跳蚤市场经营者被要求为小摊贩销售假冒录音制品的侵权行为替代性地承担责任；从经营者对旧货交换会的积极宣传，其控制、巡查场地并终止摊贩占用的能力可认定"控制"的存在，而"金钱利益"来自管理费、特许摊位销售以及停车费，"所有这些都直接来自那些想要以低廉的地下价格购买假冒录音制品的消费者。"③

9.5.2 **二、帮助侵权**

"知悉侵权活动，诱使、促使或实质性地帮助另一人实施侵权行为的人，

---

① 同上。艾莉森诉罗伯特森(Ellison v. Robertson)，357 F. 3d 1072，1076 (9th Cir. 2004)"如果被告因另一人的侵权行为享有直接的金钱利益，且对侵权行为'拥有监管的权利与能力'，他就要替代性地为版权侵权承担责任"[引自 A. M 唱片诉纳普斯特(A & M Records v. Napster, Inc.)，239 F. 3d 1004 at 1022 (9th Cir. 2001)]。

② 夏丕罗·伯恩斯坦案(*Shapiro, Bernstein & Co.*)，316 F. 2d 304(对该案进行了评论)。

③ 佛诺维萨有限公司诉彻丽竞卖公司(Fonovisa, Inc. v. Cherry Auction, Inc.)，76 F. 3d 259，263 (9th Cir. 1996)。另参见 RCA/阿里欧拉诉托马斯和格雷斯顿(RCA/Ariola v. Thomas & Grayston)，845 F. 2d 773 (8th Cir. 1988)。

可被要求作为‘帮助’侵权人承担责任。”①这些情况下的责任被施加于为另一人侵权提供经费的人。不是每一个可能以其行为促进他人侵权的人都引发责任。关键问题总是这种行为的性质，此人对侵权后果的认知以及其行为在多大程度上可被允许。显然，复制工具虽被某些人用来制造侵权复制品，但是，仅仅这一事实不足以让该工具的制造者为那些侵权行为承担责任。

在索尼美国公司诉环球一案中②，联邦最高法院曾试图提出相关的标准和指南。该院借鉴专利法上的“通用商品”(staple article of commerce)原则并做出判决，仅仅因为被告销售设备时推定性地知道用户可能用它来制作未经授权的版权材料复制品，不能追究其帮助侵权责任；直接侵权人必须与被指控的“帮助”侵权人有密切的关系，以及有控制该行为的能力。如果涉案物品“具有实质性的非侵权用途”，则不能做出帮助侵权的判决：

> 在版权持有者希望有效(不只是象征性地)保护其法定垄断的合法要求与其他人自由从事实质上无关联的商业活动这一权利之间，普通商品原则必须维持平衡。因而，就像其他商品销售一样，如果复制设备被广泛使用于合法的、不会招致反对的目的，其销售也不造成帮助侵权。事实上，它只需具有实质性非侵权的用途。③

另一方面，“为其所知悉的侵权行为提供场所和工具则足以构成帮助性责任”④，销售者明知其没有版权材料上的权利，却对其实施所谓销售即是

① 格什温出版公司诉哥伦比亚艺术管理机构(Gershwin Publishing v. Columbia Artists Management)，443 F. 2d 1159，1162 (2d Cir. 1971)；艾莉森诉罗伯特森(Ellison v. Robertson)，357 F. 3d 1072，1076 (9th Cir. 2004)。

② 464 U. S. 417，104 S. Ct. 774 (1984)。

③ 同上，at 442，104 S. Ct. at788－789.

④ 佛诺维萨有限公司诉彻丽竞卖公司(Fonovisa，Inc. v. Cherry Auction，Inc.)，76 F. 3d 259，264 (9th Cir. 1996)。

如此。[1] 在每一种情况下，被告实质上是在为他人的侵权行为提供帮助。

因特网以及促进音乐、电影和其他作品数字传输的技术发展，对公认的有关替代性与帮助性侵权的定义提出了严峻挑战。从而，针对 A. M 唱片诉纳普斯特一案[2]，第九巡回法院指出，至少就待决的临时禁令而言，判定用户用于上传和下载版权音乐的纳普斯特网站经营者为用户的侵权行为承担替代性和帮助性责任，已经得到了足够的证明。随着允许在没有中心实体存储材料的情况下进行用户间传输的"p2p 联网软件"的日益繁荣，形势变得更加复杂。在针对软件提供者的诉讼[3]中，巡回法院间存有分歧的问题是：能否仅仅通过证明其具有非侵权用途"能力"而避免责任，或者，被告是否必须为此种用途的可能性或其量的显著性做出证明。[4]在 2005 年针对米高梅诉葛罗克斯特一案[5]的司法意见中，最高法院明确拒绝了重新审查这一问题的要求；相反，它判定，帮助责任可以适当地施加于以促进其侵权用途为目的而"传播设备的人"（如传播 p2p 软件），而这正是那些用于促进侵权的明确表述或其他积极措施所显示的。

对于珀费克特 10 有限公司诉亚马逊一案，第九巡回法院同时适用了葛罗克斯特一案和它自己的早期意见，对搜索引擎因链接含有侵权材料的网站所产生的帮助与替代责任的性质和范围进行了判定。对于帮助责任，该法院认为，"计算机系统运行者如果'确知可用其系统获得特定的侵权材料'，并能够'采取简单措施以防止进一步损害'版权作品，却依然促进侵权

---

① 卡塞拉诉莫里斯(Casella v. Morris)，820 F. 2d 362 (11th Cir. 1987)。

② A. M 唱片诉纳普斯特(A & M Records v. Napster, Inc.)，239 F. 3d 1004 at 1022 (9th Cir. 2001)。

③ 508 F. 3d 1146 (9th Cir. 2007)。

④ 比较艾米斯特案[*In re* Aimster Copyright Litigation, 334 F. 3d 643 (7th Cir. 2003), *cert. denied*, 540 U. S. 1107, 124 S. Ct. 1069 (2004)] 和米高梅电影公司诉葛罗克斯特案[Metro-Goldwyn-Mayer Studios, Inc. v. Grokster Ltd., 380 F. 3d 1154 (9th Cir. 2004), *rev'd*, 125 S. Ct. 2764 (2005)]。

⑤ 米高梅电影公司诉葛罗克斯特(Metro-Goldwyn-Mayer Studios, Inc. v. Grokster Ltd.)，545 U. S. 913 (2005)。

作品的获取，就可以被要求承担帮助性责任。”[①]

9.5.3　三、在线侵权责任的限制

9.5.3.1　（一）概述

作为《数字千年版权法》(DMCA)的一部分，国会通过了“在线版权侵权责任限制法”，具体体现为《版权法》第512条。[②] 实质上，该条限制了在线服务提供者的责任——这些提供者因其系统上发生版权材料的擅自传输、系统缓存或存储，或者链接侵权地址而构成替代性或帮助性侵权，但其不知道这些侵权材料或行为的存在；一旦收到有关侵权行为的适格通知，它们就采取迅速行动，删除侵权材料或其获取路径。[③] 责任限制，即下文所述“安全港”[④]只适用于这样的服务提供者：它们“提供且不干预标准的技术措施”，已经采取并充分贯彻用户政策并将其告知用户和账户持有人，该政策“规定在适当情况下，对于服务提供者之系统或网络的订户和账户持有人中的屡屡侵权者，终止其服务。”[⑤]

为了实现这些规定的目的，版权所有人必须就侵权行为提出适格的

① 另一方面，该法院判决，由于“珀费克特10未能证明，谷歌公司对第三方网站的直接侵权行为可能拥有实施阻止或限制的权利和能力”，因而没有为替代责任的要求提供依据。在关联诉讼珀费克特10有限公司诉维萨国际一案[Perfect 10, Inc. v. Visa International Service Association., 494 F. 3d 788, *cert. denied*, 128 S. Ct. 2871(2008)]中，多数陪审员认定，维萨信用卡服务与使用该服务为其活动收费的侵权网站之间的关系微不足道，不足以因此要求维萨国际承担帮助性或替代性责任。

② 《美国法典》第17编第512条(i)。

③ 《美国法典》第17编第512条(c)(3)详细规定了有效“通知”(notification)的性质和要素。

④ 参见艾莉森诉罗伯特森(Ellison v. Robertson), 357 F. 3d 1072, 1076 (9th Cir. 2004)、科斯塔集团公司诉路普耐特有限公司(Costar Group, Inc. v. Loopnet, Inc.), 373 F. 3d 544 (4th Cir. 2004)(对“安全港”条款做出了讨论)。另参见珀费克特10有限公司诉CC比尔公司(Perfect 10, Inc. v. CCBill, LLC.), 488 F. 3d 1102 (9th Cir. 2007), *cert. denied*, 128 S. Ct. 709 (2007)。

⑤ 《美国法典》第17编第512条(c)；参见珀费克特10有限公司诉CC比尔公司(Perfect 10, Inc. v. CCBill, LLC.)，见上文。

通知,[1]且获授明确限定的权利,要求向服务提供者发出传票以确认其所控侵权。[2] 在此关系中,那些故意实质性地误报有在线材料或行为构成侵权、或者被错误删除或损坏的人,应承担责任。[3]

9.5.3.2 (二) 传输

具体而言,"通过服务提供者[4]控制或运行的系统或网络,对材料进行传输、导引或提供联络,或者在实施传输、导引或提供联络的过程中对该材料做中转式与短暂的存储",如果该服务提供者既未参与该传送的发起,也未涉足该材料或材料接收者的选择,如果中转式或短暂的存储复制件在该系统上的保留没有超过必要时间,或只被预定的接收者所接收,如果该材料在传送时未受更改,对于由此产生的版权侵权,该服务提供者不承担金钱救济之责。[5] 与合乎条件的服务提供者相关的禁令救济被限定于禁止接入的指令,以此终止参与侵权的用户或账户持有者的账户。[6]

9.5.3.3 (三) 系统缓存

同样,对于因系统缓存——即在系统上对材料做中转式和临时性存储——所产生的版权侵权,如果该材料系由该服务提供者之外的人在线提供;如果该材料被按照另一人的指示由此人传向该另一人;当系统用户要求从上述材料提供者获得该材料时,为了向其提供而通过自动程序生成该存

---

① 但是,通知中的技术性瑕疵不具有决定性影响。当版权所有人已"在实质上符合"该通知规定时,"安全港"就不能适用。阿尔斯有限公司诉雷马克传播公司(ALS Scan, Inc. v. Remarq Communities, Inc.),239 F. 3d 619 (4th Cir. 2001)(因为我们的结论是,服务提供者被提供了实质上符合该法规定的侵权行为通知,它就不能依据有关瑕疵通知的诉求来坚持安全港所规定的免责抗辩)。

② 《美国法典》第 17 编第 512 条(h)。

③ 《美国法典》第 17 编第 512 条(f)。

④ 就此而言,它被定义为"一个实体,为了对用户选定的材料进行数字式在线传播,在用户指定的各点之间传送、导引或提供联络,且在该材料被发送和接收时不更改其内容。"《美国法典》第 17 编第 512 (k) (1) (A)。在其他情形下,它被更宽泛地定义为"在线服务或网络接入的提供者,或此间设施的营运者。"《美国法典》第 17 编第 512 条(k) (1) (B)。

⑤ 《美国法典》第 17 编第 512 条(a)。

⑥ 《美国法典》第 17 编第 512 条(j) (1) (B)。

储，服务提供者不承担金钱救济之责。① 并且，该限制的前提条件还有，该材料之传输未被更改；如果该材料的在线提供未经版权所有人授权且未满足其他有关该材料获取的详细条件，一旦收到侵权通知，服务提供者即予迅速删除。② 在这些以及下述责任限制情形下，合乎条件的服务提供者所面对的禁令救济被限于如下指令：阻止服务提供者为侵权材料或行为提供通道，通过终止用户或账户持有者的账户来阻止服务提供者向他们提供通道，或者由服务提供者承受最小负担并且是阻止或限制侵权所必要的救济。③

9.5.3.4 **（四）存储**

按照一个系统用户的指示，将材料存储在系统或网络上，对于由此造成的侵权，服务提供者只要满足下列条件，也不必承担金钱救济之责：该经营者已经按照立法的规定，指定一个代理人接收指控侵权的通知；它既不知道侵权也没有注意到显示侵权的事实或环境；或者在获知或意识到或注意到被控侵权后，迅速删除该材料或破坏获得该材料的通道；如果该经营者具有控制侵权行为的权利和能力，但没有直接从中取得经济利益。④

9.5.3.5 **（五）链接**

通过链接将用户引向另一个含有侵权材料或实施侵权行为的在线位址，对于由此产生的侵权，服务提供者不承担金钱救济之责，前提是该服务提供者不知悉该侵权也没有注意到显示侵权行为的事实或环境；或者在获知或意识到或注意到被控侵权后，立即删除该材料或破坏获得该材料的通道；如果该经营者具有控制该侵权行为的权利和能力，但没有直接从中取得经济利益。⑤

9.5.3.6 **（六）非营利性教育机构责任的进一步限制**

如果服务提供者是非营利性的教育机构，作为其职员、履行教学或研究

---

① 《美国法典》第 17 编第 512 条(b) (1)。

② 《美国法典》第 17 编第 512 条(b) (2)。

③ 《美国法典》第 17 编第 512 条(j) (1) (A)。

④ 《美国法典》第 17 编第 512 条(c)。

⑤ 《美国法典》第 17 编第 512 条(d)。

职责的大学教学人员和研究生被视为“该机构之外的”个人，它们对侵权行为的知悉或注意不被视为该机构的知悉或注意，前提是这些人的侵权行为未涉及此前三年内对他们所教课程所要求或建议的教学材料；此前三年内，该机构收到有关其员工实施侵权的有效通知不超过两次；并且该机构向所有用户提供了“准确介绍并号召遵守美国版权法律的材料”。[①]

9.5.3.7 **（七）删除材料的责任限制**

一般而言，服务提供者基于其善意或基于显示侵权行为的事实或环境，破坏获取被控侵权材料的通道或删除该材料的，不因任何权利主张承担责任。[②] 材料被删除之后，对于向该材料提供者发出的通知，以及按照适格的“反通知”恢复被删材料的义务，法律有着更详尽的规定。[③]

---

① 《美国法典》第 17 编第 512 条(e)。

② 《美国法典》第 17 编第 512 条(g)(1)。

③ 《美国法典》第 17 编第 512 条(g)(2),(3)。

第十章　救　济

10.1

第一节　禁令救济

《版权法》明确授权地方法院，"按照它认为合理的条件发出临时性或终局性禁令，以防止或遏制侵犯版权的行为。"[①]作为衡平法上的一种救济措施，禁令救济依据法院的自行裁量以及有关该救济的一般原则：需要证明原告所遭受的不可弥补的损害，相对危险的伤害；禁令可能对被告造成的损害，以及（在临时禁令中）原告胜诉的充分可能性。[②]

然而，禁令救济虽非自动产生，却相当常见，并源自一个公认的假定——侵犯版权造成不可弥补的损失。[③] 虽有判决指出，侵权一旦被认定，地区法院就不再保有以一般公共利益为由否决禁令救济的广泛裁量权[④]，但是，法院依然保留着对损害进行权衡的裁量权。[⑤] 最高法院后来曾关注到公共利益考虑的正当性，以缓和禁令救济，至少在最近一些判例中，或在涉及重要的合理使用时是这样的：

---

① 《美国法典》第 17 编第 502 条(a)。

② 参见阿特里有限公司诉北美菲利普斯消费电子公司(Atari, Inc. v. North American Philips Consumer Electronics Corp.)，672 F. 2d 607 (7th Cir. 1982)。

③ 苹果计算机公司诉富兰克林计算机公司(Apple Computer, Inc. v. Franklin Computer Corp.)，714 F. 2d 1240 (3d Cir. 1983)，*cert. dism.*，464 U.S. 1033，104 S.Ct. 690 (1984)。

④ 新时代国际出版公司诉亨利·霍尔特公司(New Era Publications International, ApS v. Henry Holt & Co.)，873 F. 2d 576 (2d. Cir. 1989)。

⑤ 阿本德诉 MCA 有限公司(Abend v. MCA, Inc.)，863 F. 2d 1465，1479 (9th Cir. 1988)（其判决，在某些"特殊情况"下，发出禁令会对被告造成"巨大不公"，并导致"公共伤害"）。*aff'd sub nom.* 斯图尔特诉阿本德(Stewart v. Abend)，495 U.S. 207，110 S.Ct. 1750 (1990)（最高法院没有涉及这一问题）。

在“绝大多数案例中，[禁令]救济是正当的，因为大多数侵权属于纯粹的盗版”，它们“迥异于很多提出充分的合理使用主张的案例”——其中，“在后作品的发表可能有着强烈的公共利益，而无论对于何种侵权，损害赔偿足以使版权所有人的利益得到保护。”①

10.2 第二节 损害赔偿

《版权法》第504条为金钱赔偿设计了选择性依据：“版权侵权人有责任赔付：(1)版权所有人的实际损失以及侵犯者的任何附加利润……；或者(2)法定赔偿……”②

10.2.1 一、实际损失与利润

“版权所有人有权要求重新获得他或她因为侵权所遭受的实际损失额，以及版权侵权人因其侵权所获得且没有被计入实际损失额的利润。”③这就是说，侵权之诉中胜诉的原告可以重新获得被确证的侵权造成的实际损失额，其中也可能包括原告由此损失的利润，以及侵权人未重复计算的利润。正如国会报告所说，该规定“承认，赔付损失与利润服务于不同的目的。”④

10.2.1.1 (一)可证明的损失

原告必须证明侵权行为所造成的损失，即侵权者对其版权作品的价值

① 坎贝尔诉阿卡夫－罗斯(Campbell v. Acuff-Rose Music, Inc.), 510 U.S. 569, 578 fn. 10, 114 S. Ct. 1164, 1171 fn. 10 [肯定性地援引了阿本德诉MCA有限公司一案，并引用了皮埃尔·勒瓦尔的《走近合理使用的标准》(Pierre Leval, *Toward a Fair Use Standard*), 103 Harv. L. Rev. 1105 (1990)]。

② 《美国法典》第17编第504条(a)。

③ 《美国法典》第17编第504条(b)。

④ 国会众议院报告(H. R. Rep. No. 94－1476 at 160)。

造成的损害。[①] 虽然损害事实和损失数额不可能单纯依靠推测，而一旦原告对损害做出实际证明，准确的损失数额就不需要得到确证，损害在多大程度上系环境所致而非来自侵权行为的证明负担将转至被告。在可以证明的范围内，以被证明的销售额损失为基础的潜在利润可以作为原告损失额的一部分得到赔复，被证明的许可费损失便是如此。简言之，如果损失及其原因——版权作品因侵权行为所遭受的损害——得到证实，该损失就可以得到补偿。

当店铺所有人[②]以第 110 条(5)的规定主张免责，[③]以此抗辩表演权侵权之诉，却没有合理理由相信其可因此被免责时，除了其他损害赔偿之外，它还应赔付其应该赔付的诉讼程序之前三年的双倍许可费。[④]

10.2.1.2 **(二) 侵权者的利润**

如上述，在不重复计算原告损失利润的限度内，[⑤]除了可证实的损失额，原告还可以获赔被告因侵权所取得的利润。

判付损失赔偿是为了补偿版权所有人因侵权所受损失，而赔付利润意在防止侵权人因其非法行为获得不正当利益。当被告的利润是版权所有人所受损失的计算标尺时，累积判付赔偿额和利润的做法就不合适了，因为实际上它们是同一的。不过，当侵权利润未能体现版权所有人遭受的损失，或者当可归于版权作品的侵权利润未在损失额计算时得到考虑时，[第 504 条(b)]允许就此两项做出判付。[⑥]

与《版权法》的目的相一致，原告获付的侵权者利润可以远远超出其实际损失；此种结果的威慑效应远比原告的不当得利具有更大的意义。[⑦] 在

---

① 弗兰克音乐公司诉米高梅有限公司(Frank Music Corp. v. Metro-Goldwyn-Mayer, Inc.)，772 F. 2d 505 (9th Cir. 1985)；参见玛丽埃伦公司诉卡梅克斯有限公司(Mary Ellen Enterprises v. Camex, Inc.)，68 F. 3d 1065 (8th Cir. 1995)。

② 这些术语的定义见《美国法典》第 17 编第 101 条。

③ 见上文§6.4.5.7。

④ 《美国法典》第 17 编第 504 条(d)。

⑤ 参见泰勒诉梅瑞克(Taylor v Meirick)，712 F. 2d 1112 (7th Cir. 1983)。

⑥ 国会众议院报告(H. R. Rep. No. 94－1476 at 161)。

⑦ 参见泰勒诉梅瑞克(Taylor v Meirick)，712 F. 2d 1112 (7th Cir. 1983)。

处理侵权人利润这一问题时，更为严峻的问题是准确判断侵权人因特定行为所实现的"利润"总数，以及其中有多少可以具体分摊于侵权行为。关于适当扣除的性质和数额以及利润在侵权和非侵权行为之间的分配，常有困难与复杂的问题被提出。[①] 对于这两个问题，《版权法》对侵权人做出了明确的责任要求：

> 在确定侵权者的利润时，版权所有人只需要提供有关侵权者总收入的证据，侵权者则需要证明他或她的可扣除的费用，以及因版权作品之外的因素所获得的利润。[②]

虽然侵权人有义务提交证据，以证明在得出纯利润额时从总收入中进行的适当扣除，以及"因版权作品之外的因素所获得的利润成分"，这一要求的满足却并不需要精确的证据："并非所有的利润都可归于侵权材料……如果这一点是明确的，版权所有人就无权仅仅因为侵权人未能确证可归于非侵权因素的份额数就可获得其所有利润。"[③]法院将会做出它认为合适的分配。

10.2.2　二、法定赔偿

即使侵权行为可得到明确证明，实际损失额的证明通常也是相当困难的。《版权法》规定了供选择使用的金钱救济——法定赔偿，以代替实际损失赔偿的证明。"在做出最终判决之前的任何时间，版权所有人可以选择以

---

① 参见泰勒诉梅瑞克(Taylor v Meirick)，712 F. 2d 1112 (7th Cir. 1983)；另参见弗兰克音乐公司诉米高梅有限公司(Frank Music Corp. v. Metro-Goldwyn-Mayer, Inc.)，772 F. 2d 505 (9th Cir. 1985)。

② 《美国法典》第 17 编第 504 条(b)。

③ 克里姆唱片公司诉约瑟夫施里茨酿造公司(Cream Records, Inc. v. Joseph Schlitz Brewing Co.)，754 F. 2d 826, 828 (9th Cir. 1985)；弗兰克音乐公司案，见上文；谢尔顿诉梅特罗一戈尔德温电影公司(Sheldon v. Metro-Goldwyn Pictures Corp.)，106 F. 2d 45, 51 (2d Cir. 1939), *aff'd*, 309 U.S. 390, 60 S. Ct. 681 (1940)(我们决意要避免这种肯定不公正的做法，即因为被告不能确定地计算其自身的份额就判付原告一切)。

法定赔偿……获得赔付,以代替实际损失和利润。”[①]

10.2.2.1　（一）以登记为条件

对于作品首次发表后、登记有效日之前发生的版权侵犯,赔付法定赔偿额这一手段是不可选择适用的救济方法,“除非作品在首次发表后3个月内进行了登记”;[②]同样不可适用法定赔偿的是,未发表作品在其有效的登记日前遭受侵权。[③] 及时登记以获得法定赔偿,这一前提条件同样适用于源自伯尔尼公约国的作品受到侵权的诉讼(虽然登记实际上不是就这些作品提起侵权诉讼的条件)。

10.2.2.2　（二）赔偿数额:裁量范围

通常,对于任何作品(就此而言,汇编或演绎作品的所有部分构成一件作品),因侵权可以获得的法定赔偿额范围是750—30000美元,“如果法院认为公正”。[④] 当涉及多个侵权行为时,赔付额可能会相当巨大。因此,电视连续剧的每一集都被视为一件独立作品,由此可对侵权判付9000,000的法定赔偿。[⑤]

“对于任何作品,诉讼中所涉及到的所有侵权”都被判付法定赔偿,由此,在发生多重侵权的场合,该规定的实际适用就一直在引发困惑,其问题是,法定赔偿适用于每件被侵权作品,还是适用于一件具体作品的每项侵权。第一巡回法院曾经判定,依据巡回法院主流的解读观点,“按照第504条(c),在针对单个被告的特定诉讼中,原告可以得到‘判付’的法定赔偿总数取决于被侵权作品的数量和单独承担责任的侵权人数量,而不受作品所

---

① 《美国法典》第17编第504条(c)(1)。

② 《美国法典》第17编第412条(2)。

③ 《美国法典》第17编第412条(1)。参见鲍彻特诉邦一汤百货公司(Bouchat v. Bon-Ton Dept Stores, Inc.),506 F. 3d 315 (4th Cir. 2007), *cert. denied*, 128 S. Ct. 2054 (2008)(不是每一个版权所有人都有资格请求获得法定赔偿。《版权法》规定,“法定赔偿的判付……不应给予(1)未发表作品在其有效的登记日前受到的版权侵犯”)。

④ 《美国法典》第17编第504条(c)(1)。

⑤ MCA电视有限公司诉菲尔特纳(MCA Television Ltd. v. Feltner),89 F. 3d 766 (11th Cir. 1996), *cert*, *denied* 520 U. S. 1117 (1997);菲尔特纳诉哥伦比亚影视公司(Feltner v. Columbia Pictures Television, Inc.),523 U. S. 340 (1998)。

受侵权数量的影响。”[1]

同样，当侵权人复制多件不同的音乐作品并将它们一起收集于一张CD时，“汇编或演绎作品的所有部分构成一件作品”——第504条(c)(1)最后的表述并不限制法定赔偿额；毋宁说，包含在侵权CD中的每一件被单独复制的作品都产生法定赔偿额。“未经授权的汇编包含多个单独版权，不涉及第504条(c)(1)最后一句。”[2]

并且，如果原告证明被告系“故意”实施侵权行为，法院可以酌情判付高达“15万美元”的法定赔偿。[3] 不过，要判定侵权人“故意”，不仅仅需要证明其有意复制。它要求侵权人知道其行为构成侵权或引起诉讼，却轻率地无视版权所有人的权利：

> 按照法定机制，故意具有相当特定的涵义。……“在其他语境下，[故意]可能只是意味着复制的意图，而不必有侵权的意图。显然，正如这里所使用的，‘故意’意味着知道被告的行为构成侵犯版权。此外，在非故意侵权的情况下，减少最低赔付的专门规定并没有什么作用，因为任何非故意侵权必定是无辜的。还有，这似乎意味着，被通知其行为构成版权侵犯，但合理地且善意地相信其不侵权的人，不是此意义上的‘故意’”……
>
> 问题是，版权法是否非常明确地支持原告的主张，以致被告在法律上必定被认为已显示出对原告财产权的轻率的漠视。[4]

---

① 维内嘎斯—赫尔南德斯诉索诺拉克斯唱片(Venegas-Hernandez v. Sonolux Records)，370 F. 3d 183 (1st Cir. 2004)。

② WB音乐公司诉RTV传播集团(WB Music Corp. v. RTV Communications Group)，445 F. 3d 538 (2d Cir. 2006)。

③ 《美国法典》第17编第504条(c)(2)。

④ 普林斯顿大学出版社诉密西根文献服务中心(Princeton Univ. Press v. Michigan Document Service)，99 F. 3d 1381, 1392 (1996), *cert. denied*, 117 S. Ct. 1336 (1997)，引自梅尔维尔·尼莫和大卫·尼莫：《尼莫论版权(第三卷)》(Melville B. Nimmer & David Nimmer)，3 NIMMER ON COPYRIGHT § 14.04[B][3] (1996)；另参见皮尔国际集团诉波萨唱片公司(Peer International Corp. v. Pausa Records, Inc.)，909 F. 2d 1332, 1335 (9th Cir. 1990), *cert. denied*, 498 U. S. 1109 (1991)(故意的[意指]明知被告的行为构成版权侵犯)。

当事关通过因特网实施的侵权行为时，第 504 条(c)的故意侵权规定得到了强调，由此就有了 2004 年底增加的第 504 条(c)(3)，其中规定：

> 在侵权诉讼中，一个可受反驳的法律推定是，如果违法者或与违法者合作的人，在登记、维护或更新与侵权行为关联使用的域名时，故意向域名登记员、域名登记处或其他域名登记机构提供或故意促使提供具有实质错误的联系信息，就救济方式的决定而言，该侵权系故意实施。①

另一方面，如果侵权人证实"该侵权人不知道且没有理由认为他或她的行为构成版权侵犯，法院可以将法定赔偿额酌情减少至总数不少于 200 美元。"②在某些有限的场合——由于有理由认为侵权行为系合理使用，非营利性教育机构、图书馆或档案馆的雇员或代理人实施侵权复制，或者是公共广播机构实施侵权表演或传播，法定赔偿可全部被免除。

10.2.2.3

（三）获得陪审团判决的权利

显而易见的是，因为法定赔偿额要在"法院认为公平"的范围内做出判决，法院对该数额的确定就拥有很大的裁量权。由于法定赔偿额属于"赔偿"，属于可选择的补偿方式，这样，即使成文法提到了法院的裁量权，而针对诉讼当事人就法定赔偿数额所享有的陪审团审判的权利*，各巡回法院之间还是产生了意见冲突。联邦最高法院于 1998 年解决了这一冲突。它认定，尽管《版权法》本身没有就法定赔偿创立一种获得陪审团审判的权利，"对于与《版权法》第 504 条(c)条上的法定赔偿判付有关的所有问题——包

---

① 《美国法典》第 17 编第 504 条(c)(3)。

② 《美国法典》第 17 编第 504 条(c)(2)。

* 在美国法律体制中，陪审团审判(jury trial)是指由陪审团(而不是法官)为裁决事实问题而进行的审判。与之相对的法官审判(bench trial)是由法官(而不是陪审团)对案件的事实和法律问题做出统一裁决。美国宪法第七修正案规定了民事案件接受陪审团审判的权利——"在普通法诉讼中，争执价额超过 20 美元的，由陪审团审判的权利应受保护。对于由陪审团裁决的事实，合众国任何法院除非按照普通法规则，不得重新审查。"——译者

括该数额本身,第七修正案提供了获得陪审团审判的权利。”[①]然而,有判决认为,如果原告只是请求获得最低法定赔偿额,就不存在有关陪审团审判的第七修正案权利问题。[②]

10.3 第三节 诉讼费与律师费

依其自由裁量,法院可以准许由诉讼的任何一方(合众国或其官员除外)获得或赔付诉讼费,也可以向胜诉方判付作为其诉讼费一部分的合理律师费。[③] 然而,就像对法定赔偿额一样,未能对涉案作品进行及时登记(即侵权发生于登记之前,除非侵权出现于首次发表后,且在首次发表后 3 个月内进行了登记)的胜诉原告不能获得律师费判付。[④]

虽然《版权法》准许向胜诉方酌情判付律师费,但对于胜诉的原告与胜诉的被告是否要遵循同样的标准,各巡回法院之间存在分歧。[⑤] 1994 年,合众国最高法院通过采取一种“无偏向”(even-handed)的模式解决了这一问题,按此模式,胜诉的原告和胜诉的被告得到同样对待:[⑥]

> 因为版权法最终达到的目标是通过创造性作品的获取来充实普通公众,尽可能清晰地划定版权法的边界就特别重要。为了这一目的,在与

---

① 菲尔特纳诉哥伦比亚影视公司(Feltner v. Columbia Pictures Television, Inc.),118. S. Ct. 1279, 1288 (1998)。

② 贝塔斯曼音乐公司诉冈萨雷斯(BMG Music v. Gonzalez),430 F. 3d 888 (7th Cir. 2005), *cert. denied*, 547 U. S. 1130 (2006):当有实质性的事实争议需要解决或在金钱判付的选择方面需要行使裁量权时,任何一方都有权要求陪审团审理;如果没有实质性争议,且当法律规则取消了选择救济方法的裁量权,就可以采取简要判决。

③ 《美国法典》第 17 编第 505 条。

④ 《美国法典》第 17 编第 412 条。

⑤ 参见利布诉托普斯通产业有限公司(Lieb v. Topstone Indus., Inc.),788 F. 2d 151 (3d Cir. 1986)(该案检视了其间的差别)。

⑥ 福格蒂诉范泰西(Fogerty v. Fantasy, Inc.),510 U. S. 517, 114 S. Ct. 1023 (1994)。

> 鼓励原告提起有价值的侵权之诉相同的意义上，努力提出各种有价值的版权抗辩的被告也应受到诉讼鼓励。对于侵权之诉的成功抗辩可以促进《版权法》的政策，这与版权持有者获胜的侵权之诉是完全一致的。
>
> ……
>
> 我们既否定某些巡回法院采取的“双重标准”，也拒绝诉请者的主张，即认为第505条实行的是英国规则(British Rule)，由胜诉方自动获得律师费。胜诉的原告和胜诉的被告要得到同样的待遇，但律师费只能由法院酌情判给胜诉方。①

最高法院的着重点是律师费(和诉讼费)判付的自由裁量性，但它在要求对原、被告适用相同标准的同时，却恰恰没有解决这些标准是什么的问题。初审法院对两方面做出决定：什么是“合理的”律师费以及它们应该得到判付的具体情形。这些可能是困难的决定，可因法院裁量权的滥用而受到审查。② 最高法院似乎赞成使用下列因素：“‘(在案件的事实要素与法律成分两方面的)无意义*、动机、客观不合理性，以及在特定情况下促使对补偿和威慑进行考虑的必要性’，只要它们符合《版权法》的目的，并以公正的方式适用于胜诉的原告和被告。”②

---

① 福格蒂诉范泰西(Fogerty v. Fantasy, Inc.)，510 U.S. 517, 114 S. Ct. 1023 (1994)，at 527—528, 534, 114 S. Ct. At 1029—1030, 1032.

② 参见娱乐研究集团公司诉吉尼西斯创意集团(Entertainment Research Group, Inc. v. Genesis Creative Group, Inc.)，122 F. 3d 1211, 1217 (9th Cir. 1997)。

* Frivolousness(无意义性)是指诉讼当事人的起诉、辩解或其他主张缺乏法律依据或价值，可能表现为无根据的诉讼、无端的上诉、推诿性的辩护等。根据美国法院的有关规则，无意义的诉求可以做出修正，也可以由法庭予以取消，对方当事人也可以申请撤销并为此索取诉讼费。——译者

② 510 U.S. at 535, n. 19, 114 S. Ct. at 1033，(引自利布诉托普斯通产业有限公司，见上文788 F. 2d at 156)。另参见琼斯诉布莱基(Jones v. Blige)，558 F. 3d 485 (6th Cir. 2009)(“在版权侵权案中，对于胜诉的原告和胜诉的被告，准予律师费的裁量权将以无偏向的方式和合乎《版权法》主要目的的方式得到行使。行使该裁量权时所考虑的非排他性因素是：‘无意义性、动机、客观的不合理性(事实的和法律的)以及促使考虑补偿与威慑性的必要性。’”)[引自布里奇波特音乐公司诉戴梦得时代(Bridgeport Music, Inc. v. Diamond Time)，371 F. 3d 883 (6th Cir. 2004)]。

10.4 第四节　扣押与处置

即使诉讼待决,法院也可以在任何时间发出指令,扣押侵权物品和用于制作这些物品的设备:"所有被认为是侵犯版权所有人专有权利而制作的复制与录制品,以及……一切用来制作这些复制或录制品的印版和字模、纸型、母带、磁带、影片底片或其他物品。"[①]并不明确的是,扣押令必须遵循何种程序、申请扣押的人必须做出何种说明,也就是单方或即刻扣押令所具有的妥当性。

在诉讼结束时,作为最终判决的一部分,法院同样可以"指令销毁或以其他方式处置"所有侵权物品和用于制作它们的设备(如前文解释)。[②] 该规定周密设置了可选择适用的方式:销毁或向公众销售、向原告移交或其他合适的处置。

① 《美国法典》第 17 编第 503 条(a)。

② 《美国法典》第 17 编第 503 条(b)。

第十一章　版权保护技术系统与版权管理信息

11.1　第一节　概述

1998年10月28日通过的《数字千年版权法》(DMCA)是为了实施1996年12月世界知识产权组织(WIPO)在日内瓦制定的《版权条约》和《表演与录音制品条约》。该立法的核心是为《版权法》增加了第12章——即"版权保护与管理系统"。[①] 它们属于反盗版规定,所反对的是(i)规避版权持有人用来限制获取版权材料的技术保护措施的行为;和(ii)助长此种规避以及对阻止侵权的技术措施实行的规避;另外还有一些条款的目的是保护"版权管理信息"的完整性。该立法指示版权局长和商务部负责通讯与信息的副部长,就下列事项进行评估并进而在24个月内向国会提出报告:该立法和电子商务及有关技术发展对《版权法》第109条(首次销售)和第117条(计算机程序),以及新旧技术和实施这些规定之关系所造成的影响。后来的报告并没有就重要变革提出建议。

11.2　第二节　规避版权保护技术系统

11.2.1　一、可诉行为

第12章所列举的具体可诉行为(包括直接的与辅助性的)都关涉到对

① 《美国法典》第17编第1201－1205条。

用以限制获取或保护整个或部分版权作品的技术实施的规避。这些条款无意扩大或缩减有关版权侵犯、替代性或帮助性侵权责任的权利或抗辩，也不希望为电子消费品、电子通讯或计算机产品的设计制定标准。[①]

11.2.1.1　**(一) 获取控制的规避**

"任何人均不得规避有效控制获取[版权所保护]作品的技术措施。"[②]实际上，该禁止所涉及的是，对那些限制获取作品的加密或干扰方案的规避；它没有直接处理针对技术性复制保护或其他阻止侵权的方案的规避。更明确地说，"规避技术措施"意味着，"未经版权所有人授权，对被干扰作品进行去扰，对加密作品进行解密，或者以其他方式回避、绕过、去除、化解或削弱技术措施。"[③]就这些目的而言，"某项技术措施，在其正常的运行过程中如果要求在作品的版权所有人授权下应用信息，或者凭借某程序或处理，才能达到对该作品的获取，该措施即'有效地控制作品的获取'。"[④]

该禁止规定的实施被延缓到 2000 年 10 月 28 日(该立法通过之日后两年届满)。[⑤] 在此两年的延缓期内，以及随后的每个三年期内，国会图书馆馆长被要求启动规章制定程序，以判断是否有哪些人的非侵权性使用某类作品的能力因该禁止而受到或可能受到不利影响。[⑥] 如果规章制定程序得出的结论认为，确有某些类型的版权作品的非侵权使用受到或可能受到不利影响，那么，对于随后的三年期而言，该禁止将不适用于那些作品类型的使用者。[⑦]

11.2.1.2　**(二) 促成对技术保护措施的规避**

有一种单独规定，禁止为规避技术保护措施提供手段的行为。这种行为属于侵权：进口、向公众出售、提供或以其他方式买卖任何技术、产品、服

---

① 《美国法典》第 17 编第 1201 条(c)。

② 《美国法典》第 17 编第 1201 条(a)(1)(A)。

③ 《美国法典》第 17 编第 1201 条(a)(3)(A)。

④ 《美国法典》第 17 编第 1201 条(a)(3)(B)。

⑤ 《美国法典》第 17 编第 1201 条(a)(1)(A)。

⑥ 《美国法典》第 17 编第 1201 条(a)(1)(B) and (C)。

⑦ 《美国法典》第 17 编第 1201 条(a)(1)(D)。

务、设备、部件或其中零件，它们：(A)被设计或生产的主要目的是(ⅰ)“规避有效控制获取(版权作品)的技术措施”，或(ⅱ)“规避有效保护版权所有人……对作品或其部分之权利的技术措施所提供的保护”；或者(B)除了(ⅰ)“规避有效控制获取(版权作品)的技术措施”或(ⅱ)“规避有效保护版权所有人……对作品或其部分之权利的技术措施所提供的保护”，只有有限的商业目的或用途；或者(C)被故意购买，以用于“规避有效控制获取(版权作品)的技术措施”，或者“规避有效保护版权所有人……对作品或其部分之权利的技术措施所提供的保护”。[①]

该表述似乎创造了一种明确且特别界定的帮助侵权之类似机制，以对付被用来规避限制获取版权作品或保护版权作品免于侵权之技术的技术和设备。这些有关促成规避的规定，实质上创造了一种帮助性责任形式，它独立于判断帮助性版权侵权的一般性标准。[②]

“‘规避由技术措施提供的保护’意指回避、绕过、去除、化解或以其他方式削弱技术措施”；并且“某技术措施在其正常的运行过程中，如果阻止、制约或以其它方式限制着版权所有人的权利的行使……该措施即‘有效地保护版权所有人的权利……’”[③]该法令的设计是专门用来处理对版权作品的获取限制进行的规避，且通常不向一切破解或规避技术措施的行为施加责任：[④]

> DMCA 的适用场合是……产品生产商防止一切获取版权材料的行为，而被诉侵权人所售设备规避了意在防止可版权材料获取的技术措施……
>
> ……
>
> 国会在仔细审议 DMCA 的时候，对于那些目的在于防止消费者使用日

---

① 《美国法典》第 17 编第 1201 条(a)(2)，(b)(1)。

② 参见上文 § 9.5.2。

③ 《美国法典》第 17 编第 1201 条(b)(2)。

④ 莱克斯马克国际公司诉 SCC 零部件有限公司(Lexmark International, Inc. v. Static Control Components)，387 F.3d 522 (6th Cir. 2004)。

> 常消费品，却置可受版权保护的作品内容于无保护状态的技术措施，没有表现出任何为规避行为创设责任的兴趣。①

在针对其合宪性即有关第一修正案的挑战中，DMCA 的这些规定受到了支持。②

11.2.1.3　（三）对模拟盒式录像机的限制

如上述，利用“黑盒子”设备破坏电影录像带内置的复制保护，显然是对第 1201 条(b)(2)的公然违反，所以，第 12 章进一步阻止复制享有版权的视听作品，其实质性途径是对如下情形进行惩罚：(i) 新模拟盒式录像机未装配指定的复制控制技术；③(ii)模拟盒式录像机的设计被更改，取消了其原有的对复制控制技术的遵守。④ 这些有关新录像机的规定在 2000 年 4 月末(第 12 章通过后 18 个月)生效，有关违反将作为对第 1201 条(b)(1)的违反受到处理；有关更改已有遵守的规定则立即生效，而违反行为即被视为“规避行为”。⑤ 各种技术术语得到了详细解释。⑥

遵守复制控制技术这一前提条件不适用于“专业性”模拟盒式录像机和

---

① 莱克斯马克国际公司诉 SCC 零部件有限公司(Lexmark International, Inc. v. Static Control Components), at 548, 549。参见钱柏林集团公司诉斯凯林技术公司(The Chamberlain Group, Inc. v. Skylink Techs., Inc.), 381 F. 3d 1178, at 1183 (Fed. Cir. 2004), *cert. denied*, 1544 U. S. 923 (2005)(钱柏林对 DMCA 提出的解释忽略了被告与斯凯林之类公司的重要区别——前者的被控产品促成了复制，而后者的被控产品所促进的仅仅是受版权保护的软件的合法使用)。

② 环球城市电影厂诉科里(Universal City Studios, Inc. v. Corley), 273 F. 3d 429, 441 (2d Cir. 2001)。

③ 《美国法典》第 17 编第 1201 条(k)(1) (A)。此种录像机必须符合自动增益控制复制控制技术(automatic gain control copy control technology)。该禁止涉及到 VHS、8 毫米、Beta 以及 NTSC 制式的模拟盒式录像机，但在 Beta 制式在任一公历年内的美国销量达到 1,000 台之前，8 毫米非模拟摄像机的录像机在任一公历年内的美国销量为 20,000 件之前，该禁止不适用于此二者。

④ 《美国法典》第 17 编第 1201 条(k)(1) (B)。具体而言，该规定提到了已有的对于“自动增益控制复制控制技术”或者“四行色带复制控制技术”(four-line color stripe copy control technology)的一致性。该禁止涉及 VHS 或 8 毫米制式的模拟盒式录像机，但有关已有四行色带复制控制技术更改的禁止不适用于 8 毫米模拟盒式录像机、也不适用于 8 毫米模拟盒式摄像机。

⑤ 《美国法典》第 17 编第 1201 条(k)(5)。

⑥ 《美国法典》第 17 编第 1201 条(k)(4)。

合法生产的，未更改的以及先前拥有的盒式录制机的买卖，且不对通过摄像机镜头获得的视频信号提出要求。① 并且，复制控制技术在消费类盒式录像机上的使用被局限于②，在不损害消费者对他类节目制作模拟复本的能力的情况下，防止"对按次付费、准视频点播或视频点播的传输内容，或者含有一部或多部电影或其他视频作品的预录磁带或光盘制作可视复本"；"基础层和延伸层的节目服务(programming service)……决不能以这些技术被编码。"③就像对于家庭音频录制的问题一样，④以数字录音设备对模拟进行的技术性替换，再一次超过了立法。

11.2.2 二、例外和限制

第1201条包含了一系列极为具体的规避免责，下文将予详述。法律上没有为规避行为规定一般性的"合理使用"免责；除了事关明确的免责情形之外，可诉的规避行为的目的与责任判定无关：

> DMCA所针对的，是规避保护版权材料的数字墙的行为(和规避工具的买卖行为)，而不关注这些材料在规避发生后的使用。第1201条(c)(1)确保DMCA不被理解为，仅仅因为有关信息的获得采取了DMCA所规定的非法方式，就要禁止其"合理使用"。
>
> ……
>
> 如果国会当时的意图是以第1201条(c)(1)为合理使用所必要的任何规避行为免除责任，那么，让国会以第1201条(d)为规避行为打开一扇扇狭小的、被谨慎限定的小窗户以允许合理使用，定是一件怪事。
>
> ……

---

① 《美国法典》第17编第1201条(k)(3)。

② 《美国法典》第17编第1201条(k)(2)。

③ 会议报告《会议委员会的共同解释性声明》(Conference Report, Joint Explanatory Statement of the Committee of Conference), 105th Cong., 2d Sess. (1998)。

④ 参见上文§6.1.2。

合理使用向来没有被认定为这样一种保证，即保证获取版权材料，并以合理使用者选定的技术或以原作的格式复制它。[①]

11.2.2.1　**（一）非营利的图书馆、档案馆和教育机构**

非营利的图书馆、档案馆和教育机构，仅仅为了决定是否为非侵权目的而获得一份商业性利用的版权作品副本，而对获取限制技术进行规避，且如果同一作品的不受保护的副本无法合理获得，则免除其责任。[②] 一个机构对获取限制重复实施非免责性规避，可能导致其丧失免责。[③]

11.2.2.2　**（二）执法、情报以及其他政府行为**

为了执法、情报和其他政府行为，在其他方面受禁止的一切规避行为被给予了宽泛的免责，包括"为鉴定和处理政府计算机、计算机系统或计算机网络的瑕疵而实施的行为。"[④]

11.2.2.3　**（三）为实现互用性而对计算机程序进行的反向工程**

对于受到获取保护的计算机程序副本，其使用权的合法拥有者规避限制获取的技术，如果没有发生其他侵权，且此种行为的"唯一目的是为了分析该程序的成分，而这是实现一独立创作的计算机程序与其他程序的互用所必需的"，可免除责任。[⑤] 为了实施此种分析，或者实现互用性，开发和利用技术手段以规避技术上的获取限制或保护，被免于责任。[⑥]

11.2.2.4　**（四）已发表作品的加密研究**

加密作品的合法拥有者，"在善意地进行加密研究的过程中"，对用于已发表作品复制件、录制品、表演或展示的技术性获取限制进行规避，不违反

---

① 环球城市电影厂诉科里（Universal City Studios, Inc. v. Corley），273 F. 3d 429, 443, 444, n. 13, 459 (2d Cir. 2001)。

② 《美国法典》第17编第1201条(d)。

③ 《美国法典》第17编第1201条(d)(3)(B)。

④ 《美国法典》第17编第1201条(e)。

⑤ 《美国法典》第17编第1201条(f)(1)。"互用性(Interoperability)意指计算机程序交换信息以及这些程序相互使用已交换信息的能力。"《美国法典》第17编第1201条(f)(4)。

⑥ 《美国法典》第17编第1201条(f)(2)。

规避禁止。[①] 要适用这一免责，该规避行为必须是实行该加密研究所必要的，必须已经为获得授权进行了善意的努力，且该行为不能在其它方面构成侵权。[②] “加密研究”被做如下解释：

> 鉴定和分析版权作品上所用加密技术的瑕疵和弱点所必需的活动，只要这些活动的实施是为了提高加密技术领域的知识水平，或促进加密产品的开发。[③]

为了实施这些加密研究而开发、利用技术手段以规避技术措施，也被给予了免责。[④]

在判断某人是否有资格享有“加密研究”免责时，需要考虑的因素包括：对源自研究的信息进行传播的范围和方式——传播“旨在合理提高知识水平或加密技术开发”，而不是便于侵权或违反法律；有关行为人是否“在加密技术领域参与合法研究，被聘用、或有过适当的培训或经历”；该行为人是否将其研究发现通知有关作品的版权所有人，并提供适当的文件。[⑤]

11.2.2.5　　　　**(五) 保护个人身份识别信息**

对控制作品获取的技术措施采取的下列规避行为，不违反法律上的禁止：(i)如果这些技术措施、或受保护的作品包含“收集或传输反映试图访问该受保护作品的自然人在线活动的个人身份识别信息的功能”，在其收集或传输该信息时，“未将该收集或传输行为明确通知此人，且没有向此人提供阻止或限制该收集或传输行为的能力”；(ii)规避行为的唯一后果，是对这种收集或传输个人身份识别信息的功能进行识别和破坏，且其实施只为防

① 《美国法典》第 17 编第 1201 条(g)(2)。

② 同上。

③ 《美国法典》第 17 编第 1201 条(g)(1)(A)。“加密技术意指使用数学公式或算法进行的信息干扰或去干扰”。《美国法典》第 17 编第 1201 条(g)(1)(B)。

④ 《美国法典》第 17 编第 1201 条(g)(4)。

⑤ 《美国法典》第 17 编第 1201 条(g)(3)。

止此种收集或传输，并不会在其他方面违反法律。[①]

11.2.2.6 **（六）安全测试**

为“从事安全测试活动”而规避控制作品获取的技术措施，且在其他方面不构成侵权或违法[②]，或者只为实施此种安全测试行为而开发或使用技术手段，不违反法律的禁止规定。[③] 在此意义上，“安全测试”是指“经计算机、计算机系统或计算机网络的所有者或经营者授权，只为善意的测试、调查或修改安全缺陷或弱点，访问该计算机、计算机系统或计算机网络”。[④]

11.3 第三节　版权管理信息

“版权管理信息”是指识别一部版权作品的信息，如作者姓名、作品标题之类显示在版权公告中的信息，作品的使用期限和条件，联结或提及这些信息的识别性数字或符号，作品被归属于他们的表演者、作者、导演和其他人的姓名（例外是作品在无线电和电视台站的公开表演），以及版权局长根据规章指定的其他信息。[⑤]

11.3.1 一、损坏版权管理信息

按照第1202条，实施下列行为者应承担责任：(i)提供错误的版权管理信息，或传播或为传播而进口错误的版权管理信息，故意地、有目的地引诱、促成、帮助或隐匿侵权行为；[⑥](ii)未经授权，且知道或有合理理由知道，此

---

① 《美国法典》第17编第1201条(g)(3)。

② 《美国法典》第17编第1201条(j)(2)。

③ 《美国法典》第17编第1201条(i)(1)。

④ 《美国法典》第17编第1201条(j)(1)。为判定该免责之适用，将被考虑的因素包括，来自该安全测试的信息是“仅被用于提高（有关计算机或计算机系统）所有人或经营者的安全”，还是与该系统开发者分享；该信息的使用或保留是采取不怂恿侵权的方式还是其他违法的方式。《美国法典》第17编第1201条(j)(1)。

⑤ 《美国法典》第17编第1202条(c)。

⑥ 《美国法典》第17编第1202条(a)。

种行为将引诱、促成、帮助或隐匿侵权行为，却故意去除或更改版权管理信息，在知道版权管理信息已被去除或更改的情况下传播或为传播而进口该信息，或者在知道版权管理信息已被去除或更改的情况下传播、为传播而进口或公开表演有关作品。①

11.3.2　二、免责与限制

11.3.2.1　（一）执法与其他政府行为

这些规定不能用于阻碍政府部门"从事经合法授权的调查、防护、信息安全或情报活动"。②

11.3.2.2　（二）传输

广播电视台、有线系统或者是向它们提供节目的人所实施的模拟传输活动损坏了版权管理信息，但是，如果这种被禁行为的避免"在技术上不可行，或者将产生过分的经济困难"，如果此种行为的目的不是"要引诱、促成、帮助或隐匿侵权行为"，就不承担责任。③ 基于版权管理信息放置方面的自愿性行业标准的发展，数字式传输活动享有单独的免责（规定有临时的、严格限定的免责）。④

11.4　第四节　执法与救济

11.4.1　一、民事救济

"任何人因第 1201 或 1202 条上的违法而受到伤害的，都可以在适格的

① 《美国法典》第 17 编第 1202 条(b)。
② 《美国法典》第 17 编第 1202 条(d)。
③ 《美国法典》第 17 编第 1202 条(e)(1)。
④ 《美国法典》第 17 编第 1202 条(e)(2)。

联邦地区法院起诉该违法行为。”[①]

11.4.1.1　**(一) 禁令及有关救济**

为阻止或限制违法,法院可以依其裁量权做出临时的和永久的禁令救济,“但无论如何,[法院]决不能在先限制《宪法》第一修正案所保护的言论或媒体自由。”[②]

在诉讼悬而未决期间,法院可以下令扣押“任何由被控违法者保管或控制、法院有合理理由相信与违法行为有关的设备或产品。”[③]在违法行为得到认定的情况下,作为其最终判决或裁定的一部分,法院可以下令,“对违法者保管或控制或已被扣押,与违法行为有关的任何设备或产品采取补救性的变更或销毁。”[④]

11.4.1.2　**(二) 损害赔偿:实际的与法定的**

胜诉的原告有资格因违法造成的损害获得实际赔偿,并获得“违法者因违法行为而获得,且未计入实际赔偿额的任何利润。”[⑤]

在最终判决做出之前的任何时间,胜诉的原告都可以放弃实际赔偿,并选择法定赔偿,其数额范围是,违反第 1201 条规定的(针对技术措施的规避),额度在 200 美元到 2,500 美元之间;违反第 1202 条的(关于版权管理信息),额度在 2,500 美元到 25,000 美元之间,具体按照“法院认为公正的”数额做出决定。[⑥] 鉴于立法语言的相似,联邦最高法院在涉及版权侵权法定赔偿之诉中就陪审团判决的宪法权利所做判定,[⑦]被推定适用于这些法定赔偿诉求。

11.4.1.3　**(三) 损害赔偿额的增加或减少**

如果被害方证实,被告在另一次违反第 1201 或 1202 条的最终判决做

---

① 《美国法典》第 17 编第 1203 条(a)。
② 《美国法典》第 17 编第 1202 条(b)(1)。
③ 《美国法典》第 17 编第 1203 条(b)(2)。
④ 《美国法典》第 17 编第 1203 条(b)(6)。
⑤ 《美国法典》第 17 编第 1203 条(c)(2)。
⑥ 《美国法典》第 17 编第 1203 条(c)(3)。
⑦ 参见上文 § 10.2.2.3。

出后三年内再次违反这些规定,"法院可以在它认为合理的情况下,将损害赔偿额增加至可判付数额的三倍。"[①]

相反,如违法者证明其没有意识到,且没有理由相信其行为构成违法,依照其自由裁量,法院可以减少或免除损失赔偿总额。[②] 在非营利性图书馆、档案馆或教育机构实施的特殊违法案例中,如果该图书馆、档案馆或教育机构能够证明,它没有意识到,且没有理由相信其行为构成违法,法院应该免除其损害赔偿之责。[③]

11.4.1.4 (四)诉讼费与律师费

依其自由裁量,法院可以准许由诉讼的任何一方(合众国或其官员除外)获得或赔付诉讼费,并可向胜诉方判付合理的律师费。[④] 在法院行使其裁量权以判付律师费时,胜诉原告和胜诉被告应享受同等待遇[⑤]——联邦最高法院的这一决定显然应该适用于此处。

11.4.2 二、刑事处罚

"为了商业利益或私人经济收入"而故意违法(非营利性图书馆、档案馆或教育机构除外),可能导致罚款和/或监禁;刑事诉讼程序必须在诉讼事由发生后五年内开始。[⑥]

---

① 《美国法典》第 17 编第 1203 条(c)(4)。

② 《美国法典》第 17 编第 1203 条(c)(5)(A)。

③ 《美国法典》第 17 编第 1203 条(c)(5)(B)。

④ 《美国法典》第 17 编第 1203 条(b)(4)和(5)。

⑤ 参见上文§10.3。

⑥ 《美国法典》第 17 编第 1204 条。对于初犯,可处以最高 500,000 美元的罚款和/或最高 5 年的监禁;对于屡犯,可处以最高 1,000,000 美元的罚款和/或最高 10 年的监禁。

第二编

专　　利

第一章　美国专利法的渊源

1.1　第一节　宪法基础[①]

与版权法一样，美国专利法的基础包含于美国《宪法》第 1 条第 8 款第 8 项。《宪法》的这一条款授权国会：

> 通过保障著作者和发明者对各自著作和发明在一定期限内享有专有权利，促进科学和实用性艺文之进步。[②]

美国联邦最高法院将这一条款理解为"权力的授予兼限制"。按照该院的说法——

> 与 16 和 17 世纪英国王权经常行使的权力不同，这种有所保留的权力被限于推动"实用性艺文"领域的进步。其起草背景是一种终因《垄断法令》而削弱的惯例，即王室授权亲信，使他们垄断那些长期由公众享有的商品或业务。……在行使专利权力时，国会不得超越明定的宪法目的所施加的限制。[③]

作为美国杰出的缔造者，詹姆斯·麦迪逊曾经在《联邦党人文集》第 43

---

① 本章大量材料改编自唐纳德·奇萨姆、克雷格·艾伦·纳德等：《专利法原理》(Donald S. Chisum, Craig Allen Nard, *et al.*, *Principles of Patent Law*)，Foundation Press 1998。

② 《美国宪法》第 1 条第 8 款第 8 项(U.S. Const. art. I, § 8, cl. 8)。

③ 格雷厄姆诉约翰·迪尔公司(Graham v. John Deere Co.)，383 U.S. 1，5—6 (1966)。

篇中写道："［第 1 条第 8 款第 8 项］的功效几乎不容置疑。在大不列颠，作者的版权已经被正式宣布为普通法上的权利。以同样的理由，实用性发明的权利看来也该属于发明人。公共利益与个人要求在这两种情况下都完全契合。"[①]因此说，美国《宪法》的起草者认识到，专利法所追求的，是要在促进技术创新与其成果传播之间取得平衡。

1.2　第二节　成文法基础

现行美国专利法的成文法体制包含于《美国法典》的第 35 编。要充分理解第 35 编的背景，对此前多个成文法的制定情况进行简要的描述是有益的。

1790 年《专利法》是美国首部专利立法，于 1790 年 4 月 10 日由华盛顿总统签署成为法律。[②] 该法将专利颁发给"以前不为人知或使用的实用性技术、制造物、引擎、机器和设备，或其改进"[③]。该法没有设立专利局，但它指定一个专利委员会负责审查包括一份说明书与附图的专利申请，以判断"某发明或发现［是否］足够实用并重要"，以至于值得获授专利。该委员会自称"促进实用技艺专员"，由国务卿（托马斯·杰佛逊）、国防部长（亨利·诺克斯）和司法部长（埃德蒙·伦道夫）组成。该法实施之后的首个专利被授予萨缪·霍普金斯，客体是一项"通过新设备和工序制作碳酸钾和珍珠灰"的方法。

对于三人专利委员会而言，1790 年法规定的审查制度可谓任务繁重；1793 年的新《专利法》便进入了历史的视野。该法所包含的一些基本的专

---

① 麦迪逊：《联邦党人文集》（James Madison，*The Federalist*），No. 43。

② 1790 年 4 月 10 日法（Act of Apr. 10，1790），ch. 7，1 Stat. 109。

③ 共有 55 种专利依照 1790 年法被颁布。一个有趣的现象是，1790 年《专利法》于 1790 年 4 月 5 日被 12 个州议会通过。罗德岛直到 1790 年 5 月 29 日，即在华盛顿总统签署该法案之后 49 天才作为第 13 个州加入联邦。参见肯尼思·多宾斯：《专利局简介——专利局的早期历史》（Kenneth W. Dobyns，*The Patent Office Pony - A History of Early Patent Office*），22（1994）。

利法概念至今依然使用，但它抛弃了专利委员会和审查程序，实行了具有文书工作性质的登记制，就像英国的做法。① 无需赘言，审查要件的缺乏引来一些欺骗性或仿制性的专利。② 然而，登记制延续了 43 年之久，直至 1836 年 6 月 4 日，国会通过了通常被视为美国现代专利体制之基础的新法。③ 1836 年《专利法》重新采用了 1790 年法上的要件，即专利申请要受到新颖性与实用性审查。④ 1850 年，最高法院在霍奇基斯诉格林伍德一案⑤中确立了如今被称为专利性要件之一的非显而易见性。按照 1790 年和 1793 年的法律，申请人在提交申请书的同时提交一份说明书、附图和模型。除了审查要件，1836 年立法还设立了专利局，使之成为国务院的一个独立机构，并设立专利局长一职。⑥ 该法还创立了至今依然在实行的专利编号体制，⑦并允许专利申请人对审查员拒绝颁发专利的决定提起诉讼。诉讼由国务卿委派的三人委员会审理。

此后，成文法的重大修改先后发生于 1870 年和 1952 年。1870 年立法基本保留了 1836 年法的规定。不过，由于法院认为，发明的判定渐显困难，

---

① 同上，at 35(1793 年法从严格审查的极端走向了完全不审查的另一个极端。专利委员会被废弃，国务院注册专利，而法院则判定专利是否有效)。

② 参见爱德华·沃尔特沙伊德：《促进实用性艺文进步：1781—1836 年美国专利法与管理(第一部)》[Edward C. Walterscheid, *To Promote the Progress of Useful Arts: American Patent Law and Administration, 1787—1836 (Part I)*], 79 J. Pat. & Trad. Off. SOC'Y 61, 73 - 74 (1997)；布鲁斯·巴吉：《美国专利与版权法的起源》(*Bruce Bugbee, Genesis of American Patent and Copyright Law*), 150—153(1967)。

③ 参见巴吉(Bugbee)，同上，注 8，at 152 (1967)(有了 1836 年立法，美国专利体制开始走向成熟)；沃尔特沙伊德(Walterscheid)，同上，注 8，at 61。

④ 如上述，1793 年立法抛弃了 1790 年法上的审查要求，进而导致了欺骗性与仿制性专利。1836 年立法的参议院报告援引这些欺骗性与仿制性专利，以其作为 1793 年立法带来的“罪过”。参见《参议院立法案报告》(Senate Report Accompanying Senate Bill), No. 239, 24th Cong., 1st Sess (April, 1836)；另见唐纳德·奇萨姆：《奇萨姆论专利(第一编)》(*Donald S. Chisum, I Chisum on Patents*), OV—5—6 (1997)。

⑤ 霍奇基斯诉格林伍德(Hotchkiss v. greenwood), 52 U.S. (11 How.), 248 (1850)。

⑥ 亨利·莱维特·埃尔斯沃思(Henrey Leavitt Ellsworth, 1791—1858)，大法官奥利弗·埃尔斯沃思(Olive Ellsworth)的双生子之一，1836 年被任命为首位专利局长。

⑦ 1 号专利被颁发给了缅因州参议员约翰·拉各斯(John Ruggles)，他是 1836 年法得以通过的主要负责人。在 1836 年之前，专利的识别依据是颁发日期。

且新旧之间的区别时有模糊，有人声称，1870年法就更多地强调了专利权利要求(*claim*)的重要性，并要求专利申请人对什么是其发明做出更加清晰的界定。①

简要讨论一下最高法院在1952年修法之前的专利观念，可对该法本身，以及该法背后的动因做出更加清楚的说明。从1890年到1930年，专利受到最高法院的青睐；但是，从1930年到1950年，最高法院更多以怀疑的眼光看待专利，更强调专利的垄断性和社会成本。

1952年法主要是对最高法院在此前20年所持反专利立场的回应。这部被编入《美国法典》第35编的立法的重要部分至今管理着美国专利法。专利法律得到的更进一步的修改是在1984年，而最近的重要变革是《关贸总协定》和《北美自由贸易协定》所带来的。例如，1995年6月8日或之后申请的专利，其保护期是提交申请日之后20年。而在《关贸总协定》之前，专利保护期是专利颁发之日后17年。并且，美国境外的发明活动(即构想与付诸实施)之证据可被用来确定发明日期，而在以前，只有在美国国内的发明活动才能被采信。

专利法最近的修改是1999年通过的《美国发明人保护法》(AIPA)。* 《美国发明人保护法》之前，专利由专利商标局维持保密状态。然而，编入

---

① 参见里斯戴尔·埃尔斯：《专利的权利要求(第三)》[Risdale Ells, *Patent Claims 3* (*1949*)](1836年法律规定的权利要求“只是用来引起人们注意发明人认为其发明的显著特征是什么。图样和描述是主要部分，而权利要求则仅是其附件。……权利要求即使不是更重要的，却也像描述和图样一样重要——此种观念直到1870年立法才被提出”)；另参见德勒尔：《专利的权利要求》[Deller, *Patent Claims* (2d ed. 1971)]：

在提出权利要求的重要性的同时，专利局和法院的观念还有一个影响深远的变化，是关于权利要求被提出并解释的方式。要理解这一变化，有必要回溯至何为新颖的界定，以及新旧得以区分的各种方式背后的基本原则。通常而言，遵从早期立法对于新旧区别所提出的要求并不理想。发现早期专利中包含什么发明——这个问题是由法院和公众承受的负担。将此负担转至专利局并转至专利人本人的必要性不久就变得很明显。

* 2011年9月16日，美国总统奥巴马签署《美国发明法》(America Invents Act，简称AIA)，标志着美国现行专利法将发生1952年实施以来影响至巨的变革。这次变革的主要内容包括：(1)以先申请制代替先发明制，与之相应，(2)以新标准重新界定现有技术的范围。这两项改革于2013年2月生效。(3)为挑战专利有效性制定新程序。(4)关注专利与商标局的财政与机构改革等。——译者

《美国法典》的《美国发明人保护法》和《联邦条例》则授权公开2000年11月29日或之后提交的专利申请。按照《美国法典》第35编(2000年)第122条(b)(1),除了某些例外,“从最早申请日起算18个月期间届满后,每一项专利申请都应立即公开。”《美国法典》第35编(2001年)第122条(b)(2)为公开规定了例外。

美国专利法领域的一个特别重要的发展是美国联邦专利上诉巡回法院的设立。联邦巡回法院于1982年由国会设立①,是美国的第13个联邦上诉法院。该法院的设立主要是为了回应专利滥诉的狂热,专利法则缺乏一致性以及被诉专利的高度无效。②

依《美国法典》第28编第48条(a),联邦巡回法院的开庭地点在华盛顿特区,以及其他地区巡回法院开庭的地方;它包括12位一线法官。与地区性巡回法院不同,联邦巡回法院具有地域不受限制的全国管辖权,管辖事项广泛。就其本身而言,该法院排他性地管辖“基于国会有关专利的任何法律”产生的案件,以及其他一些法律领域的案件。③ 并且,该法院的管辖权也包括伴随专利诉讼的非专利之诉的上诉。例如,有关反垄断之诉的上诉将提交联邦巡回法院,如果该案在地方法院也关系到产生于专利法的诉权。

---

① 1982年《联邦法院改革法》(Federal Courts Improvement Act of 1982),p. I. 97—164,96 Stat. 25 (April 2,1982)。该法对包括7名法官的索赔法院和包括5名法官的关税与专利上诉法院进行了合并。联邦巡回法院成立于1982年10月1日。参见“美国联邦巡回上诉法院:大事记”[The United States Court of Appeals for the Federal Circuit: A History (1991)]。

② 参见H. R. Rep. No. 312,97th Cong.,1st Sess. 20－22 (1981)[“某些巡回法院被视为‘亲专利’,其他的则被视为‘反专利’,大量金钱和时间被投入‘滥诉’以挑选有利的审判地。”并且,“专利的效力过分依赖于地理因素(即审判地点的偶然因素),从而不能让有效的业务规划成为可能。……为专利案件设立单一的上诉法院将提高确定性(这在其很大程度上是缺乏的),并将减少(即使不能消除)如今出现的滥诉现象”];另参见S. Rep. No. 275,97th Cong.,1st Sess. 5 (1981)[联邦巡回上诉法院的创建将在(专利)法领域促进必要的统一性。这种统一性将会减少专利诉讼中常见的滥诉现象]。

③ 参见《美国法典》第28编(28 U. S. C.)第1338和1295条。另参见H. R. Rep. No. 312,前注16,at 19 (被提议设立的新法院不是一个“专门法院”。其管辖权不限于某一类,甚至某两三类案件。可以说,它有一个形形色色的诉讼事件表,跨越大范围的法律问题和案件类型。);S. Rep. No. 275,前注16,at 6 (“联邦巡回法院的”丰富的诉讼事件表确保着该院的工作……将是范围广泛的法律问题。而且,这一新法院的对象将具有充分的混合性,以防止它被任何特殊利益所左右)。

在这种情况下，尽管该法院在复查专利诉讼时要适用它自己的法律规则，但在复查反垄断诉求时，它就要适用该地方法院所在地区的巡回法院的实体性法律规则。[①] 此外，联邦巡回法院通过适用相关地区巡回法院的法律规则，对无关于系争专利问题的程序问题做出决定。[②]

---

① 参见阿塔里有限公司诉JS集团公司(Atari, Inc. v. JS & A Group, Inc.),747 F.2d 1422, 1438—40 (Fed. Cir. 1984)。

② 参见泛达公司诉众州塑料生产公司(Panduit Corp. v. All States Plastic Mgh. Co.),744 F.2d 1564 (Fed. Cir. 1984);另参见琼·沙夫纳:《联邦巡回法院的"法律选择":窥镜下的伊利案》(Joan E. Schaffner, *Federal Circuit "Choice of Law": Erie Through the Looking Glass*),81 IOWA L. REV. 1173 (1996)。

第二章　专利保护要件

在详细讨论美国专利法之前，应该注意到，发明人可以选择以商业秘密来代替专利保护。对于公司商业信息的保护，商业秘密法提供了极其重要的手段。实际上，比之于专利法，很多行业极大地依赖着商业秘密，特别是与方法相关的发明。[①] 专利法与商业秘密法之间有着重大差异。首先，有资格获得商业秘密保护的信息可能有或可能没有资格获得专利保护。商业秘密不只包括技术信息，也包括消费者名录、商业计划以及市场策略。商业秘密保护也不要求具备新颖性；而商业信息只需要具备经济利益。第二，商业秘密保护可以永久延续，只要它保持其秘密性及价值，而专利则自申请日后满 20 年便告结束。第三，除了《经济间谍法》之外，商业秘密保护属于州法上的创设，并以某种方式得到所有司法区域的承认。专利法则完全属于联邦法制度。

只有当专利申请人的发明具有新颖性[②]、被充分公开[③]、实用[④]、非显而易见[⑤]，且属于成文法所规定的客体时[⑥]，他或她才有资格获得专利。对于社会而言，这些可专利性的要件确保着一种对价交换。公开要件确保专利人向公众披露该专利发明的制造与使用方式，以便该技术领域的其他普通技术人员能够对专利人所主张的发明进行改进或规避设计（design around）。由于向旧有发明授予专利毫无意义，新颖性要件就能确保发明人

① 参见韦斯利·科恩、理查德·纳尔逊、约翰·沃尔什：《保护他们的智力资产：专有性条件以及美国制造业（是否）强化专利的理由》[Wesley M. Cohen, Richard R. Nelson & John P. Walsh, *Protecting Their Intellectual Assets: Appropriability Conditions and Why U.S. Manufacturing Firms Patent (or not)*]（NBER Working Paper Series 7552, 2000）。

② 《美国法典》第 35 编第 102 条（1994）。

③ 《美国法典》第 35 编第 112 条（1994）。

④ 《美国法典》第 35 编第 101 条（1994）。

⑤ 《美国法典》第 35 编第 103 条（1994）。

⑥ 《美国法典》第 35 编第 101 条（1994）。

向社会贡献新鲜事物——即此前不为人知或使用的事物。[①] 实用性要件极为直白，要求专利申请人公开其实用性，具有操作性的发明，以换取专利保护。非显而易见性以新颖性要件为基础，将那些让相关领域普通技术人员感到“显而易见”的发明排除在外，从而令专利性门槛被提高。由此，一个发明即使是新颖的，也有可能无法获得专利。最后，发明必须属于成文法明定的客体（如物的制作方法或构成），且不能是自然产生的物质或基本的数学公式（如 $E=MC^2$）。综合言之，这些要件确保专利申请人已对社会做出了真正的贡献，从而可换取专利保护。[②]

2.1 第一节 公开

公开（disclosure）要件包含在《美国法典》第 35 编第 112 条的前两段，这一要件的重要性是难以言过其实的。专利的公开为权利要求，从而也为专利保护的范围奠定了基础。[③]具体而言，第 112 条部分地规定：

---

① 参见基瓦尼石油公司诉比克罗恩（Kewanee Oil Co. v. Bicron Corp.），416 US 470，481（1974）。虽然人们承认，现有技术属于公众可以使用的知识，但“向来罕有司法意见对否定[现有技术]专利权的真正理由做出解释，这是一个基本原则（很少有例外），即从公众可以利用的公有技术中提取出来的技术不应被授予专利，至少在法学理论上，如果它在世界范围的可得文献，包括专利中已有介绍，或者为公众所知或公开使用或‘在本国’有售时，它就是可被利用的。”拉姆－韦斯顿公司诉麦凯恩食品公司（Lamb-Weston, Inc. v. McCain Foods, Ltd.），78 F. 3d 540，549（Fed. Cir. 1996）（纽曼法官的不同意见）[引用金佰利－克拉克公司诉约翰逊生产公司（Kimberly-Clark Corp. v. Johnson & Johnson and Personal Prods. Co.），745 F. 2d 1437（Fed. Cir. 1984）一案]。

② 参见基瓦尼石油公司案（*Kewanee Oil*），at 480 - 481。专利法“通过提供有限期的排他性权利，激励发明人在时间、研究和开发方面承受常常是巨大的投入”，促进宪法规定的实用艺技之进步。同上，at 480。并且，专利法不仅将新的产品与方法技术引入经济领域，也提供“就业和更好的生活……”同上。

③ 比较奥赖利诉莫尔斯[O'Reilly v. Morse, 56 U.S.（15 How.）62（1854）]（认为莫尔斯的第八项权利要求过分宽泛——其要求“当原动力是电流或动电电流，而其结果是在远距离标记或刻印出清晰的符号、标记或文字时的每一项改进”，因为说明书不可实施，未能显示其有所发明）和美国诉贝尔电话公司[United States v. American Bell Tel. Co., 128 U.S. 315（1888）]（对于贝尔的权利要求——“通过产生电子波动，用电报传递语音或其他声音的方法或设备”，该案支持其可操作性）。

> 说明书应该包括对发明及其制造和使用方式与方法的书面说明，且使用充分、清晰、准确和严格的术语，以使其所属的、或最为接近的技术领域的技术人员有可能制造和使用它，并应展示发明人深思熟虑的实施其发明的最佳方式。说明书最后应确定一个或多个权利要求，其中要对被申请人视为其发明的客体做具体指明并明确提出要求。①

专利必须在下列四个要件满足之后才能被授予：(1)可行性，(2)最佳方式*，(3)书面描述，(4)权利要求明确。所做公开必须能支持权利要求的范围。第112条要求专利人，“就专利人和专利商标局一致承认的有关发明的范围[向公众发出]合理公告”②，并向公众发布有关被授专利之客体的信息。公告/发布这种二元机能使第三方得以避免从事侵犯专利的行为，向有关公众提供扩大知识宝库的信息，还可以帮助他人就相关发明做出改进或规避设计——从而，进一步推动技术进步。如最高法院在马克曼诉西方视点仪器公司案中指出：

> 专利的界限必须因为保护专利人，鼓励他人的创造才能，保证专利客体最终献给公众而为人所知悉。否则，规划与实验只能冒着侵权诉讼之风险进入不确定区域，对发明的妨碍差不多仅次于对这一领域的明确排除，并且，公众[将会]被剥夺应该属于他们的权利，却没有被明确告

① 《美国法典》第35编第101条(1994)(重点为作者所标)。

* 我国业界通常把best mode译为最佳实施例。按照美国学者的解释，作为申请并获取专利授权的条件之一，best mode要求申请人说明他所知道的实施其发明的方式与方法(method)，而不是具体的实例(example)。与之不同，embodiment才是实施发明的具体实例，preferred embodiment则可译为最佳实施例、首选实施例[参见麦卡锡：《麦氏知识产权小百科》(J. T. McCarthy, *McCarthy's Desk Encyclopedia of Intellectual Property*, 2. ed., BNA Books, 1995, pp38, 145.)]——译者。

② 伦敦诉卡森·斯科特公司(London v. Carson Pirie Scott & Co.), 946 F. 2d 1534, 1538 (Fed. Cir. 1991)。

知是什么限制了这些权利。[①]

2.1.1 一、可行性

第112条的可行性(enablement)要件要求发明人在说明书中提供充分的信息,以致所属技术领域的技术人员能够制造和利用这一被主张的发明,而不再需要"过当实验"(undue experimentation)。通常认为,可行性要件处于政府与发明人之间进行对价交换的核心。为了换取有效的排他性权利,发明人必须让公众知道该如何制造和利用其发明,以致他人(即发明人的竞争者)能够改进该被发明。[②]

第112条虽然清楚地解决了公开必须具有可行性的时间问题,但联邦巡回法院及其前身曾主张,专利公开的充分性"必须在申请日做出评判"[③]。该日期之后开发或可利用的信息不能在判断公开的充分性时考虑在内。同样地,使过去未知的变化成为可能的申请日后的开发,不能作为成立不可行的依据。[④]

满足可行性要件的检验标准是,要制造和使用被要求的发明,是否还需要"过当实验"。在判定什么是过当实验时,联邦巡回法院适用的是合理性标准(a standard of reasonableness)。该测试不只是量的问题,因为大量的常规实验是允许的。在判定过当实验是否需要时,法院将要考虑的多种因素包括:(1)所需实验的数量;(2)已提交的说明或指南的全部效果;(3)有无实施范例;(4)发明的属性;(5)已有技术水平;(6)所属领域的相关性技术;

① 马克曼诉西方视点仪器公司(Markman v. Westview Instruments Inc.),116 S. Ct. 1384, 1395 (1996)。

② 这一政策最早是由大法官马歇尔(Marshall)在格兰特诉雷蒙德[Grant v. Raymond, 31 U.S. (6 Pet.) 218 (1832)]一案中表述的[其指出,"为了让公众能在特权终止之后取得该特权所带来的利益,(可行性要件)是必要的,并且是颁发专利的授权基础"]。

③ 参见格拉斯案(*In re* Glass),492 F. 2d 1228 (C. C. P. A. 1974)。

④ 参见美国钢铁公司诉菲利普斯石油公司(United States Steel Corp. v. Phillips Petroleum Co.),865 F. 2d 1247, 1251(Fed. Cir. 1989);霍根案(*In re* Hogan),559 F. 2d 595 (C. C. P. A. 1977)。

(7)该技术的可预测性如何;以及(8)权利要求的范围。[①]

除了作为信息发布手段,可行性要件还要求说明书的可行性与权利要求范围相一致。专利人的权利要求不能超过其所公开的内容。[②] 可行性要件之权利限制功能的范例可见于著名判例奥赖利诉莫尔斯。[③] 塞缪尔·莫尔斯主要因电信技术工作而知名,他拥有一项包含 8 个权利要求的专利。该专利被描述为:

> 一件借助电磁进行远距离情报传输、新颖而实用的仪器和系统,它启动机器,制造声音或信号,并把上述信号记录于纸张或其他材料上,该发明被我命名为美国电磁电报。

该专利还为传输以及著名"电码"的实施规定了设备。权利要求 1—7 涉及利用电磁原则"传输情报"的机器。而第 8 项要求则更较为宽泛:

> 我不打算把我自己局限于上述说明书和权利要求中所描述的特定机器或其部件;我的发明的实质是使用电力或伽伐尼电流作为动力——我称之为电磁,但经过发展之后,能远距离产生或打印出清晰的符号、文字或标记,这是有关该动力的一项新的申请,我认为我是其最早的发明者,或者说是我发现了它。

最高法院认定,第 8 项要求无效,因为该项权利要求的范围与说明书不吻合,说明书没有公开电子或动电电流动力的所有用途和改进。换言之,莫尔斯"要求享有排他性使用权的方法和工序,是他不曾说明也的确没有发明的,因而就不能在他获得其专利时做出说明。"最高法院所特别关注的是,他

① 参见万兹案(*In re* Wands),858 F. 2d 731, 737 (Fed. Cir. 1988)。

② 参见全国康复技术公司诉磁分离系统有限公司(National Recovery Techs. Inc. v. Magnetic Separation Sys. Inc.),166 F. 3d 1190, 1195 (Fed. Cir. 1999)。

③ 56 U. S. 62 (1854)。

人改进莫尔斯发明的能力或愿望所受到的阻碍。按照最高法院的说法：

> 如果该权利要求能得到维持，以什么方法或何种机器来实现这一结果则无关紧要。现在我们也许知道，在科学发展过程中，未来的发明家可能发现通过电力或伽伐尼电流进行远距离书写或打印的方式，而无需使用本案原告说明书中展示的方法或组合中的任何部分。……但是，如果它被本专利所覆盖，未经本专利人许可，该发明人就不能利用它，公众也不能享有其好处。而当专利人把他人的发明之门关闭之后，他可以独自享用有关电磁性能与动力的新发现——而这是科学家们所发现的。①

2.1.2

二、最佳方式

第112条要求“说明书……能展示出发明人深思熟虑的实施其发明的最佳方式”②。最佳方式要件禁止发明人在申请专利的时候向公众隐瞒它实际上已经设想出来的最佳实施例(prefered embodiment)。③

最佳方式分析涉及到主观与客观的两项调查：首先，在主观上，发明人是否曾仔细考虑过，并在申请时公开了实施其发明的最佳方式；其次，在客观上，

---

① 56 U.S. 62 (1854)。另参见白炽灯专利(The Incandescent Lamp Patent)，159 U.S. 465 (1895)(其判决权利要求与说明书不符)。

② 《美国法典》第35编第112条第一款(1994)。最佳方式要件不同于可行性要件。参见葛兰素公司诉诺沃法姆公司(Glaxo Inc. v. Novopharm Ltd.)，52 F.3d 1043，1050 (Fed. Cir. 1995)：

“可行性所关注的是把权利要求的客体一般性地置于公众的掌握中。”……最佳方式所关注的是，在发明人提交申请时，其是否已经开发和知悉作为该发明最佳实现方法的具体手段和技能。……因此，可行性要件着眼于该领域普通技术人员的客观知识，而最佳方式调查则是一项主观性的、事实性的调查，关乎发明人的意识状况。

③ 参见凯姆卡斯特公司诉雅克工业公司(Chemcast Corp. v. Arco Industries Corp.)，913 F.2d 923，926 (Fed. Cir. 1990)；光谱一物理有限公司诉科海伦特有限公司(Spectra-Physics, Inc. v. Coherent, Inc.)，827 F.2d 1524，1532 (Fed. Cir. 1987)；达纳公司诉IPC有限合伙(Dana Corp. v. IPC Ltd. Partnership)，860 F.2d 415，419 (Fed. Cir. 1988)。

说明书是否充分披露了最佳方式，使本领域的普通技术人员能够实施它。[1]

“国会……把最佳方式要件特别限定为发明人所深思熟虑的方式”，所以，最佳方式要件就有赖于该专利申请被提交时的发明人的了解。[2] 其结果，联邦巡回法院认为，即使说明书没有公开专利人之雇员知悉，但专利方法实际发明人并不知悉的某一较好工序，也不存在最佳方式违法。[3] 因为只有发明人的了解才关系到最佳方式违法，所以，让发明人因第三方对最佳实施例的了解而担责，是不合适的。[4] 与此同时，在申请已经提交之后，就不再有对所披露的最佳方式进行更新的义务，除非申请人提出了新问题，此时他或她将不得不提交部分连续申请（continuation－in－part application）。[5]

甚至，在发明人公开最佳方式的时候，如果该公开在客观上不够充分，以致于它在事实上向公众隐瞒了最佳方式，第 112 条上的违法也将会发生。[6] 这就是说，“申请人对其最佳方式进行公开的品质如此低劣”，以致该领域的技术人员无法实施。[7]

尽管公开最佳方式是必要条件，但发明人不必公开“商业考虑”或者“生产细节”——例如具体材料、材料来源、制造方法或特殊技能，如果有关信息是所属领域的人们能够轻易获知的。例如，在沃尔仪器公司诉埃克维尔斯公司一案[8]，埃克维尔斯对侵权之诉的抗辩理由是，沃尔的专利没有公开

---

① 参见大北方公司诉亨利模具公司（Great Northern Corp. v. Henry Molded Products, Inc.），94 F. 3d 1569, 1571（Fed. Cir. 1996）；美国石膏公司诉全国石膏公司（United States Gypsum Co. v. National Gypsum Co.），74 F. 3d 1209, 1212（Fed. Cir. 1996）；特兰斯科产品公司诉珀佛曼斯承包公司（Transco Prods. Inc. v. Performance Contracting, Inc.），38 F. 3d 551, 560（Fed. Cir. 1994）。

② 葛兰素公司案（*Glaxo Inc.*），52 F. 3d at 1052。

③ 同上。

④ 同上。

⑤ 参见特兰斯科产品公司诉珀佛曼斯承包公司（Transco Prods. Inc. v. Performance Contracting, Inc.），38 F. 3d 551, 557－559（Fed. Cir. 1994）。

⑥ 参见美国石膏公司案（U. S. Gypsum Co.），74 F. 3d at 1215；特兰斯科产品公司（Transco Prods.），38 F. 3d at 560。

⑦ 美国石膏公司案（U. S. Gypsum Co.），74 F. 3d at 1215。

⑧ 沃尔仪器公司诉埃克维尔斯公司（Wahl Instruments, Inc. v. Acvious, Inc.），950 F. 2d 1575（Fed. Cir. 1991）。

“[该发明]所使用的生产技能……材料以及材料供给来源”[1]。地区法院以未能公开最佳方式为由判定专利要求无效;而联邦巡回法院推翻初审意见,判决“最佳方式违法并不存在,因为发明人所未公开的是具体的生产技能,而这不属于专利可行性所必要的信息。”[2]除了调查发明人的意见,发明的范围以及所属领域的技术,人们还必须考虑到所未载信息是不是所属领域技术人员能够轻易获知的。[3] 如果是,那就不存在最佳方式违法。

2.1.3　　三、书面说明

第 112 条第一段要求说明书必须包含“对发明的书面说明”。[4] 不同于可行性要件——它要求发明人对如何制造与利用发明做出公开,[5]书面说明要件的目的是,以合理的清晰度向所属领域的技术人员表明,发明人在该专利被提交申请时掌握了其所要求的客体。[6] 为了符合书面说明的要求,说明书必须让所属领域的普通技术人员毫无疑问地认识到,该发明人发明了其所要求保护的发明。但是,在阿利亚德医药公司案,[7]联邦巡回法院承认“拥有”(possession)这一术语“向来不太具有启发性”,因为“它意味着,只要人们能够制作载有相关发明之书面说明的记录,就能够表明拥有”。显然,该法院将书面说明要件固定于“说明书的四至之内”,并判定遵循这一要件的基础是,说明书是否向所属领域普通技术人员表明“该发明人确实发明

---

① 沃尔仪器公司诉埃克维尔斯公司(Wahl Instruments, Inc. v. Acvious, Inc.),at 1580。

② 同上:借口常规性详细信息被挑选为生产或建造的“最佳”方式而要求对其公开,为专利人设置了一个圈套,而不管该设备是在专利申请提交前何时被制造。发明人必须受到询问的,仅仅是有关那些为制造该设施而被挑选为“最佳”的步骤或材料的新增特征。更何况,他几乎不能说,该选择在某种意义上并非他所认为的“最佳”。因此,此时他可以就专利中所没有的某一措施或材料或来源或细节作证,未能公开最佳方式的失误因此便得以确定。

③ 同上。

④ 《美国法典》第 35 编第 112 条第一款 (1994)。

⑤ 参见上文 § 2.1.1 中的讨论。

⑥ 参见瓦斯-凯思公司诉玛哈尔卡(Vas-Cath Inc. v. Mahurkar),935 F. 2d 1555, 1560 (Fed. Cir. 1991)。

⑦ 阿利亚德医药公司诉伊莱·利利公司(Ariad Pharmaceuticals, Inc. v. Eli Lilly and Co.),598 F. 3d 1336 (Fed. Cir. 2010)。

了所主张的发明"①。在适当情况下,仅有图样即可提供足够的书面说明。②

但是,仅仅描述大多数信息不足以满足使某一部分信息包含其中的书面说明要件。③ 鲁希格案曾使用一个比喻来开始问题的讨论:"在森林中,传统的习惯做法是通过在树上放置闪光的记号来指明路径。遇到大量未标记的树木,……就无助于发现路径。……我们正在寻找标明特定树木的闪光记号。"④按照这一推理,联邦巡回法院就藤川诉桦塔那森案指出,就化合物大类做出说明,不能满足有关具体类型或次类的书面说明要求;一揽子的总公开不能说明该发明人已知悉某确切类型之信息的价值。⑤ 另一个例子是,当专利申请人对某一化合物 X 的 30—70%的数字范围进行公开,却要求以该范围内的某一特定数位价值(比如 37.5%)作为发明。法院可能会认定,书面说明书要件没有就此要求得到满足。⑥

2.1.4　四、确定性要件

第 112 条第二款要求专利人对其发明"做具体指明并提出明确要求"。确定性(definiteness)要件是让公众,即竞争者以及专利商标局注意到,该专利人正在要求的究竟是什么。不确定的主张要分析所属领域技术人员在阅读说明书时是否能理解权利要求的范围。如果某一权利要求不够清晰,以致所属领域的普通技术人员不能判断特定[产品或方法]是否侵权,该权利要求就是不确定的。必要的准确性程度因有关客体的性质而有所不同;并且,事实上,"大体上"之类的程度词经常被用于权利要求的撰写。一项权利

---

① 阿利亚德医药公司诉伊莱·利利公司(Ariad Pharmaceuticals, Inc. v. Eli Lilly and Co.), at 1343。

② 参见瓦斯一凯思案(Vas-Cath),935 F. 2d 1563。

③ 参见藤川诉桦塔那森(Fujikawa v. Wattanasin),93 F. 3d at 1570。

④ 鲁希格案(*In re* Ruschig),379 F. 2d 990, 994—995 (C. C. P. A. 1967)。

⑤ 参见藤川案,93 F. 3d 1559, at 1570(仅仅就化合物的大类做出描述,不能满足有关具体类型或次类的书面说明要求)。

⑥ 见前注。"挑选化合物的具体权利要求需要充分具体的支持性公开,虽然……指明[每一种类]是不必要的,而多于一类 1000 种或 100 甚或 48 种化合物的事则是必须的"[引自鲁希格案(*In re* Ruschig),379 F. 2d at 994]。

要求不会因为存在一些模糊因素或其语言提出了解释性的难题而成为不确定的。正如联邦巡回法院最近所言：

> 我们曾认定，一项权利要求不会仅仅因为它提出了解释性难题而不确定；如果该要求有待解释，即它不是无法解释的模棱两可，它就不会因为不确定而无效。这就是说，如果权利要求的涵义可以理解，"即使该工作可能难以对付，结论会让理性的人对其存有分歧，我们还是判定，该权利要求足够清楚，可以避免以不确定理由指其为无效。"埃克森研究与工程公司诉合众国(Exxon Research and Eng'g Co. v. United States)，265 F. 3d 1371，1375 (Fed. Cir. 2001)。①

甚至当权利要求的语言可有两种貌似有理的理解时(一个比另一个更窄，但二者均受到说明书的支持)，联邦巡回法院也会采纳较为狭义的解释，而不认定其无效。②

2.2 第二节 新颖性

美国专利法的一个基本要求是，被赋予专利的发明必须是新颖的。针对已经存在的、公众可获得的发明，赋予专利是毫无意义的。正如人们所了解的，新颖性(novelty)要件体现于《美国法典》第35编第102条的(a)、(e)和(g)三款。* 如果某发明不新颖，它就被认为是根据现有技术所预见到的

① 班克普有限公司诉哈特福德人寿保险(Bancorp Servs.，L. L. C. v. Hartford Life Ins. Co.)，359 F. 3d 1367，1371 (Fed. Cir. 2004)。

② 运动方案有限公司诉王子公司(Athletic Alternatives，Inc. v. Prince Mfg.，Inc.)，73 F. 3d 1573 (Fed. Cir. 1996)。

* 按照2011年修改后的美国《专利法》第102条，现有技术与新颖性的认定标准发生根本性变化：(1)采行先申请制之后，认定现有技术的时间标准是发明的有效申请日，而不再是发明日；(2)现有技术不再有境内与境外的地域区别。——译者

(*anticipated*)。例如,如果一个发明人主张权利的设施包含A、B和C三个成分及其相互之间的某种关系,现有技术明确或暗含性地公开了包含相同成分及其相同关系的相同设备,那么该发明就被称为根据现有技术所预见到的。

只有当每个权利要求限制已经在专利申请人发明日之前已有的单一性的现有技术文献中"以明确的或暗含的方式"被公开过[①],一项专利要求才被视为根据现有技术所"预见到的"。[②]

2.2.1 一、发明日

一项参照性现有技术要构成对某项发明的预见,就必须已经存在于该专利申请人的发明日之前(从而才名为现有技术)。所以,重要的是要理解,某人如何确立其发明日。[*] 在美国,发明日是发明人将他或她的发明付诸实施的日期。[③] 付诸实施(reduction to practice/RTP)有两种:(1)实际的付诸实施;和(2)推定性的付诸实施。一旦专利申请被提交,只要申请人能满足第112条的公开要件,便发生推定性的付诸实施,而无论其是否建造了任何东西。当有关发明被表明适合于预计的目的时,实际付诸实施便告出现。[④]

作为选择,"构思、并在心理意义上首先进行发明(的人)……可以将其可专利的发明追溯至其构思的时间,如果他通过其自身的合理努力,将

---

① 罗诉德罗(Rowe v. Dror),112 F.3d 473, 477 (Fed. Cir. 1997)。

② 当某专利申请所要求的客体与另一申请或已授专利相同时,专利商标局就会宣布有抵触存在。抵触是判断谁是第一个发明人(即谁对发明拥有优先权)的程序性机制。参见《美国法典》第35编第135。

* 2011年修法后,现有技术的认定标准发生根本变化,发明日的意义也变得不再重要。——译者

③ 参见玛哈尔卡诉巴德有限公司(Mahurkar v. C. R. Bard, Inc.),79 F.3d 1572, 1577—1578 (Fed. Cir. 1996)。

④ 见上注(基于发明的特征及其要解决的问题,这一表明可能需要检测结果。不太复杂的发明和问题不要求严格的检测。事实上,某些发明相当简单,其目的和功效相当明显,以致其完整的结构足可证明其可实施性);另参见埃斯蒂·劳德公司诉洛里尔有限公司(Estee Lauder, Inc. v. L'Oreal, S.A.),129 F.3d 588, 593 (Fed. Cir. 1997)。

该构思与其付诸实施相联系,以致它们在实质上属于一个连续性行为。"[①]简而言之,"发明优先权'归于最先将发明付诸实施的一方,除非他人能够证明,其最先构思该发明,并就其较晚的付诸实施尽到了合理的勤勉义务'。"[②]当发明人心中已经有了"有关完整而可行的发明的确定而持久的思想,就像它在后来实践中的应用那样",构思就产生了。[③] 当发明人试图通过口头证词而不是物体展示来证明构思时,独立证据是必要的。[④] 如果不能为构思或实际的付诸实施提供证据,申请日(即推定的付诸实施)便充当起发明日。[⑤]

2.2.2 二、发明在单一性现有技术文献中的同一性

发挥预见性现有技术之作用者,必须有发明之同一性(identity)的存在。[⑥]发明的同一性要求,"涉案权利要求的每一个特征(或明确地、或依据固有性原则)出现于单一的现有参考技术中,或者说,发明申请案此前已为人知悉或包含于单一的现有技术设施或实践中。"[⑦]按照固有性原则(doctrine of inherency),"如果发明人主张权利的对象乃是现有参考技术所必然导致的收益或

---

① 玛哈尔卡案(Mahurkar),79 F. 3d at 1577。只有当某一方是第一个构思,却是第二个付诸实施时,勤勉才发挥作用。专利法所青睐的是迅速的公开,所以,倘若他人在后构思但最先付诸实施,它希望知悉该方当事人曾经在做什么。这样,最先构思的一方就必须证明,从他方构思之日之前,一直到最先构思一方付诸实施日,存在着"合理延续的行为"。

② 同上。

③ 同上。"该思想必须是'如此清楚地确定于发明人的头脑,以致于只需普通技术就可以使该发明付诸实施,而无需大量研究或实验'"。

④ 同上。[法院以合理性规则分析 (a rule of reason analysis)来核定口头证词的进一步证据,该分析评估的是"所有必须评估的相关证据,以达到对发明人状况的可信性做出正确判断。"]同上[引自普莱斯诉塞姆塞科(Price v. Symsek),988 F. 2d 1187, 1195 (Fed. Cir. 1993)]。

⑤ 参见杂交技术公司诉单克隆抗体公司(Hybritech. Inc. v. Monoclonal Antibodies, Inc.),802 F. 2d 1367, 1374 (Fed. Cir. 1986)。

⑥ 参见明尼苏达采矿与制造公司诉约翰逊(Minnesota Mining & Mrg. Co. v Johnson & Johnson),976. F. 2d 1559, 1565 (Fed. Cir 1992)。

⑦ 同上;另参见斯克里普斯基金诉基因技术有限公司(Scripps Clinic and Research Foundation v. Genetech, Inc.),927 F. 2d 1565, 1576 (Fed. Cir. 1991)(在被宣称的发明与参考文献之间,一定不存在该发明领域普通技术人员看得出来的差异)。

改造，该参考技术就固有性地预见了该发明人的权利要求。”[①]

按照第 102 条，使用多种参考文献的做法是不能被接受的。[②] 换言之，如果一件现有参考技术被认为预见了某发明，“被主张权利的所有特征就必须（在单一的现有技术中）以完全相同的情形被发现，并以同样的方式共同发挥同一功能。”[③]

2.2.2.1 （一）第 102 条(a)规定的现有技术

《专利法》第 102 条(a)规定，除非“在申请人的发明之前，该发明[在美国]已为人所知或已由他人使用，或者[在美国]或其他国家已被授予专利或在印刷类出版物中做出过描述”，该申请人有资格获得专利。[④] (a)款提出了三项重要限制：如果申请人之外的其他人(1)在美国、在该申请人的发明日之前知道或使用了该发明；(2)在该申请人的发明日之前，在美国或其他国家已就该发明获得了专利，或者(3)在该申请人的发明日之前已在印刷类出版物上描述了该发明。

乍看上去，这些限制似乎相当直白，而更密切的关注却揭示出很多潜在的问题：一个参考文献与所要求的发明有多么准确的一致性，才有资格成为预见性的现有技术？一项发明在何种条件下属于已知的或已使用过的？以什么标准来判定一项专利的国外等同物？什么构成印刷类出版物？回答这些问题，我们必须求助于普通法原则。

2.2.2.1.1 1. 他人已知或已用

如上述，专利申请人有权依照第 102(a)获得专利，除非他或她的发明

---

① 葛兰素公司诉诺沃法姆公司(Glaxo Inc. v. Novopharm Ltd.)，830 F. Supp. 871，874 (E.D. N.C. 1993)，*aff'd*，52 F.3d 1043 (Fed. Cir. 1995)；另参见保尔森案(*In re* Paulsen)，30 F.3d 1475，1479—1480 (Fed. Cir. 1994)。

② 不过，多重参考可用于第 103 条有关非显而易见性的判断。参见下文§2.5。

③ 煤炭研究协会诉达特工业公司(Studiengesellschaft Kohle, m.b.H v. Dart Industries, Inc.)，726 F2d 724，726 (Fed. Cir. 1984)。

④ 《美国法典》第 35 编第 102 条(a) (1994)。

乃“他人已知或已用”(即由该发明人之外的人)。[①] 法院把“已知或已用”条款解释为公开知道或使用;这就是说,如果知道或使用不是公开的,就不会预见到发明申请案。[②] 此种解释的可能性理由之一是,公共政策支持最早向公众公开其发明的人,即使他人可能更早做出这一发现。在我们的专利制度背后,公开披露是一项稳固而持久的政策。[③] 按照这一观点,在先做出但不为人知的发明,不应具有预见性文献的作用,因而不能对抗首先向公众披露发明的人。

然而,在先发明人不必为发明的公开做出过努力。即使某一发明未进入公众视野,如果它被用于正常的业务范围内,而没有隐藏的企图,该使用就有资格成为公开的。[④]

2.2.2.1.2

2. 印刷类出版物

如果专利申请人的发明在发明日之前被刊载于“印刷类出版物”,就不

---

① 参见彭诺克诉戴洛格(Pennock v. Dialogue),27 U.S.(2 Pet.)1, 18 (1829)。

那么,“该申请之前未被知悉或利用”这些词语的真正含义是什么?它们不可能意味着,发明物在该申请之前未被发明人自己所知悉或利用,因为这将妨碍他使用获得专利的唯一手段。……因而,这些术语要获得合理解释就必须意指在申请之前不为其他人所知悉或利用。换言之,以多少有些笨拙的方式来说,发明人不可能在他发明之前发明。

② 参见盖勒诉怀尔德(Gayler v. Wilder),51 U.S.(10 How.)477 (1850)。

③ 同上,at 487:

但是,如果[在先]发现未被赋予专利,也未曾记载于印刷类出版物,它可能在遥远的地方为人知悉或使用了很长时间,且本国公众不能由其获利。获知的手段可能不在他们的可及范围内;而就他们的利益而言,这无异于说此进步仿佛向来没有被发现。在这里,正是该发明人将[该发明]带给了[公众],并把它置于他们的掌握中。

④ 参见罗塞尔诉巴罗伊德(Rosaire v. Baroid Sales Division),218 F.2d 72, 74 (5th Cir. 1955)[第102条(a)不要求以某些积极行为使工作引起广大公众的注意。];戈尔联合公司诉加洛克公司(W.L. Gore & Assocs. v. Garlock, Inc.),721 F.2d 1540, 1562 (Fed. Cir. 1983), *appeal after remand*, 842 F.2d 1275 (Fed. Cir. 1988)(为商业目的而在正常的物品生产范围内非秘密性使用所申请的方法,属于公开使用);埃格伯特诉李普曼(Egbert v. Lippmann),104 U.S. 333 (1881)(被认定为“公开使用”的发明物是束胸钢丝,因其被衣物遮盖而远离公众视线);全国研究开发公司诉瓦里安联合公司(National Research Development Corp. v. Varian Associates, Inc.),28 U.S.P.Q. 2d 1436, 1447 (D.N.J. 1993)(即使没有就向广大公众展示发明进行过努力,……即使发明物完全远离视野,在先使用也是公开的。在先使用者不需要尽力使其发明可被公开获取,只要他或她在没有试图隐藏它的情况下将其用于正常的业务活动)。

能授予专利。鉴于数据存储与检索技术的发展，印刷类出版物这一术语[①]被解释为“所属领域相关公众可充分获取的”任何参考文献[②]；甚至，并不要求所属领域的普通技术人员实际获得了该参考文献。[③] 作为印刷类出版物，资料源必须能在图书馆或其他可合理接触的地方被编目或检索，以使相关材料可通过合理的勤勉搜寻而获得。[④]

同样，出版物在公众获得之前不能成为现有技术。因而，参考文献在它可被相关公众获得时变成现有技术（例如，被检索、被编目或被发表）。[⑤]

2.2.2.1.3

3. 地理限制

第102条(a)规定，如果发明已“在本国为人所知或使用”，它就会是被预见到的。但是，外国专利和外国的印刷出版物可以起到现有技术的作用。而知悉和使用为何被局限于美国？直到1836年，这种地理区分才进入美国专利法，但有关1836年立法的参议院报告提供的解释却很少——如果说有的话。常识告诉我们，与欧洲或日本相比，美国发明人要在美国发现未公开的知识和使用，难度较小。如不付出巨大的花费（即搜寻成本），人们如何在国外搜寻到未公开的知识？即使在美国，获得此种知识已足够困难，何况在

---

① 1936年，当“printed”（印刷的）一词首次出现于第102条(a)，实际印刷是传播或提供信息的唯一可知的方式。然而在今天，其他方式显然是可以利用的。正如关税与专利上诉法院在怀尔案（*In re Wyer*），655 F. 2d 221，226 (C. C. P. A. 1981)中所指出的，“‘印刷’与‘出版物’之间传统的对分不再有效。鉴于文件复制、资料存储以及数据检索系统方面的现有技术水平，信息‘传输的可能性’常常与它是不是在1836年专利立法采纳时的意义上被印刷并无多大关系。”

② 康斯坦特诉高级微设施公司（Constant v. Advanced Micro－Devices，Inc.），848 F. 2d 1560，1568(Fed. Cir. 1988)。另参见霍尔案（*In re Hall*），781 F. 2d 897，899 (Fed. Cir. 1986)（在判断参考文献是否构成“印刷类出版物”时，“公开获取性”被称为试金石）。

③ 参见康斯坦特案，848 F. 2d at 1568(现有参考技术是否已发表，这个法律判断的关键是传播和公众可获得性。……如果可获得性得到证明，便不要求表明公众中的特定成员实际已经得到该信息)。

④ 参见克罗宁案（*In re* Cronyn），890 F. 2d 1158，1161 (Fed. Cir. 1989)。另参见克洛普芬斯坦案（*In re* Klopfenstein），380 F. 3d 1345 (Fed. Cir. 2004)(其中判定，当保密协议失去保障时，幻灯片放映构成印刷类出版)。

⑤ 参见拜耳案（*In re* Bayer），568 F. 2d 1357，1361 (CCPA. 1978)(公众借助出版物实际获得发明的日期是调查的焦点)。

外国。至少就很多外国出版物和大多数外国专利而言，如今人们可以花相对便宜的价钱找到数据库。

最高法院曾对地理差异问题作出处理：

> 如果外国发明已经被印刷或授予专利，它就已经被交给了全世界，且根据合理的查询，它也就向本国以及他国人公开了。因而他们就无法从这一发明中获益。它就不能赋予大众以利益，因而发明人也就不能被认为有权获得报偿。如果外国的发现未被授予专利，也未曾刊载于印刷类出版物，但它有可能在遥远的地方为人知悉或使用了很长时间，而本国公众不能由其获利。获知的手段可能不在他们的可及范围之内；而就他们的利益而言，这无异于说此改进仿佛向来没有被发现。①

2.2.2.2

(二) 第102条(e)规定的现有技术

第102条(e)规定的现有技术呈现为两种形式。第一，1999年《美国发明人保护法》对专利法典做出的修改要求，除了例外情况，2000年11月29日及以后提交的专利申请应该"自最早申请日起18个月期间届满后立即"公布。《美国法典》第35编第122(b)。[按照《联邦管理法规》第37卷(37 C.F.R.)第1.219条款，申请人可以"早于"最早申请日之后的18个月公布他或她的申请]。第102条(e)(1)被增加的本意是为了允许被公布的申请书发挥现有技术的作用。该小项规定：

> 申请人应有资格获得专利，除非——(e)(1)在该专利申请人的发明之前，他人在美国提交，并依第122条(b)发表的专利申请[已经对该发明做过说明]，例外情形是，按照第351条(a)所规定的条约《专利合作条约》提交的国际申请会产生依第122条(b)发表的国内申请在本项下的

---

① 盖勒案，51 U.S. at 497。

效力，只要该国际申请指定了美国，并按照该条约第 21 条(2)(a)之规定以英语公布。

按照第 102 条(e)(1)，一件美国专利申请一旦在美国公布，便开始具有现有技术的效力，其有效日期可追溯至其申请日。

不过，可能更有意义的是，按照《专利合作条约》(PCT)提交，其中提及美国并最终以英语发布的国际专利申请，将依据第 102 条(e)(1)于其国际申请日具有现有技术的效力，该国际申请日即 PCT 申请被提交的日期。国际申请日不超过优先权日(即在《专利合作条约》成员国首次提交申请的日期)后 12 个月；并且，按照《专利合作条约》第 21 条(2)(a)，PCT 申请在其优先权日后 18 个月被公布。重要的是，满足了英语语言和指定要件的 PCT 申请，能够在其国际申请日作为现有技术参考，即使此后再也没有申请在美国被提交。对此参见《美国法典》第 35 编第 374 条。

第 102 条(e)上的现有技术的第二种形式被归入第 102 条(e)(2)。按此条款，国际(或 PCT)申请不具有现有技术的效力；但美国专利申请则肯定是有此资格的。未公开的美国专利申请(例如，因为申请人证实他或她未在国外提交申请)依照《美国法典》第 35 编第 122(a)“受到 PTO 的保密”。其结果是，未决的专利申请就不“为人所知”，即第 102 条(a)上的“可公开获得”；但是，如果该申请最后被颁发专利，按照第 102 条(e)(2)，自其申请日便可作为现有参考技术。为什么？按照霍姆斯(Holmes)法官在亚历山大诉戴维斯－伯南维尔一案[①]中的说法，“在专利局内的延迟不应降低已做事项的效力。”这就是说，除非专利局在审查和最终颁发专利时发生工作延迟，基本的事实是，发明人之外的人在先披露了发明人主张权利的发明。

相应地，只要专利颁发，不为人知和不可知的信息可充当预见性现有技术。专利必须在它能被用作现有技术之前颁发，这一事实表明，第 102 条

① 亚历山大·米尔本公司诉戴维斯－伯南维尔公司(Alexander Milburn Co. v. Davis-Bournonville Co.)，270 U.S. 390，400－401 (1926)。

(e)有一个公开(publicity)要件,但是,作为一个先决条件,它却是游戏中的后来者。

关于第102条(e)(2),另有两点应该申明。第一,第102条(e)中的现有技术被限于美国专利申请;第二,根据第102条(e)(2),专利申请只因其所公开的,而非因其所要求权利的内容成为现有技术。如果在先提交的专利申请与一项在后提交的申请所要求的是同一标的,就可以适用第102条(g)(1),因为此时的问题是,谁在先做出了发明或谁拥有发明的优先权。[①]

2.2.2.3 (三)第102条(g)(2)规定的现有技术

第102条(g)服务于两个目的。首先,第102条(g)(2)为所谓优先权争议或"抵触程序"提供了依据。当一项专利申请所要求的标的与另一申请或已颁专利相同时,专利商标局就可能宣布有抵触存在。抵触是一种程序性机制,要判定谁是第一个发明人(即谁对发明拥有优先权)[*]。其次,第102条(g)(2)为可能具有专利阻却效力(patent－defeating effect)的"秘密的"现有技术提供了法律依据。[②] 这一款项允许阻却专利的发明活动不受抵触程序的影响,但该发明活动必须是"在本国"(即美国)。比如,设想一下,史密斯没有对他在美国做出的发明提交专利申请,而是作为商业秘密付诸实施。如果史密斯在玛丽之前发明了玛丽所主张的发明,第三方可以将史密斯的商业秘密作为现有参考技术对抗玛丽主张的发明。

尽管第102条(g)看上去有可能包含了第102条(a)的现有技术,但其中还是有一个基本的区别,即第102条(a)不像第102条(g)那样要求持续使用;就是说,按照第102条(g),现有技术一定不能被放弃、停止或隐匿。在判断一个发明是否被放弃、停止或隐匿时,法院要考虑多种因素,包括"未

---

① 参见下文2.2.4。

* 与改行发明人先申请制相关联,《美国发明法》取消了抵触程序,代之以派生程序(derivation),以确认先申请人的发明是否从后申请人处派生而来。同时,"专利上诉与抵触审查委员会"也被"专利审判与上诉委员会"(Patent Trial and Appeal Board)所取代。参见2011年修改后的美国《专利法》第6条等。——译者

② 托马斯有限公司诉奎克索特公司(Thomson S. A. v. Quixote Corp.),166 F. 3d 1172 (Fed. Cir. 1999)。

提交专利申请、未公开散布记载发明的文件、未公开使用该发明。”①

2.2.3 ## 三、派生：第 102 条(f)

第 35 编第 102 条(f)作为“派生”(derivation)条款而为人所知。它规定，除非其“申请专利的标的非其本人发明”，申请人有资格获得专利。换言之，有关发明人通过派生而从第三人那里取得其所申请的标的，所以就不是原始发明人。

为说明派生的存在，主张无效的一方必须证明：(1) 他人对该发明进行了在先构思；(2)该构思被传给了专利人，而该传递可让所属领域普通技术人员能够制造该专利性发明。② 重要的是要注意到，第 102 条(f)适用于发生在美国或外国的派生。*

2.2.4 ## 四、优先权

在美国，发明优先权的基础是先发明体制。在这方面，美国乃工业化国家中的异类，因为其他国家采取的是先申请的优先权体制。③ 因而，在美国，申请在后的一方如果能证明他或她是在先发明的人，他或她反而能获得专利。** 判定优先权(谁在先发明)的程序被称为抵触程序(interference)。

作为一个基本原则，优先权被赋予首先将发明付诸实施的发明人。然而，该原则有两个例外：(1)首先进行构思但最后付诸实施的人如果能

---

① 奥克案(Oak Industries)，726 F. Supp. at1533。尽管应该注意到，发明人提交专利申请并非一个要件。参见切克珀因特系统公司诉美国国际贸易委员会(Checkpoint Systems, Inc. v. U. S. Int'l Trade Comm'n)，988 F. 2d 1165 (Fed. Cir. 1993)。

② 参见甘布罗·伦迪亚诉巴克斯特保健公司(Gambro Lundia AB v. Baxter Healthcare Corp.)，110 F. 3d 1573, 1576 (Fed. Cir. 1997)。

* 派生是先申请规则的例外：按照 2011 年修改后的美国《专利法》第 135 条，如果先申请人是从后申请的发明人处派生获得该发明，他就不能依先申请规则获得专利。——译者

③ 近年来，关于美国是否应采取先申请体制，评论者和律师界人士进行了相当的争论。

** 2011 年《美国发明法》彻底改变了这一传统，使美国专利制度从此改行“发明人先申请”制(first inventor to file)。——译者

够证明，在最先付诸实施的人进行构思之前，他为付诸实施做出了合理的勤勉努力(reasonable diligence)，将被赋予优先权；(2)如果在先发明人(在付诸实施之后)放弃、抑制或隐匿其发明，在后发明人也可获得优先权。正如联邦巡回法院所言，"首先构思、并在心理意义上首先进行发明(的人)……可以将其可专利的发明追溯至其构思的时间，如果他通过其自身的合理努力，将该构思与其付诸实施相联系，以致它们在实质上属于一个连续性行为。"①

2.2.4.1 **(一) 构思**

在1897年的默根特勒诉斯库德②一案中，哥伦比亚地区上诉法院为构思(conception)做出了被联邦巡回法院采纳的定义：

> 发明的构思就是，在心理层面上对发明行为做出完全实施。为完善该行为或文件而有待实现的一切，都属于建造部分，而非发明。因此，能在专利法意义上形成可利用之构思的，正是发明人就完整并可操作的发明在其头脑中形成的明确且固定的思想，就像它以后要在实践中被应用的那样。③

同样，联邦巡回法院指出：

> 要构思一项发明，发明人必须在他的头脑中就"完整并可操作的发明[形成]明确且固定的思想，就像它以后要在实践中被应用的那样"。该思想必须"如此清晰地确定于发明人的头脑中，以致仅需必要的普通技术就能将该发明付诸实施，而无需大量的研究或实验"。④

---

① 玛哈尔卡(*Mahurkar*)，at 1577，见前注66。

② 默根特勒诉斯库德(Mergenthalter v. Scudder)，1897 C. D. 724 (1897)。

③ 同上，at 731。

④ 玛哈尔卡案(*Mahurkar*)，at 1577，见前注66[引自伯勒公司诉巴尔实验室(Burroughs Wellcome Co. v. Barr Laboratories, Inc.)，40 F. 3d 1223, 1228 (Fed. Cir. 1994)]。

后来，在阿姆根公司诉查盖制药公司[①]一案，联邦巡回法院补充说：

> 在某些情况下，在通过成功的实验将其发明付诸实施之前，发明人不能确立构思。这种情况造成构思与付诸实施同时进行。[②]

由于构思“是一种心理活动，法院要求，在进行能让所属领域技术人员做出该发明的公开的同时，提交支持性证据”。[③]“法院适用的是合理性规则(rule of reason)的分析。按照合理性规则的分析，‘必须对所有相关证据进行评估，以获得有关发明人状况之可信性的正确判断。’”[④]

2.2.4.2 **(二) 付诸实施**

付诸实施(RTP)有两种类型：推定的与实际的。即使申请人向来未曾建造或检测他或她的发明，只要申请人满足第112条规定，也可成立推定性付诸实施。[⑤] 推定性付诸实施背后的政策是鼓励发明的早公开；而要求实际测试可能会延迟公开。当发明显示适于计划的目的，即当发明被实质性

---

① 阿姆根公司诉查盖制药公司(Amgen, Inc. v. Chugai Pharmaceutical Co.), 927 F. 2d 1200 (Fed. Cir. 1991)。

② 同上，at 1206。在有关化学合成物编码的DNA序列专利背景下，提及“构思”问题，法院评论说：基因是化学合成物，尽管属于复杂的一种；并且，我们的法律中已经很明确，化学合成物的构思要求发明人能够对它做出界定以区别于其他物质，并描述它如何被获取。如果一个人没有对该化学药品的结构形成一幅心理图画，也不能借助其配制方法，物理或化学性能或任何足以识别它的特征来对它做出界定，构思就没有产生。仅仅借助其主要生物特性如促红细胞生成素编码，不足以对它做出界定，因为一个不具有更多具体特征的所谓构思，不过是希望了解具备该生物特性的任何物质之特性的愿望而已。我们认为，当发明人不能设想一个基因的详细构成，以使之区别于其他物质，也不能设想其获得方式时，在付诸实施发生之前，即该基因已被分离之前，构思就没有形成。同上。

③ 伯勒公司诉巴尔实验室(Burroughs Wellcome Co. v. Barr Laboratories, Inc.), 40 F. 3d 1223, 1228 (Fed. Cir. 1994)。

④ 玛哈尔卡案(*Mahurkar*), at 1577，见前注66。

⑤ 菲尔斯诉雷维尔(Fiers v. Revel), 984 F. 2d 1164, 1169 (Fed. Cir. 1993)(在提交专利申请以前，申请人虽然不必已经实施其发明，但他必须能够具体地描述该发明)。

地做出并测试(如成为一个雏形)时,便发生了实际的付诸实施。[1]

为证明实际的付诸实施,发明人必须构建该发明(即原型),并做出测试,以判定它是否为其预定目的发挥功效。为一件发明进行的成功测试一定要被认为是实际的付诸实施。[2] 显然,实际的工作条件是不必要的。事实上,实验室的测试如能模拟实际的工作条件,就足够了。关于测试的充分程度,联邦巡回法院提到了"常识性路径"(common sense approach):

> 在处理实际使用条件的背景下,当问题包括很多不确定性时,这一常识性路径规定了较为严格的测试。另一方面,当需要解决的问题没有表现出大量的变数时,常识也允许少做或不做测试来显示发明之操作原则的稳固性。[3]

证明发明可实现其预定目的与证明该发明能发挥商业作用之间是有区别的。对于证明实际的付诸实施,完美性与商业上的切实可行都是不必要的。[4]

就像对于构思,发明人必须能够独立地证实他或她的实际付诸实施。通过提交分析和描述实验的宣誓证词以及实验日期等,这一要求可以满足。

---

① 参见 DSL 科学公司诉联合有限公司(DSL Sciences Ltd. v. Union Switch & Signal, Inc.),928 F. 2d 1122, 1124 (Fed. Cir. 1991):

> 实际付诸实施的证据要求证明,"作为优先权证据而被信赖的具体物实际上为其预定目的发挥着功效"。……另一方面,如果其测试条件与预计环境的状况充分相同,在预计环境之外实行的测试足可证明付诸实施的存在。

② 参见埃斯蒂·劳德公司诉洛里尔有限公司(Estee Lauder, Inc. v. L'Oreal, S. A.),129 F. 3d 588 (Fed. Cir. 1997)。

③ 司各特诉芬尼(Scott v. Finney),34 F. 3d 1058, 1063 (Fed. Cir. 1994)。另参见玛哈尔卡案(*Mahurkar*),见前注 66,at 1578 (Fed. Cir. 1996):

> 为了证明实际的付诸实施,发明人必须证明其发明适于其预定目的。……基于该发明的特性及其解决的问题,该证明可能会要求测试结果。……不太复杂的发明和问题不要求严格的测试。……事实上,某些发明相当简单且其目的和效能相当明显,以致其整个的结构足以证明其可实施性。

④ 参见 DSL 科学公司案(DSL Sciences),928 F. 2d at 1126。

在评估补强证据(corroborating evidence)的充分性时,联邦巡回法院适用的标准是"合理性规则"[①],就像对于构思。

2.2.4.3　**(三)放弃、停止和隐匿**

与支持快速公开的专利政策相一致,首先付诸实施的发明人如果放弃、停止或隐匿其发明,可能失去他或她的优先权。考虑下面的描述:

> 发明人 1 将某发明 X 付诸实施,但既未提交专利申请,也没有推销该发明 X。一年以后,不了解发明人 1 与其发明 X 的发明人 2 发明出 X 并提交专利申请。得知发明人 2 的情况后,发明人 1 受"激励"而采取行动,并主张他首先发明了 X。

法律支持该例中的发明人 2,因为正是他将发明 X 带给了公众,而发明人 1 则放弃、停止并隐匿了该发明,而只有当他获知发明人 2 的行为后才走到台前。但是,如果发明人 2 一直没有引起人们的注意,或者,如果发明人 1 在发明人 2 从事发明活动之前恢复其发明活动,发明人 1 就依然可以申请并获得专利,即使存在着延迟。[②] 事实上,提交专利申请的义务是不存在的。[③]

只有当某一方首先构思却在后付诸实施时,勤勉努力才发挥效力。专利法支持尽快公开,因而,鉴于另一方构思在后但付诸实施在先的事实,专利法希望知道这一方正在做什么。构思在先却付诸实施在后的一方,对于其在另一方构思之前到他付诸实施所进行的持续与合理的勤勉努力,必须做出证明。专利上诉与抵触审查委员会曾做如下解释:

> 试图证明其合理的勤勉努力的一方必须对需要勤勉的整个期间做出解

---

① 参见霍姆伍德诉巴拉萨布拉曼亚·萨嘎万纳姆(Holmwood v. Balasubramanyan Sugavanam),948 F.2d 1236, 1238 (Fed. Cir. 1991)。

② 参见保利克诉利兹卡拉(Paulik v. Rizkalla),760 F.2d 1270 (Fed. Cir. 1985)。另参见藤川诉桦塔那森(Fujikawa v. Wattanasin),93 F.3d 1559 (Fed. Cir. 1996)。

③ 参见切克珀因特系统公司诉美国国际贸易委员会(Checkpoint Sys., Inc. v. U.S. Int'l Trade Comm'n),54 F.3d 756, 762 (Fed. Cir. 1995)。

> 释;该期间开始于在先方[首先付诸实施方]的日期之前某一时间,直到在后方[在后付诸实施方]的付诸实施——实际的或推定性的。……公共政策支持尽早公开,……因而,法律不愿意取代最先向公众公开其发明的发明人。……在此期间,必须有“合理持续的活动”。……具有一般属性——即表明工作的持续性,并很少有涉及日期与事实的特殊性的证据,不能构成证明关键时期内的勤勉所需要的证据。[①]

显示其不断努力对于证明其勤勉是不必要的,但发明人必须对整个关键期做出解释。问题是,申请人是不是“以合理的方式”寻求他或她的目标。[②] 因此,如果发明人拥有足够的理由,如(1)发明人遭遇贫困或疾病,[③](2)发明人因正常职业所应尽义务,[④]或(3)发明人律师的工作负荷过大,只要该律师“以合理的秩序承担工作——例如,按照提交申请的时间顺序处理申请”,[⑤]消极停滞的期间对于说明其勤勉就可能不是毁灭性的。

2.2.4.4

(四)发明人身份

美国专利法要求将专利颁授给合格的发明实体,并有一个可争议的推定——在已获专利上署名的发明人就是合格的。关于多重发明人,“发明人实体学说”(theory of inventorship entity)假定,“多人合作成果被视为由‘发明人实体’完成,独立于、区别于单独的或其他合作体中的每个个人的成果。”[⑥]

---

① 亨特诉贝斯巴斯(Hunter v. Beissbarth),230 U. S. P. Q. 365, 368 (Bd. Pat. App. & Int'f 1986)。

② 杂交技术公司诉阿博特实验室(Hybritech, Inc. v. Abbott Laboratories),4 U. S. P. Q. 2d 1001, 1006 (C. D. Cal. 1987), *aff'd*, 849 F. 2d 1446 (Fed. Cir. 1988)。

③ 参见克里斯蒂诉西博尔特(Christie v. Seybold),55 F. 69, 77 (6th Cir. 1893)(发明人患病、贫困以及参与其他同类的发明都是可能影响合理的勤勉努力这一问题的具体情形)。

④ 参见古尔德诉肖洛(Gould v. Schawlow),363 F. 2d 908, 919 (C. C. P. A. 1966)(合理的勤勉不要求人们为促使其付诸实施而放弃他的谋生手段)。

⑤ 唐纳德·奇萨姆:《奇萨姆论专利(第一编)》(Donald S. *Chisum*, 3 *Chisum on Patents*), § 10.07[4][e]。

⑥ 同上,at § 3.08[2]。

这一要求并非意味着合作发明人必须做出同等的贡献，或者说，每个发明人都必须对有关专利标的的每项权利要求都做出贡献。1984 年修改后的《美国法典》第 35 编第 116 条规定：

> 如某发明由两个或多个人合作完成，他们联合申请专利，每个人都要做出规定的誓言，……即使(1)他们并没有一起或同时工作，(2)每个人并没有做出同类或同样数量的贡献，或者(3)每个人没有对专利的每项权利要求的标的都做出贡献，发明人也可以联合申请专利。①

《专利审查程序指南》指出，"要让一些人成为第 35 编第 116 条上的'合作'发明人，一定量的协作或联系是必要的，因而，直到各自独立工作多年竟完全不知道彼此之间所作所为的个人，不能被视为合作发明人。"②

2.2.4.5 **(五) 国外发明行为**

1994 年以前的《专利法》第 104 条不允许发明人使用国外的发明行为(即构思与付诸实施)来证明第 102 条(a)上的优先权。不过，《关贸总协定》之《与贸易有关的知识产权协定》(GATT/TRIPS)和《北美自由贸易协定》(NAFTA)对第 104 条做出了修改，允许申请人根据国外的发明行为来证明发明日。③ 就《与贸易有关的知识产权协定》而言，这一修正于 1996 年 1 月 1 日生效；《北美自由贸易协定》成员国的发明行为可作为依据的有效日期是 1993 年 12 月 8 日。

---

① 在 1984 年之前，法院适用的是"全部权利要求规则"(all—claims rule)，它要求每个被指名的发明人都对每项权利要求做出贡献。1984 年修正案放弃了第 116 条的这一要求。

② 《专利审查程序指南》(Manual of Patent Examining Procedure)(下文称 MPEP)，§605.07 (rev. 1995)。

③ 参见《美国法典》第 35 编第 104 条[据 P. L. 103－182，Dec. 8，1993，§331，107 Stat. 2113；P. L. 103－465，Dec. 8，1994，§531(a)，108 Stat. 4982]。

2.3　第三节　权利的丧失：法律上的阻却规定

2.3.1　一、第 102 条(b)：出售与公开使用阻却

按照第 102 条(b)，如果“发明……早于美国专利申请日一年之前[在美国]被公开使用或出售”，即使发明人属于在先发明，他或她也可能依法被禁止获得专利。[①] 法律上的这一阻却性规定可以被视为间接授予的一年宽限期(grace period)，*“在此期间内，发明人可以在必要的情况下完善他的发明，准备、提出申请，并进行公开测试。[第 102 条(b)]实际上是在鼓励对发明进行尽早公开、发表或公开使用，公众以此可得获悉。”[②]

上述这些限制迥异于第 102 条(a)，因为第 102 条(b)还包括了发明人的行为。这样一来，按照第 102 条(b)，发明人可能会妨碍他或她自己获得专利权。并且，第 102 条(b)的焦点是申请日，而非发明日。如果发明人在出售或公开使用 12 个月内未申请专利，专利将会依法被禁止。因此，第 102 条(b)上的关键日期是申请日之前的一年。

第 102 条(b)的背后有四项政策得到了承认：

首先，对于那些因长时间销售而让公众合理相信人人皆可自由获得的

---

① 《美国法典》第 35 编第 102 条(b)(1994)。换言之，如果申请人或第三人有下列情形，他就要失去获得专利的权利：(1)在申请日一年前，就其所要求的标的在美国或外国获得专利；(2) 在申请日一年前，在美国或外国的印刷类出版物上介绍了被要求的标的；(3) 在申请日一年前，在美国公开使用过该发明；或者(4)在申请日一年前，在美国销售过该发明或有过许诺销售。同上。

* 美国专利法曾规定了适用范围最宽的宽限期制度，即申请日前一年之内，任何人对发明进行发表、公开使用等，都不会妨碍其获得专利。《美国发明法》则把宽限期制度局限于由或代表发明人(包括共同发明人)实施的披露，或者是由从发明人处获得已披露信息的第三人实施的披露。——译者

② 帕尔默诉达德兹克(Palmer v. Dudzik) 481 F. 2d 1377，1378 (C. C. P. A.. 1973)。

发明，政策反对将其从公众中排除。再一项政策是，支持对新发明做尽快而广泛的公开。发明人受此强制，要么尽快申请专利，要么因在先销售而冒可能丧失其发明权利之风险。第三项政策是，在法律授权的20年期限之外，禁止发明人商业性地利用其发明的排他性。“销售”阻却促使发明人做出选择，要么在销售行为之后立即寻求专利保护，要么拥有与其竞争者分享其机会，放弃专利保护之利。第四个，最后一个可确认的政策是，让发明人在销售之后拥有合理长的时间（即法定的一年）来决定是否值得为专利进行投入。这有利于公众，因为它将减少那些只具微弱公共利益的发明申请。国会在第102条(b)中规定的一年宽限期代表着对这些竞争利益的平衡。①

2.3.1.1

（一）公开使用

在提交申请一年前发生在美国的由发明人或第三人进行的“公开使用”有碍专利的授予。② 就像对于销售禁止一样，一年宽限期给予发明人合理长的时间以测试其发明，评估其销售活动并判定其潜在的经济价值。③ 因此，公开使用即是对发明的非秘密使用、非实验性使用。同时，公开使用包括“发明人之外不受限制、约束或向发明人承担保密义务的任何人”④对相关发明的使用。即使当第三人不当获得发明人的思想，也可以认定为公开

---

① 通用电气公司诉合众国(General Elec. Co. v. United States)，654 F. 2d 55，61 (Ct. Cl. 1981)。

② 《美国法典》第35编第102条(b)(1994)。

③ 参见伊丽莎白诉路面公司(Elizabeth v. Pavement Company)，97 U. S. 126，134－135 (1877)：

> 当发明领域是机器装置，它可以在建筑物中被检测和试验，不管是否闭门进行。无论何种情形，只要发明人是以善意试验其运行，此种使用不属于成文法意义上的公开使用。……在此整个期间，虽然他可能未发现任何必要的改变，但人们可能会公平地说，他只是在以实验的方式使用他的机器……只要他不是自愿地允许他人制造和使用它，且只要它不是为普通使用而被销售，他就能将其发明保持在他自己的控制中，而不会失去获得专利的资格。

另参见托恩兄弟公司诉西斯科公司(Tone Bros. v. Sysco Corp.)，28 F. 3d 1192，1198 (Fed. Cir. 1994)。

④ 史密斯案(*In re Smith*)，714 F. 2d 1127，1134 (Fed. Cir. 1983)。

使用。[①] 要避免被认定为公开使用，某项使用必须是私人的、在发明人控制之下的，或者是非为商业目的的。[②]

2.3.1.2　　**（二）实验性使用**

专利申请人可以通过证据表明其使用是为了实验目的，从而否定所谓公开使用的说法。[③] 为了在不失却可专利性的情况下完善其发明，发明人或受发明人指示的任何人可以对发明进行实验。[④] 鉴于发明的属性，如果只有公开使用才足以做出充分的测试，即使是对发明进行公然的公开展示，依然有资格成为例外。[⑤]

在判断某使用是不是实验性使用时，虽然人们依靠的是整体状况[⑥]，而法院要考虑的因素有："测试期间的长度……，是否为设施有所支出，使用者是否同意做秘密使用，是否记录进展，发明人之外的人是否实施了所声称的实验，共进行了多少次测试，有多长的测试期间与其他相同设备的测试相关。"[⑦]

2.3.1.3　　**（三）销售阻却**

按照第102条(b)，如果专利申请所要求的标的早于提交专利申请一年前就被销售或许诺销售；或者，按照提交该专利申请一年前已销售或许诺销售的技术，该专利申请是显而易见的，那么，该发明人无法获授专利。[⑧] 这

---

① 参见洛伦兹诉高露洁公司(Lorenze v. Colgate－Palmolive－Peet Co.)，167 F. 2d 423，429 (3d Cir. 1948)。

② 通常可参见莫勒可伦研究公司诉 CBS 有限公司(Moleculon Research Corp. v. CBS, Inc.)，793 F. 2d 1261，1266－1267 (Fed. Cir. 1986)。

③ 参见洛诉布伦维克(Lough v. Brunswick Corp.)，86 F. 3d 1113，1119 (Fed. Cir. 1996)。

④ 参见伊丽莎白案(*Elizabeth*)，见前注124，at 135。另参见西尔－福勒克斯诉体育设施建设公司(Seal-Flex, Inc. v. Athletic Track & Court Constr.)，98 F. 3d 1318，1324 (Fed. Cir. 1996)。然而，"为了判断某发明是否能产生其预定目的，如果评估期间相当必要，在该判断正在进行的同时就不会发生[销售]阻却。"同上。

⑤ 参见伊丽莎白案(*Elizabeth*)，见前注124。

⑥ 参见洛案(*Lough*)，86 F. 3d at 1119。

⑦ TP实验室诉专业定位器公司(T. P. Laboratories, Inc. v. Professional Positioners, Inc.)，724 F. 2d 965，972 (Fed. Cir. 1984)。

⑧ 《美国法典》第35编第102第§(b)(1994)。

一限制即是所谓"销售"阻却("On-Sale" Bar)。某一发明的许诺销售无论是否被接受,都足以造成专利授权阻却。[①] 多年来,一个充满争议的问题是,在销售的时钟开始转动之前就已做过许诺销售的,该项发明须处于什么样的开发阶段。

在UMC电子公司诉合众国[②]一案中,联邦巡回法院指出,"我们的结论是,所申请之发明的付诸实施向来不是,也不应被作为销售阻却的绝对要件。"[③]法院在涉及发明的开发水平时使用了术语"实质性实施例"(substantial embodiment),但没有试图"为判定未成为完全的发明实施例的事物何时满足销售阻却制定标准。"[④]与此同时,法院评论说:

> 我们要马上补充说明……我们不打算因为发明人或其他人在关键日期前,即提交专利申请日一年前许诺销售单纯的发明构想而支持对专利的否决……
>
> 围绕销售或许诺销售的所有情形——包括该发明的开发程度和发明的属性,必须根据第102条(b)背后的政策得到考虑和衡量。[⑤]

对这一问题,联邦巡回法院内有着很大分歧,一些陪审团接受了UMC案的标准,另一些人则坚持付诸实施标准。[⑥] 鉴于巡回法院内部针对销售阻却判定的冲突及其不确定性,最高法院在普法夫诉韦尔斯[⑦]一案中发出

---

① 参见RCA公司诉DGC(RCA Corp. v. Data Gen. Corp.),887 F.2d 1056 (Fed. Cir. 1989)。

② UMC电子公司诉合众国(UMC Electronics v. United States),816 F.2d 647 (Fed. Cir. 1987)。

③ 同上,at 656。

④ 同上,at 657。

⑤ 同上,at 656。

⑥ 比较西尔一福勒克斯诉体育设施建设公司(Seal-Flex, Inc. v. Athletic Track and Court Constr.),98 F.3d 1318 (Fed. Cir. 1996)和微化学公司诉大普莱恩化学公司(Micro Chemical, lnc. v. Great Plains Chemical),103 F.3d 1538, *cert. denied*, 117 S. Ct. 2516 (1997)。

⑦ 普法夫诉韦尔斯(Pfaff v. Wells),119 S. Ct. 304 (1998)。

了诉讼文书移送令，并就下列问题作出指示：

> 鉴于为时已久的法律规定——即适用“销售”阻却的一年宽限期只能在发明充分完成之后才开始计算，既然普法夫先生的专利在他提交专利申请一年多之前确实没有“充分完成”，普法夫专利应该依据第102条(b)被认定无效吗？[①]

最高法院否定了付诸实施和实质性实施例两项标准。该院认为：

> “发明”一词必须适用于一个完成的构想，而并不全是一个“实质上完成”的构想。诚然，付诸实施通常以最佳证据表明一个发明是完成的。但是，不能仅仅因为付诸实施足以证明发明的完成，便进而断言说，付诸实施在每个案件中都是必要的证据。
>
> ……
>
> 因此，我们的结论是，当有两个条件在关键日期之前得到满足时，销售阻却便可适用。首先，产品必须是商业性许诺销售的对象。其次，发明必须为获得专利做好了准备。该条件至少可通过两种方式得到满足：通过关键日期前有关付诸实施的证据；或者，以证据证明发明人在关键日期前对该发明准备了图样或其他说明，其明确性足以让所属领域的技术人员实施该发明。[②]

2.3.1.4 **(四) 第三方行为**

第三方的公开使用或销售行为可能会妨碍专利申请人获得

---

① 普法夫诉韦尔斯电子公司，诉讼移送令状请求(*Petition for Writ of Certiorari*, Pfaff v. Wells Elec., Inc.)，124 F. 3d 1429 (Fed. Cir. 1997)，*cert. granted*，— S. Ct. —，66 U. S. L. W. 3474 (U. S. Mar. 9，1998)。

② 119 S. Ct. at 311—312。

专利。[①] 在埃文斯制冷系统公司诉通用汽车公司[②]一案中，被控侵权人侵用一项发明，并造成未参与侵用的第三方许诺销售，对此，专利人主张不适用销售阻却规定。联邦巡回法院未予接受并判定，当“公开使用因任何原因而发生”时，专利授予就会受到禁止。[③] 但是，该法院特别因如下事实而被说服：销售的许诺是由无辜的第三方所实施：

> 即使我们准备对销售阻却创造一个例外，致使被控侵用发明的第三方不因该过错第三方的销售而导致专利无效，通用汽车公司却仍然正确地提出，……未参与被控侵用行为的第三方的行为构成法定阻却，即使那些行为受到了被控侵用发明的人的怂恿。[④]

2.3.2　二、第 102 条(d)：对外国申请人的阻却

第 102 条(d)规定的法定阻却阻止外国的专利申请人(它可能是美国公司)获得美国专利，如果(1)该美国申请是在外国申请提交后满一年提起的，

---

① 参见通用电气公司案(*General Elec.*)，见前注 122，at 61：

在发明人以外的人(不在发明人的控制下)实施销售的场合，反对扩大性商业利用的政策和仅支持申请有价值发明的政策，似乎会被认为是不适用的。然而，已为人们所接受的是，按照第 102 条(b)，在其他人提起专利申请一年多之前，无关的第三方将发明置于“销售”中，会产生使该发明所获专利无效的结果。

另参见洛伦兹诉高露洁公司(Lorenze v. Colgate－Palmolive－Peet Co.)，167 F. 2d 423 (3d Cir. 1948)；巴克斯特国际有限公司诉科布实验室(Baxter Int'l, Inc. v. Cobe Labs., Inc.)，88 F. 3d 1054 (Fed. Cir. 1996)；奥尔德公司诉克罗玛绘制公司(D. L. Auld Co. v. Chroma Graphics Corp.)，714 F. 2d 1144 (Fed. Cir. 1983)，*cert. denied*，474 U. S. 825 (1985)。但又参见戈尔与合伙人有限公司诉加洛克有限公司(W. L. Gore & Associates, Inc. v. Garlock, Inc.)，721 F. 2d 1540 (Fed. Cir. 1983)。

② 埃文斯制冷系统公司诉通用汽车公司(Evans Cooling Systems, Inc. v. General Motors Corp.)，125 F. 3d 1448 (Fed. Cir. 1997)。

③ 同上，at 1453。

④ 同上。

并且(2)外国专利的颁发是在美国专利颁发之前。[①] 因而,即使外国专利申请人在外国专利申请提交后满一年再提交美国申请,但如果该外国专利是在美国专利之后才颁发,该申请人仍可获得美国专利。

2.4 第四节 实用性

为实现宪法规定的目的——“促进实用性艺文的进步”[②],《专利法》第101条将可获专利的发明限定于实用性的发明。只有“发明或发现新的和实用的方法、机器、制造物或合成物,或者是对它们做出新的和实用性改进(的人),才可以获得专利”。[③] 乍看上去,专利法中的实用性(utility)要件显得有些多余。的确,在专利诉讼中,借缺乏实用性主张专利无效抗辩者,实属罕见。然而,实用性要件有其深层的目的,因为它确保着与社会之间的对价交换。我们要求发明能够实现其所预计的目的。因此,在发明人被授权阻止他人实施或销售其发明之前,社会必须获得能按照其预计目的或可被所属领域普通技术人员识别的目的发挥作用的发明。正如19世纪著名的专利法学者威廉·鲁宾逊(William Robinson)所说:

> 为了使某一发明可获得专利,它不仅必须由发明人提交给公众,而且在提交时,它必须使他们获得利益。……不能让社会获得对价者,自己也无法获得适当的补偿。[④]

人们可以想象,对于机械和电子类申请,实用性要求通常不是什么障

---

① 《美国法典》第35编第102第§(d)(1994);参见卡塔瓦拉(*In re* Kathawala),9 F.3d 942 (Fed. Cir. 1993)(按照第102条(d),外国申请人被禁止获得美国专利)。

② 《美国宪法》第1条第8款第8项(U.S. Const. Art. I, §8, cl. 8)。

③ 《美国法典》第35编第101第§(1994)(重点系作者所加)。

④ 威廉·鲁宾逊:《专利法论》第二卷(2 William Robinson, *Treatise on The Law of Patents*), 462 - 463 (1890)。

碍。这些类型的发明具有确定的物质性，它们的实用性因使用附图和图表得到显示。比较而言，实用性对化学和生物类发明构成不小的麻烦。首先，化学合成物或药品发明的实用性难以通过使用附图、图表或公式得到表现。其次，不同于总能呈现出成竹在胸般效用的机械和电子发明，化学和药品发明的实用性是在不断演变的。简言之，它们更像建筑砌块，而非完成的建筑物。因此，实用性有一个范围，其跨度的宽泛性对于化学和生物类发明是特别明显的。在该范围的一端，某些发明可能被认为在基础研究中具有一般性用途；而在另一端，某些发明可能提供了具体的、直接的社会效用。某专利申请能否满足实用性要件，取决于所称发明位居这一范围的哪个位置。

虽说发明必须充分实现其预计的目的，却不必是完全可操作的。[①] 第101条对发明的全部要求是，它应该能够实现其预定的功能。[②] 实际效用的缺乏只能通过表明完全无用而得到支持。[③]

对于药品发明，申请人可以通过提交足够的药理活性方面的证据来证明其实际效用。[④] 由于某一新化合物能否显示出药理学活性难以预测，所以，为确证实际效用而进行的检测常常是必要的。[⑤] "检测与所称药理学活性之间必须存在着足够的关联性，以使所属领域的技术人员确信该新化合物能显示出所声称的药理作用。"[⑥]

为判断实用性要件能否得到满足，联邦巡回法院清楚地阐明了一个两步测试法。首先，专利商标局"对于公开时假定正确的实用性主张，负有提出质疑的初始义务"。其次，"只有在专利商标局提出证据表明所属领域的普通技术人员可能对所声称的实用性表示合理怀疑之后，该义务才转至申

① 参见蔡司财团法人诉雷尼绍(Carl Zeiss Stiftung v. Renishaw PLC)，945 F. 2d 1173，1180 (Fed. Cir. 1991)。

② 参见布鲁克垂公司诉超微设备公司(Brooktree Corp. v. Advanced Micro Devices Inc.)，977 F. 2d 1555，1573 (9th Cir. 1992)。

③ 参见环境技术公司诉阿尔·乔治有限公司(Envirotech Corp. v. Al George，Inc.)，730 F. 2d 753，762 (Fed. Cir. 1984)。

④ 参见藤川诉桦塔那森(Fujikawa v. Wattanasin)，93 F. 3d 1559，1564 (Fed. Cir. 1996)。

⑤ 同上，at 1564。

⑥ 同上。

请人”，以证明其实用性。①

2.5 第五节 非显而易见性

除了满足新颖性和实用性要件，一件发明还必须是非显而易见的。被规定在《专利法》第103条的非显而易见性(nonobviousness)要件位居专利制度的核心，而且从很多方面来看，它都是专利申请人面对的最重要的门槛。比之于新颖性，非显而易见性要件撒下的是一张更加庞大的网，因为它承认，被主张的发明所受限制可能散布在多项已有技术文献中，并且，要让本领域普通技术人员以所主张发明的形式汇集这些要素，并非过分困难。在这种情况下，可以合理地说，所主张的发明即使并未存在于现有的单一性参考技术中，却已经处于公共领域。② 这样，一件发明即使是新颖的，如果它不能显著地不同于(虽然不必更好于)现有技术，也同样不具有可专利性。③

---

① 参见布兰那(*In re* Brana)，51 F. 3d 1560，1566 (Fed. Cir. 1995)。另参见克罗斯诉饭冢(Cross v. Iizuka)，753 F. 2d 1040 (Fed. Cir. 1985)，其中，联邦上诉法院判定，所称发明的试管测试与结构相同的化合物的体内测试一起，满足了实用性要求。按照该法院的意见，试管内数据材料：

据称(是)……制药行业公认的惯例，……我们注意到，该惯例具有内在的合乎逻辑的说服力。相对而言，试管测试通常比体内测试不太复杂，费时少、成本低。再者，有关具体药理活性的试管结果一般能够预测体内测试的结果，也就是说，二者之间有着合理的关联性。若非如此，制药行业的测试程序就不是这样。[我们同意委员会的观点]被公开的试管内实用性与体内活性之间具有合理的关联，因而，如果基于检验证据的药理学活性公开是合理的，严密的关联就不必要。

同上，at 1050。克罗斯案判决认为实用性要求得到了满足，因为试管内数据具有“药理学活性”，进而可“一般性地预测到”体内测试的结果。这就是说，如果“被公开的试管内实用性与体内活性之间[存在着]合理的关联”，实用性就得到了满足。同上。

② 参见R. C. 德莱弗斯、R. R. 科沃尔：《知识产权》(Rochelle Cooper Dreyfuss & Roberta Rosenthal Kwall, *Intellectual Property*)，648 (1996)。

③ 参见费德里科：《新〈专利法〉评论》(P. J. Federico, *Commentary on the New Patent Act*)，75 J. Pat. & Trademark Off. Soc'y 160，179－180 (1993) (一件已经做出的发明，即使此前并没有同样的发明因而是新颖的，如果新发明与此前已知技术之间的差别被认为不能充分保证其成为专利，可能依然不受专利保护)。

一件发明是否显而易见，这是一个需要做很多内部事实调查的法律问题。对此，有关显而易见性的开创性判例，格雷厄姆诉约翰·迪尔公司[①]案曾做过详细解释。有关的事实性调查包括：(1)现有技术的范围和内容；(2)现有技术与专利发明中涉案权利要求之间的差异；(3)所属领域普通技术的水平；以及(4)可获得的有关非显而易见性的客观证据(即所谓辅助性考虑因素)。[②]

2.5.1 一、现有技术的范围

对于第103条上的判断，第102条即使是现有技术的唯一来源，其所涉及的所有项并非都能被用于第103条的目的。法院发展了众所周知的类似与非类似技术原则(doctrine of analogous and nonanalogous art)。只有那种被认为与专利申请标的类似的技术，才能被用于第103条的分析：[③]

> 为判断现有技术是否类似，有两项标准逐步形成：
> (1)该技术是否出自相同的事业领域，无论被解决的问题是什么，和(2)如果参考技术不在发明人的事业领域内，它是否依然合理地关涉到该发明人所涉及的具体问题。[④]

类似技术学说的理据是，假定一个发明人了解他或她本人的发明领域

① 格雷厄姆诉约翰·迪尔公司(Graham v. John Deere Co.),383 U.S. 1, 7 (1966)。

② 同上，at 17。格雷厄姆案虽然指出，辅助性考虑因素(secondary consideration)“作为显而易见性或非显而易见性的征象”“可能具有相关性”，联邦巡回上诉法院则一直将辅助性考虑因素视为第四种要素。参见斯特拉托弗莱克斯公司诉艾尔洛奎普(Stratoflex, Inc. v. Aeroquip Corp.), 713 F.2d 1530, 1538 (Fed. Cir. 1983)[在包括专利案件的任何案件中，无视讼争问题的任何相关证据在法理上都是不合适的。因而，在对显而易见性做出判断的过程中，当产生于所谓“辅助性考虑因素”的证据存在时，它必须总是得到考虑(着重号系作者所加)]。

③ 参见克莱案(*In re* Clay),966 F.2d 656, 659 (Fed. Cir. 1992)，按照其表述，第103条虽然没有界定[被寻求专利的]客体所关涉的技术，这一判断通常得以表达的方式是，该技术是不是类似的——即该技术是否相距太远以致不能被视为现有技术。

④ 同上。

和相关领域的现有技术是一项相当困难的负担，因而，要求发明人推定性地知道非类似的现有技术，不仅不公平，而且也是不现实的。[①]

类似技术要件所凸显的，是第 102 条的新颖性判断与第 103 条的显而易见性调查之间的关键性区别。对于前者，一项参考技术与申请标的之间的相似性之有无是无关紧要的。要根据第 102 条证明预见性的存在，人们可以指出任何单一性的现有技术文献，只要它公开了包含被称发明的每一项限制的相同发明；而第 103 条不是这样。要根据第 103 条证明显而易见性，人们可以将多个现有技术文献的启发结合在一起。

2.5.2 二、现有技术的内容

联邦巡回法院及其前身关税与专利上诉法院（CCPA）曾在多个场合相当清楚地指出，在现有技术文献能够按照第 103 条结合在一起之前，这些文献必须能够教导、启示或诱导（teach, suggest, or motivate /TSM）本领域普通技术人员从事该发明，而一旦如此，便具有了合理的成功预见。[②] 联邦巡回法院指出：

> 当申请标的属于对现有技术文献的结合，从而因显而易见并被否定时，基于第 103 条的恰当分析需要（与其他因素一起）考虑如下两个因素：(1)现有技术是否曾暗示本领域普通技术人员，他们应该制造所申请的组合物或设备，或者实施所申请的方法；(2) 现有技术是否还曾显示，在进行此种制造或实施时，普通技术人员可能具有合理的成功预见。[③]

① 参见伍德案（*In re* Wood），599 F. 2d 1032, 1036 (CCPA 1979)；并参见联合碳化物公司诉美国制罐公司（Union Carbide Corp. v. American Can Co.），724 F. 2d 1567, 1572 (Fed. Cir. 1984)［引自伍德案（*In re* Wood）］。

② 参见道化学公司案（*In re* Dow Chemical Co.），837 F. 2d 469, 473 (Fed. Cir. 1988)。

③ 维克案（*In re* Vaeck），947 F. 2d 488, 493 (Fed. Cir. 1991)（引自道化学公司案）。

但是，在KSR国际公司诉特立福勒克斯公司一案[①]，最高法院批评联邦巡回法院僵硬地适用TSM标准的做法。虽然KSR案法庭否决了对TSM标准的僵硬适用，但它并没有为显而易见性提供界限明晰的检验标准，或就其过去坚持的"宽泛而灵活的路径"的确指做出明确的指示。毋宁说，最高法院所特别关注的是一些广泛的主题，如常识的作用、可预见性以及本领域普通技术人员的重要性。KSR案法庭意识到这些主题，提出了与显而易见性调查可能相关的大量考虑因素。这些因素包含在下列司法意见片段中：

> 1. 在大多数情况下，法院有必要注意到多种专利相互关联的教导；设计界众所周知的或市场上现有的需求所产生的影响；以及本领域普通技术人员所掌握的背景知识，这些都是为了判断是否存在着以涉案专利所主张的方式把已知要素结合起来的清晰可见的理由。
> 2. 常识教导人们……惯常物品可能具有超出其首要功用的明显用途，在很多情况下，普通技术人员能够将多重专利的教导组合在一起，就像对智力玩具的部件那样。
> 3. 在很多领域，可能很少有针对显而易见的技能或组合的讨论，实际情况通常可能是，市场需求，而不是科学文献，将驱动设计潮流。
> 4. 分析不必找到针对受质疑的权利要求之特定标的的准确教导，因为法院能够考虑到本领域普通技术人员可利用的推论和创造步骤。
> 5. 发明时某领域已知、该专利所处理的需求或问题，可以为以权利要求的方式组合各种因素提供理由。（这一因素可能对还在《欧洲专利条约》国提交申请的实体提出一个问题，因为该条约的"发明步骤"条款被很多国家解释为"问题和方案"路径。参见紧随这些评论之后的比较视野）

① KSR国际公司诉特立福勒克斯公司（KSR International Co. v. Teleflex Inc.），550 U.S. 398 (2007)。

6. 惯常物品可能在其首要功效之外具有其他明显用途，且在很多情况下，普通技术人员将能够把多重专利的教导组合在一起，就像对智力玩具的部件那样。（着重号为作者所加）

在珀费克特网络技术公司诉信息美国有限公司一案[①]中，法院强调地区法院有必要“足够清晰地阐释其推理，以供复查”，同时肯定了上述这些主题，注意到审查员的分析“可以借助于逻辑、判断以及普通技术人员可以获得的常识，而这些不一定需要在任何文献或专家意见中得到说明。”[②]在特里姆有限公司诉斯特莱克公司案中，[③]联邦巡回法院注意到 KSR 案要求我们要“追问，按照现有技术成分的确定功能，改进是否多于其可预见的用途，从而抓住了显而易见性测试。”[④]这一问题的回答需要多项事实性调查，诸如“多种专利相互关联的教导；设计界众所周知的或市场上现有的需求所产生的影响；以及本领域普通技术人员所掌握的背景知识，所有这些都是为了判断是否存在着以涉案专利所主张的方式把已知要素结合起来的清晰可见的理由。”[⑤]另一个支持做出显而易见性判定的因素是他人的“同时发明”。在马丁公司诉国际机械系统联盟一案[⑥]中，法院支持显而易见性判决时所依赖的是第三方对于所申请发明的发展，而“与所申请发明最早的可能付诸实施的日期相比，仅仅迟了一年。”按照法院的意见，“独立进行的、同时性的发明‘在比较短的时间间隔之内’做出，即是具有说服力的证据，说明被申请的设备‘属于仅仅具有普通的机械或工程性技术的产品’。”[⑦]

---

① 珀费克特网络技术公司诉信息美国有限公司（Perfect Web Technologies, Inc. v. InfoUSA, Inc.），587 F. 3d 1324 (Fed. Cir. 2009)。

② —F. 3d—, 2010 WL 3275967 (Fed. Cir. 2010)。

③ 特里姆有限公司诉斯特莱克公司（TriMed, Inc. v. Stryker Corp.），608 F. 3d 1333 (Fed. Cir. 2010)。

④ 同上，at 1341。

⑤ 同上。

⑥ 马丁公司诉国际机械系统联盟（Geo. M. Martin Co. v. Alliance Machine Systems International LLC.），—F. 3d—, 2010 WL 3275967 (Fed. Cir. 2010)。

⑦ *3.

偶尔的情况下，现有技术会暗示人们远离所申请的发明，而不是暗示一系列导向该发明的做法。这就是说，当一读到参考文献，具有普通技术的人员会受到劝阻，不要再继续走向该申请发明所揭示的线路。[①] 该参考文献显示出非显而易见性，并成为法院在做出非显而易见性判断时所要考虑的重要因素。[②]

2.5.3 三、所属领域的普通技术人员

事实的审理者不考虑某发明是不是对任何人都是显而易见的。毋宁说，显而易见性的测试是一项客观测试；它以假设的本领域普通技术人员的眼光来观察。[③] 虽然该假想人的技术水平是普通的，但他或她被假定完全了解所有相关的现有技术。[④] 在对普通技术的适当水平进行判断时，法院可能会考虑发明人的教育水平，该领域面临的问题类型，这些问题的典型解决方案，做出创新的速度，有关技术的复杂性以及该领域工作人员的教育背

---

① 参见格利案(*In re* Gurley)，27 F. 3d 551, 553(Fed. Cir. 1994)(通常，某参考文献如果表明，遵循该文献公开内容的开发路线不可能产生该申请人所寻求的结果，该文献就会启示人们离开)。

② 同上。让人离开的参考文献虽然是非显而易见性判断中需要考虑的重要因素，该启示的属性却相当重要，必须得到实质性考虑。一项已知的或显而易见的组合，不会仅仅由于它被描述为略次于其他用途相同的产品而变得具有可专利性。

③ 参见金佰利－克拉克公司诉约翰逊生产公司(Kimberly-Clark Corp. v. Johnson & Johnson Co.)，745 F. 2d 1437, 1454 (Fed. Cir. 1984)(所属领域普通技术人员不是发明人，“而是具有‘所属领域普通技术’的假想人，它由国会创造，用来提供一个可专利性的标准，属于[霍奇基斯诉格林伍德(Hotchkiss v. Greenwood)，52 U. S. (How.) 246, 267 (1851)]案中所谓‘熟悉业务的普通技工’的演化”。并且，“实际上，法院向来不曾依据真正的发明人/申请人/专利人能够或总是做什么来判断可专利性。作为一个类型，从无知的天才到诺贝尔奖获得者，真正发明人的能力变化不定；法院经常适用的标准是以他们自己设想的假想工作者为基础，此人被其视同于发明人”)。

④ 参见CA有限公司诉杰弗里－阿兰产业公司(Custom Accessories, Inc. v. Jeffrey-Allan Industries, Inc.)，807 F. 2d 955, 962(Fed. Cir. 1986)(普通技术人员是个假想人，他被假定知道相关的所有现有技术)。汉德(Learned Hand)法官指出，“我们必须假定发明人是有禀赋的，即使事实上并没有哪个发明人是有禀赋的；我们必须认定他们了解一切——不仅在他们最接近的领域，而且在几乎所有的相似领域。”International Cellucotton Products Co. v. Sterilek Co., 94. F. 2d 10, 13 (2d Cir. 1938)。

景。[①]

2.5.4　四、辅助性考虑因素

对于第103条的显而易见性判断，辅助性考虑因素是相关的，有时还是决定性的。被认为具有客观属性的"现实状况"(real world)考虑因素包括商业成功、他人长期存在的需求/失败、复制以及许可/默许。格雷厄姆案法庭指出，这些考虑"把我们的注意力集中于经济的和动机性的，而非技术性的问题，因此与专利诉讼中常有的高度技术性事实相比，更易受到司法处理。"[②]的确，最高法院可能更加坚定联邦巡回法院曾经承认，辅助性考虑因素的重要性，有时还把它们提升为格雷厄姆案要素之四。[③][*]

2.5.4.1　(一)商业成功

在辅助性考虑因素中，商业成功是最重要、最常被提出来的。当专利人主张其商业成功时，他或她实质上是在说，"在消费需求相当大的情况下，如果我的发明是显而易见的，我的竞争对手为什么没有一个人能成功取得该发明呢?"提出辩论的理由是，竞争对手尝试过，并失败了，从而表明，该发明并非显而易见。

---

① 参见环境设计有限公司诉石油联盟公司(Environmental Designs, Ltd. v. Union Oil Co.)，713 F.2d 693, 696 (Fed. Cir. 1983)。

② 格雷厄姆案，见前注174，at 35－36。

③ 比如，参见斯特拉托弗莱克斯公司诉航空设备公司(Stratoflex, Inc. v. Aeroquip Corp.)，713 F.2d 1530, 1538－1539 (Fed. Cir. 1983)。法院指出：

在包括专利案件的任何案件中，无视讼争问题的相关证据在法理上都是不合适的。因而，在对显而易见性做出判断的过程中，当产生于所谓"辅助性考虑因素"的证据存在时，它必须总是得到考虑……在对显而易见性做出判断的过程中，法院一定不能停下来，直到有关此问题的所有证据得到充分考虑，且每项证据都得到适当的重视。循此路径，某些证据可能比其他的更重要，但决定应被搁置起来，怀疑应该继续，直至所有证据都发挥作用。就像最高法院在格雷厄姆案中所说，也像其他法院早期所强调的，有关显而易见性/非显而易见性问题的相关证据包括有关如今所谓"辅助性考虑因素"的证据。将该证据排除在考虑之外是错误的。

* 在格雷厄姆诉约翰·迪尔公司[Graham v. John Deere Co., 383 U.S. 1 (1966)]一案中，最高法院就非显而易见性判断列举了需要考虑的多项事实要素，被习惯性地称为"格雷厄姆案要素"(Graham factor)。其中，除了比较重要的前三个要素，"辅助性考虑因素"则被称为第四要素(参见上文)。

市场重要性的假定不是不证自明的。商业成功可归因于与所申请发明的技术质量无关的因素(如精明的广告、积极的营销、经营本领或可观的市场份额),消费者需求也可能是这些因素所造成的。事实上,联邦巡回法院就曾认为,泛泛的销售数据不足以证明商业上的成功。[①] 为使商业成功的证据具有说服力,专利人必须证明与市场上其他产品之间的比较性成功,[②]且"必须在[商业成功]与所申请发明的优势之间建立联系。"[③]

2.5.4.2 **(二)他人长期存在的需求与失败**

本行业有一种长期存在的需求,而该行业曾有其他人做过尝试,但未能满足这一需求——这一事实可能意味着非显而易见性的存在。考虑一下法官伊斯特布鲁克(Easterbrook)在玛哈尔卡(*Mahurkar*)专利诉讼一案中的评论:

> 持久且未曾满足的需求正是一个强证据,可以说明一项发明是新颖的、非显而易见的和不可预期的。如果人们为求得一个解决方案而吵闹不断,而最好的头脑也多年未能找到它,这就是相关知识水平的实际证据——此种证据不能从受雇专家那里购买,不取决于难免出错的记忆或难以预测的推断。[④]

联邦巡回法院强调说,"他人无法对长期存在的问题提供可行的解决方案,乃是非显而易见性的明证。"[⑤]

---

① 参见范登堡诉乳品设备公司(Vandenberg v. Dairy Equipment Co.),740 F. 2d 1560,1567 (Fed. Cir. 1984)。

② 参见马杰利案(*In re* Mageli),470 F. 2d 1380, 1384 (CCPA 1973)。

③ 潘泰克公司诉 GC 公司(Pentec, Inc. v. Graphic Controls Corp.),776 F. 2d 309, 315 (Fed. Cir. 1985);另参见帆板运动国际公司诉 AMF 有限公司(Windsurfing International Inc. v. AMF, Inc.),782 F. 2d 995, 1000 (Fed. Cir. 1986)。

④ 831 F. Supp. 1354, 1377－1378 (N. D. Ill. 1993),*aff'd*, 71 F. 3d 1573 (Fed. Cir. 1995)。

⑤ 尤尼罗尔有限公司诉拉德金－威利公司(Uniroyal Inc. v. Rudkin-Wiley Corp.),837 F. 2d 1044, 1054 (Fed. Cir. 1988)。

然而，未曾取得专利保护的解决方案——这一事实可能只是因为公司满足于其已有的技术，即使该技术并非现有的技术水准。并且，某些公司可能不愿意为解决该行业内已确认的问题而破费时间和资源。这就是说，在分析他人的长期需求和失败时，经济与业务上的决定必须得到考虑。

2.5.4.3　**（三）复制**

专利人通常会声称，某竞争对手复制了被申请的发明，从而表明非显而易见性。但是，如有证据表明该竞争对手最初曾试图对该发明进行规避设计，专利人的这一主张就可能是最强有力的。①

2.5.4.4　**（四）许可/默许**

最后，专利人可能会提出，被告或其他竞争者接受专利许可，就是对该专利之非显而易见性的默示性承认。其中的逻辑依据是，如其认为该专利无效，这类公司就不会支付专利使用费。联邦巡回法院指出，"这种对现实状况的考虑提供了现有技术水平的多彩画面——它被该领域人员所熟悉，是非显而易见性判断可依赖的可靠证据基础。"②

但是，联邦巡回法院还注意到：

> [许可]程序并非万无一失地导向可专利性。它们有时会获得成功，因为它们与被许可团体相互有利，或由于接受许可比应对侵权诉讼更划算的营业判断，或者因为其他与被许可标的的非显而易见性无关的理由。③

换言之，有时候，即使你可能拥有强有力的显而易见性证据，但不对专

---

① 范登堡诉乳品设备公司(Vandenberg v. Dairy Equipment Co.)，740 F. 2d 1560 (Fed. Cir. 1984)。

② 明尼苏达采矿与制造公司诉约翰逊(Minnesota Mining and Manufacturing v. Johnson & Johnson Orthopaedics, Inc.)，976 F. 2d 1559, 1575 (Fed. Cir. 1992)。

③ EWP公司诉瑞莱恩环球有限公司(EWP Corp. v. Reliance Universal Inc.)，755 F. 2d 898, 907—908 (Fed. Cir. 1985)。

利的有效性提出质疑恰恰具有商业意义。结果，专利人必须证明“发明的价值与记录在案的许可之间存在着因果关系”。①

2.6　第六节　法定的专利客体

法定的专利客体指的是可以被赋予专利的事物的种类。具体而言，《美国法典》第 35 编第 101 条授权为“任何新颖、实用的方法、机器、制造物、合成物，或者其新颖、实用的改进”②颁发专利。这四种专利客体被认为“包括了太阳下人类所创造的一切”③。但例外依然存在，如“自然中的法则，自然现象，……[以及]抽象思想”④。

专利申请通常可被区分为产品和方法。并且，一个单项专利可以包括产品申请和方法申请。

---

① GPAC 案(*In re* GPAC)，57 F. 3d 1573，1580 (Fed. Cir. 1995)。

② 《美国法典》第 35 编第 101 条(1994)。按照 1790 年的首部专利成文法，国会授予专利的对象是“任何此前未知或未用过的实用性技术、制造物、引擎、机器、设备或其改进”(1790 年 4 月 4 日法)。然后，在 1793 年，国会允许将专利赋予“申请前未知或未使用过的实用性技术、机器、制造物及合成物，或新颖而实用的改进”(1793 年 2 月 21 日法)。如今，除了“技术”在 1952 年专利法中被“方法”所取代，1793 年成文法曾列举的对象有四类依然被用来描述可获专利的标的种类。“技术”和“方法”被认为有着同样的含义。参见戴蒙得诉迪尔(Diamond v. Diehr)，450 U. S. 175，181－182 & nn. 6－7 (1981)(虽然“方法”概念在 1952 年之前未写入第 35 编第 101 条，但在历史上，“方法”享受着专利保护，因为它被视为“技术”的一种形式，就像后者在 1793 年专利法中的用法。)；科宁诉伯登(Corning v. Burden)，56 U. S. (15 How.) 252，267 (1853)(方法……被包括在一般性术语“实用性技术”中)；H. R. Rep. No. 1923，82d Cong.，2d Sess. (1952)。

③ 戴蒙德诉查克拉巴蒂(Diamond v. Chakrabarty)，447 U. S. 303，309 (1980)，引自 Committee Reports，S. Rep. No. 1979，82d Cong.，2d Sess. 5 (1952)；HR Rep. No. 1923，82d Cong. 2d Sess.，6(1952)；Hearings on HR 3760 Before Subcomm. No. 3 of the House Comm. on the Judiciary，82d Cong. 1st Sess. 37 (1951) (P. J. Federico 的证词)。

④ 戴蒙德诉查克拉巴蒂(Diamond v. Chakrabarty)，447 U. S. 303，309 (1980)(地球上新发现的矿物质，或野生状态发现的新植物不属于可获专利的客体。同样，爱因斯坦不能对 $E=mc^2$ 获得专利；牛顿也不能对万有引力定律享有专利)；戴蒙得诉迪尔(Diamond v. Diehr)，450 U. S. at 185(在理论上，一个基本原则是，基本事实、原初事由、动机，这些都不能被赋予专利，因为没有任何人可以对其主张排他性权利)[引自 Le Roy v. Tatham，14 How. 156，175 (1853)]；Rubber－Tip Pencil Co. v. Howard，87 U. S. (20 Wall.) 498，507 (1874)(思想本身不可享有专利)。

2.6.1

一、产品

2.6.1.1

(一) 机器、制造物与合成物

产品申请包括机器、制造物[①]和合成物。它们都是不同种类的发明,但一般来说,其间的区别对可专利性几乎没有实质性影响。例如,“机器包括各种机械性设备或机械动力与设备的组合,用以履行某种功能,产生一定的效能或结果。”[②]或者说,机器常常被用于力或能的转换,来影响其他物体或实体。“制造物”是典型的人造物,而非机器或合成物。并且,最高法院指出,有关制造物的解释是,“按照其词典义,意指‘无论以手工或机械,通过把新的形式、品质、性能或其组合赋予原材料或配给材料,从而产生的有用途的物品’。”[③]机器与制造物之间的区别是,机器通常包括活动件[④],而制造物则是静态的。机器或制造物常常被称为器具(apparatus)。

一般来说,合成物是已知的或新的成分相结合所产生的新物质。[⑤]“有关‘合成物’的理解与其普通用法一致,包括‘两种或多种物质构成的一切结合物以及……一切混合性物品,无论它们来自于化合,还是机械混合,也无论它们是气体、液体、粉状或固体’。”[⑥]

大体上,产品属于人造之“物”,无论是静态的、动态的还是化学性的。这些“产品”分类有助于准确判断发明是什么,但在申请过程中或在侵权诉讼中,分类并没有任何程序性或实体性的法律意义。

---

① 制造物(manufacture)一词与 article of manufacture 同义。赫鲁比案(*In re* Hruby),153 U. S. P. Q. 61, 65 (C. C. P. A. 1967)。

② 科宁诉伯登(Corning v. Burden),56 U. S. (15 How.) 252, 267 (1853)(区分机器与方法)。

③ 戴蒙德诉查克拉巴蒂(Diamond v. Chakrabarty),447 U. S. 303, 308 (1980)[引自美国水果种植者有限公司诉布罗格德克斯公司(American Fruit Growers, Inc. v. Brogdex Co.),283 U. S. 1, 11 (1931)]。

④ “机器包括各种机械性设备或机械动力与设备的组合,用以实现某种功能,产生一定的效能或结果。”科宁诉伯登(Corning v. Burden),56 U. S. (15 How.) 252, 267 (1853)。

⑤ 戴蒙德诉查克拉巴蒂(Diamond v. Chakrabarty),447 U. S. 303, 308 (1980)。

⑥ 同上。

2.6.1.2 (二)生命有机体

可专利性客体的边界因为新技术而面临考验,其中包括生物技术。生物技术是一个快速发展的领域,而专利法在其演变与发展过程中扮演了重要的角色。① 讨论生物技术和基因,我们必须以最高法院所审理的戴蒙德诉查克拉巴蒂一案②为起点。最高法院对此指出,自然的产物即使以前不为人知,也不能被赋予专利,但该法院依然判定,通过基因工程设计而产生的活的微生物构成可专利的客体。③ 该院认为,"重要的不在于生物与无生物之间的差别,而是自然产物(无论有无生命)与人工发明之间的差别。"④

2.6.2 二、方法

方法(process)申请所针对的是"一个或一系列活动,被实施于特定物,使之发生转化并变为不同的状态或物"⑤。第 100 条(b)规定,"'方法'一词意指方法、技巧或方式,包括已知方法、机器、制造物、合成物或材料的新用途。"⑥这样,对于已知产品,方法要求具有新的用途。⑦

今天,围绕可专利性客体的主要争议可能是计算机软件的数学特征和

---

① 参见奥法雷案(*In re* O'Farrell),853 F. 2d 894 (Fed. Cir. 1988);艾姆根诉丘盖伊制药(Amgen v. Chugai Pharmaceutical),927 F. 2d 1200 (Fed. Cir. 1991);贝尔案(*In re* Bell),991 F. 2d 781 (Fed. Cir. 1993);德尔案(*In re* Deuel),51 F. 3d 1552 (Fed. Cir. 1995)。

② 447 U. S. 303 (1980)。

③ 同上,at 309(地球上新发现的矿物质,或野生状态发现的新植物不属于可获专利的客体)。较早时,最高法院认为"发现此前未知的自然现象的人,不能对其拥有法律承认的垄断权。"芬克兄弟公司诉卡洛公司(Funk Bros. Seed Co. v. Kalo Inoculant Co.),333 U. S. 127, 130 (1948)[引自戈特沙尔克诉本森(Gottschalk v. Benson),409 U. S. 63, 67—68 (1972)]。

④ 戴蒙德诉查克拉巴蒂(Diamond v. Chakrabarty),447 U. S. 303, 313 (1980).

⑤ 科克伦诉迪纳(Cochrane v. Deener),94 U. S. 780, 787—788 (1876)。最近,联邦巡回法院曾试图澄清方法的定义,认为"方法……是符合算法规则的操作,……依据规划做某事或利用某物。"德登案(*In re* Durden),763 F. 2d 1406, 1410 (Fed. Cir. 1985)。

⑥ 《美国法典》第 35 编第 100 条(b) (1994)。

⑦ 具有新发现用途的已知产品本身不能作为产品获得专利,因为它缺乏新颖性。然而,发明人可以因为使用已知产品的新方法获得专利,只要该新用法能与已知用法区分开来。美国钛金属公司诉班纳(Titanium Metals Corp. of America v. Banner),778 F. 2d 775, 780—781 (Fed. Cir. 1985);伯格斯特龙(*In re* Bergstrom),427 F. 2d 1394, 1402—1403 (C. C. P. A. 1970)。

商业方法。[1] 因为数字计算机实质上是一种方法，其中包括数学公式和运算法则，从而就产生了可专利性问题。在戴蒙德诉迪尔一案中[2]，最高法院肯定此种方法可能具有可专利性。具体而言，最高法院指出，“科学真理或其数学表达虽然不属于可授专利的发明，但在科学真理知识帮助下所创造的新颖而实用的结构则可能是专利客体。”[3]在判断某具体数学法则的运用能否获得专利时，最高法院认为，“如果一项包含数学公式的专利权申请在一个结构或方法中实施或适用该公式，而作为整体考虑，该结构或方法正在执行专利法所保护的功能(如将某物转变为或演化出一种不同的状态或事物)”[4]，该申请就满足了第 101 条的规定。

在美商道富银行诉签记金融集团一案中，[5]联邦巡回法院对专利性客体采取了一种宽泛的视野，特别考虑了包含数学运算规则的专利发明。按照该案意见，包括商业方法在内的任何方法，如其具有实际用途，产生“实用、具体而有形的结果”，[6]就属于法定的客体。但在实际上，美商道富银行

---

① 除了涉及计算机的方法方面的麻烦，其他领域也历经挑战。例如，至少从 1862 年开始，医疗方法不能获得专利。参见莫顿诉纽约眼科医院(Morton v. New York Eye Infirmary)，17 F. Cas. 879，882－884 (C. C. S. D. N. Y. 1862，No. 9，865)(医疗方法不能获得专利，虽然该发明属于“现代伟大发现之一”)；布林克霍夫案(*In re* Brinkerhoff)，27 J. PAT. OFF. SOC'Y 797 (Nov. 1945)，其中评论了布林克霍夫案(*Ex parte* Brinkerhoff，24 Comm'n Manuscript Decision)，349 (1883) (Case No. 182)(医生对某些疾病的治疗方法或方式不能获得专利)。1954 年，专利商标局申诉委员会裁定，医疗方法可以获得专利。谢勒案(*Ex parte* Scherer)，103 U. S. P. Q. (BNA) 107，108 (Pat. & Tm. Off. Bd. App. 1954)。然后，从 1954 年到 1996 年，医疗方法在理论上可以获得专利并可以得到实施。然而，在帕林诉辛格[Pallin v. Singer，36 USPQ2d 1050 (D. Vt. 1995) (Opinion and Order)，1996 WL 274407 (D. Vt. 1995)]一案的专利人试图实施医疗方法专利之后，国会和医疗协会联合行动，并通过立法，使医疗方法专利无法实施。参见《美国法典》第 35 编第 287 条(c) (West Supp. 1997)。

② 戴蒙德诉迪尔(Diamond v. Diehr)，450 U. S. 175 (1981)。

③ 同上，at 188。

④ 同上，at192。

⑤ 美商道富银行诉签记金融集团(State Street Bank & Trust Co. v. Signature Financial Group Inc.)，149 F. 3d 1368 (Fed. Cir. 1998)。

⑥ 同上，at 1373(今天，我们判定，利用机器，通过一系列数学运算，将代表分散的美元数额的数据转化为最终的股票价格，构成对数学法则、公式或计算的实际应用，因为它产生了“实用、具体而有形的结果”)。另参见阿拉帕特案(*In re* Alappat)，33 F. 3d 1526 (Fed. Cir. 1994)；心律失常研究技术公司诉克拉佐尼克斯公司(Arrhythmia Research Technology Inc. v. Corazonix Corp.)，958 F. 2d 1053 (Fed. Cir. 1992)。

案判决却被最高法院在比尔斯基诉卡珀斯一案[①]中推翻了。比尔斯基一案的审判意见，连同大法官布瑞耶尔(Breyer)在其附和意见中的表述明确指出，美商道富银行案中提出的“实用、具体而有形”测试标准(useful, concrete and tangible test)已不再具有可适用性。最高法院承认另一种测试标准的重要性，其焦点是，所申请的方法是否与一种“机器或转化”有关。但是，何谓机器一转化测试标准(machine-transformation test)呢？

在联邦巡回法院对比尔斯基案[②]进行的审理中，法院认为，有关标的，如果“(1)它被与具体的机器或设备联系在一起，或者(2)把特定物转变成不同的状态或事物”，就有资格获得专利保护。在解析该测试标准时，法院另外增加了两项过滤，这就是，被要求权利的机器或物的转化“必须对权利要求范围进行有意义的限制”，以符合第101条的资格要求；特定的机器或转化“一定不仅仅是无足轻重的附加性解决行为(insignificant extra－solution activity)。”相应地，机器－转化测试标准可以被视为这样一种类规则的框架：其宽泛而无所不包，但并非没有可贯穿于客体分析的基本考虑或过滤。留下的问题依然是，联邦巡回法院和专利局将如何积极适用机器—转化测试框架。

什么是“机器”？联邦巡回法院未曾就机器这一要素做详细说明，而其他判例法曾指出，“机器是一个‘具体的物，由零部件，或一些设备及设备组合构成’”，它“包括所有可能的机械设备，或机械性动力与设备的组合，以实现某种功能，产生一定的效能或结果。”[③]

“计算机的运行是否，或何时足以将一项方法要求与一个特定的机器联系在一起”，联邦巡回法院对此问题悬而未决。显而易见的问题是：什么是“特定的机器”？普通法将不得不耗尽心力并在适当的抽象水平线上划出界

---

① 比尔斯基诉卡珀斯(Bilski v. Kappos)，130 S. Ct. 3218 (2010)。

② 545 F. 3d 943 (Fed. Cir. 2008)。

③ 参见闹腾案(*In re Nuijten*)，500 F. 3d 1346，1355 (Fed. Cir. 2007)(针对被用于数字音频之类的文件中，旨在减少失真的加密信号，其权利要求的专利资格被否定)；弗格森案(*In re Ferguson*)，558 F. 3d 1359，1364 (Fed Cir. 2009)(因为“申请人的方法专利要求没有与任何实体部件、设备或设备组合相关联”，按照比尔斯基案，销售产品的权利要求被否定专利资格)。

线，但人们可能会貌似有理地认为，按照本森案，与计算机相关联的被主张权利的方法可能不符合机器要件，除非该权利要求系针对实际应用（real-world application），是具体的，而非过分抽象的。换言之，计算机不是"特定的机器"。联邦巡回法院曾评说，在本森案中，"把方法与计算机关联在一起的限制因素实际上不是在实施限制，因为争议中的基本原则——一种特定的运算法则，除了在数字计算机上运行之外，并无其他效用。"

但是，这可能是有关本森案的过分宽泛的解读。联邦巡回法院在比尔斯基案中承认，"本森案提出的是一种困难的情形"，因为"被主张权利的方法是在机器——数字计算机上运行，却依然被认为不属于有资格的专利客体。"这样，可以认为，本森案中被主张权利的方法，满足了机器－转化测试。因此，使本森案符合机器－转化测试标准的一个路径就是，找到本森案的权利要求为何被视为不具资格的其他理由。这一其他理由可能是，本森所申请的发明原本首先是（preempted）一个基本原则——特别是由于被申请的算法仅仅被用在数字计算机上。[①] 这就是说，这些权利要求"声称覆盖了所申请方法在各类通用数字计算机上的所有用法"。[②] 因而，联系着计算机的算法提出的权利要求可能是有资格的，如果该算法在所申请的用法之外还有其他涉及计算机的用法。

在美国专利商标局专利申诉与抵触审查委员会的一个判例意见中，该委员会创造了一个两部测试法，以判断利用数学算法的机器是否符合第101条。其权利要求1提出：

> 一种从众多项目中识别出一个或多个中间项的方法，J，其中每个项目都具有符号特征的符号值（symbolic value），这一方法包括：
>
> 计算出众多项与每个项相比较的符号值差异；并挑选至少一个具有降低该差异的符号值的平均项。

---

① 参见联邦巡回法院比尔斯基案（Federal Circuit *Bilski*），fn 9。

② 同上。

严格遵循联邦巡回法院比尔斯基案判定的两部测试法是：

(1)权利要求是否限于应用了数学算法，产生了实际用途的有形性实际应用(例如，“不只是一个没有意义的使用领域标签”)？
(2)权利要求是否受到限制，以避免实质性地涵盖该数学算法的一切实际用途——或是在该算法用途的“所有领域”，或是在“仅仅一个领域”？如果机器(或制造物)的权利要求忽视了两部调查中的任何一项，那么，该权利要求的对象就不是适格的专利客体。

审查委员会判定，权利要求1未列出适格的客体，因为该发明不限于机器。该委员会指出：

“机器是一个具体的物，由零部件或一些设备及设备组合所构成。这包括各种机械设备，或机械性动力与设备的组合，以实现某种功能，产生一定的效能或结果。”权利要求1计算差异并挑选一个平均项(FF 4 and 5)，而没有将这些步骤关联至任何具体零部件、设备或设备组合。事实上，人们可以在其头脑中计算差异并挑选平均项。按照第101条，此种智力性步骤是被排除专利保护的。参见本森案(*Benson*，409 U. S at 67)。这样，虽然我们同意上诉人的观点，权利要求1中的方法不是自然法则的直接显示，但是我们不认为权利要求1包含有任何机器，更不必说机器或转化测试标准所要求的特定机器了。[①]

什么是“转化”？在考虑转化这一要素时，联邦巡回法院曾经明确的是，转化“必须是所申请方法之功能的核心”，并须对某一“物件”进行转化。难以确知的是，该法院以前者而非转化来对权利要求范围施加“有意义的限

---

① 格塔案(*Ex parte* Gutta)，93 U. S. P. Q. 2d 1025 (BPAI 2009)。

制”(meaningful limits)究竟意味着什么。就后者而言，该法院想方设法要澄清的是，何种事物构成“物件”。例如，目标在于“对自然对象或物质进行化学或物理性转化”的某一被申请的方法。并且，使用电子信号以及电控数据的方法是适格的，如果该数据表现了物质的或有形的物体。作为一个例证，该法院在埃伯利案(*Abele*)中使用了一个附属性要求，其中，被转化的数据以骨结构和器官的形式得到表现。该法院还说，“在埃伯利案，将数据本身变成视觉描述的电子转化是充分的。”但是，当你离开物理性时，问题就变得更加困难。不在计算机屏幕上表现物理性或有形信息的数据转化，即导致无形性表现的数据转化怎么样呢？因而，表现的物理性在转化测试中显然发挥着重要的作用。

在备受关注的普罗米修斯实验室诉梅奥[①]一案中，联邦巡回法院认为，一项使药物剂量标准化的方法有资格获得专利保护。特别是，该专利声称是“一种治疗免疫介导性胃肠紊乱的疗效优化方法”。它包括向病人“给”药，以及此后对病人代谢反应的“测定”。然后，在对病人首次服药的代谢反应进行测量的基础上，规定随后的服药剂量。该法院否决了所谓该权利要求仅仅涉及自然关系和数据收集措施的主张，并判定“给药”和“测定”措施满足了机器—转化测试标准中的转化条件：

> 我们的结论是，涉案专利提出权利要求的治疗方法正好属于可专利客体的范围，因为它们“将某一物件转化为不同的状态或事物”，并且，该转化“处于所申请方法的功能的核心”。这是有关人体的转化，它紧随给药以及药品代谢物(它们使其浓度可被测定)的各种化学与物理变化。……
>
> 事实上，被提出的权利要求正是有关治疗方法的权利要求，当一组规定的药物给予身体以改善不良状况的效果时，这些方法总是转化性

---

① 普罗米修斯实验室诉梅奥合作服务机构(Prometheus Labs., Inc. v. Mayo Collaborative Servs.)，581 F. 3d 1336 (Fed. Cir. 2009)。

的。……给药时，……人体必然经受转化。药物不会毫无影响地原样通过身体。事实上，所发生的转化，也即人工给药发生代谢后的身体变化，是给服这些药物的全部目的。……①

以某种方式改变身体的治疗方法如今属于适格的客体吗？不涉及给药的诊断(测量)方法怎么样呢？因调案令申请而未决的该案被撤销，并被发回联邦巡回法院，而后者如今将有机会按照比尔斯基诉卡珀斯案对该案做出重新考虑。按照比尔斯基案，普罗米修斯一案中的权利要求完全有可能满足机器—转化测试标准，却仍然要落入三个排除类型(preemptive categories)之一。

① 普罗米修斯实验室诉梅奥合作服务机构(Prometheus Labs.，Inc. v. Mayo Collaborative Servs.)，at 1345—1346。

第三章 专利获得手续

美国专利商标局在美国专利制度中发挥着关键性作用。未经联邦政府的授予，专利权是不会产生的。① 要获得专利，发明人必须向专利商标局提交专利申请书。然后，专利商标局应该“对申请和提出的新发明进行审查；然后，根据该审查，如果申请人依照法律显然有权获得专利，局长就应授予专利。”②审查要确保所申请发明充分披露(《美国法典》第 35 编第 112 条)、新颖(第 102 条)、非显而易见(第 103 条)、实用(第 101 条)，并属于法定的可专利性客体(第 101 条)。获得专利的过程被称为专利审查办理(*prosecution*)。专利申请所必要的书面写作是非常技术性的，相关科学学科的学位或其他合适的技术背景也是有益的。的确，了解和理解法律，并拥有相关技术，这是专利审查参与人的义务所在。因而，要在专利商标局获得从业注册，除了少数著名特例，专业训练通常是必要的。③

专利申请以及由此颁发的专利包括两个主要部分：(1)书面说明和(2)权利要求。这两个部分一起构成说明书。④ 专利说明书，特别是专利权利要求得以形成的过程有着首要的重要性，因为被授予专利的权利要求确立

---

① 比较而言，一旦作品被“固定于任何有形体的表达媒介”，版权便存在于其中[《美国法典》第 17 编第 102 条(a)]，而联邦登记仅对于某些救济方式的获得才是必要的[《美国法典》第 17 编第 412 条]。同样，商标上的财产权最初因商标的商业使用而产生，而不是因为政府授予或注册，而联邦注册则赋予其所有人以额外的联邦权利和救济。参见 DC 漫画有限公司案(*In re* DC Comics, Inc.)，689 F. 2d 1042，1046－1055 (Fed. Cir. 1982)[法官里奇(Rich)发表法庭意见，尼斯(Nies)最后则发表附和意见，考察了商标的生命周期——开始于使用、终止于放弃或通用化]。

② 《美国法典》第 35 编第 131 条 (1994)。

③ 参见《联邦管理法规》第 37 卷(37 C. F. R.)的第 10.5，10.6，10.7 条款 (1996)，其中，有关个人在专利商标局从业的管理规则得到了详细说明。专利商标局发布了题为 *General Requirements for Admission to the Examination for Registration to Practice in Patent Cases before the USPTO*(《美国专利商标局专利案件从业资格注册考核基本条件》)的手册。

④ 参见《美国法典》第 35 编第 112 条。“书面说明”(written description)和“说明书”(specification)两个术语虽然经常被不正确地交替使用，却并不具有共同的外延。

专利所有人的排他性权利范围：

> 严格来讲，美国是一个审查制国家，每件申请都要接受审查，其主要目的是要审查并确保每项权利要求的范围都具有可专利性。杜撰一个短语来表达，这一游戏的别称乃权利要求(the name of the game is the claim)，[并且]，权利要求的功能在于，让每个人都能了解什么是，以及什么不是侵犯专利，而不致遭受诉讼。①

3.1

第一节　专利申请与获准

虽然专利申请过程可以被认为是以申请书本身的撰写为起点，但其他事情往往是要先行的。例如，发明人总是要记录和记载他或她的发明构想，以及随后对发明的开发，直至可实现的实施例——这一开发过程被称为“付诸实施”。同时，发明人与准备申请的人之间可能会发生大量的意见交换。

申请前的另一件可能的事是现有技术查寻。在专利法中，“现有技术”一词被用来泛指那些已知的技术信息。虽然申请人没有在申请前进行此种查寻的义务②，但是，鉴于专利申请关系到相当可观的花费，查寻总是要做的。彻底查寻可以避免将不必要花费用于为已有发明申请专利。它还使申请人有机会就其发明的可专利性做出有理有据的论证，并可以从支持其可专利性的角度提交书面说明与权利要求。对相关的已有专利以及其他技术文献进行的查寻，可以在公共查寻处(Public Search Room)或图书馆以及

---

① 吉尔斯·里奇：《权利要求之保护与解释的范围：美国视野》(Giles S. Rich, *The Extent of the Protection and Interpretation of Claims—American Perspectives*), 21 INT'L REV. INDUS. PROP. & COPYRIGHT L. 497, 501 (1990)。

② 参见美国起重机公司诉索沃有限公司(American Hoist & Derrick Co. v. Sowa & Sons, Inc.), 725 F.2d 1350, 1362 (Fed. Cir., 1984)。

其他藏列室完成。公共查寻处由专利商标局维护,位于弗吉尼亚州阿林顿,并由多个附属查寻处遍布全国各地。今天,人们可以使用各类电子媒体来查寻现有技术,包括各类在线服务和因特网。

每件专利申请都包括:(1)一份说明书,即书面说明和至少一个权利要求项,(2)一个或多个附图(如必要),(3)誓词或声明[①],以及(4)必要的申请费用[②]。这一申请被称为非临时性申请,[③]其申请日是专利商标局收到说明书与附图(包括至少一项权利要求)的日期,或它们作为快件被交给美国邮局的日期,只要该邮递日是专利商标局开门办公的日期。

尽管专利申请的提交允许一定的灵活性,而专利商标局更希望申请书包含下列内容:

(1)标题;

(2)与相关发明的交叉参照文献;

(3)关于联邦资助研究的说明;

(4)该发明的背景情况;

(5)概述;

(6)附图的简要说明;

(7)该发明的详细说明;

(8)权利要求;

(9)披露内容摘要;

(10)附图;

(11)誓词或声明。

---

① 誓词或声明通常须由发明人签名,且必须表明该发明人:(1)已经读过该申请书,(2)相信他是首位发明者,且(3)承认披露任何实质信息的义务。参见《联邦管理法规》第37卷(37 C. F. R.),第1.77条款(1996);美国商务部专利商标局《专利审查程序指南》[MPEP § 601 (6th ed. 1995, rev. July 1996)]。

② 参见《美国法典》第35编第111条(a)(2),(3)(Supp. 1997)。

③ 直至1995年6月8日,申请人可以选择提交"临时申请"(provisional application),而不是从一开始就提交非临时性申请。因为临时申请不需要权利要求项,它不受审查且不能变成为专利。《美国法典》第35编第111条(b)(Supp. 1997)。不过,在临时申请提交日之后的一年内,优先权要求仍可以通过提交非临时申请而被提出。

3.1.1 ## 一、书面说明

3.1.1.1 ### (一) 发明的背景

一项专利的“背景”部分常常要完成三件事:(1)通过描述现有技术水平,确定申请人的发明所达到的程度;(2)直接处理该发明最为重要的方面;(3)指出这一方面为什么是对现有技术的改进。熟练的从业者相互未达成一致意见的是,背景部分是否要介绍该发明对于现有技术的进步,或者,是否要把背景部分限定于对现有技术的讨论。

背景部分应该尽可能使用该发明所能允许的简单语言,特别是对于商业问题。法律虽然规定专利申请应该向该发明所涉及的“本领域普通技术人员”提供技术信息,仍有一些人认为,所有发明的撰写都应该着眼于法官、陪审团、投资银行家以及专利审查员。

3.1.1.2 ### (二) 发明摘要

“摘要”要遵循着最宽泛的权利要求对发明做出概括性陈述,但也需要对现有技术做足够详尽的解释并区分。《专利审查程序指南》(MPEP)指出,“由于简明发明摘要的目的是把该发明的属性告知公众,特别是要告知该发明所涉具体技术的利害关系人,摘要就应该针对正被申请专利的具体发明,而不是那些同样适用于大量在先专利的纯粹一般特性。”①《专利审查程序指南》还表示,“简明摘要如果能撰写恰当,准确显示出该发明的属性、操作和目的,那么在未来的查寻中,它就能成为重要的援手,有助于对该专利的即时理解。”②

“摘要”撰写虽然没有具体的方式,仍然值得建议的是,它应该遵循《专利审查程序指南》的第608.01(d)款项,以便专利审查员以及公众能够知道到哪里去寻找各种信息。

---

① 《专利审查程序指南》[MPEP §608.01 (d) (rev. ed 1995)]。

② 同上。

3.1.1.3 ### (三)发明的详细描述

"详细描述"的核心是发明的细节。由于其所具有的复杂性,该部分构成了说明书的主体。详细描述必须包含发明的书面说明,且表述必须足够充分、清晰、简明而准确,从而让该发明所属领域的普通技术人员都能够制造并使用该发明。[①] 专利申请人还必须披露其在提交申请时所知道的实现该发明的最佳方式。[②] 最佳方式通常要做出详细说明,且可以以附图的方式加以表现。

3.1.1.4 ### (四)附图

法典第35编第113条要求申请人,"为了理解被申请专利的客体,必要时,可提供附图"。附图通常有助于理解发明的实质,并且,对于机械设备和其他形式的发明具有技术上的必要性。如果发明是方法或办法,附图则常常是不必要的。如果附图是必要的,则可遵循有关其可接受性的形式规则。

3.1.2 ## 二、权利要求

1790年和1793年《专利法》没有提及权利要求。当时,发明系通过书面说明加以辨别,最后常常附具类似于权利要求的摘要。直到1836年,"权利要求"才被写入立法。

现行《专利法》要求,"说明书最后应确定一或多项权利要求,具体指明并明确提出被申请人视为其发明的标的。"[③]如今,权利要求已是发明申请中最重要的部分,它为专利人的排他性权利指明了范围。联邦巡回法院曾一次又一次地指出,"权利要求为发明确定边界","受到侵犯的是权利要求,而不是说明书"。[④] 确实,权利要求的拟定确实是一种技巧,其重要性是不

① 参见《美国法典》第35编第112条第一段(1994)。

② 同上。

③ 《美国法典》第35编第112条第二段(1994)。

④ SRI国际诉松下电器(SRI International v. Matsushita Electric Corp.),775 F.2d 1101,1121(Fed. Cir. 1985)。

可能被夸大的。[①]

权利要求常常由三部分组成：序言、过渡语和主体部分。序言指出发明或其所属技术领域。过渡语将序言与主体部分联系在一起。过渡语通常只是一个词语"包括"(comprising)[②]，意指该发明包括被罗列的各项特征，但并不排除其他特征。[③] 权利要求的主体部分包括各"特征"的叙述：构成该发明的步骤或部分。它还包括各特征之间的结构性、物理性或功能性关系。这些特征及其关系通常就确定了权利要求，至少对器械和设备来说是这样。方法的权利要求可能需要其他细节。

专利中使用的词语不必遵守其通常意思。每个发明人都可以是他或她自己的词典编纂者。然而，申请书必须对非以通常方式使用的词语做出解释。[④] 就像对专利的其他部分，专利发明人可以以他或她喜欢的方式强调、修饰权利要求，不过，每项权利要求必须是一个句子，并只能在结尾处有一个句号。

专利申请一般会有多项权利要求。一个专利的多项权利要求可以在其范围和描述或表达方法上有所不同。宽泛的权利要求比狭窄的要求包含更少的限制，从而覆盖较宽的范围。权利要求的安排通常会采取范围逐渐减缩的次序，即先宽后窄。权利要求可以采取独立的、从属的或多重从属性的

---

① 很多图书致力于向专利从业者讲解权利要求书的撰写。如罗伯特·费伯：《兰迪斯论专利要求撰写的技术》[Robert C. Faber, *Landis on the Mechanics of Patent Claim Drafting*, 4th ed. 1996，下文称《权利要求撰写技术》(*Mechanics of Claim Drafting*)]；小托马斯·格里尔：《美国专利权利要求的写作与理解》[THOMAS J. GREER, JR., *Writing & Understanding U.S. Patent Claims* (1979)]；《专利权利要求的撰写技巧》(约瑟夫·杰克森、迈克尔·莫里斯编辑)[*The Art of Drafting Patent Claims* (Joseph G. Jackson & G. Michael Morris eds., 1966)]；埃默森·斯特林厄姆：《专利权利要求的撰写》[Emerson Stringham, Patent Claim Drafting (2d ed. 1952)]。

② "包括"(comprising)一词有时会被"包含"(Including)和"具有"(Having)代替。

③ 参见莫勒库林诉CBS(Moleculon Research Corp. v. CBS, Inc.)，229 U.S.P.Q. 805，812 (Fed. Cir. 1986)；另参见格雷案(*In re* Gray)，53 F.2d 520 (C.C.P.A. 1931)；杰克森案(*Ex parte* Jackson)，3 U.S.P.Q. 314 (Pat. Off. Bd. App. 1929)。

④ 参见利尔·西格勒公司诉航空器公司(Lear Siegler, Inc. v. Aeroquip Corp.)，733 F.2d 881，888 (Fed. Cir. 1984)；戈尔联合公司诉加洛克公司(W. L. Gore & Assocs. v. Garlock, Inc.)，721 F.2d 1540，1558 (Fed. Cir. 1983)；美国旋翼机公司诉合众国(Autogiro Co. of America v. United States)，384 F.2d 391，376—397 (Ct. Cl. 1967)。

形式。一项独立要求完全不依赖其他要求；一项从属性要求需要涉及前面的权利要求，从而就要以参考的方式，包括它所参考的权利要求的所有限制，也包括它自己的限制。一项多重从属性权利要求以选择方式涉及两项或多项权利要求，被认为包括了所有其自身的限制以及所有被参考的权利要求的限制。[①]

对于《专利法》第101条列举的发明类型，权利要求的提出主要有5种方式，即合成物、方法、器具、方法限定的产品以及手段加功能权利要求等。

3.1.2.1

(一) 合成物的权利要求

这一用法实质上虽不准确，但化合物确实被视为"合成物"；而化学制品或多成分混合被更加准确地称为"合成物"。它们可能被以化合物或配制物的名义主张权利。如有必要，合成的比例或其它参数得到说明。例如：

一种可塑剂合成物包括：

(a)大约50—60%的A；

(b)大约20—30%的B；

(c)大约15—25%的C；

(d)一种pH调整物质，其数量足够调整pH值，使其数值达到大约3到4.5。[②]

3.1.2.2

(二) 方法的权利要求

方法或方式的权利要求可以被分为：(1)制造方法或方式，和(2)使用方法或方式。如前述，典型的制造方法权利要求涉及，为达到某种结果而在物体或物质上进行操作的行为或步骤。例如，制造化合物X的方法所包括的步骤有：

---

① 有关独立权利要求的其他例证，参见费伯：《专利要求撰写技术》，见前注236，at 17－18。关于从属性权利要求的例子，参见前注，at 163。关于多重从属要求的例子，参见《专利审查程序指南》[MPEP，at § 608.01(n)]。

② 参见费伯：《专利要求撰写技术》，前注236，at §49。

(a)将水与复合物Z混合,以构成一种混合物;

(b)对混合物加热至大约150—160℃;

(c)对该混合物进行提取;然后

(d)任由混合物冷却至室内温度。[①]

请注意方法权利要求中的动名词的重要性。

在方法的权利要求中,被申请专利的是行为或步骤的组合或顺序,而不是由此产生的产品。在含有步骤顺序的地方,该顺序应该得到说明。然而,非实质性步骤和顺序不应在方法要求中列举,以免该要求被很容易地规避。[②]

就旧产品或新产品的新用途获得专利,唯一途径是采用方式权利要求——这将是一种有关使用方式的权利要求。考虑下列典型的使用方式权利要求:

秃头治疗法,其构成是,在头皮上涂抹浓度为30—40%的氯化钠水溶液。[③]

3.1.2.3　(三)器具的权利要求

器具的权利要求一般是针对机械构造。序言总是要叙述该器具的目的。过渡语(如"包括")之后,器具的每个实质性特征均以概要的形式得到展示。该权利要求必须充分详述各特征之间的关系,以便对该器具做出清晰界定。下列例子说明了一个简单器具的权利要求:

摇动物件的器具,它包括:

---

① 参见费伯:《专利要求撰写技术》,前注236,at §37。

② 参见前注,at §39。

③ 同上,at §42。

(a)一个盛放物品的容器；

(b)一个底座；

(c)多条平行的支腿，每个支腿的一头以枢轴与容器相连，另一头则与底座相连，以支撑容器，使之在底座上产生摇摆式运动。[①]

3.1.2.4 **(四)方法限定产品的权利要求**

方法限定产品(product－by－process)的权利要求的设计是为了便于就复杂产品提出权利要求——人们对这种产品的结构或其他特征了解不够，不足以对产品本身进行充分描述。此类权利要求，通过详述产品的制造方法，间接地对该产品提出权利要求。它们通常采取的形式是"一种产品，由一种包括……步骤的方法制造而成。"[②]例如，由如下步骤构成的一项方法的产品：

(a)将水与复合物Z混合，以构成一种混合物；

(b)对混合物加热至大约150—160℃；

(c)对该混合物进行提取；然后

(d)任由混合物冷却至室内温度。

此种产品是否被限于专利中所描述和要求的方法，联邦巡回法院先例对此意见不一。[③]

---

① 参见费伯：《专利要求撰写技术》，前注236，at §14。

② 谢尔登：《如何撰写专利申请书》(Sheldon, *How to Write A Patent Application*)，at §6.4.5。专利商标局将方法之产品的权利要求视为产品权利要求。因此，《专利审查程序指南》以及一些判例要求该种产品本身满足可专利性要件。

③ 比较：斯克里普斯基金诉基因技术有限公司(Scripps Clinic & Research Foundation v. Genentech, Inc.)，927 F.2d 1565 (Fed. Cir. 1991)(方法限定产品的权利要求未因要求中展示的方法受到限制)，亚特兰大热塑性塑料公司诉费特克斯(Atlantic Thermoplastics Co. v. Faytex Corp.)，970 F.2d 834 (Fed. Cir. 1992)(在判定侵权时，所展示的方法发挥了限制性作用)。另参见埃克森化学专利公司诉路博润公司(Exxon Chemical Patents, Inc. v. Lubrizol Corp.)，64 F.3d 1553 (Fed. Cir. 1996)。

3.1.2.5 (五) 手段加功能的权利要求

《专利法》第112条第6段专门允许“某组合物的权利要求中的一个特征……被表达为实现某特定功能的一个手段或步骤”。这些特征被称为“手段加功能”(means－plus－function)特征。[①] 权利要求的此种特征界定的是该特征的功能,而非其结构。该法然后规定,该特征“之解释应该覆盖说明书和其等同物中所描述的相应的结构、材料或行为。”考虑上述有关器具的权利要求样本,同时加上手段加功能特征:

(a)一个盛放物品的容器;

(b)一个底座;

(c)多条平行的支腿,每个支腿的一头以枢轴与容器相连,另一头则与底座相连,以支撑容器,使之在该底座上产生摇摆式运动。

(d)在支腿上震荡容器以摇动物件的手段。[②]

权利要求的一个特征能否依照第112条第6款得到恰当的考虑,有时是一个难题。[③]

3.2 第二节 专利商标局的审查程序

专利局于1836年依法创立,1975年更名为专利商标局,被视为美国最

---

① 第112条第6款仅仅适用于组合物的权利要求,此要求中必定具有两个或多个不同的特征,其中只有一个特征可以以手段加功能的表述得到界定。

② 费伯:《专利要求撰写技术》,前注236,at §14。

③ 参见统一动力诉自动化(Unidynamics v. Automatic Prod.),157 F. 3d 1311 (Fed. Cir. 1998);科尔诉金佰利一克拉克公司(Cole v. Kimberly-Clark Corp.),102 F. 3d 524 (Fed. Cir. 1996);约克制品公司诉中央拖拉机农场与家庭中心(York Products, Inc. v. Central Tractor Farm & Family Center),99 F. 3d 1568 (Fed. Cir. 1996)。

古老的联邦机构,如今属于商务部的 14 个部门之一。[①]

3.2.1 一、初步处理

新的申请由申请部(Application Division)做初步处理,以判定一项申请是否完整并合乎形式要求。附随申请书的附图被转送给官方绘图员,检查其是否符合形式要求。申请的分配被转给分案部(Assignment Division),该部将该分配记录于电脑和缩微胶片档案,再将它返还申请人,并向其告知其申请在缩微胶片档案中的卷数与帧数号码。

专利商标局维护着详细的分类系统,所有技术以此被分类编入专门的类型(如化学类、电子类等)。分类系统内包含千百个类型,每一类又都分为至少很多小类。申请部确定具体申请所属的合适的技术类别和小类别,然后将申请转至负责该类与该小类的审查部门。这些文件被保存在被称为"文件包"的文件护封里。

3.2.2 二、审查与办理

3.2.2.1 (一)有关手续及审查员的查询

当某申请到达某一个审查组,它便被分配给合适的技术单位,然后再交给具体的审查员。该审查员首先要确认该申请是否包括获得申请日所必要的因素:(1)书面说明,(2)权利要求,和(3)必要的附图。[②]

在认定某申请合乎这些条件之后,审查员就要开始查询与所申请标的相关的现有技术。大多数相关的现有技术通常被陈列在专利申请人的"信

---

① 专利局虽由 1836 年立法正式创立,其启动的时间却很难说准。它没有出现在 1790 年或 1793 年《专利法》中。不过,1802 年,曾在美国早期的专利与版权法发展过程中发挥重要作用的国务卿詹姆斯·麦迪逊使专利局成为商务部的一个独立部门,并任命美国国会大厦的设计者,备受尊重的威廉姆·特顿(William Thorton)博士全职担任监管专利颁发的职位,年薪 1400 美元。有人说,正是由于 1802 年对特顿博士的任命,专利局得以创立。有关专利商标局之名称的简史,参见参议院报告第 93－1399 号(S. Rep. No. 93－1399)(1974), reprinted in 1974 U. S. C. C. A. N. 7133。

② 参见《联邦管理法规》第 37 卷[37 C. F. R. § 1.53 (b)(1)]。

息披露声明”(Information Disclosure Statement)中,它在提交申请的同时或之后不久被呈交给专利商标局。[①] 审查员实施查询的质量和全面性与其查询技巧、用于查询的时间,以及所查书刊资料的全面性密切相关。

3.2.2.2 (二)专利局意见

在审查员实施上述初步工作之后,他要与申请人或其律师或代理人(如有委托)进行书面通信。这种通信被称为“专利局意见”(Office Action),其中包括一个格式附函和有关该决定的说明。在格式函上,审查员要对本意见作出概述,具体是在合适的检查框内打勾、填写正确的空格,并对意见作出解释。

3.2.2.3 (三)申请人的答辩

在指定的答辩期间内(通常可以延长到付费后 6 个月的法定期间),申请人必须对审查员的驳回和异议做出答辩;否则,申请将被视为放弃。

申请人对驳回和异议做出答辩时可以要求修改权利要求,并专门针对审查员的决定提出理由。答辩通常包括权利要求的修改和理由说明,目的是要将所申请的发明与审查员所援引的现有技术区分开来。[②]

如果审查员对得不到书面说明支持的权利要求做出驳回或异议,申请人的回复还可以修改书面说明,以使之包括当初提交的权利要求的表述。同时,当异议认为书面说明没能对发明做出清楚明确的描述时,申请人答辩时可以修改书面说明,只要该申请人没有引入“新事项”。[③] 新事项是最初提交的申请中所未包括的实质性信息。大多数情况下,在申请人提交申请以后,对于书面说明,他几乎已无能为力。

3.2.2.4 (四)再审议与核准

申请人对首次专利局审查决定做出答辩之后,审查员对该申请进行再审议(reconsideration)。如果审查员对答辩感到满意,便颁发“核准通知”

---

① 参见《联邦管理法规》第 37 卷(37 C.F.R. §1.56)。

② 虽然修改可能是不解自明的,而作为一项实践规则,申请人应该在修改的同时对其重要意义做出解释。

③ 参见《美国法典》第 35 编第 132(1994)。

(Notice of Allowance),这一格式信函的主要目的是,告知申请人,其申请得到核准。

如果审查员对答辩感到不满意,他可以第二次发出专利局审查决定。除非第二次或以后的专利局审查决定给出新的驳回理由,如新发现的在先技术,审查员可以该驳回为“最终”驳回。发出第一次专利局审查决定之后、发出最终审查决定之前的任何时间,申请人或其代理人都有权面见或以电话方式联系审查员,以澄清问题,并就申请的核准达成一致意见。而在最终审查决定发出以后,是否同意洽谈并考虑答辩意见,由审查员斟酌决定。审查员必须通过填写一份“审查员会谈概要”表格以记录会谈要旨,且申请人也必须提交会谈概要,除非经审查员免除。①

3.2.2.5 **(五)对最终审查决定的答辩**

审查员发出最终驳回之后,申请人面临选择。他可以(1)放弃申请;(2)向专利申诉与抵触审查委员会提出申诉②;(3)采纳被核准的权利要求而取消其他的;(4)继续提出申请。

3.2.2.5.1 **1. 申诉**

如果申请人向专利申诉与抵触审查委员会提起申诉,它应在 2 个月,并可延长至 6 个月内提交“申诉要点”(Appeal Brief)。申诉要点提交之后,审查员必须提交“审查员答复”(Examiner’s Answer)。提交审查员答复没有法定的或常规性的时间限制。在提交审查员答复一个月内,申请人可以仅针对审查员答复中提出的新观点提出“答辩要点”(Reply Brief)。

申请人可以要求举行口头听证。然后,申诉被安排进入审查委员会的日程表,并指派给包括三位行政性专利裁判官(Administrative Patent Jud-

① 参见《联邦管理法规》第 37 卷[37 C.F.R. § 1.133 (b)(1996)]。有关面谈实务的讨论,参见大视野诉邦尼尤(Magnivision v. Bonneau Co.), 115 F. 3d 956 (Fed. Cir. 1997)。

② 专利申诉与抵触审查委员会是专利商标局内部的第一个裁判委员会。参见迈克尔·布卢默:《专利申诉与抵触审查委员会》(Michael W. Bloomer, *The Board of Patent Appeals and Interferences*), Am. Intell. Prop. L. Ass’n Bull., Dec. 1992, at 188;保罗·费德里科:《1861—1961 年间的申诉委员会》(Paul J. Federico, *The Board of Appeals 1861—1961*), 43 J. Pat. Off. Soc’y 691 (1961)。

ges)的审议小组。如果申诉被安排了口头听证,申请人就会收到听证时间通知,并可于此时宣布放弃听证。

口头听证之后,或者,如果不要求举行口头听证,委员会对申诉做出审议。委员会可以完全或部分地肯定审查员的决定,也可予以推翻。如果委员会肯定审查员的决定,申请人可以放弃申请,继续提交申请,向哥伦比亚地区法院提起民事诉讼以取得专利,或者直接向联邦巡回法院起诉委员会的决定。如果委员会推翻审查员的决定,审查员就必须发出核准通知。委员会还可以指令做进一步审查或其他程序,如果这样显得合理。

3.2.2.5.2 2. 取消权利要求

申请人所面对的如果是最终驳回某些权利要求,但核准了其他要求,无论这是不是申诉的结果,他都可以决定采纳被核准的要求并取消其他要求。然后,受到如此限制的核准通知被发出。

3.2.2.5.3 3. 继续申请

作为一个统称的"继续申请"(continuing application)包括三种专利申请,它们都有权取得初期("母")申请的申请日。这三种继续申请是延续申请,部分延续申请和分案申请。主张继续资格的条件是,在母申请尚未决定("共同未决")的时候提交申请,至少有一个申请人是两个申请所共同的,且第二次申请的文本必须溯及第一个申请。[①]

如果申请人所面对的是申请中的所有权利要求被最终驳回,或者是已取消的要求被最终驳回而其他要求被核准,申请人可能希望就被取消的权利要求提出继续申请。另有其他理由也可能支持继续申请,对此下文予以讨论。

延续申请(continuation application)是指其书面说明与母申请相同,但其权利要求与母申请则可能相同,也可能不同的申请。延续申请有资格就其所包含的所有标的获得母申请的申请日。如果母申请中的所有权利要求

① 参见《专利审查程序指南》[MPEP, § § 201. 06, 201. 07, 201. 08, 201. 11(rev. ed. 1995)]。

最终均被拒绝，而申请人又有新的修改方案和理由要提出，延续申请就可以提出以取得进一步的全部审查。在母申请遭到最终驳回之后，如果有新的修改或理由被提出，并因它们提出了新问题或需要进一步查询而未经登载，但审查员表示这些修改或建议具有某些价值的，延续申请的提出常常是合适的。如果母申请中只有某些权利要求最终被驳回，延续申请也可以提出。那些权利要求可能被从母申请中取消，而其他权利要求则被核准发布。然后，在延续申请中，曾被取消的权利要求可以被坚持，无论是否有修改。

部分延续申请(continuation-in-part application)指的是，其某些标的与母申请相同，但又包含新标的。部分延续申请中的共同标的有资格取得母申请的申请日，而新事项只能取得其自己的申请日。如果申请人希望对母申请的权利要求增加限定以区别某个或某些参考性技术，但新增限制得不到母申请书面说明的支持，且审查员因为新事项的引入而不会允许对该书面说明增加支持性材料，此时就可以提出部分延续申请。申请人可以提交部分延续申请以包括新的事项。如果申请人对母申请所描述的发明进行了改进，也可以提出包括新开发信息的部分延续申请。无论母申请案的审查状况如何，只要它尚未决定，部分延续申请就可以在任何时间提出。

分案申请(divisional application)是以母申请为基础，具有相同书面说明但权利要求不同，常常因限定要求而提起的继续申请。当审查员认为申请所要求的是多项发明时，他就会发布限定要求。当审查员发布限定要求时，申请人就不得不选择他希望获得审查的发明。这并不意味着该发明人对未选发明寻求专利保护的努力要被排除。事实上，未选发明可以通过提交分案申请的方式得到审查。不过，与母申请相比，如果分案申请的权利要求在可专利性上并无区别(非显而易见)，基于显而易见类双重授权(obviousness type double patenting)[①]的理由，审查员就可以驳回该分案申请。实质上，审查员是在阻止该申请人扩张其专利权以使其超出法定期限。在

---

① 参见符号技术有限公司诉选择有限公司(Symbol Technologies Inc. v. Option Inc.)，936 F.2d 1569 (Fed. Cir. 1991)。

根据《关贸总协定》修改专利法之前，此类驳回具有更大的权力，因为专利期限的计算如今是从申请日开始起（即申请日后 20 年），而非从颁发日起（即颁发日后 17 年）。由于分案申请就其定义而言有资格取得与母申请相同的申请日，二者都终止于母申请之申请日后 20 年。

3.2.2.6 （六）公开

在 1999 年《美国发明人保护法》（AIPA）之前，专利由专利商标局保密。然而，已被编入《美国法典》的《美国发明人保护法》以及《联邦条例》则授权公开 2000 年 11 月 29 日当天及以后提交的申请。按照 2001 年《美国法典》第 35 编第 122 条(b)(1)，除了某些例外，"每个专利申请从最早申请日起满 8 个月后，都应该被立即公开。"第 122 条(b)(2)为公开规定了例外情形。主要的公开例外是，申请人同意他或她将不寻求国外专利保护。

3.2.2.7 （七）外国优先权

对于在国外提交申请的日期，申请人可以提出利益主张。按照《巴黎公约》（依据《专利法》第 119 条在美国有效）的规定①，首次在某一成员国提起专利申请的申请日利益（被称为"优先权"）可以在美国申请中主张，只要后者是在首次申请后一年之内提起的。② 优先权可以在申请未决期间的任何时间提出。通过提交经认证的外国申请复印件，优先权主张就会更加完备。无论所要求的优先权利益是来自本国申请还是外国申请，在优先权日与申请提交日之间发表的材料不属于该申请的现有技术。然而，第 102 条(b)规

---

① 优先权也可以根据"关贸总协定世贸组织协定"或与个别国家之间的双边协议而获得。例如，美国与中国台湾于 1996 年 4 月 10 日达成协议，在中国台湾提起的专利申请可根据其在美国的专利申请日主张优先权。参见戴西·王：《台美协议允许依照美国申请日主张优先权》（Daisy Wang, *Taiwan—U. S. Agreement Permits Claim to Priority Based on U. S. Filing Date*），10 World Intellectual Property Report 173 (1996)。

② 除了在某一成员国提出申请外，申请人（在某些情况下）还可以遵照 WIPO 管理下的《专利合作条约》（PCT）提起的"国际申请"。《专利合作条约》是 50 多个国家之间的多边条约，其缔结目的是在申请人就同一发明申请多国专利时简化专利申请程序。参见《美国法典》第 35 编（35 U. S. C. chs. 35—37）和世界知识产权组织《PCT 申请人手册》[WIPO, *PCT Applicant's Guide* (1992, rev. 1994)]。

定的一年期限系从最早生效的美国申请日，而不是从外国的优先权日起算。[①]

3.2.2.8 (八) 抵触审查

如有多个申请就同一个标的提出专利要求，这些申请就被认为是“抵触的”；在向每个申请人裁定发明的可专利性之后，审查员可以宣告他们之间存在着“抵触”。[②] 解决专利抵触属于专利商标局的双方程序，用以判定哪一方才是最先做出发明的人。[③] 抵触也可能被宣布存在于未决申请与已颁专利之间。如果审查员没有宣布抵触的存在，申请人也可以启动抵触审查。抵触可能关系到申请或专利中的某些或所有的权利要求项。

3.2.3 三、司法诉讼

在对审查员的最终驳回提起的申诉中，如果申请人对专利申诉与抵触审查委员会的决定感到不满，他可以在哥伦比亚联邦地区法院对专利商标局长提起民事诉讼。对该委员会之决定不服的抵触一方可以通过针对另一方的民事诉讼获得救济。[④] 在地区法院，申请人或抵触方的专利权问题得到重审。因不服地区法院判决而提出的上诉只能向联邦巡回法院提出。[⑤] 作为选择，申请人也可以从专利商标局直接起诉至联邦巡回法院。[⑥] 实践中，大量起诉直接向联邦巡回法院提出，对专利商标局有明显错误的事实裁

① 如果援引根据 GATT 所提临时申请的国内优先权日，其效力如何尚不得而知。

② 参见《联邦管理法规》第 37 卷[37 C.F.R. §1.605 (1996)]；《专利审查程序指南》(MPEP §2305)。

③ 将美国的先发明体制变革为几乎所有外国都实行的先申请体制，是 1990 年代早期贸易及立法所作出的大量努力的话题。到 1994 年 1 月 24 日，美国停止了有关这一变革的谈判，但它坚持，在未来，向先申请制转变的选择是开放的。参见《美国对先申请制说“现在不”并就专利保护期与日本达成一致》(*U.S. Says 'Not Now' on First－to－File & Agrees with Japan on Patent Term*)，47 Pat. Trademark & Copyright J. (BNA) 285 (January 27, 1994)。

④ 参见《美国法典》第 35 编第 145 和 146 条(1984 & Supp. 1997)。

⑤ 参见《美国法典》第 35 编第 1295 条 (1994)。

⑥ 参见《美国法典》第 35 编第 141 条 (1994)。

定和法律问题，该院分别进行重新审查。① 对于联邦巡回法院的判决，最高法院有权发出调案令。

3.3 第三节　授权后的程序

专利被授予之后，有一些程序可以使专利条款（terms）得到重新考虑。这些程序是复杂的，且不应成为修改审查过程中的重要缺陷的依据。为进行重新协商和修改，《专利法》建立了两个主要程序，即再颁发和再审查。*

3.3.1 一、再颁证

再颁证（reissue）的目的是允许专利所有人修改因疏忽造成的错误。就其本意而言，只有专利所有人才能利用该程序。与再审查程序不同，无论第三方还是专利商标局都不能启动再颁证程序。

《专利法》规定，再颁证程序试图修改的错误，必须能够造成该专利“被其所有人认为完全或部分不起作用或无效。”②法院曾解释认为，这一条件包括从印刷错误到权利要求范围差错等任何问题。

发明人应该表明该错误不是故意的或是不可避免的，且没有欺骗意图。政府虽然允许发明人在再颁发程序中灵活修改专利条款，但在实际上，这一门槛要求还是很高的。

正像人们可以期待的，要求再颁发的期限依赖于该要求本身的性质。

---

① 参见泽克案（*In re* Zurko），142 F. 3d 1447 (Fed. Cir. 1998)（*en banc*），*cert. granted*，1998 WL 596684 (U. S.) 和 布兰纳案（*In re* Brana），51 F. 3d 1560 (Fed. Cir. 1995)。

* 2011 年修改后的《专利法》创设了三个新的授权后程序：①专利授权后，或换发证后 9 个月内，他人可以向专利局申请对该专利发起授权后复核（post grant review）程序（第 321 条）。②取消双方再审程序，建立双方复核（inter partes review）程序，他人可于专利授权或换发证一年后，或者在授权后复核程序终止后启动该程序（第 311 条）。③创立补充审查（supplemental examination）程序，使专利人有机会申请专利商标局，审查、重新审查或修改与专利有关的信息（第 257 条）。

② 《美国法典》第 35 编第 251 条 (1994)。

这样，希望缩小其权利要求范围的发明人在其专利有效期内可以随时要求再颁发。但是，试图通过再颁发扩展权利要求范围的发明人可能会伤害包括竞争者在内的公众的期待，因为他们一直信赖着原初的权利要求表述。因此，扩展性再颁发的要求只能在证书最初颁发后的两年内提出。不过，即使这个两年期限也可能不公平地影响到第三方——他已经开始按当初的权利要求制造或使用（或者，至少已为此做准备）该发明，却突然发现自己正在侵犯得到再颁发的专利。[①] 为防止此种情形，中用权（intervening rights）原则可以保护竞争者的投资。[②]

3.3.2

二、再审查

根据再审查（reexamination）程序，专利人或第三方可以要求专利商标局在某专利有效期内重新审查其权利要求。有关再审查的立法于 1980 年通过，其目的是要“通过对可疑专利创设行政再审查程序，（加强）投资人对于专利权之确定性的信心”。[③] 与再颁发程序不同，专利人之外的人可以提出再审查要求，且专利权利要求的范围不能扩大。[④]

---

① 例如，专利人的竞争对手可能会利用其专利未提出权利要求的领域。竞争对手可能会在前两年专利期内开始实施重大投资，却未料到再颁发要对这个以前未被占领的领域提出权利。

② 参见《美国法典》第 35 编第 252 条 (1994)。

③ H. R. Rep. , 96－1307。

④ 参见《美国法典》第 35 编第 301 条至第 305 条 (1994)。

第四章　所有权与转移

专利法承认所有权与发明人身份之间的区别，并对它们做出了不同的处理。[①] 专利权是私人财产权的一种形式，[②]并且，发明中的财产权虽然最初被赋予了发明人，[③]但它可以被转移。[④] 所有权属于对标的拥有合法资格的人，而无论实际上是谁发明了它。[⑤] 同样，发明人身份属于对专利所要求的标的做出实际发明的人或人们。

个人、公司、商业实验室或其他法律实体都可能是专利所有人。共同所有权得到承认，"在没有相反协议的情况下，专利的共同所有人中的每个人都可以在美国制造、使用、许诺或销售该专利发明，……而无需其他所有人的同意，也无需向其他所有人报账（accounting）。"[⑥]由此，专利的共同所有人共享专利权益。只有当因侵权而需要返还赔偿时，共有人各自份额的比例才需要得到衡平。此时，每个共有人会被给予比例合适的份额。[⑦]

《专利法》要求专利申请标的的实际发明人申请或授权他人申请专利，并签发声明，宣誓其承认因获得专利而产生的义务。[⑧] 发明人身份虽然得

---

① 参见比奇航空器公司诉 EDO 公司（Beech Aircraft Corp. v. EDO Corp.），990 F. 2d 1237，1248 (Fed. Cir. 1993)（发明人身份是一个关于谁实际做出专利发明的问题；而所有权则是关于谁对该专利标的拥有主张专利的资格问题，专利具有私人财产权的性质）。

② 《美国法典》第 35 编第 261 条 (1994)。

③ 参见蒂茨诉克罗马罗依燃气轮机公司（Teets v. Chromalloy Gas Turbine Corporation），83 F. 3d 403 ，407(Fed. Cir. 1996)。

④ 《美国法典》第 35 编第 261 条(1994)；另参见 GAIA 技术有限公司诉再转化技术有限公司（GAIA Technologies, Inc. v. Reconversion Technologies, Inc.），93 F. 3d 774，777 (Fed. Cir. 1996)（"专利……就像其他私人财产一样，可以从发明人转移……给他人"）。

⑤ 参见休厄尔诉沃尔特斯（Sewell v. Walters），21 F. 3d 411，417 (Fed. Cir. 1994)。

⑥ 《美国法典》第 35 编第 262 条 (1994)。

⑦ 参见勒马尔森诉协同公司（Lemelson v. Synergistics Res. Co.），669 F. Supp. 642，645 (S. D. N. Y. 1987)。

⑧ 《美国法典》第 35 编第 111 条和第 115 条 (1994)。

到极大的尊敬，但该身份本身并不具有发放许可、让与专利份额或起诉侵权的资格。这些属于所有权的特性。[①] 专利上的私有权属于所有人，并且，即使在发明构思之前，它也可以通过双方协议被转让给他人。因而，专利所有人可以通过让与或许可将专利权利分成若干部分。[②] 有关所有权以及专利权许可的问题属于州合同法上的事。[③]

---

① 参见莱特—海特公司诉凯利公司(Rite-Hite Corp. v. Kelley Co.)，56 F. 3d 1538，1551—1552 (Fed. Cir. 1995)。

② 参见沃特曼诉麦克肯齐(Waterman v. MacKenzie)，138 U. S. 252，255—256(1891)。按照《美国法典》第35编第261条，让与必须"自其日之后"三个月内到专利商标局备案，否则，它会"在对抗后来的任何支付对价的购买者或抵押权人时，归于无效"。

③ 参见吉姆·阿诺德公司诉氢技术系统公司(Jim Arnold Corp. v. Hydrotech Systems, Inc.)，109 F. 3d 1567，1572 (Fed. Cir. 1997)(谁以及以什么条件拥有专利权的问题，通常是专归州法院管辖的问题)；麦科伊诉三星刃物株式会社(McCoy v. Mitsuboshi Cutlery, Inc.)67 F. 3d 917，920 (Fed. Cir. 1995)(无论是明指还是暗示，许可是"受州合同法一般原则调整"的合同)。

第五章　专利权及其限制

专利授权赋予专利人多项权利，但这些权利仍要受到成文法以及普通法的限制，从而划定其范围。第 154 条列举了基本的排他性权利：

> 专利应包含的授权是，排除他人在美国境内制造、使用、许诺销售或销售该发明，或向美国进口该发明的权利……[①]

第 271 条(a)规定：

> 在专利保护期内，任何人未经授权，在美国境内制造、使用、许诺销售或销售受专利保护的发明，或向美国进口受专利保护的发明，是对该专利的侵犯。[②]

这样，专利人拥有五项基本的排他性权利：(1)制造，(2)使用，(3)销售，(4)许诺销售和(5)进口。[③] 需要注意的是，专利授权并非给予专利人以制造、使用、销售、许诺销售和进口的权利，而是提供了排他性权利。

5.1　第一节　排他性权利的范围

5.1.1　一、时间范围：专利保护期

1995 年 6 月 8 日之前，美国专利保护期是专利颁发后 17 年。[④] 1994 年

---

① 《美国法典》第 35 编第 154 条(1994)。

② 《美国法典》第 35 编第 271 条(a)（1994)。

③ 1996 年 1 月 1 日，作为《关贸总协定》有关与贸易有关的知识产权问题的乌拉圭回合协议的一部分，“进口”和“许诺销售”规定开始生效，并被加入第 154 条和第 271 条(a)。

④ 1790 年《专利法》规定的保护期是“不超过 14 年”。14 年保护期来自英国的《垄断法令》，它所规定的是与两个 7 年等效的 14 年专利保护期。参见唐纳德·奇萨姆：《奇萨姆论专利(第五编)》(Donald S. Chisum，5 *Chisum on Patents*)，16－186 (1997)。

4 月 1 日,美国和其他一些国家签署包括《与贸易有关的知识产权协定》在内的《关贸总协定》乌拉圭回合贸易谈判最后文件。该协定的专利部分规定:“自申请日起算的 20 年期间终止之前,可适用的保护期不应结束。”[①]为实施该规定,《专利法》第 154 条(a)(2)做出如下修改:

> 保护期——经缴纳本编规定的费用后,该授权的期间应该是始于专利证颁发之日,并于该专利在美国提交申请之日后满 20 年终止,或者,如果申请中特别提及早期提交的申请,则始于最早提交申请的日期。

《与贸易有关的知识产权协定》的相关立法还影响到其生效日(即 1995 年 6 月 8 日)以前提交的专利申请。在该日之前已提交申请的专利保护期是:(1)颁证日后 17 年,或(2)从最早申请的提交日起算满 20 年,其中以较长者为准。对于 1995 年 6 月 8 日当天或之后提交的申请,专利保护期 20 年,从最早申请的提交日起算。早期申请可包括基于第 120 条的延续申请、第 121 条上的分案申请或符合第 365 条(c)的《专利合作条约》申请。

专利只能在授权之后才能生效并实施保护。[②]《专利法》第 154 条特别指出,专利保护期应该开始于“专利颁发之日”。因而,颁发之前实行,会在专利有效期内造成侵权判决的行为不受起诉。另外,就像在颁证之前不可实施保护一样,专利终止后也不能实施保护。[③]

5.1.2

二、地理范围

第 154 条(a)(1)授权专利人,禁止他人在美国“国内”或其“全国”制造、

---

① 设计专利的保护期不受影响,依旧是专利颁发后 14 年。参见《美国法典》第 35 编第 173 条。

② 参见马什诉尼科尔斯(Marsh v. Nichols),128 U. S. 605, 612 (1888);另参见 GAF 建筑材料公司诉达拉斯埃尔克公司(GAF Building Materials Corp. v. Elk Corp. of Dallas),90 F. 3d 479, 483 (Fed. Cir. 1996)(专利在其被授予之前并不存在。……只有在正式颁发专利之后才产生专利权;因而,在专利颁发之前,有关专利有效性和侵权的讨论必然是假定性的)。

③ 参见乔伊技术公司诉弗莱克有限公司(Joy Technologies, Inc. v. Flakt, Inc.),6 F. 3d 770 (Fed. Cir. 1993)。不过,专利在诉讼未决期间的终止,不会导致法院失去裁判权。比德尔诉贝内特(Beedle v. Bennett),122 U. S. 71 (1887)。

使用、许诺销售或销售其发明,或者向美国"输入"该发明。因而,发生在外国的行为,本身不构成侵权。但是,有关从美国向外国输出,或从外国向美国输入的行为则可能造成侵权。这些问题为立法解释提出了难题。

5.1.2.1

(一) 发明的出口

显然,在美国制造专利发明以及为了使用或销售而实施出口的人侵犯了该专利,因为此种情形下的制造行为本身属于美国专利法上的侵权(产品实际上是美国制造)。比较麻烦的情形是,某人为出口而制造形式不完整的专利产品,或仅制造专利机械的零部件,然后出口到国外组装。

由于专利法没有对"制造"(make)一词做出界定,释义的任务就留给了法院。在南方腹地包装公司诉莱特拉姆公司一案①中,最高法院曾处理过此类问题,生产专利机器零部件、运送给外国客户,再由后者在外国组装完整机器的人,实质上未被判定为侵权。专利人的竞争对手在美国制造专利机器的零部件并将它们出口到外国组装,不受惩罚。

1984年,国会对南方腹地案以及专利法上的这一明显漏洞作出回应,为第271条增加的(f)项规定,如果明知未组装的零部件将在国外被以侵权的方式组装,这些零部件的出口即属于侵权。②

最近几年来,第271条(f)成为了一系列小而重要的案件的议题。比如,在佩莱格里尼诉模拟设备有限公司一案③中,专利涉及到使用集成电路芯片的无刷式马达驱动电路。未受争议的是,被告模拟设备有限公司在美

---

① 南方腹地包装公司诉莱特拉姆公司(Deepsouth Packing Co. v. Laitram Corp.),406 U.S. 518 (1972)。

② 参见"1984年专利法修正案(H.R. 6286,)逐条分析"(Section-by-Section Analysis of H.R. 6286, Patent Law Amendments Act of 1984),Congressional Record, Oct. 1, 1984, H10525-26(该……修改……将防止复制者通过在本国提供专利产品零部件的方式逃避美国专利,以使零部件可在国外完成组装)。在佩莱格里尼诉模拟设备有限公司(Pellegrini v. Analog Devices, Inc.),375 F.3d 1113 (Fed. Cir. 2004)一案中,联邦巡回法院认为,第271条(f)仅当出口部件属于实物时才可适用。而厄拉斯技术公司诉微软公司(Eolas Technologies, Inc. v. Microsoft Corp.),399 F.3d. 1325 (Fed. Cir. 2005)一案表示不存在实物要求,显然扩大了美国专利的地理范围。

③ 佩莱格里尼诉模拟设备有限公司(Pellegrini v. Analog Devices, Inc.),375 F.3d 1113 (Fed. Cir. 2004)。

国国外制造并销售了集成电路芯片。涉案芯片即 ADMC 芯片系由台湾地区的模拟设备有限公司雇用的两家承包人在爱尔兰生产。并且,大多数芯片被运送、销售给美国境外的客户。佩莱格里尼起诉称,在无刷式马达中,ADMC 芯片以及其他部件的组合显示出其专利的某些权利要求,模拟设备有限公司涉嫌直接与间接侵权。地区法院批准了模拟设备有限公司提出的不侵权简易判决,因为美国专利法不具有境外司法效力。法院否决了佩莱格里尼的主张:由于模拟设备有限公司的总部位于美国,其生产与处置 ADMC 芯片的指令发自美国,所以,这些芯片应该被认为是"在或从美国被提供或使其被提供",模拟设备有限公司应该依据《专利法》第 271 条(f)(1)承担侵权责任。

联邦巡回法院肯定了地区法院的观点,并将该问题——初步印象之一——描述为:"在美国境外生产且绝未以实物运送到美国或从美国运送的部件,如果它们是在美国设计,且其生产和处置指令发自美国境内,是不是《专利法》第 271 条(f)(1)意义上的'在或从美国被提供或使其被提供'"。[①] 根据该法院的观点,第 271 条(f)不可适用,因为"模拟设备有限公司没有在美国制造、使用、销售或许诺销售 ADMC 产品,没有向美国进口 ADMC 产品。并且,模拟设备有限公司没有在美国或从美国境内提供 ADMC 芯片,没有造成 ADMC 芯片在美国或从美国被提供。"[②]该法院写道:

> 第 271 条(f)只有在下列情况下才可适用,即专利发明的部件以实物存在于美国,然后被销售或出口,"其方式可积极促使这些部件在美国境外被组合,而假如该组合发生在美国境内,就会侵犯该专利。"第 271 条(f)(1)所明确表达的焦点是被诉部件,而非被告人的所处位置。佩莱格里尼声称,部分简易判决范围内的芯片从未进入美国这一点无关紧要,因为位置条件的提出会导致"对第 271 条(f)(1)做出显然矛盾

---

① 参见佩莱格里尼案(Pellegrini),at 1115－1116。

② 同上,at 1118。

的解释”。按照佩莱格里尼的主张,“难以理解的是,如果这些部件是在美国境内,它们在美国境外的组合又怎么能够产生。”但是,第271条(f)的用语显然考虑到一定存在着介入性的(intervening)销售或出口;如果部件没有为组装而被从美国运送出去,就不可能有第271条(f)上的责任。①

在微软诉AT&T一案②中,最高法院关注到两个问题:软件属于第271条(f)上的“部件”吗?国外制造的计算机的“部件”是由微软“从美国提供的”吗?

在解释第271条上的术语“部件”时,最高法院指出,成文法提到的是被组合在一起以构成专利发明的部件,即AT&T的语言处理计算机。就其本身而言,“在[软件]作为可机读的‘复制件’得到表达(比如在CD-ROM上)之前,视窗软件(其实是与激活性媒介相分离的任何软件)一直是不可组合的。”该院还否决了AT&T的主张——“由于将软件指令编码至计算机可读媒介相当容易,以至附加步骤(extra step)对于第271条(f)的适用不应发挥决定性作用。但是……该附加步骤使该软件成为计算机中可以被使用、组合的部分;无论容易与否。”简言之,“复制件生成”(copy-producing)的步骤是绝对必要的。史蒂文斯(Stevens)法官的不同意见显示他不相信“生成复制件的步骤”的重要性。在他看来,“如果写有软件的磁盘是‘部件’,我感到难以理解的是,该部件的最重要的组成部分为什么不也是部件。”史蒂文斯法官的异见所隐含的观点是,多数派意见是过分形式主义的。他说,按照最高法院的观点,只有当微软“直接从美国发送包含其软件的一件件单独的复制品,以使每个复制件可装入一台单独的侵权计算机时”,才会产生第271条(f)上的责任。

在解答微软是否“提供了”部件时,最高法院拒绝对第271条(f)做扩大

① 参见佩莱格里尼案(Pellegrini),at 1117。

② 微软诉AT&T(Microsoft v. AT&T),127 S. Ct. 1746 (2007)。

理解。例如，该院明确否决了“易于”复制（“easy” to copy）的主张，并指出，“复制何时容易且便宜，足以认定一个实际是在国外制造的复制件竟是‘被从美国提供的’，对此，第271条(f)不包括判断的指示。”在没有国会介入的情况下，这一推理避开了专利法的特有技术性路径——至少对第271条(f)是这样的。在行使其司法上的约束时，最高法院指出，“国会认为第271条(f)有何必要或合适的调整，我们决定将其留给国会做出明智的判断。”

最高法院对于第271条(f)的理解允许美国生产商通过运送部件到国外复制，然后由外国实体使用或安装这些复制件以产生其他产品，从而达到对责任的规避。但是，立法解释的法律问题背后所隐含的是，联邦巡回法院的肯定判决是否会导致软件公司（及其它行业的公司）将他们的生产基地移至美国境外。包括法院之友在内的意见书都提出了这一观点。另外，微软案也凸显了获得外国专利保护的重要性；如果实际生产发生在国外，即使产品设计发生在美国，或者说该产品的生产指令发自美国，271条(f)也可以受到规避。相对于美国，欧洲对软件专利保护的不足也许体现了其较少同情的环境。

5.1.2.2

（二）发明或根据有关方法发明所制造产品的进口

进口专利发明的行为本身即是侵权。[①] 并且，1989年2月23日以后，进口根据美国专利方法在外国制造的非专利产品，也构成侵权。[②] 作为1988年《方法专利修改法》之一部分，这一规定“的通过是为了保护美国专

---

① 《美国法典》第35编第154条。为符合乌拉圭回合于1994年4月达成的TRIPs协定，该规定已被修改。

② 《美国法典》第35编第271条(g)。以前，专利人不得不按照1930年的《关税法》第337条申请美国国际贸易委员会发出排他性指令，该指令禁止产品进口。并且，为了按照第337条获得胜诉，申请人有责任表明其专利方法被使用“于进口产品的生产，美国存在着一个利用该专利，高效而经济地经营的产业，进口产品具有毁灭或实质性伤害国内产业的效果或可能。”参议院司法委员会，1987年《方法专利修改法》(Senate Comm. On the Judiciary, Process Patents Amendments Act of 1987)，参议院报告第100－83号(S. Rep. No. 100－83)，at 37。而且，专利人不能按照第337条获得损害赔偿。今天，修改后的第271条(g)规定，专利人可以在全美阻止他人使用或销售以及向美国进口。

利所有人而对立法体制之明显漏洞进行弥补。”①在此法之前，只有当他人在美国使用专利方法时，方法专利所有人才能起诉侵权；而如果专利方法在外国被使用，其产品被进口至美国，则不能起诉。②

第 271 条(g)所规定之保护的关键是，进口产品的“制造”系根据在美国获得专利的方法。③ 第 271 条(g)规定，就进口产品而言，如果“(1)后来的方法使它发生实质性改变；或者(2)它变成了另一产品中无足轻重、非实质性的部件”，它就不是“产生于”某专利方法。④因此，该立法“允许进口根据专利方法之产品派生而来的物件，只要该产品在转化为进口物件过程中发生了‘实质性改变’。”⑤为了解释某进口产品是否得到“实质性改变”，联邦巡回法院所关注的是“专利方法之产品与被进口产品之间所生变化的实质性”。⑥

立法进程反映出测试标准的演变，国会认为这些标准可以为法院判断是否发生了实质性改变提供指导。特别是，参议院报告详述了一个两部测试标准：(1)“如果不使用某专利方法，某产品的制造将是不可能的，或在商业上是不可行的”；(2)“如果附加的操作步骤……没能以改变专利方法[所制作]产品之基本效用的方式改变该产品的物理或化学特性”，该产品就被认为是依据专利方法而制造。⑦

5.2
第二节　排他性权利的限制

为了限制专利授权的范围，很多原则得以形成，包括：专利滥用原则；首

---

① 参见伊莱·利利公司诉美国氰胺公司(Eli Lilly and Co. v. American Cyanamid Co.)，82 F. 3d 1568，1571 (1996)。

② 参见伊莱·利利公司案(*Eli Lilly*)。

③ 《美国法典》第 35 编第 271 条(g)。

④ 同上。

⑤ 参见伊莱·利利公司案(*Eli Lilly*)，82 F. 3d at 1572。

⑥ 同上，at 1573。

⑦ 参议院报告第 83 号(S. Rep. No. 83)，100th Cong.，1st Sess. 51 (1987)。

次销售、默示许可和修理/重做原则;实验性使用例外(特别是在它关乎制药产业时)以及政府豁免。[①]

5.2.1 一、专利滥用的抗辩

通常,如果专利的使用采取了违反反垄断法的方式,或者以反竞争的方式扩大了专利权的范围,就可以被视为专利滥用(patent misuse)。[②] 与专利有关的反垄断违法包括三大类。第一,它们可能涉及专利的欺骗性获得。[③] 第二,如果恶意实施一项专利,可能发生反垄断违法(例如,实施已知其无效的专利)。[④] 最后,当有关专利的行为违反了其他任何反垄断规则时,就可能发生违法。反垄断违法受到诺埃尔一潘宁顿原则(Noerr-Pennington doctrine)的限制,按照这一原则,当私人实体鼓动政府行为以行使合法权利时,其责任被排除。[⑤]

然而,当国会规定,专利所有人不因下列情形而被拒绝侵权救济、或承担专利滥用之责时,专利滥用的抗辩受到了限制:

> (1)从他人未经其许可而实施,可能构成帮助侵权的……行为中获利;(2)许可或授权他人实施那些如未经其许可就会构成帮助侵权的行为;(3)为阻止侵权或帮助侵权[试图]实施专利权;(4)拒绝许可或使用

---

① 这些限制不同于传统的专利侵权抗辩,如专利无效、不公正行为等。

② 参见帆板运动国际有限公司诉 AMF 有限公司(Windsurfing Int'l, Inc. v. AMF, Inc.),782 F.2d 995 (Fed. Cir. 1986)。

③ 参见沃克设备有限公司诉食品机械与化工公司(Walker Process Equipment, Inc. v. Food Machinery & Chemical Corp.),382 U.S. 172 (1965)。

④ 参见汉德伽兹公司诉埃西肯公司(Handguards, Inc. v. Ethicon, Inc.),601 F.2d 986 (9th Cir. 1979);同案,743 F.2d 1282 (9th Cir. 1984)。

⑤ 参见东部铁路主管联席会诉诺埃尔汽车公司(Eastern R. Conference v. Noerr Motor),365 U.S. 127 (1961);联合采矿工人诉潘宁顿(United Mine Workers v. Pennington),381 U.S. 657 (1965)。[由美国法院确立的诺埃尔一潘宁顿原则(Noerr-Pennington doctrine)系反垄断法适用的例外。按照这一原则,即使竞争参与者试图通过游说政府、制定或实施法律,从而达到削弱竞争的目的,也无需按照反垄断法承担责任。——译者]

其专利上的任何权利；(5)以授权另一专利或购买不同产品作为该专利权许可或专利产品销售的条件，除非就其具体情形来看，在该许可或销售以之为条件的专利或专利产品相关市场上，该专利所有人具有市场支配力。①

当某专利被认为受到滥用时，它就不可被实施，直到不当行为停止，其影响消失。②

5.2.2

二、首次销售、默示许可和修理/重做原则

当某些行为的实施"未经授权"时，第 271 条(a)规定了侵权诉由。③ 授权可以是明示，也可以是默示。例如，明示授权出现于许可合同④或协议合同⑤中。默示授权则一般存在于三种情形：专利发明首次销售之后；具体情形需要默示许可；专利产品只是受到修理而非重做。

专利产品首次销售之后，购买者可自由使用或转售该专利产品，除非该买主与销售者之间有特别协定。⑥ 一般来说，专利产品的销售要遵循普通合同法。销售或许可合同可以包含限制专利产品售后行为的条款。否则，专利产品的销售合同被认为包含着有关该产品进一步销售或转让的默示条款，使买主免除专利所有人的权利约束。

---

① 《美国法典》第 35 编第 271 条(d)(1994)。

② 参见美国石膏公司诉全国石膏公司(United States Gypsum Co. v. National Gypsum Co.)，352 U.S. 457 (1957)。

③ 《美国法典》第 35 编第 271 条(a)(1994)(在专利保护期内，未经授权，在美国境内制造、使用、许诺销售或销售专利发明，或者向美国进口专利发明者，即是侵犯该专利)。

④ 参见麦科伊诉三星刃物株式会社(McCoy v. Mitsuboshi Cutlery, Inc.)，67 F. 3d 917 (Fed. Cir. 1995)。

⑤ 参见吉尔洛夫诉斯凯勒实验室(Gjerlov v. Schuyler Labs., Inc.)，131 F. 3d 1016 (Fed. Cir. 1997)。

⑥ 参见亚当斯诉伯克(Adams v. Burke)，84 U.S. (17 Wall.) 453 (1873)("专利"物品免于垄断权的限制)。

其次，事实和环境可能促使法院适用衡平法上的默示许可原则。[①] 导致默示许可的行为类型包括默认、行为、衡平法的禁止反悔以及法定的禁止反悔。[②] 如果下列两个条件得到满足，销售非专利设备以实施专利发明的情形就会出现："第一，该相关设备一定不具有非侵权用途"；"第二，销售背景必须'清楚地表明许可之授权应该被推断出来'。"[③]

最后，在没有明示性合同授权的情况下，法定的修理/重做原则提供了一种推断性授权。通常，对于使用中所必要的受损或磨损部件，被授权的买主可以要求修理或更换。[④] 但是，该被授权的买主不能就已用坏产品的零件再重做一个专利产品。[⑤] 按照联邦巡回法院的说法：

> 然而，对于已购设备进行使用或销售的授权，不包括制造新设备、或重做已耗废设备的权利。重做即重新制造专利组合，属于侵权，因为该行为超出了默示授权的范围，是在使用和销售专利设备。[⑥]

① 参见德福雷斯特广播公司诉合众国(Deforest Radio Tel. & Tel. Co. v. United States)，273 U.S. 236 (1927)(不必以正式的授权使许可获得效力。专利所有人使用的任何语言或显示给他人的任何行为，如果使该他人正确地推知该所有人同意他在制造、利用或销售中使用他所依赖的专利，就构成许可，并构成针对侵权诉讼的抗诉)；王实验室诉三菱电机(Wang Labs, Inc. v. Mitsubishi Elecs.)，103 F.3d 1571, 1580 (Fed. Cir. 1997)(默示性许可只是意味着，专利人放弃了法定的阻止他人制造、使用或销售其专利发明的权利)。

② 参见王实验室诉三菱电机(Wang Labs, Inc. v. Mitsubishi Elecs.)，103 F.3d 1571, 1580 (Fed. Cir. 1997)。

③ 梅特一科伊尔系统公司诉科纳尔有限公司(Met-Coil Systems Corp. v. Korners Unlimited, Inc.)，803 F2d 684, 686 (Fed. Cir. 1986)。

④ 参见威尔伯一埃利斯公司诉库瑟尔(Wilbur-Ellis Co. v. Kuther)，377 U.S. 422 (1964)；阿罗生产公司诉孔韦尔体布公司(Aro Mfg. Co., Inc. v. Convertible Top Co.)，365 U.S. 338 (1961)。

⑤ 参见美国棉线公司诉西蒙斯(American Cotton-Tie Co. v. Simmons)，106 U.S. (16 Otto.) 89 (1882)。

⑥ 惠普公司诉 Repeat-O-Type 公司(Hewlett-Packard Co. v. Repeat-O-Type Stencil Manufacturing Corp.)，123 F.3d 1445, 1451—1452 (Fed. Cir. 1997)(人们有权修理他所购买的专利设备。……在专利性组合物作为一个整体被耗费之后，"组合材料不再存在"时，所产生的即是重做)。

5.2.3 三、实验性使用原则

按照第271条(a)规定，仅仅是专利产品的使用往往就能构成侵权。但是，一系列权威表明，为了非商业的、实验性目的而使用专利产品，不属于侵权。"实验性使用原则"与制药行业的关系特别密切。在理论上，某类药品的专利一旦终止，就应该能让公众直接获得。但是，鉴于食品药品管理局(FDA)所要求的漫长的审批，这一结果的实现需要此类药品公司在有关专利终止之前进行试验并使用专利药品。

在洛奇产品诉博拉尔制药一案[①]中，联邦巡回法院判定，"在专利保护期的最后6个月内，为了进行完全与食品药品管理局药品审批要求相关的测试和调查，有限使用专利药品"的，不适用实验性使用原则。[②]

洛奇案判决之后不久，国会就做出回应，通过了1984年《药品价格竞争与专利保护期恢复法》——又称《哈奇·韦克斯曼法》(Hatch Waxman Act)[*]，为《专利法》增加了第271条(e)，废除了洛奇案的判决。按照第271条(e)(1)，制造、使用或销售"专利发明……的目标用途只是合理地关系到按照调控药品生产、使用或销售的联邦法进行的开发与信息提交"，被免除侵权责任。[③] 借此，该条款加快了同类药品的市场进入。对于那些向食药管理局寻求审批，希望销售食药管理局核准专利产品之同类药品的实体，该法还创建了"简化的新药申请"程序或称ANDA[**]——一种简化而快速的流线型申请程序。并且，依照第271条(e)(2)规定，该法还为专利所有人提供了一种特殊的侵权救济方式，以阻止某些实体通过ANDA申请要求食药管理局核准其在专利终止之

---

① 洛奇产品诉博拉尔制药(Roche Products, Inc. v. Bolar Pharmaceutical Co.), 733 F. 2d 858 (Fed. Cir. 1984)。

② 同上, at 861。

* 该法案的发起人系美国众议院议员亨利·韦克斯曼(Henry Waxman)和参议院议员奥林·哈奇(Orrin Hatch)，故名。——译者

③ 《美国法典》第35编第271条(e)(着重号系引者所加)。

** ANDA的全称是Abbreviated New Drug Application，意即"简化的新药申请"。——译者

前销售同类药品。最后，它规定了因食药管理局核准程序的迟延与严格所产生的专利保护期的延长。①

该法的设计目的是，促进技术创新的同时提高公众福利，这正是居于专利制度之中心位置的衡平之法。

5.2.4
四、政府使用

5.2.4.1
（一）联邦政府

当美国政府制造或使用某一专利发明时，专利所有人的排他性救济归美国联邦上诉法院，而不是联邦地区法院。按照《美国法典》第28编第1498条(a)：

> 当一项美国专利所描述或覆盖的发明，在未经其所有人同意、或不具有使用或生产权利的情况下，被或为合众国使用或生产，所有人的救济应该通过在合众国联邦上诉法院起诉合众国的诉讼，就该使用和生产获得其合理与全部的赔偿。
>
> ……
>
> 就本条而言，承包人、转承包人或任何个人、商行或公司为了政府、受政府授权或同意，使用或生产一项美国专利所描述或覆盖的发明，应该被理解为合众国的使用或生产。②

第1498条(a)第二段规定，某实体“受政府授权和同意”，“使用或生产”

---

① 对于《哈奇·韦克斯曼法》所规定的专利保护期的延长（食药管理局收集同类药品数据的免责）与ANDA申请之间的相互关系，有关讨论参见伊莱·利利公司诉美敦力公司（Eli Lilly & Co. v. Medtronic Inc.），496 U.S. 661 (1990)。

② 一些法院认为，第1498条实际上是以“营业收入”(takings)法理为基础，此时，政府是在行使其国家征用权（eminent domain）。在戈尔联合公司诉加洛克公司（W. L. Gore & Associates, Inc. v. Garlock, Inc.），842 F. 2d 1275, 1283 (Fed. Cir. 1988)一案中，联邦巡回法院指出，“专利人从合众国取得的专利受制于政府的国家征用权——即从生产者处获其所需并付诸使用。在同一立法中，政府仁慈地同意，当它所实施的行为如系私人所为即构成侵权时，它可以因合理而完全的补偿之诉而在索赔法院被起诉。”

专利发明，“应该被理解为合众国的使用或生产”。使用或生产受到政府的“授权和同意”——这一条件可能涉及到“为向合众国实际交付而生产的产品和受雇于合众国的承包人或转承包人所使用的产品、机器或方法。”[①]在第一种情况下，法院曾判定，即使不存在具体的授权，政府接受承包人或转承包人所生产的专利产品也涉及第1498条。[②]

第二种情形提出了更大的难题。奇萨姆(Chisum)教授认为：

> 美国政府供货合同的标准条款是受到限制的，只有在下述情况下才会扩展授权和同意范围，即发明“被用于其中的机器、工具或方法的使用一定是缘于承包人或使用转包人遵从：(a)现在或此后构成该合同之一部分的计划书或书面条款；或(b)签约官(Contracting Officer)发出的、指导履约方式的特别书面指令。”另一方面，在研究和开发合同中，政府扩展“更大的范围”，为“在[合同]履行中对专利发明进行的所有使用和生产”扩大了授权和同意的范围。[③]

5.2.4.2

(二) 州政府

通常，各州政府及其各机关要服从专利法。然而，宪法第十一修正案上的豁免问题对侵权诉讼造成了重大障碍。该修正案规定：

> 合众国的司法权力的解释不应被延伸到由其他州之公民，或任何外国公民或臣民对合众国一州进行起诉或控告的任何法律或衡平法上的诉讼。

---

① 唐纳德·奇萨姆：《奇萨姆论专利》(Donald S. Chisum, *Chisum on Patents*), 12－289 (1997)。

② 参见TVI能源公司诉布兰(TVI Energy Corp. v. Blane), 806 F. 2d 1057, 1059 (Fed. Cir. 1986)(其判决，尽管政府不曾发出“授权和同意”，按照政府采购投标体制对产品进行的展示属于第1498条的调控范围)。

③ 唐纳德·奇萨姆：《奇萨姆论专利》(Donald S. Chisum, *Chisum on Patents*), 16－293 (1997)。

1992年,国会通过了《专利与植物品种保护救济澄清法》[1],增加了第271条(h),并废除了与专利法有关的州豁免权。可是,四年以后,最高法院对佛罗里达塞米诺尔部落诉佛罗里达州案[2]作出判决,对1992年的法律修改提出了合宪性疑问,虽然该案不涉及知识产权。在塞米诺尔部落案中,最高法院涉及到《印第安赌博管理法》,该法由"国会根据'印第安贸易条款'(美国《宪法》第一条第八款第3项)按照最高法院的说法,该条款与'州际贸易条款'并无区别通过"[3],"对各州施加一种义务,即与印第安部落进行善意谈判,以达成协议,……并授权部落到联邦法院起诉州以迫使该义务得到履行。"[4]最高法院判定,国会废除佛罗里达州之豁免权的企图不能按照国会权力的正当行使而被通过,因而不符合宪法。按照最高法院的观点,要废除州的豁免权,国会唯一可行的立法途径是第十四修正案:

> 即使《宪法》赋予国会对特定领域享有制定法律的权力,第十一修正案禁止国会授权由私的当事人起诉不同意的州。……第十一修正案限制《宪法》第三条规定的司法权力,且《宪法》第一条不能被用来规避联邦司法权所受到的宪法限制。[5]

由于管理专利事务的根本权力源自《宪法》第一条第一款第8项,问题就成了,专利侵权诉讼豁免权在1992年的废除是否合宪。该问题在大学储蓄银行诉佛罗里达一案[6]中得到了解决。在该案中,联邦巡回法院认为,国会遵照第十四修正案,正确地废除了州在第十一修正案上的豁免权。[7]

---

① Pub. L. No. 102－560, 106 Stat 4230。

② 佛罗里达塞米诺尔部落诉佛罗里达州(Seminole Tribe of Florida v. Florida),116 S. Ct. 1114 (1996)。

③ 同上,at 1119。

④ 同上。

⑤ 同上,at 1131－1132。

⑥ 大学储蓄银行诉佛罗里达(College Savings Bank v. Florida Prepaid Postsecondary Ed. Expense Bd.),148 F. 3d 1343 (Fed. Cir. 1998)。

⑦ 各上诉法院对此问题一直有分歧,最高法院必须做出最终表决。比较大学储蓄案(上诉来自第三巡回法院)和夏维兹一案[Chavez v. Arte Publico Press, 157 F. 3d 282 (5th Cir. 1998)](国会不能凭借第十四修正案的正当程序条款废除州享有的版权侵权诉讼豁免权)。

第六章　侵权与救济

6.1　第一节　侵权

《专利法》第 271 条宣称，“任何人未经授权，制造、使用、许诺销售或销售专利发明……即侵犯专利。”[①]

专利侵权诉讼的分析涉及到对所谓受害的专利的权利要求之意义和范围做出判断，并对得到正确解释的权利要求和侵权设备进行比较。[②] 第一步，即所谓权利要求的解释(claim construction or claim interpretation)，由法院决定，而第二步则由事实的认定者做出判断。[③]

6.1.1　一、权利要求的解释

虽然权利要求的解释是一个法律问题，但因法官不可能掌握与专利所用技术有关的必要知识，他就可以利用补充性资料以确定模糊字词或短语的涵义。联邦巡回法院将可能的证据区分为两类——内在证据(即书面说明、权利要求和审查历史)和外在证据(如词典、技术论著和专家证词)。[④] 内在和外在的证据都被认为是合适的；但是，法院在解释权利要求时必须首

---

① 《美国法典》第 35 编第 271(a) (1994)。

② 参见马克曼诉西方视点仪器公司(Markman v. Westview Instruments Inc.)，52 F. 3d 967，976 (Fed. Cir. 1955)。

③ 参见 CVI/贝塔风险公司诉图拉有限合伙(CVI/Beta Ventures，Inc. v. Tura LP)，112 F. 3d 1146，1152 (Fed. Cir. 1997)。

④ 参见 Vitronics Corp. v. Conceptronic，Inc.，90 F. 3d 1576，1584 (Fed. Cir. 1996)。

先依靠内在证据。[1] 内在证据是公开记录的一部分，因而能让他人注意到权利要求的范围。[2] 只有当法院考虑过所有的内在证据，而歧义仍然存在时，它才能考虑外在证据。[3] 任何与内在证据不一致的外在证据应该少有受重视或根本不被重视。[4]

在解释权利要求时，法院首先要依靠被声称的和未被声称的权利要求，以界定专利的范围。[5] 其次，权利要求被给予通常和习惯性的意义，除非从内在证据来看，发明人选择自编词典并对它们做出不同的使用。[6] 词语的特殊解释必须在专利的书面说明或审查过程中得到明确表述。[7] 换言之，当书面说明对权利要求所用术语做出了清楚界定，或对术语做出暗示性界定时，它在发挥着词典的作用。[8] 第三，法院关注的是包括专利审查过程中所有程序之全记录的审查历史，其中含有申请人就权利要求之范围做出的明确描述。[9] 最后，只有在公开记录对权利要求之范围的描述模糊不清时，法院才可以依靠外在证据。[10]

由于权利要求解释属于法律问题，联邦巡回法院要对权利要求解释做重新审查[11]，从而，接受还是拒绝地区法院对权利要求的解释，它有着完全的裁量权。联邦巡回法院可以对记录在案的内在证据做出独立的分析，并可以接受或完全不考虑任何外在证据。

---

① 参见 Vitronics Corp. v. Conceptronic, Inc. ,at 1582。另参见基药品诉赫康实验室(Key Pharmaceuticals v. Hercon. Labs. Corp.),161 F. 3d 709 (Fed. Cir. 1998)(对外部证据进行了讨论)。

② 同上,at 1583。

③ 同上,at 1584。

④ 参见马克曼案(Markman),52 F. 3d at 983。

⑤ 参见 *Vitronics* , 90 F. 3d at 1582。

⑥ 同上。

⑦ 同上。

⑧ 参见马克曼案(Markman),52 F. 3d at 979。

⑨ 参见 *Vitronics*, 90 F. 3d at 1582。

⑩ 同上。

⑪ 参见 Cyborg Corp. v. FAS Techs. , Inc. , 138 F. 3d 1448 (Fed. Cir. 1998) (法院全体法官出庭审理)。

6.1.2 二、字面侵权

被认为发生专利侵权的情形,要么是字面侵权,要么发生了等同原则下的侵权。专利的字面侵权是很根本的侵权,它发生在“权利要求所列举的每一种限制都出现于被告设备”的时候。①比如,专利人1的专利所要求的产品包含特征A、B和C,竞争对手2制造的产品也包含特征A、B和C。如此就可以说,专利人1的专利权要求项“显现于”竞争对手2的产品上。字面侵权类似于预见(anticipation)。如上文述,现有技术必须披露每一项权利要求限定因素,才构成对一项专利的预见。但是,在侵权语境下,不是现有的技术,而是被告设备必需包含每一个权利要求限定。因而,这里体现了一个基本的专利法格言:“后来者构成侵权;在先者则破坏新颖性(that which infringes, if later, would anticipate, if earlier)。”②

6.1.3 三、等同原则下的侵权

《美国法典》第35编第112条要求专利人要具体指明其发明,并明确列举权利要求,但法院常常并不将专利人限定于权利要求的字面意义。这样做“会把专利保护变得空洞而无用”③。因此,法院确立了“等同原则”——即使在被告产品或方法没有对专利要求构成字面侵权的情况下,如果相关发明的每个特征都在被告产品或方法中有其实质性等同物,或者,如果被告产品或方法的每项特征与专利权要求的特征之间只有非实质性的差别,也可判决侵权成立。因而,在按照等同原则判定侵权时,事实一认定者(fact-finder)必须通过特征分析来使用一个特征。最高法院在沃纳一詹金森公司

---

① 恩格尔产业公司诉洛克福姆尔(Engel Indus., Inc. v. Lockformer Co.),96 F.3d 1398, 1405 (Fed. Cir. 1996)。

② 彼得斯诉埃克体福生产公司(Peters v. Active Mfg. Co.),129 U.S. 530, 537 (1889)。

③ 格雷夫公司诉林德公司(Graver Tank & Mfg. Co. Inc. v. Linde Air Products Co.),339 U.S. 605, 607 (1950)。

诉希尔顿·戴维斯公司一案[①]中指出：

> 对于专利发明之范围的界定，专利权要求中的每个技术特征都被认为是决定性的，因而，等同原则必须被适用于权利要求的各个特征，而不是发明作为整体。……所以，对每个特征在具体专利权要求中所扮角色进行的分析，将伴随针对如下问题的审查——一项替代性特征与权利要求之特征的功能、方式和效果是否相同，或者，该替代性特征是否发挥着与所要求专利迥然有别的作用。[②]

联邦巡回法院指出，“作为实质性的等同物，代替权利要求中所列特征而存在于被告产品中出现的特征，一定不会实质性地改变所称发明之功能得以实现的方式。”[③]

不过，等同原则的适用要服从“审查过程禁反悔原则”(Doctrine of Prosecution History Estoppel /PHE)以及公开捐献规则(Public Dedication Rule)。对于 PHE，最高法院曾经确立下列规则：

> 当专利人决定缩小一个权利要求时，法院可以推定，修订文本的撰写考虑到了这一规则，且被放弃部分与所要求部分不相等同。但是，在这些情形中，专利人仍然会反驳这一推定，即禁止反悔阻止等同性要求。专利人必须表明，在进行修改的时候，人们不会合理地指望本领域技术人员所拟定的权利要求字面上会包括系争的等同物。[④]

---

① 沃纳—詹金森公司诉希尔顿·戴维斯公司(Warner-Jenkinson Co. v. Hilton Davis Chem. Co.)，117 S. Ct. 1040 (1997)。

② 同上，at 1049。

③ 佩恩沃尔特公司诉杜兰德—韦兰有限公司(Pennwalt Corp. v. Durand-Wayland, Inc.)，833 F. 2d 931, 935 (Fed. Cir. 1987)(法院全体法官出庭审理)。

④ 费斯托公司诉烧结金属工业株式会社(Festo Corp. v. Shoketsu Kinzoku Kogyo Kabushiki Co.)，535 U.S. 722, 741 (2002)。

通过证明下列情形，专利人能够满足这一要求：(1) 等同物在修改的时候是不可预见的，因而不可能进入权利要求项；(2) 修改的内在依据仅仅间接地关系到等同物；(3)可显示不能合理地指望专利人对等同物提出权利要求的其他理由。[①] 公开捐献原则进一步对等同原则构成限制。这一原则认为，专利说明书中所披露，但没有被要求权利的对象被捐献给了公共领域。[②] 说明书必须足够明确，让本领域普通技术人员能够鉴别并理解所披露但未要求权利的客体，才可发生公开捐献。而说明书中一般性的提及则不一定导致捐献。[③]

6.1.4　四、间接侵权

除了直接侵权，《专利法》还在第 271 条(b)(c)规定了间接侵权责任。第 271 条(b)涉及到"积极引诱"，也就是，一方鼓动或帮助(比如，就如何实施专利发明提供指导)另一方直接侵犯专利。[④]要表明侵权引诱的存在，必须确证两个要素：(1)另一人的直接侵权，[⑤]和(2)造成侵权行为的意图。[⑥]

另一方面，第 271 条(c)涉及到帮助侵权。例如，销售专利设备或组合物的部件，或者销售一个部件以用于专利方法的实施。这一条规定所要求的条件是，在销售其部件时，被控实施帮助侵权的人"明知该部件的制造或

---

① 费斯托公司诉烧结金属工业株式会社(Festo Corp. v. Shoketsu Kinzoku Kogyo Kabushiki Co.)，at 740—741。

② 约翰逊联合公司诉 R. E. 服务公司(Johnson & Johnston. Associates Inc. v. R. E. Service Co., Inc.)，285 F. 3d 1046 (Fed. Cir. 2002)(法院全体法官出庭审理)。

③ 托罗公司诉怀特统一产业公司(Toro Co. v. White Consol. Indus.)，383 F. 3d 1326 (Fed. Cir. 2004)。

④ 参见惠普公司诉鲍施和洛姆公司(Hewlett-Packard Co. v. Bausch & Lomb Inc.)，909 F. 2d 1464 (Fed. Cir. 1990)。

⑤ 参见塞拉诺诉特鲁拉公司(Serrano v. Telular Corp.)，111 F. 3d 1578，1583 (Fed. Cir. 1997)。

⑥ 参见沃特技术诉考尔科有限公司(Water Techs. v. Calco, Ltd.)，850. F. 2d 660，668 (Fed. Cir. 1988)。

改造是专门为了用于专利侵权。”在阿罗生产公司诉孔韦尔体布公司一案，[①]最高法院指出，“第271条(c)要求证明，被控的帮助侵权人知道，他专门为之设计零部件的组合物受专利保护且构成侵权。”[②]并且，第271条(c)吸收了以前的判例法，即，当出售的部件没有侵权用途时，拒绝判定其构成帮助侵权。[③] 成文法使用了短语“实质性非侵权用途”(substantial noninfringing use)，它“所涉及的问题是，……除了与其他物件结合，一起落入专利权所要求的范围，帮助侵权人所提供的发明之一部分是否……还具有其他用途。”[④]

6.2

第二节 救济

侵权诉讼中，责任一旦被认定，焦点就要转向损害赔偿的评估或衡平救济。侵权救济可以采取的方式有补偿救济(利润损失或合理的使用费)、衡平救济(临时或永久性禁令)以及判付律师费。《专利法》第284条允许胜诉的专利所有人获得的“损害赔偿足可抵偿侵权”。[⑤] 侵权产品所造成的损害赔偿的准确计算可能会很复杂，但是，专利人有权获得的赔偿额不得少于“合理的使用费”。[⑥]

---

① 阿罗生产公司诉孔韦尔体布公司(Aro Mfg. Co. v. Convertible Top Replacement Co.), 377 U.S. 476 (1964)。

② 同上，at 488—490。

③ 最高法院认为，“出售物品虽然被用于侵权性使用，但也被用于其他的合法用途——仅仅这样一种认定无疑不足以判定帮助侵权。这一规则将阻止贸易的动力。”悉尼·亨利诉A.B.迪克公司(Sidney Henrey v. A.B. Dick Co.), 224 U.S. 1, 48 (1912)。

④ 卢卡斯航空航天公司诉尤尼森工业(Lucas Aerospace, Ltd. v. Unison Indus.), 899 F. Supp. 1268, 1287 (D. Del. 1995)。

⑤ 《美国法典》第35编第284 (1994)。

⑥ 同上。

6.2.1 ## 一、补偿性赔偿

专利所有人可要求获得由侵权行为造成的、可合理预见的损害赔偿额。[①] 可合理预见的损害赔偿可涉及到被查获的销售所造成的利润损失、价格贬损或专利发明生产中的成本增加。[②] 此外，对于通常与专利发明一起出售的零部件，如果其作用是为了构成功能完整的机器，按照“整体市场规则”(entire market rule)[③]，权利人有时可以就该零部件而获赔。金钱赔偿数额通常按照利润损失或合理的使用费来计算。

要获赔利润损失，专利所有人必须证明利润损失与侵权之间存在因果关系。[④] 泛达公司诉斯达尔林有限公司一案[⑤]为利润损失的分析详细列举了必须得到证明的四个要素：(1)专利产品的市场需求，(2)专利产品的非侵权替代品无法获得，(3)专利所有人利用专利产品之市场需求的生产与销售能力，以及(4)在没有侵权的情况下，专利所有人可以预计到的利润总额。[⑥] 专利持有人必须确证每一项判断标准，才能获得利润损失补偿。[⑦]

如果专利所有人不能证明其利润损失，法院可以要求支付合理的使用费，以提供足够的补偿。[⑧] 对于合理使用费计算方法的选择，地区法院拥有自由裁量权。[⑨] 法院可以参照已确定的使用费来计算合理使用费，或者以

---

① 参见莱特－海特公司诉凯利公司(Rite-Hite Corp. v. Kelley Co.)，56 F. 3d 1538，1549 (Fed. Cir. 1995)。

② 参见拉姆有限公司诉约翰斯－曼维尔公司(Lam，Inc. v. Johns-Manville Corp.)，718 F. 2d 1056，1065 (Fed. Cir. 1983)。

③ 参见莱特－海特案(*Rite-Hite*)，56 F. 3d at 1549－1550。

④ 拉姆公司案(*Lam，Inc.*)，718 F. 2d at 1065。

⑤ 泛达公司诉斯达尔林有限公司(Panduit Corp. v. Stahlin Bros. Fibre Works，Inc.)，575 F. 2d 1152 (6th Cir . 1978)。

⑥ 同上，at 1156。

⑦ 参见史密斯克兰有限公司诉海伦娜实验室(SmithKline Diagnostics，Inc. v. Helena Labs. Corp.)，926 F. 2d 1161，1165 (Fed. Cir. 1991)。

⑧ 参见道韦加克制造公司诉明尼苏达莫林公司(Dowagiac Mfg. Co. v. Minnesota Moline Plow Co.)，235 U. S. 641，648－649 (1915)。

⑨ 参见 TWM 制造公司诉杜拉公司(TWM Mfg. Co. v. Dura Corp.)，789 F. 2d 895，900 (Fed. Cir. 1986)。

相关的行业标准为基础。[1] 这一方法通常被称为分析法(analytical approach)。[2]

可以选择的方案是,由法院来决定自愿许可人与自愿被许可人在假定的谈判中可能同意的合理使用费。[3] 法院必须灵活适用这一方法,因为仅仅集中于一般的虚拟谈判,"是要假定侵权从未发生。"[4]在确定合理使用费时,法院应该考虑到"谨慎商人在相同情况下通常会考虑到的……"具体因素。[5]

6.2.2 二、惩罚性赔偿

对于故意侵权,地区法院可以判付核定赔偿金的三倍数额。[6] 蓄意复制他人发明,规避判断专利有效性的合理调查,诉讼期间的不适当行为都表明了侵权人的恶意。[7] "故意侵权法则不寻求可忍受度最低的行为,但它要求谨慎的道德、法律与商业行为。"[8]一旦地区法院发现清楚而可信的故意侵权证据,它就要考虑全部情形以评估损害赔偿的适当增加。[9]

《专利法》第 284 条虽然没有专门提到,但地区法院可依其裁量权判付迟延利息(prejudgment interest)。该问题尽管属于自由裁量,但仍有人主

---

① 参见阿姆科公司诉共和钢铁公司(Armco, Inc. v. Republic Steel Corp.),707 F. 2d 886, 891 (6th Cir. 1983)。

② 参见 TWM 制造公司案(TWM Mfg.),789 F. 2d at 898。

③ 参见明科公司诉氧化工程公司(Minco, Inc. v. Combustion Engineering, Inc.),95 F. 3d 1109, 1119 (Fed. Cir. 1996)。

④ TWM 制造公司案(TWM Mfg.),789 F. 2d at 900。

⑤ 乔治亚一帕西菲克公司诉合众国胶合板公司(Georgia-Pacific Corp. v. United States Plywood. Corp.),318 F. Supp. 1116, 1121 (S. D. N. Y. 1970)。

⑥ 参见《美国法典》第 35 编第 284 (1994),并参见森索尼克斯公司诉航空因素公司(Sensonics, Inc. v. Aerosonic Corp.),81 F. 3d 1566, 1574 (Fed. Cir. 1996)。

⑦ 参见拉姆公司案(*Lam, Inc.*),见前注 375,at 474。

⑧ SRI 国际有限公司诉先锋技术实验室(SRI Int'l, Inc. v. Advanced Tech. Labs., Inc.), 127 F. 3d 1462, 1464 (Fed. Cir. 1997)。

⑨ 参见斯泰特工业公司诉莫尔一芙洛工业公司(State Industries, Inc. v. Mor-Flo Industries, Inc.),883 F. 2d 1573, 1575 (Fed. Cir. 1989)。另参见西盖特技术公司案(*In re* Seagate Technology, LLC),497 F. 3d 1360 (Fed. Cir. 2007)(全院法官出庭审理)。

张，除非存在拒绝的充分理由，法院应该判付迟延利息。[①] 另外，足够的侵权补偿常常需要判后利息(postjudgment interest)，这一点归《美国法典》第28编第1961条调控。

6.2.3

三、禁令救济

在做出侵权判决之前，地区法院可以通过颁发临时禁令来阻止可能正在实施的专利侵权。[②]对此，史密斯国际公司诉休斯器具公司一案[③]列举了地区法院在颁发临时禁令前必须权衡的四个因素。第一，依案情实质，寻求禁令的一方(申请人)是否已充分确证其获胜的合理可能性。这一条件包括证明有关专利不会无效并遭受侵权。第二，如果禁令未获批准，申请人是否会遭受不可弥补的损害。不可弥补的损害可以通过有力证明专利有效和侵权得到推定，而无论侵权人的偿付能力如何。第三，困难的利益平衡是否有利于禁令申请人。该分析要求比较如下两方面：拒绝禁令可能给专利所有人造成的损害和批准禁令可能给被控侵权人带来的伤害。最后要考虑的是，禁令是否会损害公共利益。公共利益虽然常常关系到专利权保护，但这一要素的真正焦点是，公众是否会因批准临时禁令而受到损害。[④] 四个因素中，任何一个都不是决定性的。而"地区法院必须对各因素，以及所申请之救济的形式和力度进行权衡并仔细考虑。"[⑤]

侵权被认定之后，法院通常会颁发永久性禁令，除非存在着足够的相反

---

① 参见通用汽车诉迪维克斯公司(General Motors Corp. v. Devex Corp.)，461 U.S. 648，656 (1983)。

② 参见《美国法典》第35编第283 (1994)。

③ 史密斯国际公司诉休斯器具公司(Smith Int'l, Inc. v. Hughes Tool Co.)，718 F.2d 1573 (Fed. Cir. 1983)。

④ 参见杂交技术公司诉阿博特实验室(Hybritech, Inc. v. Abbott Laboratories)，849 F.2d 1446，1458 (Fed. Cir. 1988)。

⑤ 同上，at 1451。

理由。[①] 与临时禁令相同的是，公共利益考量可能会推迟或阻碍永久性禁令。例如，为允许行业调整[②]，或者让被告对禁令做出回应[③]，过渡期可能是必要的。

---

① 参见理查德森诉铃木汽车公司(Richardson v. Suzuki Motor Co.)，868 F. 2d 1226，1246—1247 (Fed. Cir. 1989)。

② 参见施耐德公司诉赛梅德有限公司(Schneider AG v. SciMed Life Systems, Inc.)，852 F. Supp. 813，850—851，860—861 (D. Minn. 1994)。

③ 参见宝丽来公司诉伊斯特曼·柯达公司(Polaroid Corp. v. Eastman Kodak Co.)，228 U. S. P. Q. (BNA) 305，342 (D. Mass. 1985)。

第七章　外观设计专利

人们可以"就制造物品新颖、原创和装饰性的外观设计"[①]获得外观设计专利。专利商标局对外观设计专利做出如下界定：

> 物体的外观设计包括该物体所展示出来的视觉特征或模样。通过眼睛在观察者的内心产生印象的，正是该物体所呈现的外观。[②]

外观设计保护期是14年，从颁发之日起算。[③] 就像实用新型一样，外观设计专利必须满足可专利性要件（如新颖性等）。

第171条规定，外观设计专利是装饰性的，是"审美技巧和艺术观念的产物……"[④]但不一定"令人悦目"。实用发明可能会被赋予外观设计专利，[⑤]但是，如果外观设计"主要是功能性的而非装饰性的"，或者"'决定于'该物品之用途或目的"，它就不可获得专利。[⑥]

法院首先要对外观设计专利的权利要求进行解释，然后对它与被指控的设备进行比较。[⑦] 发生侵权的情形是：

> 当普通观察者具有购买者常有的注意，在他的眼里，如果两个外观

---

① 《美国法典》第35编第171条(1994)。

② 《专利审查程序指南》[MPEP §1502 (3d Rev. 1977)]。

③ 参见《美国法典》第35编第173条(1994)。

④ 好莱坞的布利斯克拉夫特诉联合塑料公司(Blisscraft of Hollywood v. United Plastics Co.)，294 F. 2d 694，696 (2d Cir. 1961)。

⑤ 参见阿维亚国际集团诉L. A. 吉尔公司(Avia Group International, Inc. v. L. A. Gear California, Inc.)，853 F. 2d 1557，1563 (Fed. Cir. 1988)。

⑥ 参见功力控制公司诉海布里奈提克斯(Power Controls Corp. v. Hybrinetics, Inc.)，806 F. 2d 234，237 (Fed. Cir. 1986)；另参见博尼托船艇公司诉桑德尔船艇公司(Bonito Boats, Inc. v. Thunder Craft Boats, Inc.)，489 U. S. 141，148 (1989)。

⑦ 参见埃尔默诉ICC制造公司(Elmer v. ICC Fabricating, Inc.)，67 F. 3d 1571，1577 (Fed. Cir. 1995)。

设计实质上相同、该相似性能够蒙骗这样一个观察者并足以诱使他认为某物就是另一物从而购买它，那么受专利保护的第一个设计就受到另一个设计的侵权。[①]

联邦巡回法院曾经指出，"除了实质性相似这一条件外，……外观设计专利侵权还要求被控产品'盗取了专利设备中将它与现有技术相区分的新颖性'"。[②] 该实质性相似必须关涉到外观设计的新颖性特征。

外观设计专利中只有其装饰性特征才可能遭受侵权。[③] 如果拥有专利的外观设计既包括装饰性特征、也包括功能性特征，"为证明侵权的存在，专利所有人必须确证，普通人可能会因受专利保护的与被起诉的装饰性外观设计的共同特征受到欺骗。"[④]

---

① 戈勒姆公司诉怀特(Gorham Co. v. White)，81 U. S. (14 Wall) 511, 528 (1871)。

② 森·希尔产业公司诉伊斯特尔有限公司(Sun Hill Indus., Inc. v. Easter Unlimited, Ltd.)，48 F. 3d 1193, 1197 (Fed. Cir. 1995)[引自利顿系统公司诉漩涡公司(Litton Systems, Inc. v. Whirlpool Corp.)，728 F. 2d 1423, 1444 (Fed. Cir. 1984)]。

③ 参见李诉戴顿—赫德森(Lee v. Dayton-Hudson)，838 F. 2d 1186, 1188 (Fed. Cir. 1988)；基斯通防护墙系统公司诉韦斯特洛克公司(Key Stone Retaining Wall Sys., Inc. v. Westrock, Inc.)，997 F. 2d 1444, 1450 (Fed. Cir. 1993)。

④ 里德公司诉珀特克公司(Read Corp. v. Portec, Inc.)，970 F. 2d 816, 825 (Fed. Cir. 1992)。

第 三 编

商　标

第一章　法律渊源

1.1　第一节　普通法模式

作为普通法国家，美国的商标保护被建立于在先采纳和使用的基础上，这不同于大陆法国家普遍采取的在先注册模式。在美国，商标保护的理念也完全不同于专利或版权。美国《宪法》为专利和版权规定了立法根据，[①]而商标却没有。诚然，面对这一问题，联邦最高法院明确指出，《宪法》中的"专利和版权条款"没有设计商标保护。[②]

与专利与版权条款无关，美国联邦商标保护的根据是联邦《宪法》"商业条款"[③]授予国会的商业调控权力。这就是联邦商标保护需要以州际贸易和"使用"为条件的原因。[④] 在美国，商标保护属于普通法概念，它的存在独立于成文法。事实上，《兰哈姆法》[⑤]——即现行商标法的立法历程表明，它自称只是一部对普通法规则进行成文化的注册法，而非创造新权利的成文法。[⑥] 联邦最高法院曾这样推理：商标不"依赖于新颖、创新、发现或任何智

---

① 美国《宪法》第一条第 8 款第 8 项(U. S. Const. Article I, § 8, cl. 8)。

② 《商标案例》(The Trademark Cases)，100 U. S. 82, 94 (1879)。

③ 美国《宪法》第一条第 8 款第 3 项(U. S. Const. Article I, § 8, cl. 3)。

④ 《兰哈姆法》于 1988 年得到修改，规定了注册以及在贸易中使用标识的真实"意图"基础上确立的有效权利。《美国法典》第 15 编第 1051 条(b)(1988)。另参见下文 § 4.2.2. 意图使用的申请。

⑤ 《美国法典》第 15 编第 1051 条及以下。

⑥ 实际上，《兰哈姆法》第一稿中的第 34 条规定："本法没有任何规定使注册者有权妨碍或限制他人将相同或相近商标用于相同或类似商品或服务，如果此人自己或其业务前身在该注册人或其前身使用或注册(以较早者为准)之前已经连续使用该商标。"《商标：国会专利委员会商标小组委员会有关 9041 号国会报告的听证》(*Trade-mark: Hearings on H. R. 9041 Before Subcomm. on Trade-marks of the House Comm. on Patents*)，75th Cong. 3d Sess. 6 (1938)(把有关 9041 号国会报告的理解加入立法记录)。美国商标协会认为，这意味着"该法没有任何规定会影响第三人在注册者使用或注册之前获得的普通法权利。"同上，at 64。

力工作。它不要求虚构或想象，无需天赋，无赖辛勤思索。商标仅仅以占用在先为根据。”①

商标法学已历经几个世纪的发展。实际上，将一个标识用于产品识别的做法至少在3,500年以前就已经开始，当时的陶工在其创作物底部制做刮痕以识别其来源。然而，直到1584年发生所谓“桑佛斯案”(Sandforth's Case)②，商标在普通法体系中才首次得到司法承认。保护标识主人避免因他人欺骗而遭受经济损失——此端一启，一种得到普遍认可的司法理念便逐渐在英国形成：标识应受普通法保护，以标示商品之来源。

1.2 第二节 《兰哈姆法》

美国的商标法遵循的是英国普通法理念。③ 如今，普通法在《兰哈姆法》中得到成文化。《兰哈姆法》将商标定义为“被用来……标示商品来源的……文字、名称、符号、设计或者其组合……。”④尽管《兰哈姆法》主要的目的首先是作为注册法令，对普通法权利进行法典化，但在实际上，由于普通

① 《商标案例》(*Trademark Cases*)，100 U. S. at 94。

② 桑佛斯案(Sandforth's Case)，Cory's Entries，BL MS. Hargrave 123，fo. 168 (1584)(它提供了诉状中相当完整的部分)，*reprinted in* J. H. Baker & S. F. C. Milsom，Sources of English Legal History - Private Law to 1750 615-618 (1986)；HLS MS. 2071，fo. 86 (提供了该案的简短摘要)，*reprinted in* J. H. Baker & Milsom，同上，at 615—618；HLS MS. 5048 fo. 118v (以前被归类于 HLS MS. Acc. 704755，fo 118v.)(它对此案提供了另一个简短摘要)，*reprinted in* J. H. Baker & Milsom，同上，at 615。有关此案的其他未发表参考资料见于 CUL MS. Ii 5. 38，fo. 132；HLS MS. 2074，fo. 84v.；以及 BL MS. Lansdowne 1086，fo. 74v。要了解极其有用的历史分析以及本案的意义，参见基思·斯托尔特：《英美商标法何时开始？——回答谢克特难题》(Keith M. Stolte，*How Early Did Anglo-American Trademark Law Begin? An Answer to Schechter's Conundrum*)，8 Fordham I. P.，Media & Ent. L. J. 505 (1998)(其所依据的是前引研究，该研究修改了错误的，但广为接受的观点：即认为南方诉豪(Southern V. Howe)，79 Eng. Rep 1244 (1618) 是普通法上的第一个商标案例)。参见弗兰克·谢克特：《商标法的历史基础》(Frank I. Schecter，*The History Foundations of the Law Relating to Trademarks*) (1925)。

③ 《商标案例》(*Trademark Cases*)，100 U. S. at 92。

④ 《美国法典》第15编第1127条(1997)，即《兰哈姆法》第45条。

法上两个广为接受的观念——无可争辩性[①]以及如今的淡化[②]，该法案已经造成了权利的创设。

由于普通法与成文法相叠加，商标所有人实质上可从两个平行的方面看待其商标。第一，普通法是否承认某标识属于有效的商标；第二，该标识能否被注册。今天，主注册簿(Principle Registry)上的注册效力和因在联邦法院实施而获得的效力虽然在实质上得到同样的分析，却依然存在着普通法优先的时候。例如，联邦专利商标局(USPTO)审查官对某一标识的注册决定，不能约束处理该标识有效性问题的法院，联邦法院有权通过取消标识来更改注册，只要它认为合适。[③]

在美国，即使商标保护的来源是州普通法，《兰哈姆法》也提供了很多有意义的附加保护，对于希望在美国充分保护其商标的人而言，这就使得注册成为必要。

1.2.1

一、全国性保护

商标一旦被注册，从提交注册申请那天起，该注册的所有人就被赋予全国性保护，即使其使用不是全国性的。意图使用(ITU / Intent-To-Use)[④]的注册同样享有推定性的全国首次使用日，这就是向 USPTO 提交申请的日期。

---

① 《美国法典》第 15 编第 1064、1065 和 1115 条。参见肯尼思·L. 波特:《商标无可争辩性的非法性》(Kenneth L. Port, *The Illegitimacy of Trademark Incontestability*), 26 Ind. L. Rev. 519 (1993)(该文主张，无可争辩性未得到普通法上的承认，而这一观念的法典化属于普通法的扩张)。

② 《美国法典》第 15 编第 1125 条(c)，即《兰哈姆法》第 37 条。参见肯尼思·L. 波特:《商标权利的"非自然性"扩张:联邦淡化法令是必要的吗?》(Kenneth L. Port, *The "Unnatural" Expansion Of Trademark Rights: Is A Federal Dilution Statute Necessary?*), 18 Seton Hall Legis. J. 433(1994)(主张联邦淡化法未在普通法体系中得到正当化，它将商标权转变为财产权，而普通法决未如此行事)。

③ 《美国法典》第 15 编第 1119，即《兰哈姆法》第 37 条。

④ 参见下文§4.2.2. 意图使用的申请。

1.2.2 ## 二、证据推定

对于注册商标的有效性、注册的有效性、注册人对该标识之所有权的有效性、注册人在该商标注册所额定商品或服务(或所关联的)贸易中使用该注册商标的专有权的有效性,注册商标都是一个初步证明。[①] 某标识一旦被使用5年并正确按照第15条向USPTO提交书面誓词——或者变得"无可争辩"[②],除了法定例外,注册对于被注册之商标的有效性、注册的有效性、注册人对该标识之所有权的有效性、注册人在该商标注册所额定商品或服务(或所关联的)贸易中使用该注册商标的专有权的有效性,均可成为决定性证据(conclusive evidence)。[③]

1.2.3 ## 三、警示功能

商标一旦注册,其所有者便可以使用符号®或文字"Registered Trademark(注册商标)",以表明该商标已经取得USPTO的注册。在先者的权利由此被清楚地告知那些有意使用该标识的人。因此,这对于防止无辜的和非故意的侵权,将可发挥一般警示物的作用。

1.2.4 ## 四、损害赔偿

在一些非常特别的情况下,如果被侵权的标识是注册商标,该法令允许给予三倍的赔偿额。

因此说,尽管美国在普通法的基础上采取了以使用为导向的优先权体制,而不是注册导向的体制,人们却依然有极为重要的理由来解释,美国的商标使用者为何应认真考虑申请联邦注册。

---

① 《美国法典》第15编第1115条(a),即《兰哈姆法》第33条(a)。

② 《美国法典》第15编第1065条,即《兰哈姆法》第15条。

③ 《美国法典》第15编第1115条(b),即《兰哈姆法》第33条(b)。

1.3 # 第三节　《兰哈姆法》的重要修改

1.3.1 ## 一、1984年《商标澄清法》

1984年的《商标澄清法》[①]为《兰哈姆法》增加了如下规定：

> 判断注册标识是否已经成为它所使用的商品或服务的通用名称时，其测试标准应该是该注册标识对于相关公众的主要意义，而非购买者的动机。[②]

由于第九巡回法院坚持采用购买者动机测试标准（purchaser motivation test），以致著名的棋牌游戏商标MONOPOLY（大富翁）[③]成为通用的、因而不受保护的名称，该修正案得以通过并增至《兰哈姆法》。专门借《兰哈姆法》修改来推翻法院有关商标问题的司法意见，这对于美国国会而言，确属罕见。

1.3.2 ## 二、1984年《商标假冒法》

在《兰哈姆法》最初的40年里，1984年《商标假冒法》的通过[④]是历次修改中最为广泛的一次[⑤]。通过修改《兰哈姆法》，国会为联邦检察官和商标

---

① 1984年《商标澄清法》（Trademark Clarification Act of 1984），Pub. L. No. 98－620，§102，98 Stat. 3335 (1984)，编入《美国法典》第15编第1064条(3)(1984)。

② 《美国法典》第15编第1064条(3) (1984)。

③ 反垄断有限公司诉通用米尔斯·凡集团（Anti-Monopoly，Inc. v. General Mills Fun Group)，684 F. 2d. 1316 (9th Cir. 1982)，*cert. denied*，459 U. S. 1227 (1983)。

④ 《商标假冒法》（Trademark Counterfeiting Act of 1984），Pub. L. No. 100－667，102 Stat. 3935 (1988)，编入《美国法典》第15编第1117、1118和1119条，即《兰哈姆法》第35、36和37条。

⑤ 参见参议院报告S. Rep. No. 100－515，at 2 (1988)，*reprinted in* 1988 U. S. C. C. A. N. 5577，5578。

持有人打击假冒提供了"必要手段"。[①] 对于所谓"潜在的和快速增长的商业欺诈形式"[②]，这一修正案修改了《兰哈姆法》第35、36和37条，授权法院在发生注册标识假冒的案例中，允许当事人单方提出的扣押令和金钱救济，包括减轻其证明三倍赔偿额的负担。[③] 第35条的一个新增小节规定，如果违法者"知道与商品或服务之销售、许诺销售或发行有关的标识或名称属于假冒标识……，故意使用该标识或名称"，法院应判付"三倍的……利润或损害赔偿额，其中以较重者为准"。[④] 对于商标假冒案例，它创立了判付三倍赔偿额的赔偿假定，并为潜在被告方设定责任，令其对"情有可原之情形"的抗辩提出证明。[⑤] 它还首次增加了商标假冒的刑事处罚。[⑥]

1.3.3 三、1988年《商标修改法》

1988年的《商标修改法》[⑦]通过重新界定"使用"(use)，并承认"意图使用"注册，对《兰哈姆法》以及美国保护商标的方式做出两项变革，意义相当深远。

1.3.3.1 (一) 重新界定"使用"

1988年《商标修改法》之前，仅有"象征性"使用便足可表明申请人已经将某标识使用于州际贸易，从而满足联邦注册所要求的首要条件。《修改

---

① 参议院报告S. Rep. S. Rep. No. 98－526, at 1 (1984), *reprinted in* 1984 U. S. C. C. A. N. 3627, 3627。

② 参议院报告S. Rep. No. 98－526, at 1 (1984), *reprinted in* 1984 U. S. C. C. A. N. 3627, 3627。

③ 参议院报告S. Rep. No. 98－526, at 2－3 (1984), *reprinted in* 1984 U. S. C. C. A. N. 3627, 3628－3629。

④ 《美国法典》第15编第1117条(b)，即《兰哈姆法》第35条(b)。另参见托马斯·P. 奥尔森《1984年〈商标假冒法〉分析》(Thomas P. Olson, An Analysis of the Trademark Counterfeiting Act of 1984, in *New and Extraordinary Relief in Intellectual Property Cases*), at 21 (*PLI Pat., Copyright, Trademarks, and Literary Prop. Course, Handbook Series* No. G4－3765, 1985)。

⑤ 《美国法典》第15编第1117条(d)，《兰哈姆法》第35条(d)。

⑥ 《美国法典》第18编第2320条(2001)。

⑦ 《商标修改法》(Trademark Revision Act of 1988), Pub. L. No. 100－667, §132, 102 Stat. 3935, 3946)，编入《美国法典》第15编第1125条(1989)。

法》放弃了象征性使用，并要求“通常贸易活动中的……真实使用(bona fide use)”①。这是一个灵活的标准。它要求使用必须与申请时所确定的商品或服务相称。因此，如果某人销售糖块，与声称在高度复杂的机器销售中(或相联系)使用一个标识的申请人相比，更为大量的销售额对于前者而言是必不可少的。

1.3.3.2　(二)“意图使用”注册

在放弃象征性使用的同时，更有意义的变革是“意图使用”注册体制的采用。② 在此次修法之前，使用(即使是象征性使用)的必要性使一些公司受到了损害，因为它们必须等待，直至在获得 USPTO 对标识有效性做出裁定前它们将某类产品实际投放市场。这种延迟被认为是过分的，且降低了美国产业的竞争性。

同样，按照当时有效的《兰哈姆法》第 44 条，如果一申请在外国注册获准后的一年内又在美国提出，外国注册标识可以被用作获得美国优先权与注册的依据。③ 这样，很多民法国家的注册商标所有人都可以基于该外国注册获得美国的联邦注册，而无需将该标识使用于美国境内的贸易。因此，外国商标所有人比美国的申请人获得了不适当的优势。

基于这些以及更多的其他理由，人们意识到，美国的商标所有人应该对其意图使用的标识保留权利，就像对其实际使用的标识一样。其结果是，《兰哈姆法》增加了第 1051 条(b)，允许对所有人具有使用之“真实意图”的标识给予联邦注册。④

1.3.4　四、《北美自由贸易协定实施法》

在《北美自由贸易协定(NAFTA)实施法》⑤之前，如果某标识被认定具有

① 《美国法典》第 15 编第 1127 条，即《兰哈姆法》第 45 条。

② 参见下文§4.2.2. 意图使用的申请。当然，外国与国内企业都可以提交意图使用申请。

③ 《美国法典》第 15 编第 1126 条(1988)。

④ 《美国法典》第 15 编第 1051 条(b)，即《兰哈姆法》第 1 条(b)。

⑤ 《北美自由贸易协定实施法》(North American Free Trade Agreement Implementation Act), Pub. L. No. 103－182, 107 Stat. 2057)，编入《美国法典》第 15 编第 1052 条(f) (1993)。

第二义*，它可能被置于主注册簿，即使它“主要在地理方面欺骗性地造成错误描述”。另外，它可能在没有显示第二义的情况下被置于辅注册簿。而《NAFTA 实施法》修改了《兰哈姆法》第 2 条①，从此不再承认此种注册。②

1.3.5 五、《乌拉圭回合协定法》

国会通过《乌拉圭回合协定法》③，是要让《兰哈姆法》符合《与贸易有关的知识产权(TRIPs)协定》④。该法修改《兰哈姆法》第 2 条⑤，对于其所标明的地址非其产品实际来源的葡萄酒或烈性酒地理标识，禁止注册。⑥ 该法还修订了第 45 条⑦，使有关商标“放弃”的解释符合 TRIPs 协定所设定的国际准则。⑧

1.3.6 六、1995 年《联邦商标淡化法》

最近发生的《兰哈姆法》修订可能是最受争议的⑨。1996 年，克林顿总

---

* 我国学界将 secondary meaning 翻译为第二意义或次要意义实属望文生义，无法准确传达美国商标法理有关这一概念的构想。如下文所述，描述性标识的初始义、固有义(original meaning)使它缺乏注册商标的显著性。在历经市场使用之后，该标识于初始义之外获得了新的 secondary meaning，并由此被赋予了获得显著性。显然，作为获得显著性的基础、并与之相对应，secondary meaning 原非有关标识内在的、固有的意义，而是在动态的使用过程中衍生的、从外部附加的商标意义。所以，secondary meaning 更准确的翻译应该是“附加义”。——译者注

① 《美国法典》第 15 编第 1052 条(f)，即《兰哈姆法》第 2 条(f)。

② 参见下文第三章 § 3.2.I 使用申请。

③ 《乌拉圭回合协定法》(Uruguay Round Agreements Act)，Pub. L. No. 103－465，108 Stat. 489，修改编入《美国法典》第 15 编第 1052 条(f)和第 1127 条(1994)。

④ 《乌拉圭回合协定法》(Uruguay Round Agreements Act)，S. Rep. No. 103－412，at 226 (1994)。

⑤ 《美国法典》第 15 编第 1052 条(f)，即《兰哈姆法》第 2 条(f)。

⑥ 《乌拉圭回合协定法》(Uruguay Round Agreements Act)，S. Rep. No. 103－412，at 226 (1994)。

⑦ 《美国法典》第 15 编第 1127 条。

⑧ 《乌拉圭回合协定法》(Uruguay Round Agreements Act)，S. Rep. No. 103－412，at 226 (1994)。

⑨ 参见肯尼思·L. 波特：《商标权利的“非自然性”扩张：联邦淡化法令是必要的吗?》(Kenneth L. Port, *The "Unnatural" Expansion Of Trademark Rights: Is A Federal Dilution Statute Necessary?*)，18 Seton Hall Legis. J. 433(1994)。

统签署 1995 年《联邦商标淡化法》(FTDA),使其成为法律。[①] 该法实质上是为《兰哈姆法》增加了一个新的条文,要求法院承认《兰哈姆法》以前从未承认的一项新的诉讼理由。按照《兰哈姆法》新的第 43 条(c),如果某商标(已注册或没有)由于另一标识的使用而被"淡化",可获得禁令救济。第 43 条(c)仅适用于"驰名"(famous)标识所有人。虽说只有当双方当事人的产品或服务之间存在竞争关系时才发生商标侵权,而按照第 43 条(c),即使在双方不存在竞争关系,因而也不存在混淆可能时,禁令救济也被允许。立法过程所显示的事例包括"别克牌阿斯匹林"(Buick Brand Aspirin)及类似情形。当 Buick(别克)商标所有人因为汽车与止痛药的生产商之间缺乏竞争关系而不可能证明混淆时,它们却可以证明另一种可能的存在:降低驰名商标的显著性。[②]

在美国,尽管以前的记录表明淡化概念已经存在[③],而提出这一思想的功劳通常被归于弗兰克·谢克特(Frank Schechter)名下。谢克特的革命性主张是,商标本身销售产品,因而商标本身应受保护。这就是说,谢克特暗示性的观点是,商标保护中存在着一个不可接受的缺陷。第 43 条(c)的用意即是弥补这一缺陷。当然,第 43 条(c)赋予了此前未被《兰哈姆法》考虑过的新的商标权利。仍然有待人们考虑的是,对于美国的商标法律实践,第 43 条(c)究竟会多么重要。而在 1999 年的《商标修改法》中,得到修改的《兰哈姆法》允许将淡化作为反对某一标识注册的理由:"认为其将因某一标识在主簿上的注册而受到损害的任何人,包括按照本法第 1125 条(c)因淡化而受影响,都可以……提出异议。"[④]在《反域名抢注消费者保护法》(ACPA)[⑤]之前,《兰哈姆法》的淡化条款是防止域名抢注的主要途径。如下文第

① 《联邦商标淡化法》(Federal Trademark Dilution Act of 1995),Pub. L. No. 104-98, 109 Stat. 985(1996),编入《美国法典》第 15 编第 1051、1125-1127 条 (1996)。

② 《美国法典》第 15 编第 1125 条(c),即《兰哈姆法》第 43(c)。

③ 参见 Judgment of September 11, 1924, Landgericht Elberfeld, 25 Juristiche Wochemschrift 502, XXV Markenschutz and Wettbewerb (M. U. R.) 264。

④ 《美国法典》第 15 编第 1063 条(a)(2009)。

⑤ 参见下文,1999 年《反域名抢注消费者保护法》。

六章第四节所要讨论的，根据 2006 年《商标淡化修正法》(TDRA)，联邦淡化条款得到了进一步的修改。

1.3.7 七、1996 年《反假冒消费者保护法》

《反假冒消费者保护法》[①]对 1984 年《商标假冒法》[②]所创设的救济方式进行了强化。国会通过该法是为了补充 1984 年《商标假冒法》，因为后者已经表明，对于商业领域假冒犯罪的爆炸式增加，它所提供的救济是不够的。[③]

该法对《兰哈姆法》第 34 条(d)[④]进行了修改，以确保联邦或地方执法机关能够在民事诉讼中实施扣押指令。该法的立法进程显示，它还授权法院高度的权威，使其在某些情况下对违反《兰哈姆法》而使用的飞行器、车辆或船只实施扣押。[⑤] 同时，该法为《兰哈姆法》创设了新的第 34 条(a)，要求对进口到美国的假冒产品实行扣押和销毁。[⑥] 对那些帮助进口假冒产品的人，它还规定了民事罚款。[⑦]

该法还修改了《兰哈姆法》第 35 条，允许民事讼案中的商标所有人选择由司法判决法定赔偿，而不是实际损失赔偿和利润。[⑧]

---

① 《反假冒消费者保护法》(Anticounterfeiting Consumer Protection Act)，Pub. L. No. 104—153，110 Stat. 1386，修改编入《美国法典》第 15 编第 1116 条(d)、第 1117 条(c) (1996)。

② 参见上文 §1.3.3，1988 年《商标修改法》；下文 §8.3.2.2. 仿冒的损害赔偿。

③ 1996 年《反假冒消费者保护法》(Anticounterfeiting Consumer Protection Act of 1996)，H. R. Rep. No. 104—556，at 2 (1996)，*reprinted in* 1996 U. S. C. C. A. N. 1074，1075。

④ 《美国法典》第 15 编第 1116 条(d)(9)，即《兰哈姆法》第 34 条。

⑤ 参见 1996 年《反假冒消费者保护法》(Anticounterfeiting Consumer Protection Act of 1996)，H. R. Rep. No. 104—556，at 11 (1996)，*reprinted in* 1996 U. S. C. C. A. N. 1074，1084。

⑥ 该法案有一部分没有写入《兰哈姆法》，它允许就销毁假冒产品采取一项可选择的利他性措施："当假冒产品未显示出健康危险且商标所有人同意，这些产品(或该产品的销售收益)可以被分配给适格的慈善机构或政府部门。"众议院报告 H. R. Rep. No. 104—556，at 8 (1996)，*reprinted in* 1996 U. S. C. C. A. N. 1074，1081。

⑦ 《反假冒消费者保护法》(Anticounterfeiting Consumer Protection Act)Pub. L. No. 104—153，110 Stat. 1386(1996)。

⑧ 《反假冒消费者保护法》(Anticounterfeiting Consumer Protection Act)，Pub. L. No. 104—153，110 Stat. 1386(1996)。

1.3.8 八、1998年《商标法律条约实施法》

1994年,国际社会共同创立了一个条约,要在所有签字国中间推行商标注册的标准化和简约化。这些努力的结果是1994年的《商标法律条约》(TLT)。美国参议院于1998年6月批准了TLT。[①] 实施TLT并据其修改《兰哈姆法》的立法于1998年10月30日由克林顿总统签署。[②]

《兰哈姆法》中的大多数当时已经符合TLT规定;不过,《兰哈姆法》的第1、8、9、10、12(b)以及44条或相关款项还需进行技术性修改。[③]

举例来说,《兰哈姆法》第10条[④]得到修改以便明确,遵照TLT第11条的要求向联邦专利商标局(USPTO)提交的文件应该依据第10条进行"备案"。当前,USPTO要求提交一份完整的转让文件副本以作备案之用。按照TLT第11条(b)(2),作为所有权改变的证据,只需备案转让文件之摘要。对于USPTO的备案,为了允许受让人仅仅提交转让文件摘要而非全部文件,《兰哈姆法》第10条的这一修改是必要的。

《兰哈姆法》第9条[⑤]修改后取消了作为注册续展之基础的连续使用要求。TLT第13条特别禁止其成员要求以使用证据作为商标续展的必要条件。为了适应这一规定,且还要清除主注册簿中的"赘物",《兰哈姆法》第8、9条都得到了修改。根据这些修改,按照如今的第9条,续展的颁发无需提供连续使用的证据;但第8条现在要求,"连续使用宣誓书"不仅需要在注册的第5—6年之间,还要在第9—10年之间、第19—20年之间等时间提交。区分这两项条件的用意是,允许美国继续遵守其以使用为导向的体制,同时又能合乎TLT第13条的技术性规定。

《兰哈姆法》第44条(e)[⑥]也做了修改。该条以前曾要求外国注册证的

---

① 《专利、商标与版权杂志》[56 Patent, Trademark and Copyright Journal 278 (1998)]。

② 《专利、商标与版权杂志》[57 Patent, Trademark and Copyright Journal 12 (1998)]。

③ 《美国法典》第15编第1051、1058、1059和1060条,第1062条(b)以及第1126条。

④ 《美国法典》第15编第1060条。

⑤ 《美国法典》第15编第1059条。

⑥ 《美国法典》第15编第1126条(e)。

认证副本与美国注册申请书同时提交。TLT 第 3 条详细列举了要求提交的文件。向签约国提交的所有申请如果满足了该条要求，就必须被给予一个申请日。但该条不包括外国注册证的认证副本。因此，为符合第 3 条规定，修订之后的第 44 条(e)便不再要求外国注册证的认证副本与美国注册申请书同时提交。[①]

1.3.9 **九、1999 年《商标修改法》**

1999 年《商标修改法》[②]的目的是对已有商标法进行澄清和扩展。[③] 1999 年 8 月 5 日，该法经克林顿总统签署而成为法律。[④] 首先，该法修改《兰哈姆法》第 43 条(c)，将淡化作为依照第 13 条(a)提出异议的理由和依照第 14 条申请撤销的理由。[⑤] 依照《兰哈姆法》第 2 条，淡化不属于单方面拒绝注册标志的依据[⑥]，但该法案规定，淡化诉讼中可以适用禁令救济[⑦]，而金钱偿还[⑧]和/或销毁侵权物品[⑨]的判处只有在"故意违反"的情况下才可获得。[⑩]

其二，这次修法取消了联邦政府违反《兰哈姆法》不受起诉的豁免权。

---

① 第 44 条(e)如今规定，"该申请人应该在商标专员可能规定的期间内提交申请人在其来源国的注册证书或认证副本。"

② 1999 年《商标修改法》(Trademark Amendment Act of 1999)，Pub. L. No. 106－43，113 Stat. 218(1999)，编入《美国法典》第 15 编第 1051，1052，1060，1063，1064，1092，1114，1116，1117，1118，1122，1125，1127 和 1501 条。该法还取消了《兰哈姆法》所使用的"trade-mark"，并全部代之以"trademark"(商标)。

③ 通常可参见约翰 · L. 韦尔奇：《千禧年的现代化：1999 年商标法修正案》(John L. Welch, *Modernizing for the Millennium: The 1999 Amendments to the Trademark Law*)，13 Intl. Law Practicum 34 (New York State Bar Assoc. 2000)。

④ 同上，at 34。

⑤ 见下文 § 6.4.3。

⑥ 《美国法典》第 15 编第 1052 条。参见约翰 · L. 韦尔奇：《千禧年的现代化：1999 年商标法修正案》(John L. Welch, *Modernizing for the Millennium: The 1999 Amendments to the Trademark Law*)，13 Int'l. Law Practicum 34 (New York State Bar Assoc. 2000)。

⑦ 《美国法典》第 15 编第 1116 条(a)，即《兰哈姆法》第 34 条(a)。

⑧ 《美国法典》第 15 编第 1117 条，即《兰哈姆法》第 35 条。

⑨ 《美国法典》第 15 编第 1118 条，即《兰哈姆法》第 36 条。

⑩ 在第 43 条(c)，《兰哈姆法》称仿冒为"故意违反"。参见《美国法典》第 15 编第 1118 条。

它扩大了第32条、第45条中的“任何人”的范围，使之包括合众国、其部门和机构，以及代其行事的任何实体或人员。① 该法专门修改第40条，明确指出，合众国放弃其治权豁免。②

其三，修改后的第43条(a)规定，在未经主簿注册的商业外观引起的侵权诉讼中，主张商业外观保护的当事人负有证明非功能性的责任。③

1.3.10 **十、1999年《反域名抢注消费者保护法》**

国会于1999年通过了一个将商标法延伸至网络空间的法案。1999年11月29日，克林顿总统签署一项拨款法案，其中包括1999年《知识产权与通讯综合改革法》。④《反域名抢注消费者保护法》即是该综合性拨款法案的第三部分。⑤ 国会制定《反域名抢注消费者保护法》的目的在于：

> 保护消费者和美国商业，促进在线商务发展，并通过防止为了从显著性标识之美誉中获利而恶意地、欺骗性地将这些标识注册为因特网域名，为商标所有人提供法律上的明确性。⑥

《反域名抢注消费者保护法》的用意是保护商标所有人，防止网络空间

---

① 参见1999年《商标修改法》(Trademark Amendment Act of 1999)，Pub. L. No. 106－43，113 Stat. 218(1999)。

② 参见1999年《商标修改法》(Trademark Amendment Act of 1999)，Pub. L. No. 106－43，113 Stat. 218(1999)。

③ 参见1999年《商标修改法》(Trademark Amendment Act of 1999)，Pub. L. No. 106－43，113 Stat. 218(1999)。

④ 史蒂文·R.博格曼：《新的联邦反域名抢注法》(Steven R. Borgman, *The New Federal Cybersquatting Laws*)，8 Intell. Prop . LJ 265, 265 (2000)。

⑤ 《反域名抢注消费者保护法》(Anticybersquatting Consumer Protection Act of 1999)，Pub. L. No. 106－113，§3002(a)，113 Stat. 1501，1537 (1999)，编入《美国法典》第15编第1114、1116、1117条，第1125条(d)，第1127和1129条。

⑥ 《反域名抢注消费者保护法》(Anticybersquatting Consumer Protection Act)，Pub. L. No. 106－140，at 4 (1999)。

的新损害——"域名抢注"[①]。发生域名抢注的情形是，为了在域名来源上制造混淆，一方所注册的域名与某商标有着令人混淆的相同或近似。《反域名抢注消费者保护法》为《兰哈姆法》增加了新条款即第 43 条(d)[②]，再次推动《兰哈姆法》超越其普通法血统。[③] 第 43 条(d)给《兰哈姆法》带来的最为突出的变化是，它指定域名属于《兰哈姆法》的保护范围。《兰哈姆法》第 43 条(d)没有给予域名以类商标的保护；但是，对于注册商标持有人，第 43 条(d) 防止他人恶意注册相同的或近似地令人混淆的域名[④]：第 43 条(d)(1)为起诉域名抢注创造了"恶意"这一新诉由；[⑤]第 43 条(d)(2)针对域名抢注创造了一个对物诉由；[⑥]第 43 条(d)(3)明确规定，除了可以其他方式适用的其他民事诉讼或救济之外，第 43 条(d)(2)和(2)上的新诉由也可以提出。[⑦]

1.3.11

十一、2000 年《马德里议定书实施法》

2000 年《马德里议定书实施法》[⑧]于 2001 年获得通过，其作用是为实施《马德里议定书》而立法。一般而言，《马德里议定书》对承认国际商标注册

---

① 参见下文 § 2.2.6。

② 《美国法典》第 15 编第 1225 条。

③ 参见上文 § 1.3.3.1、§ 1.3.5。

④ 《美国法典》第 15 编第 1225 条(d)。《反域名抢注消费者保护法》(Anticybersquatting Consumer Protection Act of 1999)，Pub. L. No. 106－113，§ 3002(a)，113 Stat. 1501，1537 (1999)。参见下文 § 6.5。

⑤ 《美国法典》第 15 编第 1225 条(d) (1)。《反域名抢注消费者保护法》(Anticybersquatting Consumer Protection Act of 1999)，Pub. L. No. 106－113，§ 3002(a)，113 Stat. 1501，1537 (1999)。参见下文 § 6.5.1。

⑥ 《美国法典》第 15 编第 1225 条(d) (2)。《反域名抢注消费者保护法》(Anticybersquatting Consumer Protection Act of 1999)，Pub. L. No. 106－113，§ 3002(a)，113 Stat. 1501，1537 (1999)。参见下文 § 6.5.2。

⑦ 《美国法典》第 15 编第 1225 条(d) (3)。《反域名抢注消费者保护法》(Anticybersquatting Consumer Protection Act of 1999)，Pub. L. No. 106－113，§ 3002(a)，113 Stat. 1501，1537 (1999)。参见下文 § 8.3.2.3。

⑧ Pub. L. No. 107－273，§ 13401，116 Stat. 1758，1913－1920 (2002)，编入《美国法典》第 15 编第 1141 条。

的早期国际成就——所谓《马德里协议》进行了改革。2000年《马德里议定书实施法》对如下两方面进行了简要解释：(1)《马德里议定书》将如何弥补《马德里协议》的不足；(2)为适应《马德里议定书》，《兰哈姆法》需要做何变革：

> 实事求是地说，该议定书更新了《马德里协议》，使其内容在很多方面与美国法的原有规定保持一致。例如，按照《议定书》，国际商标延伸申请书可以用英语完成；……，而《协议》要求申请书以法语完成。并且，按照《议定书》，国际申请可以以来源国申请——不是实际的注册——为依据，从而使美国申请人在他们提交美国申请（包括以在贸易中使用一个标识的真实意图为基础的申请）的同时可寻求国际保护。《议定书》还允许将一国可拒绝国际注册生效的时间延长18个月，并允许更高的申请与续展费，此二者符合美国专利与商标局规定的效力待决和费用结构。
>
> 最后，《议定书》更改了《马德里协议》上的所谓“核心打击”(central attack)条款。按照《马德里协议》，在国际注册的第一个5年期间内，如果国际注册所依据的国内申请或注册受到限制或撤销，依靠注册延伸而在《马德里协议》成员国所获得的所有权利要同样受到限制或撤销。这就是人们熟知的“核心打击”。按照《议定书》，倘发生对本地标识的“核心打击”以及国际注册随后被撤销，国际注册可以在各指定国被“转化”为一系列国内申请，它们都将保留原初申请日（即国际注册日）以及已经提出的优先权。这样，其标识在美国被取消的美国商标所有人，仍然可以在其正在寻求保护的其他国家保留其优先权。①

实质上，该法案增加了《兰哈姆法》第十二章（包括第60—74条），允许

---

① 《马德里议定书实施法》(Madrid Protocol Implementation Act)，S. Rep. No. 107—46, at 3 (2001), 1991 WL 84058, at ＊3。

商标申请人通过联邦专利商标局(USPTO)进行国际商标注册。[①]

1.3.12 十二、《新加坡条约》

2006年,《新加坡商标条约》(简称《新加坡条约》)缔结。

很多人认为,这一新条约是商标调和新时代的黎明,但这并非最终结果。旧的矛盾延续下来,其结果只是一个妥协性文件。尽管该条约首次在国际背景下承认色彩和气味标识属于商标的范围,而在另一方面,该条约并未达到预期的效果。实质性的变化没有发生,相反,该条约朝着商标法的程序协调的方向迈出了小小的一步。

事实上,《新加坡条约》受到了严厉的批评:

> 《新加坡条约》开始"改进"国际商标法的状况,但它却是以极其偶然的方式做到了这一点。该条约的制定者没有设定具体的目标并为实现该目标而尽力,他们似乎是出于一片好心而达成该条约,而对于该条约之最终结果会被认为是何种形象,却并无明晰的轮廓。由此达成的条约体现了这一点。与其说它制定了明确的规则,甚或处理了存在于各种体制之间的真正问题,不如说,《新加坡条约》所确立的只是大致的行为方式,这或许能、或许不可能改进利害当事人或商标官员的活动方式。这无论如何不能被视为具有"协调"的特征。毋宁说,构成新条约的,是用以制造进步之印象的表面性变革。这种并不成功的尝试,而非真正的协调,成为巴西、阿根廷等国推进WIPO新《议程》的原因。然而,如果说《新加坡条约》属于某种引导,那么在WIPO依然忽视商标法的协调时,该议程可能仅仅是另一块粉饰布。[②]

---

① 《美国法典》第15编第1441条。

② 《立法变革——新加坡司令酒:WIPO对国际商标法的重大变革推卸责任》(Legislative Update: *Singapore Sling: WIPO Passes the Buck on Meaningful Reform of International Trademark Law*),17 DEPAUL-LCA J. ART & ENT. L. 305, 336—337 (2007)。

因此，尽管《新加坡条约》应该被承认是一个重要成果，其结果却没有预期的实质性变革。

1.4　第四节　商标的州保护

除了联邦保护机制，美国各州都有其各自有关商标注册与保护的普通法与成文法机制。不过，多数州的注册法还没有赋予注册人以全州使用优先权，[①]不要求对他们注册的标识做实质性审查[②]，且通常不像联邦注册那样受到认真严肃的对待。最为重要的州成文法有三种类型：州商标保护法、商业欺骗行为法以及州淡化法。

1.4.1　一、州商标保护法

大多数州的商标立法遵循了《州商标示范法案》。[③] 该法案与普通法和《兰哈姆法》所认可的保护没有重大差异。州商标立法的目的是，保护那些由于未充分使用，因而被视为不曾用于《兰哈姆法》所要求的州际贸易的标识。这就是说，对于大多数商标所有人而言，一旦他们不能按照《兰哈姆法》获得联邦法院的保护，可以启用州立法作为其最后的屏障。

1.4.2　二、商业欺骗行为法

与州商标立法相比，以《州商业欺骗行为示范法》(Model State Decep-

---

①　参见佛罗里达汉堡王诉胡茨(Burger King of Florida, Inc. v. Hoots)，403 F. 2d 904 (7th Cir. 1968)(普通法商标权利限于被告原有业务机构周围的小地理区域)。

②　参见利昂氏冷冻牛奶沙司诉利昂集团(Leon's Frozen Custard, Inc. v. Leon Corp.)，513 N. W. 2d 636 (Wis. Ct App. 1994)(威斯康辛州不因为商标注册申请与现有注册相同而对其审查)。

③　《不公平竞争法重述(第三版)》第三章，1995 年[*Restatement (Third) Unfair Competition*], Chapter 3 (1995)。

tive Trade Practices Act)为基础的州立法的效力稍强。这些法令所周密考虑的是，不仅要防止不一定受到普通法或《兰哈姆法》禁止的行为，而且还常常提供了由合格的州司法长官执行该法的可能性（如非必要条件）。[①]《伊利诺伊统一商业欺骗行为法》也许是此类立法的代表。并非所有的，但却是大多数州采纳了这类立法。伊利诺伊立法这样规定：

> 当一个人在其商务、行业或职业过程中出现下列行为，他就从事了商业欺骗行为：
>
> (1)假称其商品或服务系他人之商品或服务；
>
> (2)对商品或服务的来源、赞助、认可或鉴定造成混淆或误解的可能；
>
> (3)对涉及另一人的隶属、关系和联系、或另一人的鉴定造成混淆或误解的可能；
>
> (4)对于有关商标或服务的地理来源，使用欺骗性的提示或称号；
>
> (5)声称商品或服务具有它们所没有的赞助、批准、特征、成分、用途、益处或数量，或声称某人具有他所没有的某赞助、批准、地位、隶属或联系；
>
> (6)如果商品是变质的、更改的、修补的、召回的、用过的或二手的，声称它们是原创或崭新的；
>
> (7)声称商品或服务具有特定的标准、质量或等级，或者声称商品或服务具有特定的风格或模式，如果它们并非如此；
>
> (8)通过虚假或误导性事实陈述，贬低他人的商品、服务或商务；
>
> (9)对商品或服务做广告，目的却不是依照广告销售它们；
>
> (10)对商品或服务做广告，目的却并非要满足合理预期的公众需求，除非该广告表明了有限的数量；

① 参见 815 Ill. Comp. Stat. 510/2 (2004)。

(11)针对价格降低的原因、存在或数量,制造虚假或误导性事实陈述;

(12)从事其他产生同样的混淆或误解可能的行为。

为了依照该法获得诉讼成功,原告不必证明当事人之间的竞争关系、实际的混淆或误解。①

1.4.3 三、州淡化法

有 38 个州承认商标淡化属于可诉的损害。② 12 个州未提供商标淡化方面的诉讼理由,无论是通过成文法还是普通法。③

典型的州淡化成文法称④,在对商标持有人准予禁令救济时,法院"可

① 815 Ill. Comp. Stat. 510/2 (2004).

② 阿拉巴马:Ala. Code §8-12-17;阿拉斯加:Alaska Stat. §45.50.180;亚利桑那:Ariz. Rev. Stat. §44-1448.01;阿肯色:Ark. Code Ann. §4-71-213;加利福尼亚:Cal. Bus. & Professions Code §14330;康涅狄格:Conn. Gen. Stat. §35-11i(c);特拉华:Del. Code Ann. Tit. 6, §3313;佛罗里达:Fla. Stat. Ann. § 495.151;乔治亚:Ga. Code Ann. §10-1-451(b);夏威夷:Haw. Rev. Stat. § 482-32;爱达荷:Idaho Code §48-501;印第安纳:Ind. Code 24-2-1-13.5;伊利诺伊:Ill. Comp. Stat. 1036/65;艾奥瓦:Iowa Code § 548.113;堪萨斯州:Kan. Stat. Ann. §81-214;路易斯安那:La. Rev. Stat. Ann. § 51:223.1;缅因:Me. Rev. Stat. Ann. Tit. 10, § 1530;马萨诸塞:Mass. Gen. L. Ann. ch. 110B, § 12;明尼苏达:Minn. Stat. 333.285;密西西比:Miss. Code Ann. § 75-25-25;密苏里:Mo. Ann. Stat. § 417.061;蒙塔纳:Mont. Code Ann. § 30-13-334;内布拉斯加:Neb. Rev. Stat. Ann. § 87-140;内华达:Nevada Rev. Stat. 600.435;新罕布什尔:N. H. Rev. Stat. Ann. § 350-A:12;新泽西:A. J. S. A. 56: 3-13.20;新墨西哥:N. M. Stat. Ann. §57-3B-15;纽约:N. Y. Gen. Bus. Law §360(l);俄勒冈:O. R. Rev. Stat. § 647.107;宾夕法尼亚:54 PA. Cons. Stat. Ann. §1124;罗德岛:R. I. Gen. Law R. I. §6-2-12;南卡罗来纳:S. C. Code Ann. §39-15-1165;田纳西:Tenn. Code Ann. §47-25-513;德克萨斯:Tex. Bus. & Com. Code Ann. § 16.29;华盛顿:Wash. Rev. Code Ann. § 19.77.160;西弗吉尼亚:W. Va. Code § 47-2-13;怀俄明:Wyo. Stat. Ann. §40-1-115。

③ 科罗拉多、肯塔基、马里兰、密西根、北卡罗莱纳、北达科塔、俄克拉荷马、南达科塔、犹他、佛蒙特、弗吉尼亚和威斯康辛。

④ 在考虑淡化时,典型的州淡化立法列举了一系列因素:这些因素反映了考虑侵权时所使用的具有混淆可能的因素。比较下述伊利诺伊州淡化法(注 4)与下文§8.1.1。

以考虑”有关标识是否注册、是否存在混淆的可能。①

不幸的是，成文法上的淡化规定并没有在各州得到一致的适用。例如，即使纽约州成文法清楚规定，判决淡化无需考虑混淆，而一些纽约州法院如今却要求提供混淆证据②；同时，如果没有混淆，伊利诺伊法院将会拒绝做出淡化判决，因为“一个可能发生混淆的商标一定是一个可能产生淡化的商标。”③因而，纽约各法院要求有混淆发生，而伊利诺伊法院却在有混淆时排除淡化救济。使问题变得更糟的是，直到1997年，纽约淡化法和伊利诺伊淡化法是相同的。④ 另外，其他很多州有着相同的淡化成文法。⑤

州成文法的一致性在于，它们都要求有关标识在禁止淡化之前已经驰名。

---

① 参见伊利诺伊州淡化法的如下规定：

(a)按照衡平原则以及法院认为合理的条件，本州驰名标识的所有人，针对他人对其标识或商业名称进行的商业性使用，如果该使用开始于该标识闻名之后并对该标识之显著性造成淡化，应该有权获得禁令救济，并有权获得本条提供的其他救济。判断一个标识是否显著并驰名，法院可以考虑的因素包括但不限于：(1)该标识在本州所固有或获得的显著性程度；(2)该标识在所使用商品或服务上使用的期间与范围；(3)该标识在本州被广告和宣传的时间和范围；(4)使用该标识的贸易区的地理范围；(5)该标识所使用的商品或服务的贸易渠道；(6)在本州，在该标识所有人以及禁令所禁对象所使用的贸易区域和渠道，该标识被认可的程度；(7)第三人对相同或近似标识进行使用的性质和范围；以及(8) 在本州，该标识属于州层面的注册对象，还是依据1881年3月3日法、或1905年2月20日法、或主注册簿上的联邦注册。765 Ill. Comp. Stat. 1036/65 (1998)。

② 贝弗利·W. 帕蒂沙尔：《商标淡化的逻辑根据——商标同一性保护，其发展与前景》(Beverly W. Pattishall, *The Dilution Rationale for Trademark—Trade Identity Protection, Its Progress and Prospects*), 71 Nw. U. L. Rev. 618, 624, n. 47 and references cited therein (1976)。

③ 詹姆斯·伯勒诉必富达(James Burrough Ltd. v. Sign of the Beefeater, Inc.), 540 F. 2d 266, 274 - 275 n. 16 (7th Cir. 1976)(混淆与淡化的主张得到了经济基础上的审查，且两种主张都被认为处于同一经济背景之下)。

④ 比较765 Ill. Comp. Stat. 1035/15 (1998年废除)和N. Y. Gen. Bus. Law § 368－d (1997年废除)。

⑤ 参见亚利桑那州[Ariz. Rev. Stat. § 44－1448. 01(2002)]；阿肯色州[Ark. Code Ann. § 4－71－213(1999)]；伊利诺伊州[765 Ill. Comp. Stat. 1036/65 (1998)]；堪萨斯州[Kan. Stat. Ann. § 81－214(West, Westlaw through 2003 sess.)]；明尼苏达州[Minn. Stat. § 333. 285 (2004)]；蒙塔纳州[Mont. Code Ann. § 30－13－334(2003)]；内布拉斯加州[Neb. Rev. Stat. Ann. § 87－140(Michie 2000)]；宾夕法尼亚州[54 PA. Cons. Stat. Ann. § 1124(West 1996)]；田纳西州[Tenn. Code Ann. § 47－25－513 (2000)]。

第二章 保护的客体

2.1 第一节 导言

《兰哈姆法》将商标解释为“被用于……标示商品来源的……文字、名称、符号、设计[①]或者其组合……”[②]美国法院过去曾并越来越倾向于从字面上看待这一表述。如果某一产品的“某一”方面标示着该产品的出处或来源，当前的美国法院就很有可能承认它为商标。因此，商标保护的范围理论上是无限的，仅受一个条件的限定：即商标发挥识别来源的作用（且不得在其他方面违反《兰哈姆法》）。从而，饭店的内部与众不同，可能足以使其获得商标保护，[③]某一产品独有的颜色或某个特点，[④]甚至是摩托车空转时产生的声音，[⑤]如果能够用来识别该产品一贯的来源，都可能成为保护的依据。

---

① 有关术语“符号或设计”的历史和演变的讨论，参见肯尼斯·波特:《关于非传统型商标》(Kenneth Port, *On Nontraditional Trademarks*), N. Kent. L. Rev. (2011)。

② 《美国法典》第 15 编第 1127 条(1997)。

③ 两比索诉塔克·卡瓦纳国际公司(Two Pesos, Inc. v. Taco Cabana International Inc.), 505 U.S. 763 (1992)[鲜亮的色彩、油画和手工艺品构成的“Mexican theme”(墨西哥主题)已经取得了第二义，具有鲜明的特色]。

④ 夸里特科斯公司诉雅各布森(Qualitex Co. v. Jacobson Products Co., Inc.), 514 U.S. 159 (1995)。

⑤ 参见美国商标申请系列 U.S. Trademark Application Serial No. 74/485, 223，名为 Harley-Davidson/哈雷—戴维森 (1994 年 2 月 1 日提交)(主张 Harley-Davidson 牌摩托车声音与众不同，且在消费者心目中标示着 Harley-Davidson 股份有限公司是摩托车的来源)(美国专利商标局有案可查)；另参见川崎摩托美国公司诉 H-D 密西根公司(Kawasaki Motors Corp. U.S.A. v. H-D Michigan,. Inc.), 43 U.S.P.Q. 2d 1521 (T.T.A.B. 1997)(抨击目标是 Harley-Davidson 就摩托车排气管声音进行注册的企图)。

美国商标法通常要保护的是商标、集体标识、证明标识、服务标识、商业和贸易名称——如果它们标示着来源并被用在产品和商业外观上。①

商标之作用是识别商品或服务的来源。来源本身不必是知名的；在一定程度上，重要的是一个来源要得到一贯性的认可，并与某一特定的商品或服务相关联。② 除了识别来源，商标还象征着企业的商誉。商誉代表着商品或服务生产者的名誉。在购买某特定商品或服务时，消费者信赖着被确证的质量等级。③ 商标由此变成了此种商誉的具体化身。

2.2 第二节 标识的分类

2.2.1 一、商标

《兰哈姆法》对于商标的定义是："(1)某人所使用或(2)某人具有在贸易中使用的真实意图，并申请注册于本章所设主注册簿，用以识别或区分他或她的商品的文字、名称、符号、设计或者其组合……"④

一个标识如能满足美国法典第15编第1052条的要求，就可以注册于

① 《美国法典》第15编第1127、1053条(服务标识)；第1054条(集体与证明标识)。

② 《美国法典》第15编第1127条(1997)；另参见芝加哥国际犬舍俱乐部诉迈提斯塔(International Kennel Club of Chicago, Inc. v. Mighty Star, Inc.)，846 F. 2d 1079 (7th. Cir., 1988)[国际犬舍俱乐部(International Kennel Club)是独特的，它作为纯血统狗的信息与注册的来源而得到认可]。

③ 《兰哈姆法》没有提出特别的质量水准。消费者的质量预期是连续性的。消费者与企业之间的关系因为企业努力确立并维持一定的质量水准而得到发展。质量本身可高可低，但消费者懂得，一旦质量通过特定产品上的商标进行识别，它将总是如此。商标法所保护的，正是这种确立商誉的预期及满足。参见可口可乐诉口可(Coca-Cola Co. v. Koke Co.)，254 US 143, 146 (1920)(它判定，Coca-Cola这一名称背后的期待是"来自单一来源的仅有的事物")；米沙沃卡公司诉克雷斯吉(Mishawaka Rubber & Woolen Mfg. Co. v. S. S. Kresge Co.)，316 U.S. 203, 205 (1942)("商标保护就是保护符号……一个商标是一个买卖捷径，它引导购买者选其所需，或选其所信……一旦出现此种情形，该商标之所有人便拥有了有价之物。如果他人侵入他所创符号的商业魅力，该所有人便可获得法律救济")。

④ 《美国法典》第15编第1127条，即《兰哈姆法》第45条。

主注册簿。实际上，第 1052 条的作用是罗列了一系列被禁止注册的识别性标识。这样，未被第 1052 条明确禁止的标识就可以获得注册。[①]

第 1052 条禁止注册下列标识：

(a)含有不道德、欺骗性或毁谤性事物的标识。

这一禁止规定已经表明其适用是相当难以捉摸的。检验的标准是，申请者的标识是否“在撼动羞耻心或合宜性……观念”[②]。事实上，今天所谓的“撼动”，几年后就变成了主流性的大白话，甚至连有趣都不够格。并且，无论由谁、在何时做出此类判定，该标准似乎总是相当主观的。适用第 1052 条(a)的关键显然在于，在问题被提出时，相当一部分的居民认为该标识对其道德观是一种打击。[③]

(b)包含美国或其任何州、或其它国家之国旗、徽章或由它们构成的标识。

(c)标识包含可认出某特定在世者的姓名、肖像或签名、或由其所构成，除非经本人书面同意；或包含已故总统之姓名、签名或肖像、或由其所构成，而其遗孀尚在世，除非经其遗孀书面同意。

(d)标识可能与此前已在主注册簿上注册的标识产生混淆。可能对商品或服务之来源造成混淆的，或者看上去会造成有关赞助的虚假感受的标识，也不得注册。[④]

---

① 参见麦克金利案(*In re* McGinley)，660 F. 2d 481 (C. C. P. A. 1981)（裸体男女亲吻、拥抱，男人的生殖器暴露在外，这样的标识被认定有伤风化）；麦弗利媒体集团案(*In re* Mavely Media Group Ltd.)，33 F. 3d 1367 (Fed. Cir. 1994) [按照 15 U. S. C. 第 1052 条(a)，标识被认为有伤风化]。

② 麦克金利案(*In re* McGinley)，660 F. 2d 481 (C. C. P. A. 1981)（男女拥抱并暴露男性生殖器的图画被认为有伤风化）。

③ 哈幽诉普罗足球(Harjo v. Pro football, Inc.)，30 U. S. P. Q. 2d 1828，(T. T. A. B. 1994)（使相当一部分社会居民遭受公开奚落的商标不可注册），rev'd，284 F. Supp. 2d. 96 (D. D. C. 2003)（如果那些被涉及的人中的“实质性部分”感受到轻视或贬低，商标注销就是合理的）。

④ 参见下文 § 8.1。

(e)标识仅具有描述性[①]、仅仅是地理性术语、本来只具有姓氏意义、主要是在地理上具有欺骗性错误描述的术语，不可注册。单纯的地理标识不可注册。[②] 但是，如果具有地理意义的字词在消费者心目中没有"商品/地址"之关联的，也可以注册。因此，用于T恤的标识NANTUCKET(楠塔基特)可以注册，因为被称为楠塔基特的地名通常不会被联想为体恤所起源的地方。[*]

仅具有姓氏意义的标识不被注册，除非它们对某些商品或服务还具有标示其来源的作用。尽管Taylor(泰勒)是某人之名，而一旦与葡萄酒的制造与销售相联系，TAYLOR WINE(泰勒葡萄酒)这一标识也就具有了识别来源的作用，因而构成一个有效商标。[③]

(f)第二义。

如果一个标识原本有违第1052条(a)的规定却可以获得注册，此种情形表明该标识具有"第二义"。当一个标识具有两种功能时，该标识被认为具有第二种意义：一种功能可能是对某商品或服务的描述，仅仅具有地理性意义或仅仅指称一个姓氏，而另一种功能可能是识别来源。某标识要克服第1052条(a)上的排除情形并可以得到注册，所需要的正是这第二种功能。[④]

通常来说，一个商标必须展示出三种品质：它必须包括第1127条规定的定义并可得到专利与商标委员会的准许；它必须正在贸易活动中被使用

---

① 仅仅具有描述性的标识是那些单纯描述产品或产品属性，不向相关消费者显示其来源的标识。参见帕克·恩弗莱诉多拉尔·帕克和弗莱(Park N' Fly Inc. v. Dollar Park & Fly, Inc.), 469 U.S. 189 (1985)。

② 参见唐纳德·奇瑟姆、迈克尔·雅各布斯：《理解知识产权法》(Donald S. Chisum & Michael A. Jacobs, *Understanding Intellectual Property Law*), § 5C [1][c][ii](2)。

* 楠塔基特案(*In re* Nantucket, Int.), 677 F. 2d 95 (C.C.P.A. 1982)。楠塔基特位于美国马萨诸塞州。——译者

③ 泰勒葡萄酒公司诉布尔里·希尔葡萄园(The Taylor Wine Co. v. Bully Hill Vineyards, Inc.), 590 F. 2d 701 (2d Cir. 1978)。

④ 芝加哥国际犬舍俱乐部诉迈提斯塔(International Kennel Club of Chicago, Inc. v. Mighty Star, Inc.), 846 F. 2d 1079 (7th. Cir., 1988)[国际犬舍俱乐部(International Kennel Club)获得了第二种意义]。

或者准备使用；它必须能够识别出生产者的商品或服务。①

2.2.2　## 二、集体商标

按照15 U.S.C.第1054条，集体商标可注册于主注册簿。集体标识被定义为这样的商标或服务标识：

(1)由其所有者之外的人使用；或者

(2)其所有者具有允许他人在商业中使用的真实意图，并为在依本法设立的主注册簿上注册而提交了申请，以证明该人之商品或服务的区域或他种来源、材料、生产方式、质量、精度，或其他特征，或者证明该商品或服务上的工作或劳动系由某联盟或其他组织的成员所实施。②

集体标识在某些方面是独特的。一个集体标识必须由团体注册，该团体对它的使用实行控制或准备实行控制。③ 该集体中的任何个别成员不得自己注册该标识。④ 一个集体标识可以是集体的成员资格标识、也可以是集体性机构的标识。集体的成员资格标识由团体使用，以表示机构成员的资格；集体性机构的标识由某一团体使用，该团体是其他团体的保护伞。该保护性的团体可代表其成员推销商品。⑤ 与普通商标不同，集体标识可以是地理意义的描述。

2.2.3　## 三、证明商标

证明标识不应与集体标识混淆。证明商标服务于特定的且独一无二的目的，拥有并注册它的实体的存在是要为其他人的产品或服务提供证明。

---

① 杰罗姆·吉尔森：《商标保护与实践》(1 Jerome Gilson, *Trademark Protection and Practice*), § 1.02[1]。

② 《美国法典》第15编第1127条，即《兰哈姆法》第45条。

③ 控制和注册代表着所有权。

④ 雷布查面包房诉洛希面包房(F. R. Lepage Bakery v. Roesch Bakery Products Co.), 851 F. 2d 351 (Fed. Cir. 1988)(集体商标在被转移给某个体而被撤销), *vacated on other grounds*, 863 F. 2d 43 (Fed. Cir. 1988)。

⑤ 麦卡锡：《商标与不正当竞争》第一卷(1 McCarthy, *Trademarks and Unfair Competition*), at § 19.99 (4th ed. 2004)。

证明标识不能由拥有该标志的实体作为商标使用。[①] 证明标识可以由其他人(通过该所有人授权)使用在合乎该标识所有人所定标准和规格的产品或服务上。有关证明标识的一个合适的例证是 Underwriters Laboratory (UL/保险商实验室)。按照规定,生产者要将 UL 标识附着于其产品,必须满足 UL 标准。消费者信赖该证明所代表的始终如一的质量水准。在市场上,商品和服务使用 UL 标识成为一个巨大的优势。

证明标识只可被用于证明他人的商品或服务。另外,证明标识的所有人必须对该标识的使用实行控制。未实行控制可能会导致该标识被撤销。[②]

2.2.4

四、服务商标

服务商标拥有与普通商标相同的获得注册和保护的权利。[③] 适用于服务标识的定义几乎与商标相同。[④] 其间主要的区别是,服务标识被专门用来指称服务。与商标一样,服务标识必须在商业中使用才能有资格获得注册。与商标不同的是,广告使用通常足可构成服务标识的使用。然而,一些法院判决,广告是服务标识避免被判定放弃的充分使用,但在实际销售中使用服务标识依然是其获得注册的必要条件。[⑤]

商标和服务标识实质上是可以互换的。一个企业可以为其产品及服务选择使用同一标识。[⑥] 但重要的是要注意到,服务商标必须被用于服务,而普通商标则必须用于产品。[⑦] 为产品下定义并不难。产品是在贸易中出售

---

① 统一乳产品公司诉吉尔德纳和史密尔公司(Consolidated Dairy Prods. Co. v. Gildner & Schimmel Inc.),101 U.S.P.Q. 465 (1954)。另参见麦卡锡:《商标与不正当竞争》第一卷(1 McCarthy, *Trademark and Unfair Competion*), at § 19.94 (4th ed. 2004)。

② 《美国法典》第 15 编第 1064 条(e)(1),即《兰哈姆法》第 14 条(e)(1)。

③ 《美国法典》第 15 编第 1053 条,即《兰哈姆法》第 3 条;佩珀先生案(*In re* Dr. Pepper),836 F. 2d 508 (U.S. App. 1987)(彩票构不成“服务”)。

④ 《美国法典》第 15 编第 1127 条,即《兰哈姆法》第 45 条。

⑤ 齐纳德公司诉卡米洛特(Kinark Corp. v. Camelot Inc.),548 F. Supp. 429 (D. N. J. 1982)(在尚未开业的新酒店使用之前发出的广告不足以授予权利)。

⑥ 吉尔森:《商标保护与实践》第一卷(1 Gilson, Trademark Protection and Practice), § 1.02 [1] [b] (pub. 726, rel. 52, 2004)。

⑦ 福布斯案(*In re* Forbes),31 U. S. P. Q. 1315 (T. T. A. B. 1983)。

的任何有形之物。而服务则比较难界定。当相关物品只是被铸造、安装或受到其他方面的操作，而没有被转让时，其中使用的就是服务标识。

2.2.5　五、商号

商号是公司的实际名称，而公司自身可能拥有大量的商标或服务标识。严格来说，商标保护不适用于商号，除非它们在州际贸易中也被用在商品或服务上，或者在与后者相关联的情况下使用。① 商号必须符合与商标相同的条件，才能获得保护。② 仅仅向企业经营所在州的州长注册一个公司名称(也即"有资格从事经营")，并不会导致任何商标权利的产生。唯有作为商标的使用才能产生商标权。③

如果某商号被他人作为商标使用，而相关消费者心目中可能发生混淆，商号的所有人就有可能在针对侵权的诉讼中获胜，即使该商号所有人并未将其商号实际用作商标。反之，如果商标被第三人用作商号，从而造成购买者对来源发生混淆，该商标所有人在针对侵权的诉讼中也可能取胜。这种保护及于那些可能不是直接竞争对手的相关企业，只要存在着原告将在产品之间填补空白的可能。④ 在各种情形中，混淆可能性都是做出侵权判决所依赖的标准。

以非商业方式使用的名称也可能受到保护。宗教团体、专业协会、兄弟

---

① 美国钢铁厂诉罗伯逊(American Steel Foundries v. Robertson)，269 U.S. 372 (1926)(当被使用于实际商品时，商标"Simplex"的使用足可获得权利)；吉尔森：《商标保护与实践》第一卷(1 Gilson, Trademark Protection and Practice)，§ 2.15[1][b](pub. 726, rel. 52, 2004)。

② 固特异印度橡胶手套生产厂诉固特异橡胶公司(Goodyear's India Rubber Glove Mfg. Co. v. Goodyear Rubber Co.)，128 U.S. 598 (1888)(种类名称不受保护)；西弗韦仓储公司诉西弗韦房地产公司(Safeway Stores Inc. v. Safeway Properties, Inc.)，307 F.2d 495 (2d Cir. 1962)(描述性标识拥有有限的保护)；北美艾尔科奇诉北美阿拉茨(North American Aircoach Sys., Inc. v. North American Arats, Inc.)，231 F.2d 205 (9th Cir. 1955)(描述性地理标识不受保护)。

③ 乔治·华盛顿铸造公司诉华盛顿铸造公司(George Washington Mint, Inc. v. Washington Mint, Inc.)，349 F. Supp. 255 (S.D.N.Y. 1972)(作为公司名称的在先企业不会带来权利)。

④ 标准石油公司诉标准石油公司(Standard Oil Co. v. Standard Oil Co.)，56 F.2d 973 (10 Cir. 1932)(当两个使用者都从事石油产品的制造、提供和销售时，位于墨西哥的后来者的行为与在先使用者的合理的地理扩展相距并非十分遥远)。

会以及慈善机构都包括在内。在这种情况下，保护的基础是维护已确立的名声，并防止在那些希望加入或提供捐助者中间产生混淆。[①]

2.2.6

六、域名

域名不是商标。《兰哈姆法》对域名的定义是：

> 作为因特网上电子地址的一部分，由域名注册管理者、注册处或其他域名注册管理机构进行注册或分配的字母与数字名称。[②]

商标法在网络世界遭遇到麻烦。在深入探究因特网上的商标法之前，人们必须懂得因特网的符号是如何工作的。因特网有它自己的专业词汇，它们影响着相关法律问题的分析。[③]

如今，因特网已经成为了一种常用工具，所有的人都懂得"因特网不是物理性或有形的实体，而是一个巨大的网络，连在一起的计算机网络形成无数小型的群组，并与之相互连接。"[④]与其他通讯实体不同，没有任何单一个人、商业或政府实体控制因特网的运行。[⑤] 因特网"的存在与运行源自这一

---

① 美国金星母亲公司诉全国金星母亲公司(American Gold Star Mothers, Inc. v. National Gold Star Mothers, Inc.)，191 F. 2d 488 (D. C. Cir. 1951)(易于转移成员和赠品的使用方式是有害的)；美国法律援助公司诉法律援助服务公司(American Legal Aid, Inc. v. Legal Aid Services, Inc.)，176 U. S. P. Q. 131 (Wyo. 1972)("legal aid"法律援助的使用超出了被告在公司文件中的企业说明，对已设立的协会构成危害)；全国基督教女青年会委员会诉查尔斯顿基督教女青年会(National Board of YWCA v. YWCA of Charleston, SC)，335 F. Supp 615 (D. S. C. 1971)(当有混淆性标识在使用时，募捐以及维护已有名声的能力受到削弱)。

② 《美国法典》第15编第1127条，即《兰哈姆法》第45条。

③ 科尔比·B. 斯普林格：《域(名)的主人：域名诉讼的历史与反域名抢注消费者保护法和争端解决统一政策的产生》(Colby B. Springer, *Master of the Domain (Name): A History of Domain Name Litigation and the Emergence of the Anticybersquatting Consumer Protection Act and Uniform Dispute Resolution Policy*)，17 Santa Clara Computer & High Tech L., 315, 317 (2001)。

④ 美国公民自由联盟诉雷诺(Am. Civil Liberties Union v. Reno)，929 F. Supp. 824, 830 (E. D. Pa.)，*affd*，521 U. S. 844 (1997)。

⑤ 同上，at 832。

事实:成百上千个分离的操作者……独自决定使用普通的数据转移协议来交换信息。"[①]"由此发生的整体性结果是一个去中心的、全球性的传播媒介……它连接着全世界的人群、研究所、公司和政府机构。"[②]

计算机网络以统一的标准为基础进行交流和数据分享。每个联网计算机都有各自的因特网协议(IP)地址,它由4组数字构成,各组以小数点相分离——(而IPv6协议的部署始于1999年。IPv6地址是128比特的数字,使用16进位的串行得到常规性表达,例如,1080:0:0:0:8:00:200C:417A)——取自 http://www.iana.org/ipaddress/ip-addresses.htm。[③] 因特网的开发者没有要求因特网用户使用IP地址,而是设计了一种域名系统。

域名"代表因特网上较为特定的区域,并像对于IP数字一样,以'小圆点'相分离。"[④]例如,在美国联邦最高法院的域名"supremecourtus.gov"中,"gov"是通用性顶级域名(gTLD),是国家代码或可代表该国家的识别符,或者就某些gTLDs而言,是作为其结果的网站的信息类型。域名中的"supremecourtus"属于二级域名。"所有的二级域名都是独特的,常常包含该域名持有人的公司名称或商号。"[⑤]这是因为域名还没有让网络用户懂得准确的使用环境,而正是它使商标与众不同。二级域名是由域名注册人选择并申请的。[⑥]

按照商标法,同一标识的权利可以由多人持有[⑦],但在网络空间里,某

---

① 雷诺案(Reno)。

② 同上,at 831。

③ 参见网络争端解决有限公司诉茵宝国际有限公司(NSI v. Umbro Int'l, Inc.),529 S. E. 2d 80, 83 (Va. 2000)。

④ 同上。

⑤ MTV广播网诉柯里(MTV Networks v. Curry),867 F. Supp. 202, 204 n. 2 (S. D. N. Y. 1994)(判决域名是唯一性的)。

⑥ 参见网络争端解决有限公司诉茵宝国际(NSI v. Umbro Int'l, Inc.),529 S. E. 2d 80, n. 6 (Va. 2000)。

⑦ 参见下文§6.2.4。

一特定域名的注册只能由一方持有。[①] 一个常常被提到的例子是，联合航空公司(United Airlines)和联合长途搬运公司(United Van Lines)两方虽然都拥有在其各自商品和服务上使用"联合"(United)的有效商标权，其中却只有一方能够注册"united. com"。[②]

在因特网上，有关损害之属性的观念基础包含了网上贸易运作方式的某些假定。《反域名抢注消费者保护法》有两点预设。第一，它假设，寻求商品或服务的消费者将使用二级域名[③]作为来源向导：

> 如果因特网用户知道特定网站的域名，……该用户就可以将该域名输入网页浏览器并直接进入该网站，而无需进行可能会浪费时间的搜索。[④]

第二，《反域名抢注消费者保护法》假定，在创建域名时，商标，特别是字词标识的持有人会将其字词标识用作域名中的二级域名。[⑤]

换言之，域名是重要的，因为它们同时可以既发挥地址的作用，又能作为它们所指示信息的标志符号。[⑥]

---

① MTV广播网诉柯里(MTV Networks v. Curry)，867 F. Supp. 202，204 n. 2 (S. D. N. Y. 1994)(判决域名是唯一性的)。

② 例证来自利萨·M. 沙洛克：《域名争端解决的未来：在〈统一争端解决政策〉框架内设计切实可行的法律解决机制》(Lisa M. Sharrock, *The Future of Domain Name Dispute Resolution: Crafting Practical Legal Solutions from Within the UDRP Framework*)，51 Duke L. J. 817，820 (2001)。

③ "二级域名系由域名注册人选择并提出要求"。网络争端解决有限公司诉茵宝国际(NSI v. Umbro Int'l, Inc.)，529 S. E. 2d 80，n. 6 (Va. 2000)。

④ 潘娜维馨诉透番(Panavision Int'l, L. P. v. Toeppen)，945 F. Supp. 1296 (C. D. CaJ.，1996)，*affd* 141 F. 3d 1316 (9th Cir.，1998)。

⑤ 例如，微软持有"Microsoft. com"的注册，可口可乐持有"Coca-Cola . com"的注册，伯克王持有"Burger King . com"的注册。参见丹·L. 伯克：《信息高速公路上的商标：虚拟空间标识法诞生初论》(Dan L. Burk, *Trademarks Along the Infobahn: A First Look at the Emerging Law of Cybermarks*)，1 Rich. J. L. & Tech. 1 (1995)。

⑥ 参见网络争端解决有限公司诉茵宝国际有限公司(NSI v. Umbro Int'l, Inc.)，529 S. E. 2d 80，82 (Va. 2000)。

2.3 第三节 可用作商标的符号

2.3.1 一、文字、字母和口号

当文字、字母和口号指示商品或服务的来源时，它们可以用作商标。[①]这三种标记十分近似，可以作为相同的一组加以讨论。那些仅仅就产品之颜色、等级、式样或类型标明差异的文字或字母，没有资格作为商标受到保护。[②] 这些标记不能区别来源，因为它们被用于描述特定产品的具体特征。

用于识别等级或式样的单独字母或与其他字母的结合如果作为来源标识得到了认可，在识别商品或服务来源的意义上来看，它可以获得商标保护。并且，未提示等级、式样或类型的随意性编号具有获得保护的资格。[③]这对单字母和组合性字母标识是一样的。如果它只是对产品成分的描述或只是一个缩写，就不能获得保护。[④]

2.3.1.1 (一) 人名

因为人名本质上具有描述性(即是说，它描述了并非商品或服务来源或出处的人)，不能发挥商标的作用，除非它获得了第二义。在某些情况下，名

---

① 《美国法典》第 15 编第 1127 条，即《兰哈姆法》第 45 条。

② 吉尔森：《商标保护与实践》(1 Gilson, Trademark Protection and Practice), § 2.05[1][b] (pub. 726, rel. 52, 2004)。

③ 沃辛顿诉利斯特(Worthington Products, Inc. v. Lister Industries, Inc.), 215 N. Y. S. 2d 783 (1961)(当被告使用时，原告就具体颜色而创设的随机性编号系统发生混淆)；肖长袜公司诉麦克(Shaw Stocking Co. v. Mack), 21 Blatchf. 1, 12 F. 707 (C. C. D. N. Y. 1882)(任意性编号系统的使用)。

④ 辛格制造公司诉辛格装潢公司(Singer Mfg. Co. v. Singer Upholstering & Sewing Co.), 130 F. Supp. 205 (D. Pa. 158 1955) (Singer 对"S"的使用是一种来源标示)；人工发热器有限公司诉普利斯鑫产品公司(Hypertherm Inc. v. Precision Products Inc.), 832 F. 2d 697 (1 Cir. 1987) (想象性称号的使用受到保护)；肖长袜公司诉麦克(Shaw Stocking Co. v. Mack), 12 F. 707 (N. D. N. Y. 1882) (编号系统不表示任何具体成分或级别，因而可作为商标受到保护)。

人可能会向美国专制商标局(USPTO)注册他或她的名字,总是为该名人名下的一系列商品贴上标牌[George Foreman 被用于丙烷和天然气烧烤架和烧烤台架(Reg. No. 2,566,646)]。

在对域名进行欺骗性注册的情况下,联邦《反域名抢注消费者保护法》[①]和国际《争议解决统一政策》都专门提及人名保护。二者都要求,人名要获得保护,就要能发挥作为来源标示的作用。[②]

与人名相伴随的是,合理使用抗辩允许一个人使用他自己的姓名。但在面对一个强标识(a strong mark)时,该抗辩是非常有限的。

2.3.2　二、非言语类标识

2.3.2.1　(一)字母数字符号

字母与数字时常结合在一起形成标识。当它们不是对产品的描述时,便可受保护。数字与字母的任意性结合被赋予了最高的保护。[③] 当其他使用者将几乎相同的标识用于同类商品或服务时,字母数字标识受到侵权。[④]

---

① 参见《1999 年知识产权与通讯综合改革法》(Intellectual Property and Communications Omnibus Reform Act of 1999),*H. R. Conf. Rep.* No. 106－464 (1999), 1999 WL 1095089, at. ＊109:

"对于那些作为标识,如服务标识发挥作用的人名,当这些标识遭到侵权时,《兰哈姆法》第 43 条下的保护一直得到法院的适用。在州际贸易中,当产品或服务的支持名义由于使用人名(而其与各方的商品或服务并无关系)而受到错误暗示时,侵权便可能发生。这一保护也适用于因特网上的域名,在那里,在较短的时间内,被错误暗示的名分和其他类型的侵权对所有人造成的损害,对消费者造成的混淆可能超过了传统媒介。"

② WIPO 因特网域名处理第二进程报告,《因特网名称与地址的管理:知识产权问题》(Report of the Second WIPO Internet Domain Name Process, *The Management of Internet Names and Addresses: Intellectual Property Issues*),paragraph 199 (September 3, 2001), available at http://arbiter.wipo.int/processes/process2/report/html/report.html("那些赢得荣誉和尊敬,但没有在贸易中因其名声而获利的人,不可能利用《统一争端解决政策》来保护其人名以防止寄生性注册")。

③ 标准品牌诉斯密道拉(Standard Brands v. Smidler),151 F. 2d 34 (2 Cir. 1945)(对于蔬菜汁,"V-8"是任意的)。

④ 纳比斯科品牌诉凯伊(Nabisco Brands, Inc. v. Kaye),760 F. Supp. 25 (D. Conn. 1991)(用数字"2"代替"A-1"中的数字 1,用于肉类调味剂,与"A-1"发生混淆)。

电话助记码(telephone mnemonics),一种用字母代替某些数字的电话号码正日益在广告中流行。例如,电话号码800－DENTIST最有可能是对牙医服务的描述,因而不能注册。关于此种标识可否保护,如今在各巡回法院中存在着分歧。① USPTO已决定,它将拒绝注册任何具有通用性的助记码。② 然而,混合性助记码包含通用文字和数字,如具第二意义,就可以获得保护。③

2.3.2.2　**(二)颜色**

在历史上,单纯的颜色不能作为商标得到保护。颜色数量终将被用尽,而人的眼睛不可能分辨纤细的色影——这种普通观念为否定颜色商标保护提供了依据。④ 法院推理指出,允许以颜色为商标,将妨碍其他生产者在产品销售中使用必要的工具。到了1980年代中期,巡回法院对此问题产生了分歧。⑤ 最高法院于1995年判定,单纯的颜色可受保护,使这一分歧得以解决。⑥

---

① 订床垫特许公司诉佩吉(Dial-a-Mattress Franchise Corp. v. Page),880 F. 2d 675 (2d Cir., 1989)(拼写成一个通用术语的电话号码受到保护);默林诉米德科通讯有限公司(Murrin v. Midco Communications, Inc.),726 F. Supp. 1195 (D. Minn. 1989)(拼写成LAWYER的电话号码在特定地区受到保护);德拉诺夫－珀尔斯坦公司诉斯克拉(Dranoff-Perlstein Associates v. Sklar),967 F. 2d 852 (3d Cir. 1992)(拼写成通用术语的电话号码不受保护;第二义一定是就描述性术语而得到显现)。

② 《商标审查程序手册》(TMEP),§1209.03(i) (3rd ed. 2002)。

③ 德拉诺夫－珀尔斯坦公司诉斯克拉(Dranoff-Perlstein Associates v. Sklar),967 F. 2d 852 (3d Cir. 1992)(在拼写为INJURY－1的电话号码中,有关第二义的充分证据证明其可作为商标得到保护)。

④ 纽特拉甜品公司诉城市公司(Nutra-Sweet Co. v. Stadt Corp.),917 F. 2d 1024 (7th Cir. 1990), *cert. denied*, 499 US 983 (1991)("Nutra-Sweet"的包装设计的蓝色无法与"Equal"的包装设计的蓝色相区分)。

⑤ 欧文斯－科宁玻璃纤维公司案(*In re* Owens-Corning Fiberglas Corp.),774 F. 2d 1116 (Fed. Cir. 1985)(用于绝缘层的粉红色具有显著性);纽特拉甜公司诉城市公司(Nutra-Sweet Co. v. Stadt Corp.),917 F. 2d 1024 (7th Cir. 1990)(人工甜味剂上的蓝色包装设计颜色相同,无法区分,不予保护)。

⑥ 夸里特科斯公司诉雅各布森(Qualitex Co. v. Jacobson Products Co., Inc.),514 U. S. 159 (1995)(衬垫的绿金色具有显著性)。

然而，功能性[①]颜色不受保护。[②] 更具体地说，为增强具体特征而用在产品上的颜色将不受保护。[③] 第二巡回法院在对夸里特科斯案(*Qualitex*)判决作出限定时称，一个颜色只有在获得第二义之后才受到保护。[④]

当与其他颜色结合或用作设计的一部分时，颜色曾经并将继续得到保护。[⑤] 重要的是要注意，在评判单颜色或多颜色与设计的组合时，要适用有关商标显著性的一般规则。[⑥] 显著性越突出，保护的可能性就越大；并且，与颜色联合使用的符号越是任意，保护的可能性就越大。[⑦]

在对不确定颜色适用保护时，可裁定对颜色保护做特别延伸。作为产品设计之部分，一种颜色或多种颜色中的一种，与一个不确定颜色一贯地使用在一起，可受到保护。[⑧]

---

① 功能性可能是审美的或实用的。审美的功能性所涉及到的颜色仅仅被用来“装饰”产品，而不是作为来源标记。功能性还可以做实用性描述，颜色只是被用于应用性目的。布伦瑞克公司诉英国海鸥(Brunswick Corp. v. British Seagull Ltd.)，35 F. 3d 1527 (Fed. Cir. 1994)，*cert. denied*，514 U. S. 1049 (1995)(发动机的黑色被用来淡化其大小，因而不受保护)。

② 同上，at 1162－1163。

③ 迪尔公司诉农场有限公司(Deere & Co. v. Farmland, Inc.)，560 F. Supp. 85 (S. D. Iowa 1982) (消费者对于配套器具的偏好不足以为特定颜色的使用赋予权利)；萨泽拉克公司诉斯凯精灵有限公司(Sazerac Co. v. Skyy Spirits, Inc.)，37 U. S. P. Q. 2d (BNA) 1731 (E. D. La. 1995) (用来吸引消费者眼球的蓝色不具显著性)。

④ 制造公司诉卫生保健公司(Fabrication Enters. v. Hygenic Corp.)，64 F. 3d 53 (2d Cir. 1995)(为表示阻抗力而在橡皮带上设置的颜色获得了第二义，可受保护)；马纳制造诉哥伦比亚化妆品公司(Mana Prods. v. Columbia Cosmetics Mfg.)，65 F. 3d 1063 (2d Cir. 1995)(在整个行业范围内使用的普通形状的黑色化妆盒没有第二义)；尼特韦弗诉洛利・托格斯有限公司(Knitwaves Inc. v. Lolly togs, Ltd.)，71 F. 3d 996 (2d Cir. 1995)(毛衣上的生态设计是显著的)。

⑤ 巴波索尔诉雅各布斯(Barbasol Co. v. Jacobs)，160 F. 2d 336 (7th Cir. 1947)(蓝－白－红－白的组合可受保护)；布伦维克・鲍克・科伦德公司诉美国保龄球台球公司(Brunswick-Balke-Collender Co. v. American Bowling & Billiard Corp.)，150 F. 2d 69 (2 Cir. 1945) (保龄球瓶柱颈部使用红顶设计可受保护)。

⑥ 参见下文，§ 3.1. 显著性。

⑦ 美国无线电公司诉迪卡唱片公司(Radio Corp. of America v. Decca Records, Inc.)，51 F. Supp. 493 (S. D. N. Y. 1943) [对于“红印签”(RED SEAL)唱片，唱机标签的红颜色不具有足够的显著性]。

⑧ A. T. 克罗斯公司诉 TPM 发行公司(A. T. Cross Co. v. TPM Distributing., Inc.)，226 U. S. P. Q. (BNA) 521 (D. Minn. 1985)。但是，参见基斯顿照相机公司诉安斯科照相光学公司(Keystone Camera Products Corp. v. Ansco Photo-Optical Corp.)，667 F. Supp. 1221 (N. D. Ill. 1987) (当使用颜色组合的设计缺乏一贯性时，不确定的颜色组合不受保护)。

就像对于数字和字母那样，颜色不能被用来区分级别或大小，如果其他厂家也需要以相同的颜色做同样的区别。[①] 如果不同的颜色被不同厂家用于同类产品，以颜色区分级别和大小则是可以接收的。[②]

颜色保护的调查是一个高度事实性的问题，需取决于各种因素的考虑，包括使用类型、颜色与来源的联系，以及颜色对于其他生产者的可获用性。

2.3.2.3 **（三）气味**

1990 年，气味被加入了可注册标识种类的名单。[③] 在申请中，气味只限用于产品中的添加剂。[④] 其本身不可受到保护。这一限制防止产品气味获得注册。作为气味或主要与气味相结合而被制造或销售的产品，不允许注册。[⑤]

2.3.2.4 **（四）设计**

本身不具有显著性的设计必须已经获得第二义，[⑥]才能注册于主注册簿。其显著性不足以在主注册簿上注册的设计可以在辅注册簿（Supplemental Register）上注册。[⑦]

设计可以是图画，也可以是三维的。[⑧] 每一种具体形象都必须满足显著性标准。图画设计可以用作文字标识的背景，只要该背景设计在文字标识本身之外创造了"独立的商业形象"。[⑨] 使用通用形状的背景设计不可能

---

① 科茨诉梅里克丝线公司（Coats v. Merrick Thread Co.），149 U. S. 562 (1893)（松捻绣花丝线上提示长度和密度的标记未被侵权）。

② 巴恩斯集团诉康奈尔合伙企业（Barnes Group Inc. v. Connell Ltd Partnership），15 U. S. P. Q. 2d (BNA) 1100 (D. Del. 1990)（表示具体负荷强度的矩形弹簧的颜色不受保护）。

③ 克拉克案（*In re* Clarke），17 U. S. P. Q. 2d 1238 (T. T. A. B. 1990)（香味纱线被判定具有显著性）。

④ 同上。

⑤ 同上。

⑥ 参见下文§3.1.2. 非固有显著性标识。

⑦ 大卫·克里斯特尔案（*In re* David Crystal, Inc.），296 F. 2d 771 (C. C. P. A. 1961)；*In re* Dassler, 134 U. S. P. Q. 265 (T. T. A. B. 1962)（鞋的设计获得了注册所需要的足够的第二义）。

⑧ 雅马哈国际公司诉星野乐器公司（*In re* Yahama International Corp. v. Hoshino Gakki Co.），231 U. S. P. Q. (BNA) 926 (T. T. A. B. 1986)（允许对吉他挂头外形进行注册），*aff'd*, 840 F. 2d 1572 (Fed. Cir. 1988)。

⑨ 希勒里奇和布拉德斯比案（*In re* Hillerich & Bradsby Co.），204 F. 2d 287 (C. C. P. A. 1953)（棒球和垒球棒上的椭圆线条不受保护）。

获得保护,因为此种形状在产品促销中广泛使用。这些形状通常不被认为具有固有的显著性。[①]

仅仅描述产品的设计没有资格获得注册。[②] 如果一个设计符合臆造性[③]的定义,它不必获得第二义便可被注册。臆造性背景设计通常与特定类型的产品没有关联,没有第二义也可注册,只要它也能满足独立的商业印象测试标准(separate commercial impression test)。[④]

被用来覆盖包装或标签的重复性设计(repeated design)也可以注册,只要它满足单独的商业印象测试,固有其显著性。[⑤]

2.3.2.5 (五)非传统性标识

1995年最高法院在夸里特科斯案(Qualitex)[⑥]中作出判决以来,很多不同类型的非传统性商标在USPTO注册,包括诸如兰博基尼轿车门的立式开启装置[⑦]或雅马哈个人水上运动工具的背部立式喷水器。[⑧]

---

① 西布鲁克食品公司诉巴韦尔公司(Seabrook Foods, Inc. v. Bar-Well Foods Ltd.),568 F. 2d 1342 (C. C. P. A. 1977)(程式化的叶形背景不受保护)。

② 金杰集团诉比阿特丽斯 Ginger Group, Ltd., v. Beatrice Cos., 678 F. Supp. 555 (E. D. P. A. 1988)(对于果汁,带有半个或整个苹果的背景不受保护);水下连接有限公司案(*In re* Underwater Connections, Inc.),221 U. S. P. Q. (BNA) 95 (T. T. A. B. 1983)(对于潜水装备,水下氧气瓶的图案是描述性的)。

③ 参见§3.1.1.固有显著性标识。

④ 清洁产品公司诉科(Hygienic Products Co. v. Coe),85 F. 2d 264 (D. C. Cir. 1936)(带有蓝色边缘的黄色矩形被用作背景,对于洁厕粉剂不具有描述性)。

⑤ 武依吞和菲尔斯诉杨公司(Vuitton et Fils S. A. v. J. Young Enters., Inc.),644 F. 2d 769 (9th Cir. 1981)(设计由字母"LV"组成,以织物上重复的花样符号环绕,具有显著性)。

⑥ 夸里特科斯公司诉雅各布森(Qualitex Co. v. Jacobson Products Co., Inc.),514 U. S. 159 (1995)。

⑦ 兰博基尼汽车控股股份有限公司(Automobile Lamborghini Holding S. p. A.),USPTO Reg. No. 2793439(该标识由独特的转动装置构成,其中的车门是打开的。车门平行地移向车体,但逐渐被提至车上的平行位置)。

⑧ 雅马哈汽车公司(Yamaha Motor Corp., Ltd.),USPTO Reg. No. 1946170(该标识由一个三维喷水器组成,其中,水从喷射式船只发出,该标识在船只运行中生成)。参见莱斯利·马蒂:《评注:岩石、纸张、剪刀、商标?美欧商标的运动特征比较分析》(Lesley Matty, *Note: Rock, Paper, Scissors, Trademark? A Comparative Analysis of Motion as a feature of Trademark in the United States and Europe*),14 Cardozo J. Int'l & Comp. L. 557 (2006)。个人水上运动工具通常大多被称为"喷气式滑水车"(jet ski)。不过,JET SKI实际上是川崎公司的注册商标,登记号是No. 1394547。事实上,这不会与本田公司的AQUA TRAX(登记号No. 2737518)或庞巴迪娱乐产品公司的SEA－DOO(已经申请,但还没有被注册,序列号78560060)相混淆。

实际上,USPTO 的申请统计显示,夸里特科斯案判决前只有 93 个非传统性商标在册。夸里特科斯案判决于 1995 年 3 月 28 日公布后,非传统性商标申请已提交 688 个。这就是说,在实施《兰哈姆法》的前 48 年里,有 93 个非传统商标被提交申请(占 1.93%)。在夸里特科斯案判决后的 14 年里,共有 688 个非传统商标申请(大约每年 49 个)。人们对非传统商标的关注在激增。

在美国,对于这种注册非传统性商标的能力,美国已经做了很多事[①],甚至向其他国家施加压力以扩大这些国家商标法的范围,使之包括对非传统性商标的保护。[②] 2006 年《新加坡商标条约》是第一个明确承认非传统商标的协定,尽管它也表示,签字国没有义务采纳"新型"商标。[③] 随着日本开始采纳非传统商标,这种对非传统商标的关注和支持正在取得进展。最近,WIPO 商标法、工业设计和地理标志常任委员会甚至还以主要研究和报告的形式接受了它。[④]

---

① 杰罗姆・吉尔逊、安妮・吉尔逊・拉伦德:《肉桂卷、行进鸭好樱桃味赛车排气管:保护非传统商标》(Jerome Gilson & Anne Gilson Lalonde, *Cinnamon Buns, Marching Ducks and Cherry-scented Racecar Exhaust: Protecting Nontraditional Trademarks*), 95 Trademark Rep. 773 (2005); Russell H. Falconer, *Big Future for Nontraditional Marks*, NAT'L L. J., May 18, 1998, at C28 (讨论了非传统性标识使用的危险与机遇)。

② 这种压力以自由贸易协定的方式出现。如果一个国家希望签订自由贸易协定,美国的协定有一个条款要求伙伴国保护声音和气味商标。直至目前,自由贸易协定中尚没有其他的非传统性标识得到保护。参见《美国—澳大利亚自由贸易协定》第 17.2 条,其全部规定是:"任何一方都不可要求以标识的视觉可感作为注册条件,也不能仅仅因为构成一个标识的信号是声音或气味而拒绝注册该标识。"(www. ustr. gov/sites/default/files/up- loads/agreements/fta/australia/asset_upload_file469_5141. pdf)与其他 13 个国家的自由贸易协定都包括了同样的要求。参见(www. ustr. gov/trade-agreements/free-trade-agreements)。国际商标协会(INTA)有其自己的示范性自由贸易协定,要求各国保护声音和气味标识。参见《自由贸易示范协定知识产权建议:商标法》(www. inta. org/downloads/tap_modelfreetrade. pdf)。

③ 《商标法新加坡条约实施细则》之 3(5):"(5)全息图标识、动作标识、颜色标识、位置标识:当申请书所包含的陈述表明,该标识是一个全息图标识、动作标识、颜色标识或位置标识时,签约方可以要求提交该标识的一个或多个复制件,以及有关细节,正如签约方法律所规定的那样。"(www. wipo. int/edocs/mdocs/mdocs/en/tlt_r_dc/tlt_r_dc_30. pdf)美国对于非传统商标的立场似乎是,USPTO 将支持这方面的国际成果,因为在此特定时刻,似乎并没有其他可合作的地方。

④ 世界知识产权组织:商标、工业设计与地理标志法常任委员会,"商标法律与实践问答概要"[WIPO(World Intellectual Property Organization): Standing Committee on the Law of Trademarks, Industrial Designs and Ceographical Indications, Summary of Replies to the Questionnarie on Trademark Law and Practice(SCT/11/6)](January 24, 2006)。

2.3.3 三、商业外观

2.3.3.1 (一) 概述

如果符合《兰哈姆法》第45条对于商标的界定，商业外观可以取得注册和保护。[①] 依照《兰哈姆法》第43条(a)以及州不正当竞争法，未注册的商业外观可以得到保护。商业外观保护延及产品形状或包装所呈现的整体构造和形象。[②] "'商业外观'包括产品及其包装的整体外表，甚至也包括该产品本身的设计和形状。"[③]

商业外观保护不涉及宣传和广告。[④] 并且，产品的特定表达中所描绘的独特"风格"不受保护。[⑤] 同时，商业外观保护必须符合商标法所确定的界限。商业外观必须内在地固有，或通过第二义获得了显著性，且必须能识别产品的来源。

在沃尔玛诉萨玛拉兄弟公司案(Wal-Mart Stores v. Samara Bros., Inc.)中，最高法院限定了可受保护的商业外观客体，并把商业外观区分为三类：产品设计、产品包装以及第三类，即所谓"中间类"。该法院进而指出，所有的产品设计类商业外观都要体现出第二义，而产品包装类外观设计只在有些情况下需要有这种体现。为协调该决定与该院在两比索案中的早期

---

① 两比索诉塔克·卡瓦纳国际公司(Two Pesos, Inc. v. Taco Cabana International Inc.), 505 U.S. 763 (1992) [饭店的"墨西哥主题(Mexican theme)"受保护]；布鲁·贝尔生物医学诉辛·巴德(Blue Bell Bio-Medical v. Cin-Bad, Inc.), 864 F.2d 1253 (5th Cir. 1989)(蓝色和灰白色医疗手推车由于不存在混淆而不受保护)；约翰·哈兰诉克拉克票据公司(John H. Harland Co. v. Clarke Checks, Inc.), 711 F.2d 966 (11th Cir. 1983)(记忆支票存根产品的整体风格受保护)。

② 康扑科公司诉戴一布莱特照明公司(Compco Corp. v. Day-Brite Lighting, Inc.), 376 U.S. 234 (1964)；西尔斯、罗巴克公司诉施蒂菲尔公司(Sears, Roebuck & Co. v. Stiffel Co.), 376 U.S. 225 (1964)。

③ 麦卡锡《商标与不正当竞争》第一卷(1 McCarthy, *Trademark and Unfair Competion*) § 8:4。

④ 哈根达斯诉弗卢森·格拉德(Haagen-Dazs. Inc. v. Frusen Gladje, Ltd.), 493 F. Supp. 73 (S.D.N.Y. 1980)(用于广告和促销的斯堪的纳维亚主题不受保护)。

⑤ 康特拉·罗姆艺术创意公司诉西姆查国际有限公司(Contra Romm Art Creations, Ltd. v. Simcha Int'l, Inc.), 786 F. Supp. 1126 (E.D.N.Y. 1992)(当海报和限定版不只是一种既定的表达"风格"时，它们受到保护)。

主张，最高法院做出限定，两比索案是一个产品包装案例，而其他一些则属于未确定的第三类，即中间类。[①] 如果寻求保护的商业外观是产品本身的形状或设计，作为注册或保护的前提条件，它必须显示出第二义。

如果有人主张商业外观的设计或部分属于商标，它必须是非功能性的。如果商业外观未在USPTO注册为商标，主张商业外观权利的一方有责任证明该商业外观是非功能性的。[②]

如果有人要求保护产品的设计或形状，且该特征属于实用新型专利客体，就会存在这样一种有力推定：该特征是功能性的，因而不能作为商业外观受保护。[③]

2.3.3.2　**（二）功能性**

功能性的商业外观不受保护。判定功能性的根据是商业外观对于特定产品所能发挥的"实用性"。特定商业外观的实用性需通过考虑设计的优势来确定，而确定的基础是，该商业外观对于竞争是否必不可少。法院要判定一个商业外观是否功能性的，应考虑的因素包括：(1)存在一个到期的实用新型专利，它显示被作为商业外观寻求注册的设计的实用性优势；(2)该商业外观所有人提出的如下主张：没有可资利用的其他选择；[④](3)该商业外观促进更加有效的用途、增加耐久性或辅助生产或分发。[⑤] 包装上的事项所具有的普通用途——即所称"实用性功能"也会限制商业外观的保护。[⑥]

某商业外观是否功能性的，决定于竞争者是否需要该商业外观在市场

---

① 参见沃尔玛诉萨玛拉兄弟公司(Wal-Mart Stores, Inc. v. Samara Bros., Inc.)，529 U.S. 205 (2000)(它认定，一种带有装饰特征的儿童服装不具有显著性)。

② 《美国法典》第15编第1125条(c)(3)。参见上文§3.3.9。

③ 参见特拉菲克斯设备有限公司诉销售展览有限公司(TrafFix Devices Inc. v. Marketing Displays, Inc.)，532 U.S. 253 (2001)。

④ 莫顿—诺维奇案(*In Re* Morton-Norwich)，671 F.2d 1332 (C.C.P.A. 1982)(喷药瓶的形状不具有功能性)。

⑤ 贝莱恩伙伴诉魏尔霍伊泽公司(Bayline Partners L.P. v. Weyerhaeuser Co.)，31 U.S.P.Q.2d (BNA) 1051 (N.D. Cal. 1994)(箱子特征与用途之效相连，是功能性的)。

⑥ 马纳制造诉哥伦比亚化妆品公司(Mana Prods. v. Columbia Cosmetics Mfg.)，65 F.3d 1063 (2d Cir. 1995)(全行业使用的黑色化妆盒不受保护)。

上参与有效竞争,或者说,向某一实体授予该商业外观是否必将导致对有关商品的实际垄断,并因此令该申请人获得一个“后门”专利。要判定商业外观是否功能性的,法院需要做整体性观察。[①] 功能性有两类:实用功能性和审美功能性。

与实用功能性不同,如果设计的特征产生或提高产品消费者吸引力,审美功能性不可受保护。[②] 在相当著名的帕格利罗案(*Pagliero*)[③]中,第九巡回法院指出,如果某具体特征在产品的市场成功中是一个重要成分,在缺乏专利或版权的情况下,自由竞争的利益将允许其模仿。但是,如果该特征或设计只是一个随意的装饰,即一个主要被用于商品的识别和个性化的外观形式,且因此与竞争者推销或销售相同或近似产品的任何需要无关,如果所有人能够表明第二义的取得,模仿就可能是可诉的。

然而,近期以来,一些法院否决了重要成分测试标准(important ingredient test),并选择了更为普通的竞争需要分析。如果原告“为一个装饰性风格的准确表达”[④]寻求保护,比之于保护“公有领域之组成部分的基本风格特征”的试图[⑤],更有可能获胜。毕竟,《不正当竞争法重述(第三版)》规定,“只有当一个设计带来的重要利益确实不会因使用可替代设计而被重复时,它才会因为其审美价值而成为功能性的。”[⑥]因此,尽管依然活跃并处于强势,基于审美功能学说的分析更有可能集中于商业外观的整体竞争需要,而很少集中于所声称的商业外观是否属于某产品或服务中的重要成分。

---

① 福德洛克诉多克斯公司(Fuddruckers, Inc. v. Doc's B. R. Others Inc.),826 F. 2d 837, 843 n. 7 (9th Cir. 1987)(包括菜单、布局和服务风格的整体装饰受到保护)。

② 参见帕格利罗诉华莱士公司(Pagliero v. Wallace China Co.),198 F. 2d 339, 343 (9th Cir. 1952)(对消费者需求做出回应的设计不受保护)。

③ 同上。

④ 华莱士国际银匠公司诉戈丁格尔银艺公司(Wallace Int'l Silversmiths, Inc. v. Godinger Silver Art Co.),916 F. 2d 76 (2d. Cir. 1990)(制造普通类型的银器所必要的基本风格要素不受保护), *cert. denied*, 499 U. S. 976 (1991)。

⑤ 同上。

⑥ 《不公平竞争法重述(第三版)》第三章,1995 年[Restatement (third) Unfair Competition], Chapter 3 § 17 (1995)。

第三章　保护的条件

3.1　第一节　显著性

在美国，判定一个商标可否受保护，首先要考虑的是判定该标识是不是能让人们识别使用它的商品或服务。显著性要么是该商标本身所“固有的”，要么通过第二义获得。① 一个仅仅对使用它的商品或服务做出描述的商标只是描述性的，缺乏显著性。② 那些固有显著性的标识可以立即注册于主注册簿，只要它们不违反《兰哈姆法》第2条所规定的禁止项。

大多数美国法院都注意到商标的“连续体”。这就是说，所有商标都对应于一个连续体中的某个位置：从通用术语（完全不受保护）到固有显著性的标识（最具显著性和那些值得最大保护的标识）。固有性显著的标识包括任意性的、臆造性的和暗示性的标识。③ 那些不具固有显著性的标识要获得注册，需要具有第二义。④ 所有商标都处在这一连续体的某一位置上，其种类包括通用性标识、描述性标志、暗示性标志和臆造性/任意性的固有显著性标识。

某商标属于该连续体的哪个位置，决定着它能从法院那里获得多大程度的保护。这一判定属于事实问题。⑤

---

① 参见下文§3.1.2.1.描述性标识。

② 同上。

③ 《美国法典》第15编第1052条，即《兰哈姆法》第2条。

④ 《美国法典》第15编第1052条(f)，即《兰哈姆法》第2条(f)。

⑤ 海勒曼·布鲁英公司诉安休瑟一布什(G. Heileman Brewing Co. v. Anheuser- Busch, Inc.)，873 F.2d 985，992 (7th Cir. 1989)（某标识之特征的获得属于事实问题）。

3.1.1 一、固有显著性标识

3.1.1.1 (一) 任意性标识

将语言中已经存在的文字或符号作为商标,用于它们通常与之毫无关系的商品或服务,就构成任意性标志,如计算机上的"APPLE(苹果)"、肥皂上的"IVORY(象牙)"。任意性标识不以任何方式描述商品或服务,不传达该商品的任何特征、成分或功能。任意性标识被认为本身固有显著性,无须第二义即可得到注册。[①]

以任意性的方式,将普通字词、符号或姓名与某商品连在一起使用,便创造出任意性标识。以任意性方式使用普通字词,没有减少该商标的强度。[②] 事实上,任意性标志被认为是强势的。[③]

如果消费者没有在某个标识与某产品/服务之间产生联想,该标识就是任意性的。构成某任意性标识的一个或一些字词尽管可能存在于词典中,因而实际上属于英语(或其他语言)的一部分,但要判定某一标识是否具有任意性,仅这一事实——该词(组)存在于词典——并不具有决定性意义。[④] 毋宁说,判断的关键在于,消费者在其首次看到某一标识时是否在它与某商品或服务之间产生心理联系。如果有此种心理联系,该标识就不是任意性的。

3.1.1.2 (二) 臆造性标识

臆造性标识是"新造的"或"发明的"文字,是任何语言中所没有的。与任意性标识相同,臆造性标识获得注册或保护不需要具有第二义,因为它们

---

① 美孚石油公司诉飞马石油公司(Mobil Oil Corp. v. Pegasus Petroleum Corp.),818 F. 2d 254 (2d Cir. 1987)。

② 弗莱什曼公司诉梅尔公司(Fleischmann Distilling Corp. v. Maier Brewing Co.),314 F. 2d 149 (9th Cir. 1963) [对于苏格兰威士忌,"Black and White"(黑与白)被认为是任意性的]。

③ 阿伯克龙比与菲奇公司诉亨廷世界(Abercrombie & Fitch Co. v. Hunting World, Inc.),537 F. 2d 4 (2d Cir. 1976)(任意性标识是强标识)。

④ 温石油公司诉托马斯(Wynn Oil Co. v. Thomas),839 F. 2d 1183 (6th Cir. 1988)(词典中找到的字词本身并非弱势的)。

被认为本身固有其显著性。臆造性标识只是为了被用作商标而创设出来。臆造性标识被认为是最具强势的标识类型，因为它们与使用它们的商品或服务没有任何关联。[①] 臆造性标识纯粹是被编造出来的。[②]

照相器材上的KODAK(柯达)[③]、油气产品上的EXXON(埃克森)[④]以及漂白剂上的CLOROX(高乐氏)[⑤]是臆造性标识的范例。新造术语被视为最强标识，这可能是因为它们不仅标示出使用它们的产品或服务，而且还不同于语言中的其他任何文字。正因如此，臆造性标识获得了商标所能得到的最强的保护。[⑥]

3.1.1.3

（三）暗示性标识

当某标识让人想起某商品或服务，但在实际上又不至于达到对它们做出描述的程度时，该标识就是"暗示性"的。要具有暗示性，一个标识必须依靠消费者能"联想起"某类产品的形象，且该消费者还不能一看到该标识就直接想起相关的产品或服务。[⑦] 这一重要区别只是把描述性标识[⑧]与暗示性标识区分开来。在未确立第二义的情况下，暗示性标识也能被注册于主注册簿，只要它不违反第1052条。

在判断某标识究竟属于哪一类时，人们还必须考虑使用该标识的商品或服务，因为当一个标识被用于某类产品时，可能是暗示性的；而当它用于

---

① 阿伯克龙比与菲奇公司诉亨廷世界(Abercrombie & Fitch Co. v. Hunting World, Inc.), 537 F. 2d 4 (2d Cir. 1976)(臆造性标识与与之相联系的商品或服务没有关系)。

② 臆造性标识不限于字词，它们也可以是符号、数字或字母组。

③ 斯普雷英系统公司诉德拉万有限公司(Spraying Sys. Co. v. Delavan, Inc.), 975 F. 2d 387 (7th Cir. 1992)(新造的文字如"Kodak"属于臆造)。

④ 埃克森公司诉埃克赛欧能源公司(Exxon Corp. v. Xoil Energy Resources, Inc.), 552 F. Supp. 1008 (SDNY 1981)(称"Exxon"是一个新造的术语)。

⑤ 萨拉·李公司诉凯塞—罗斯(Sara Lee Corp. v. Kayser-Roth Corp.), 81 F. 3d 455 (4th Cir. 1996), *cert. denied*, 117 S. Ct. 412 (1996)(提出但没有判定"Clorox"属于臆造性标识)。

⑥ 同上。

⑦ 西克斯产品诉联合商人与制品公司(Six Products v. United Merchants & Manufactures, Inc.), 295 F. Supp 479, 488 (SDNY 1968)(暗示性术语需要具有想象性；描述性术语则直接产生有关产品构成的观念)。

⑧ 描述性标识必须获得第二义才可被注册于主注册簿。参见下文 §3.1.2. 非固有的显著性标识。

另一类商品时则可能是描述性的，甚或是任意性的。例如，用于加味苏打饮料的 ORANGE CRUSH 被判定属于暗示性的(不是单纯描述)；[①]烹调肉所使用的塑料袋上的 BROWN-IN-BAG 被判定为暗示性的。[②]

的确，暗示性与描述性标识之间难以划出明晰的界限。[③] 在对二者进行区分时，一个基本的考虑是，该标识是不是竞争所必要的。当法院判断某特定标识是暗示还是描述时，这一根本的政策性决定常常有着相当的影响。如果该标识是产业内的有效竞争所必要的文字，它就更有可能被法院判定为描述性标识。[④]

3.1.2 二、非固有显著性标识

3.1.2.1 (一) 描述性标识

描述性的标识如果没有产生第二义，就不可注册、不能得到保护。《兰哈姆法》规定：

> 可用来区分申请人之商品与他人商品的商标，不应因其性质而被拒绝在主注册簿上注册，除非它——
>
> (e)所由构成的标识(1)在被用于申请人的商品上，或与之一起使用时，仅仅是描述……
>
> (f)……其中没有任何因素可阻碍这样一个商标的注册：它被申请人用于贸易，已具有彰显申请人之商品的显著性。[⑤]

---

① 奥林奇诉加利福尼亚(Orange Crush Co. v. California Crushed Fruit Co.)，297 F. 892 (D.C. Cir. 1924)。

② 雷诺兹金属公司案(*In re* Reynolds Metals Co.)，480 F. 2d 902 (C. C. P. A. 1973) ("Brown-In-Bag"袋被用于其他目的，其本身不能被理解为只让人想起对商品的描述性使用)。

③ 富兰克林有限公司诉法欣尼特(Franklin Knitting Mills, Inc. v. Fashionit Sweater Mills, Inc.)，297 F. 247 (S. D. N. Y. 1923) (暗示和描述性标识之间不存在明晰的界限，而"该标识的有效性终止于暗示性消失、描述性开始的地方")。

④ 米勒酿造公司诉海勒曼酿造公司(Miller Brewing Co. v. G. Heileman Brewing Co.)，561 F. 2d 75 (7th Cir. 1977)，*cert. denied*，434 U. S. 1025 (1978)["light"(轻淡)被认定为低热量啤酒之描述，是其他啤酒厂描述低热量啤酒属性时所必须使用的术语]。

⑤ 《美国法典》第 15 编第 1052 条，即《兰哈姆法》第 2 条。

不需要消费者做任何想象，一个描述性标识就可以传递出有关商品之品质、特点或成分的信息。[①]

描述性标识不受保护，因为它们包含着竞争者为了销售相关商品或服务所必要的信息。在此意义上，描述性标识被认为不能识别出商品或服务的一贯来源，因为该标识也可能出现于其他人的商品或服务上，后者以此描述其商品或服务的某项特点。美国专利商标局拒绝商标 DOUBLE CERTIFIED ORGANIC 的注册，因为它描述了有关服务所实现的目标。如果该标识可以注册，其他希望使用重复鉴定程序的厂商可能会被禁止以此称呼其产品本身。[②] 让一家厂商有权将一个描述性术语用作商标，有碍竞争，有违《兰哈姆法》的根本目的。

混合性标识各部分的混合如果在整体上不是描述性的，就可以避免被认为是描述性的。或者说，当通常被认为各自具有描述性的术语结合在一起构成一个标识时，该标识的整体形象将得到审查。[③] 并且，如果一个标识中有一部分不是描述性的，该标识整体也就不会被认为是描述性的。[④]

缩写或首字母缩写词不能免于为判定标识的描述性而采取的分析。如果一个缩写或首字母缩写词仅仅描述一件商品，或在其与该商品的特征或品质之间产生直接联系，它将被认定为描述性的。[⑤]

---

① 富兰克林有限公司诉法欣尼特(Franklin Knitting Mills, Inc. v. Fashionit Sweater Mills, Inc.),297 F. 247 (S. D. N. Y. 1923)(“FASHIONIT”只是对流行的编织类服装的描述)。

② 伊登食品有限公司案(*In re* Eden Foods Inc.),24 U. S. P. Q. 2d (BNA) 1757 (T. T. A. B. 1992)(因为“DOUBLE CERTIFIED ORGANIC”妨碍其他厂商就意大利面产品使用同一工序，它被拒绝注册为暗示性商标)。

③ DJ 案(*In re* Disc Jockey),23 U. S. P. Q. 2d (BNA) 1757 (T. T. A. B. 1992)(以两个 DJ 相结合为基础形成的“DJDJ”被判定为非描述性的。其他使用者在提及 Disc Jockey 时，还将可以继续使用众所周知的首字母“DJ”)。

④ 明尼苏达采矿与制造公司诉詹森与詹森(Minnesota Mining & Mfg. Co. v. Johnson & Johnson),454 F. 2d 1179 (C. C. P. A. 1972)(由两个描述性术语 skin 和 invisible 结合而成的“SKINVISIBLE”，作为一个混合性术语被认定为非描述性)。

⑤ 布里斯托尔—梅尔斯·斯奎布公司诉麦克内尔有限公司(Bristol-Myers Squibb Co. v. McNeil-P. P. C. , Inc.),973 F. 2d 1033 (2d Cir. 1992)(判定“PM”是对夜间使用感冒药的描述)。

3.1.2.2　（二）第二义

按照《兰哈姆法》，如果描述性标识获得了第二义，就有资格获得注册。第二义可以通过5年期的不间断、排他性使用而依法获得。[①] 标识经过多年的使用，有可能在该标识与商品之间确立一种来源关联。如果消费者渐渐了解到该标识指向某一来源，并以此种方式联想该标识，就成功地产生了第二义，注册人/所有人就不必再等5年时间来证明它。

除了术语的描述性用途，如果某一标识已经能够指示来源，它就拥有了第二义。

第二义的证明责任总是由提出主张的一方来承担。证据必须明确且令人信服，以便成功注册。[②] 在判定某一标识是否具有第二义时，法院会考虑下列证据：

——消费者调查；

——市场上的成功；

——持续使用的期间；

——模仿的企图；

——广告花费数额。[③]

这些因素中，没有哪一项能单独对于第二义判断产生决定性意义。法院将审视这一系列因素，做出判断的依据是竞争所受到的影响、创造第二义的努力事实上是否已经产生效果。

---

① 《美国法典》第15编第1052条(f)，即《兰哈姆法》第2条(f)。如能提交足够的证据，一个标识可以在第2条(f)要求的5年期之前获得第二义。仅仅具有描述性、因而不能注册于主注册簿的标识如果能够区分所有者的商品，可以注册于辅注册簿。参见下文§4.2.3. 辅注册簿。

② 迈耶与温特公司的申请(Application of Meyer & Wenthe, Inc.)，267 F. 2d 945 (C. C. P. A. 1959)(表明第二义所要求的证据水平是明确的和令人信服的)。

③ 芝加哥犬舍尔国际俱乐部诉迈提·斯塔(International Kennel Club of Chicago, Inc. v. Mighty Star, Inc.)，846 F. 2d 1079 (7th. Cir., 1988)；伊格尔·斯纳克斯诉纳比斯科品牌公司(Eagle Snacks v. Nabisco Brands, Inc.)，625 F. Supp. 571 (D. N. J. 1985)(商品促销费用将给予第二义主张以可信性，但未必能证明其确实存在)；美泰公司诉阿兹拉克—哈姆维国际公司(Mattel, Inc. v. Azrak-Hamway Int'l, Inc.)，724 F. 2d 357 (2d Cir. 1983)(舆论调查作为判定第二义的一个重要途径)；Maternally Yours, Inc. v. Your Maternity Shop, Inc., 234 F. 2d 538 (2d Cir. 1956)(即使短期内存在快速发展，第二义也得到了肯定)。

3.1.2.3 (三)通用性标识

另一个非固有显著性的标识是通用性标识。通用标识是英语(或其他语言)中存在的字词,且正好与相关产品所必须使用的名词相同。商标可能从一开始就是通用性的,或者可能通过使用而变成通用性的。更为有趣的是,一个标识可能会随着时间的推移从通用走向显著,然后又回归通用。其准确位置的判定则取决于消费者的认知。

无论标识是自始通用,还是因使用而变为通用,如今所采取的检验标准是:其对于相关消费者的主要意义是什么?如果其于消费者的主要意义是识别来源,一个标识就具有法律效力;如果其主要意义是识别产品,则该标识就是通用的、无效的。①

通用性术语决不能受到保护;第二义的获得不能促使一个通用性标识具有显著性。保护通用标识将妨碍竞争者使用某个术语,而后者却是识别其商品所必要的。在著名的 SHREDDED WHEAT(脆麦片条)一案中,法院判定,"shredded wheat"(脆麦片条)是该产品本身的通用术语,其他生产者需要使用该术语来销售他们自己的相同产品。② 拒绝其他竞争者在产品上使用该文字的权利,必然会把一项新的专利赋予该所有人。在据称属低热量啤酒上使用的商标 LITE(清淡啤酒),属于又一例自始即具通用性的标识。③

标识也可能因使用而变为通用。当标识变成产品本身而不是生产者的识别符号时,此种情况就发生了。此种实例有很多,最著名者如,用于止痛药的 ASPIRIN(阿斯匹林)④,用于塑料包裹的 CELLOPHANE(赛璐玢)⑤。

---

① 《美国法典》第 15 编第 1064 条,即《兰哈姆法》第 14 条。

② 凯洛格公司诉全国饼干公司(Kellogg Co. v. National Biscuit Co.),305 U. S. 111 (1938)。

③ 参见上文 § 3.1.1.3。

④ 拜耳公司诉联合药品公司(Bayer Co. v. United Drug Co.),272 F. 505 (S. D. N. Y. 1921)。

⑤ 杜邦玻璃纸公司诉韦克斯特制品公司(DuPont Cellophane Co. v. Waxed Prods. Co.),85 F. 2d 75 (2d Cir. 1936),*cert. denied*,299 U. S. 601 (1936)。

美国的商标所有人必须要警惕的是，避免其商标的通用化，因为法院并不操心商标所有人的目的；它们所关注的是市场和消费者头脑所受到的影响。

第四章　形式要件

4.1

第一节　采纳与使用

在美国，联邦商标的权利取决于某一标识在州际贸易中的采纳和使用。[①] 权利的优先性是通过首次使用来判断，而不是通过注册（尽管意图使用的注册是该规则的唯一例外）。因此，与那些希望在相同或近似商品上使用相同或近似标识的人相比，最早在正常商业范围内使用某一标识的人享有优先权。不过，在消费者不会产生混淆的相距遥远的地区，并行使用是可能存在的。联邦注册被视为那些因在先采纳和使用，并在普通法上已获得的权利的法典化。

4.1.1

一、优先权：在先使用

美国的商标体制以使用为依据，所以，为了获取并实施商标权，在标识的使用中确立优先权就显得很重要。在先使用这一前提是严格的。以在先使用为依据，在先获得的普通法权利不会因后来的联邦注册而落空。足以在《兰哈姆法》意义上确立优先地位的使用应该是在正常商业范围内进行，而不只是为了获得或维持商标权而进行的使用。[②] 仅仅选择或创造一个标志，而没有在贸易中实际使用它，不足以对该标识获得以使用为基础的权

---

① 《美国法典》第 15 编第 1051 条(a)，即《兰哈姆法》第 1 条(a)。

② 宝洁公司诉詹森与詹森（Procter & Gamble Co. v. Johnson & Johnson, Inc.），485 F. Supp. 1185 (S. D. N. Y. 1979)（商标不可为未来使用而保留），aff'd, 636 F. 2d 1203 (2d Cir. 1980)。

利。[①]

意图使用申请的成功者将被赋予推定性全国首次使用。使用的优先权由《兰哈姆法》赋予。[②] 该问题将在下文第四章(§4.2.2)得到更加详尽的讨论。

4.1.2 二、充分使用

要获得某一标识的优先权,该标识必须得到"充分"使用才能带来权利。销售要成为所要求的使用,必须是独立而非关联性的,意即该销售在实际上表现为商业交易,而不只是一种内部业务行为。[③]

带有某标识的产品销售是否有可能是充分的,取决于该销售的目的和背景。跨越较长时间的极少量的销售,不一定能产生优先权。[④] 为了证实商品的市场需求而进行的首次销售如果属于正常的商业范围,可能足以获得权利。[⑤] 仅仅为了在先获得某一标识而进行的一次性交易但非实际销售,就不足以被赋予权利。[⑥]

按照1988年的《商标修改法》,构成《兰哈姆法》所规定的"使用"的门槛得到提高。1988年以前,"象征性使用"足可确立该法上的权利。1989年11月16日(1988年修改法生效日)以后,在依据《兰哈姆法》确证权利之前,使用必须是"真实的"、"在正常的商业范围内"的使用。因为该法标明了"正常的商业范围",在准许注册之前,商标使用者不必达到客观的销售额。相

---

① 汉诺威公司诉梅特卡夫(Hanover Star Milling Co. v. Metcalf),240 U.S. 403 (1916)(面粉上的"茶味玫瑰"(tea rose)被限于已确立实际使用的地区)。

② 《美国法典》第15编第1057条(c),即《兰哈姆法》第7条(c)。

③ 佛罗里达诉天然果汁公司(Florida v. Real Juices, Inc.),330 F. Supp. 428 (M. D. Fla. 1971)(6罐西柚汁的船运不是"非关联性"交易,不足以成其为使用)。

④ 斯维塔茨诉桑来恩(Sweetarts v. Sunline, Inc.),380 F. 2d 923 (8th Cir. 1967)(在几个州内进行的极少量糖果邮购不足以在这些州获得权利)。

⑤ 国际电话电报公司诉国际汽车机械公司(International Telephone and Telegraph Corp. v. International Mobile Machines Corp.),800 F. 2d 1118, 231 U. S. P. Q. (BNA) 142 (Fed. Cir. 1986)(唯一的销售足可带来权利)。

⑥ 布卢·贝尔诉法拉制造公司(Blue Bell v. Farah Mfg. Co.),765 F. 2d 1097(Fed. Cir. 1985)(在商品上使用商标的目的不是为了在此商标名义下的销售,不能就此商标获得权利)。

反，要判定涉案使用是否达到申请者产品在相关市场上使用的主观量，就要分析每个行业的每个产品。例如，必须销售出数千糖块，才构成糖块行业的“通常的数量”；不过，在机床行业，仅仅一次销售一台一百万美元的机床也足可构成使用。

4.1.3

三、附加

要满足附加（affixation）条件，标识所需要的只是使用在商品或服务上，或与其销售相联系。在普通法上，对商品本身做出“标示”或附加商标物是必要的。[①] 随着《兰哈姆法》的通过，这一条件在其适用中变得更为自由。标识不必实际附加在产品上，而可以是包装、所系标签或显著外露的末端上的一部分。[②] 条件进一步放松发生于 1988 年的《商标修改法》。如果“商品属性使这种标示难以做到”，将标识用在“与商品或其销售相关联的文件”上，[③]依然属于《兰哈姆法》所要求的充分的附加。

4.1.4

四、州际与对外贸易

《兰哈姆法》的立法基础是美国《宪法》中的贸易条款（Commerce Clause）。[④] 贸易条款规定，美国国会有权管理州际及对外贸易。[⑤] 因此，要按照《兰哈姆法》确立或保护商标权，不仅要实际使用有关标识，而且还必须将其使用于州际（或对外）贸易中；而仅仅州内使用是不够的。[⑥]

州际贸易通常仅仅被界定为跨越州境的销售，这是最简单、最易理解的

---

① 西炉公司诉乔治绳缆公司（Western Stove Co. v. George D. Roper Corp.），82 F. Supp. 206 (S. D. Cal. 1949)（商品上的附加被认定优先于标识在推销中的使用）。

② 《美国法典》第 15 编第 1127 条，即《兰哈姆法》第 45 条。卡斯尔顿有限公司案（*In re* Castelton China, Inc.），156 U. S. P. Q. (BNA) 691 (T. T. A. B. 1968)（紧贴商品或与商品直接联系的展示物足以满足附加条件；仅仅广告是不够的）。

③ 参议院报告 S. Rep. No. 100－515，100th Cong.，2d Sess. 45 (1988)。

④ 美国《宪法》第 1 条第 8 款第 3 项（U. S. Const. Article I，§ 8，cl. 3）。

⑤ 亚特兰大汽车旅馆之心诉美国（Heart of Atlanta Motel，Inc. v. United States），379 U. S. 241 (1964)（对州际贸易有影响的州内贸易受国会管理）。

⑥ 《美国法典》第 15 编第 1051 条，即《兰哈姆法》第 1 条。

情形。但在《兰哈姆法》的意义上，州际贸易的界定要比这宽泛得多。依照该法，如果所售商品被跨境运送，并由此“引发”州际贸易，饭店商品和服务的单点销售也可构成州际贸易。① 对于为在美国销售而进口的商品，一旦其进入美国市场，就要根据它在整个贸易中的流动来作出评判。②

4.1.5　五、《宪法》第十一修正案上的考虑

当州在《兰哈姆法》诉讼中成为一方当事人时，商标法就遇到了特殊的问题。③ 按照《宪法》第十一修正案，各州免于在联邦法院被起诉。④ 但是，治权豁免(sovereign immunity)并不是绝对的，州可以在两方面被起诉至联邦法院。⑤

州可以在联邦法院被起诉的第一种情形是，国会授权通过立法来实施第十四修正案。⑥ 1992 年，对于州或其部门实施的《兰哈姆法》上的商标侵权行为，国会通过《商标救济澄清法》(TRCA)，试图消除第十一修正案赋予的免于在联邦法院被起诉的豁免权。⑦ 但是，在 1999 年学院储蓄银行诉佛罗里达预付款高等教育费用委员会一案中，最高法院否决了 TRCA 的该部分规定——该规定允许因虚假广告而依《兰哈姆法》起诉一个州。⑧ 该院判决，州不能因虚假广告违反《兰哈姆法》第 43 条(a)而在联邦法院被起诉，因

---

① 拉里·哈蒙影业公司诉威廉斯餐饮公司(Larry Harmon Pictures Corp. v. Williams Restaurant Corp.)，929 F. 2d 662 (Fed. Cir. 1991), *cert. denied* 502 U. S. 823 (1991)。

② 西勒诺斯葡萄酒公司案(*In re* Application of Silenus Wines, Inc.)，557 F. 2d 806 (C. C. P. A. 1977)。

③ 参见麦卡锡：《麦卡锡论商标与不正当竞争》(MaCarthy, *MaCarthy on Trademarks and Unfair Competition*), §§ 25. 64—25—66 (4th ed. 2000)。

④ 美国《宪法》第十一修正案(U. S. Const. Amend. XI)。

⑤ 学院储蓄银行诉佛罗里达预付款高等教育费用委员会(Coll. Sav. Bank v. Fla. Prepaid Postsecondary Educ. Expense Bd.)，527 U. S. 666, 670 (1999)。

⑥ 同上。

⑦ 《商标救济澄清法》(Trademark Remedy Clarification Act , TRCA)，Pub. L. No. 102—542, 106 Stat. 3567 (1992)，编入《美国法典》第 15 编第 1122 条(b)(2006)，修改 1946 年《商标法》(Lanham Act), 60 Stat. 441[修改后编入《美国法典》第 15 编第 § 1051—1141 (2006)]。

⑧ 学院储蓄银行诉佛罗里达预付款高等教育费用委员会(Coll. Sav. Bank v. Fla. Prepaid Postsecondary Educ. Expense Bd.)，527 U. S. at 666。

为 TRCA 并未有效废除州所享有的豁免权。[①]

州可以在联邦法院被起诉的第二种情形是,州自愿放弃了它的治权豁免。[②] 如果某州自愿援引联邦管辖权,或明确宣布它将服从联邦管辖权,该州通常被认定是对其治权豁免的放弃。[③] 在学院储蓄银行诉佛罗里达预付款高等教育费用委员会一案,最高法院否决了如下观点:该州因为参与商业活动而放弃了第十一修正案上的豁免权。[④]

如果州是某商标案的原告,治权豁免的放弃就难以表现出来。2008年,当某普通被告因为商标侵权反诉作为原告的州时,威斯康辛州西区法院依据治权豁免原则予以驳回。[⑤] 该法院认为,即使作为州的原告在联邦法院发起诉讼,该州也并没有自愿援引联邦管辖权,因为它所上诉的对象是商标审理与上诉委员会(TTAB)做出的取消其商标的决定。[⑥]

4.2

第二节 注册

无论是以实际使用为依据提出申请,还是以所有人的意图使用为基础提出申请,商标注册都要通过《兰哈姆法》来完成。在 1988 年法律修改之前,在美国只有以使用为依据的申请才能得到允许。在 1988 年修改法实施以后,商标所有人可以要求以实际使用,也可以以真实的意图使用作为联邦注册的依据。两类注册都能带来全国性保护,并对商标权向他人做推定性

---

① 学院储蓄银行案,at 675。为实施第十四修正案,国会可以有效废除第十一修正案规定的州治权豁免权。同上,at 671。该案原告主张,由于虚假广告和商业利益担保的普通损失,作为被告的州剥夺了原告受第十四修正案正当程序条款保障的财产权。同上,at 672。然而,最高法院判定,这不是第十四修正案所保护的财产权,因而国会并未借 TRCA 有效废除州的治权豁免。同上。

② 同上,at 670。

③ 同上,at 675－676。

④ 同上,at 691。

⑤ 威斯康辛大学校董会诉菲尼克斯软件国际公司(Bo. of Regents of the Univ. of Wis. Sys. v. Phoenix Software Int'l, Inc.),565 F. Supp. 2d 1007 (W. D. Wis. 2008)。

⑥ 同上,at 1014。

通告。申请人必须选择并明确表示，其申请是基于实际使用，还是属于意图使用。同时按照两种规定提交的申请将会被拒绝。[①]

4.2.1 一、基于使用的申请

当某一标识已经在美国的贸易中被采纳并使用时，可以申请基于使用的注册。标识的使用者（或该使用的许可人）是唯一有资格对它申请注册的人。[②] 所有的申请都要向位于华盛顿的美国专利与商标局提交，且必须以书面方式，并包括如下项目：

(1)首次使用的日期；

(2)首次在贸易中使用的日期；

(3)使用该标识的商品的说明；

(4)所有人或合格代理人需声明：该标识为该申请人所拥有，不与其他标识混淆；[③]

(5)标识图样；

(6)标识样本或复件；

(7)必要的费用。[④]

使用该标识的商品说明是关键性项目。注册一旦获准，其范围要根据相关商品或服务的"核定"来确定。在普通法上，当针对被控侵权人行使商标权时，商品或服务的核定以及该标识被认定的国际分类虽然不能约束任何法院，且在侵权判定中不具任何作用，但由于多种原因，指出合适的商品或服务是非常重要的。最为重要的理由可能关系到无可争议性。一个商标一旦被注册并使用5年，该注册就可能具有无可争议性。而一旦注册具有了无可争议性，该注册本身就可作为"确定性证据"（除了其他事项外），证明该商标所有者有权在该注册所认定的商品或服务上，或在与其销售相关联

---

① 吉利耶案(*In re* Gillier)，18 U. S. P. Q. 2d (BNA) 1973 (Comm'r of Pat. & TM 1991)。

② 《美国法典》第15编第1051条(a)，即《兰哈姆法》第1条(a)。

③ 参见下文 §6.2.4.《兰哈姆法》上的并行注册。

④ 《美国法典》第15编第1051条(a)(1—2)，即《兰哈姆法》第1条(a)(1—2)。

的情况下使用该标识。显然，商品核定中如果提出了不正确的商品，确定性证据的范围就有可能被大大缩小。

所有申请都要受到专利与商标局的审查，以判断有关标识能否满足必要的注册条件。只有《兰哈姆法》第 2 条所禁止的商标才会被拒绝注册。注册的这些法定性禁止包括：

(a)不道德、欺骗性、令人反感的标识；①

(b)代表任何国家徽章的标识；②

(c)代表在世的个人但未经其许可的标识，③或者代表已逝美国总统但在其遗孀有生之年未予同意的标识；④

(d)与另一个注册标识近似得令人混淆的标识；⑤

(e)对申请人的商品进行单纯描述、导致误解的错误描述⑥、地理上的描述⑦、地理上令人误解的错误描述⑧，或者只具有姓氏意义⑨的标识；

(f)功能性的标识。⑩

那些单纯描述性的、令人误解的错误描述或地理上错误的描述性标识在获得第二义后可以在主注册簿上注册。⑪ 遵照关贸总协定之乌拉圭回合协定⑫，地理描述性术语不可被用作葡萄酒来源的名称。按照《北美自由贸易协定实施法》⑬，地理上令人误解的错误描述性标识不能被注册，即使它表现出了第二义。而在具有第二义的情况下，其他法定性禁止则可以被排除。

---

① 《美国法典》第 15 编第 1052 条(a)，即《兰哈姆法》第 2 条(a)。

② 《美国法典》第 15 编第 1052 条(b)，即《兰哈姆法》第 2 条(b)。

③ 《美国法典》第 15 编第 1052 条(c)，即《兰哈姆法》第 2 条(c)。

④ 《美国法典》第 15 编第 1052 条(c)，即《兰哈姆法》第 2 条(c)。

⑤ 《美国法典》第 15 编第 1052 条(d)，即《兰哈姆法》第 2 条(d)。

⑥ 《美国法典》第 15 编第 1052 条(e)(1)，即《兰哈姆法》第 2 条(e)(1)。

⑦ 《美国法典》第 15 编第 1052 条(e)(2)，即《兰哈姆法》第 2 条(e)(2)。

⑧ 《美国法典》第 15 编第 1052 条(e)(3)，即《兰哈姆法》第 2 条(e)(3)。

⑨ 《美国法典》第 15 编第 1052 条(e)(4)，即《兰哈姆法》第 2 条(e)(4)。

⑩ 《美国法典》第 15 编第 1052 条(e)(5)，即《兰哈姆法》第 2 条(e)(5)。

⑪ 参见上文§3.1.2.2. 第二义。

⑫ 《与贸易有关的知识产权协定》(TRIPs)，1994 年 4 月 15 日，33 I. L. M. 81 (1994)。

⑬ 参见上文§3.3.4。

外国申请人或没有美国邮政地址的美国公民需要指定美国的代理人。此种指定都应在申请书中确定。

一旦通过专利与商标局的审查并被接受，有关标识就可以在专利商标局的《公报》上发表。① 认为其自身将因此受到损害的任何人都可以提出异议。② 如无异议或异议未获得成功，有关标识便取得注册。③ 从申请到注册，整个过程通常需要 18 个月的时间。个别情况下，标识也可能更快地获得注册；如有问题或异议被提出，注册过程可能费时较长。

4.2.2

二、意图使用的申请

1988 年《商标修改法》为基于意图使用（ITU）的申请提供了获得商标权的机会。④ 这代表着此前的普通法成文化发生了巨大变革。1988 年修法之前，没有任何法院明确承认意图使用的普通法诉求。尽管美国制度中的其他一切权利都以实际使用为依据，唯独这一规定是基于申请人在贸易中使用标识的意图。在意图使用的情况下，一切权利都因为此种意图的注册而产生，而不是基于实际使用。1988 年修法之后，只有一个法院采纳过普通法上的意图使用诉由，即在没有注册的情况下，使用标识的意图不言而喻地受到保护。⑤

意图使用的申请等同于实际使用的申请。使用申请中的一切信息在意图使用申请中也是必要的，例外是，首次使用和首次在贸易中使用的日期被略去。不同的是，申请人必须表明其使用标识的真实意图。⑥ 由于未发生

---

① 《美国法典》第 15 编第 1062 条，即《兰哈姆法》第 12 条。

② 《美国法典》第 15 编第 1063 条(a)，即《兰哈姆法》第 13 条(a)。反对意见必须在官方公报发表后的 30 天内提出。如有正当理由，USPTO 可以在给予 30 天的延期。同上。

③ 《美国法典》第 15 编第 1063 条(b)，即《兰哈姆法》第 13 条(b)。

④ 《美国法典》第 15 编第 1051 条(b)，即《兰哈姆法》第 1 条(b)。

⑤ 马里兰州体育场管理局诉贝克尔（Maryland Stadium Authority v. Becker），806 F. Supp. 1236 (D. Md. 1992)，*aff'd*, 36 F. 3d 1093 (4th Cir. 1994)（在棒球馆建起之前，"Camden Yards"在广告宣传中的使用被判定足可带来权利），*aff'd*, 36 F. 3d 1093 (4th Cir. 1994)（未公开的搁置决定）。

⑥ 同上。

实际使用，申请人自然也就不可能提供使用样本。

在审查员对申请采取审查行动之前（通常是在实际申请日后的三个月之内），如果发生实际使用，申请人可以对其意图使用的申请提出修改，主张实际使用已经发生[①]，并将原申请转变为标准的使用申请。

专利商标局对意图使用申请的审查和公布将采取与实际使用申请相同的方式，如果未发生成功的异议，将对该申请颁发《核准通告》而不是《注册证书》。[②]

在《核准通告》日之后的6个月内，申请人必须提交主张实际使用的宣誓书（众所周知的“使用声明书”），或提交《延长时间请求书》，其中要呈交使用声明。该时间可以延长6个月而无需说明理由，也可以在说明理由的情况下再延长总计24个月（共计36个月），且要及时提交《延长时间请求书》。[③] 审查程序一旦完成，意图使用申请也发表在《公报》上，[④]并于此时供他人提出异议，如果后者认为他们将因该标识的注册而遭受损害。

4.2.3

三、辅注册簿

那些“能够区分申请人的商品或服务，但不能注册于主注册簿”的商标可以被注册于辅注册簿。[⑤] 一般来说，不具固有显著性且尚未获得第二义的标识被认为适于辅注册簿（简称辅簿）。事实上，在美国体制中，商标的使用决定着法院将如何对标识进行分类。因而，即使一个标识仅仅被注册于辅簿，但这对于法院判定该标识是否已通过注册后的使用而获得第二义，甚至获得固有显著性，并没有约束效力。[⑥]

---

① 《美国法典》第15编第1051条(c)，即《兰哈姆法》第1条(c)。

② 《美国法典》第15编第1063条(b)(2)，即《兰哈姆法》第13条(b)(2)。

③ 《美国法典》第15编第1051条(d)，即《兰哈姆法》第1条(d)。

④ 《美国法典》第15编第1062条(a)，即《兰哈姆法》第12条(a)。

⑤ 《美国法典》第15编第1091条(a)，即《兰哈姆法》第23条(a)。

⑥ 加利福尼亚冷却器公司诉洛雷托葡萄酒酿造公司(California Cooler, Inc. v. Loretto Winery, Ltd.)，774 F. 2d 1451 (9th Cir. 1985)（“California Cooler”在辅簿上的注册，不妨碍所有人后来提出第二义的证据）。

辅簿注册仅仅提供给基于使用的申请,而不提供给意图使用的申请。一旦申请人在《使用声明书》中主张其使用,他就能够改变其申请,选择辅簿而非主簿。被置于辅簿的标识不为供人异议而公布,而是被发布在《公告》上。与其他任何商标一样,注册在主簿上的标识一旦被判定与其他注册标识混淆,可被撤销。辅簿上的标识如被判决已遭放弃,就要被撤销并从注册簿上删除。①

4.3 第三节 维护

主簿上注册的标识必须要维护,否则就会被专利商标局撤销。

4.3.1 一、注册有效期与最初的续展

如今,《兰哈姆法》所规定的保护期是 10 年。在 1988 年修法生效日(1989 年 11 月 16 日)以前按照《兰哈姆法》注册的标识,有效期为 20 年。只要注册标识被用于注册所认定的商品或服务,或与该商品或服务的销售联合使用,该注册就可以获得 10 年期的续展。如果在该注册届满日前 6 个月、届满日后 3 个月内没有向专利商标局提交续展申请,专利商标局将撤销该注册。②

4.3.2 二、继续使用宣誓书

在注册的初始有效期内,每个注册人都必须在注册的第 5 年提交《继续使用宣誓书》(也以"第 8 条宣誓书"而知名)。第 8 条宣誓书规定于 1999 年 1 月 30 日开始生效,如今也被要求在注册的最后一年,在对主簿上的标识申请续展之前提交。如果第 8 条宣誓书没有及时提交,专利商标局将撤销

① 《美国法典》第 15 编第 1092 条,即《兰哈姆法》第 24 条。

② 《美国法典》第 15 编第 1059 条,即《兰哈姆法》第 9 条。

该注册。[①]第 8 条宣誓书必须声明，该标识正在贸易中被用于注册所指定的商品或服务，或用于与其有关的销售活动中。对于继续使用中的任何间隔，所有人必须做出解释。只有那些出于特殊原因的停用才可得容许。[②] 第 8 条宣誓书必须只在注册初始期提出。在后来的注册期内，第 8 条宣誓书是不必要的。

4.3.3 三、商标权的丧失

4.3.3.1 （一）抛弃

任何人如欲申请专利商标局撤销某一注册商标，商标抛弃是一个充分的理由。被抛弃的商标也不再受到普通法的保护。《兰哈姆法》对抛弃的解释是：不再继续使用某一商标，且无恢复使用之意。[③] 如果某商标三年未用，可推测其有抛弃之意。使用一个商标意味着在正常的贸易范围内真实地使用，而不是为了保有一个商标的权利而象征性地使用它。如下文所述，"抛弃"也可能因某一标识成为通用标识，或因其所有人未能成功"监管"该标识，或因该标识"大概(in gross)"转让*而发生。

抛弃不同于默认。默认是具体讼案的一方当事人所提出的诉求，而抛弃代表着商标权的完全丧失，使相关标识进入公有领域。[④]

4.3.3.2 （二）自愿终止

任何商标注册可因自动撤销[⑤]或故意停用[⑥]而被自愿放弃。如果注册

---

① 《美国法典》第 15 编第 1058 条(a)，即《兰哈姆法》第 8 条(a)。

② 《美国法典》第 15 编第 1058 条(b)(2)，即《兰哈姆法》第 8 条(b)(2)。

③ 《美国法典》第 15 编第 1127 条，即《兰哈姆法》第 45 条。

* Assignment in gross 是指在不转让商标所关联的商誉(goodwill)的情况下进行的单独的商标转让。按照美国商标法学说与实务，此类转让通常不具效力，其一旦发生，有关商标会被视为放弃，转让双方将不再享有其权利。汉语著述通常将 Assignment in gross 翻译为"概括转让"、"总括性转让"，似有失准确。——译者

④ 迪法恩斯·巴顿机械公司诉 C.C. 金属产品公司(Defiance Button Machine Co. v. C & C Metal Products Corp.)，759 F. 2d 1053 (2d Cir. 1985)(将抛弃解释为权利的完全丧失)，*cert. denied*，474 U.S. 844 (1985)。

⑤ 《美国法典》第 15 编第 1057 条(e)，即《兰哈姆法》第 7(e) 条。

⑥ 拉莫尔有限公司诉布洛克(La Maur, Inc. v. Block)，176 U.S.P.Q. (BNA) 218 (T.T.A.B. 1972)(商标因税收原因被抛弃)。

人明确表示要终止其注册，只需向专利商标局交出其注册证以示撤销，专利商标局将对主注册簿做出相应的修改。

4.3.3.3

(三) 非自愿终止：通用性

商标注册的非自愿终止主要是在有关商标变成了通用术语，从而不再标示产品来源的时候发生。如上所述，当一个标识主要用来识别它所指称的产品而非产品的来源时，该标识就是通用性的。[①]

撤销一个注册商标的请求必须在注册日后的5年内提出。任何人，如果认为其将因某一项注册而受损，都可以提出撤销请求。如有下列理由，撤销请求也可以在注册日起的5年之后提出：

(1)对于注册所指定的商品或服务而言，注册标识已经成为其通用术语；

(2)该注册标识已经被抛弃；

(3)该注册因不诚实而获得；

(4)如果是一个集体标识，该标识已经被该集体用于其自己的商品或服务；如果是一个证明标识，注册人没有控制该标识、注册人本人生产或买卖使用该证明标识的商品，允许以证明之外的理由使用该证明标识，并/或歧视性地拒绝提供证明；

(5)该标识违反《兰哈姆法》第1052条之(a)不道德或欺骗性标识；(b)标识的组成因素是国旗、国徽或其他国家标识；(c)标识的构成要素是某在世个人的姓名或肖像，已故总统的姓名、签名或肖像，且未经其本人或配偶同意。

① 《美国法典》第15编第1127条，即《兰哈姆法》第45条。

第五章　所有权与转移

5.1　第一节　初始所有权

上文已述，在美国，商标为首先采纳、固定并在贸易中使用的实体所“拥有”。然而，在美国这样的普通法体制中，标识本身不受财产所有权的拘束。毋宁说，在美国，标识的最先使用者在其自身使用该标识的范围内，有权排斥他人的使用。

联邦注册商标被颁发给该商标权（排除他人的权利）的所有者。如果注册被给予第二个使用者，第一个使用者对此可提出异议，或在注册颁发日后的 5 年内请求专利商标局撤销该注册。一旦该注册被撤销，最先使用者就可以提出它自己的注册申请。

要对商标权的适格所有者进行判定，通常依据虽然只是确认谁首先在州际贸易中使用了该标识，但有时也会有两家以上的实体同时使用一个标识。例如，一个乐队采纳了一个商标，写作并录制歌曲，然后分家，谁拥有商标权就成为一个需要决定的问题。在多数情况下，控制该标识的一方被视为其所有者。然而，在贝尔诉街市通录制公司一案，[①]法院判定，在这样的情形中，如果各方都没有注册该标识，所有权归属应该由消费者大众来判定。因此，如果消费大众将乐队成员本人——而不是把制作者——联想为商品或服务的来源，这些成员就被视为商标的所有者，而无论制作者为乐队的宣传投入了多少时间和金钱。

---

① 贝尔诉街市通录制公司（Bell v. Streetwise Records，Ltd.），640 F. Supp. 575（D. Mass. 1986）。

5.2

第二节 商标转让

美国与日本[①]、法国、德国等多数民法体系不同，商标不可做大概转让。这就是说，在大多数民法体系中，在不转让与特定商标相关联的商誉的情况下，商标可以转让。而在美国，如不转让相关的商誉，则商标转让无效；如果转让者在转让的同时停止使用，则通常造成商标的丧失。

在向专利商标局提交使用声明、将其转化为实际使用申请之前，意图使用申请不可转让。在美国，商标权是使用一个标识，并排除他人使用该标识的权利。这样，由于一切权利都被认为是以使用而非注册为根基，如果没有发生实际使用，且至少确立过一些商誉，就没有什么可以转让的。

5.3

第三节 商标许可

商标可以被许可给第三方，但对由此生产的产品，许可人必须保留控制其质量的权利。该规定就是所谓的"质量控制"，必须明确写入许可协议条款。如果许可方未明确保留其质量控制权，就会发生"裸"许可。如果一个商标所有人没有管理其标识的使用，在未加监督的情况下允许他人使用，可推测为裸许可。[②] 无论何种情况，都会导致放弃，造成商标所有人丧失其全部商标权。

《兰哈姆法》所构想的质量控制要件没有要求许可方实际控制被许可方

---

① 参见肯尼思·珀特：《日本商标法学》(Kenneth L. Port, *Japanese Trademark Jurisprudence*)，1998。

② 优科姆诉柯文顿(Yokum v. Covington)，216 U.S.P.Q. (BNA) 210 (T.T.A.B. 1982)(因为没有监控他人对该商标的使用，商标"Pied Pipers"的初始所有人抛弃了该商标)。

的业务。[①] 毋宁说，所必要的仅仅是，要么拥有控制标识使用的潜在能力，要么在确保消费者信赖确定的质量水准所合理必要的范围内实际控制标识的使用。[②]

---

① 奥伯林诉马林美国公司(Oberlin v. Marlin American Corp.)，596 F. 2d 1322 (7th Cir. 1979)，《兰哈姆法》无意为许可方创设一项代理(agency)要求；日复一日的监管是不必要的。

② 肯德基公司诉多维包装材料公司(Kentucky Fried Chicken Corp. v. Diversified Packaging Corp.)，549 F. 2d 368 (5th Cir. 1977)(KFC对于包装生产者的监视足可显示其控制)。

第六章　排他性权利的范围

6.1　第一节　无可争议性

按照《兰哈姆法》,“无可争议性”的基础是这样一种观念:在一定情况下,商标所有人应该能够在根本上确定其权利,并依据注册来证明,对于相关商标,任何他人都不拥有优先的权利。因此,《兰哈姆法》第33(a)条规定,一个商标注册一旦满5年,且注册人完成了某些手续(见下文),该注册就成为该商标及注册的有效性、注册人的所有权、注册人在指定商品或服务上使用该标识的排他性权利的确定性证据。[①] 如下文将要阐明的,商标注册人为何要采取必要措施以利用无可争议性,对此有着很多至关重要的战略性原因。

6.1.1　一、例行手续

如果一个商标已在美国贸易中被连续使用满5年,且其注册人按照《兰哈姆法》第15条提交了第15条宣誓书,该商标注册就具有了无可争议性。[②] 第15条宣誓书不像申请书那样经受审查。专利商标局告知已收到宣誓书并对文件进行备案,但它并不对其权利要求的准确性进行实质审查,也不要求提交支持性文件或其他能确证其权利要求的证据。[③] 这一事实的实际滥用虽然罕有发生,但很多重要权利通过无可争议的注册被授予注册人,以回应第15条宣誓书。

---

① 《美国法典》第15编第1115条(b),即《兰哈姆法》第33条(b)。

② 《美国法典》第15编第1065条,即《兰哈姆法》第15条。

③ 《商标审查程序手册》(TMEP),§1604 (1986)。

6.1.2　二、无可争议性注册的防御性使用

注册人可有两种方式使用无可争议性注册：(1)主动地主张其为强商标；(2)防御性地主张该标识免于任何攻击。[①] 关于无可争议性的防御性使用的基本法理，其核心在于这一事实：无可争议性自始被设计为一种保护方式，使注册商标免于轻率敷衍的无效请求。虽然使用了"无可争议"一词，但其并非意指绝对的无可争议性。下列情形完全适用于无可争议性的注册：

(1)如果注册或无可争议的权利系以不诚实的手段获得，就可以被撤销；

(2)如果注册人放弃商标，该商标可以被撤销；

(3)如果商标的使用误指了商标或服务之来源或出处，该商标可被撤销；

(4)如果第三方的使用系采取合理使用、描述性的方式，无可争议性的商标仍可被其使用；

(5)在无可争议的商标注册之前，如果第三方已通过使用创设了权利，该注册商标的所有人不可妨碍该权利；

(6)对于以前注册并做区域性使用的商标，无可争议性注册的所有人不享有绝对性权利；

(7)无可争议性注册的所有人对于商标的使用不得违反美国的反垄断法；

(8)衡平原则如履约懈怠、禁止反言和默认仍然适用于无可争议性的注册；

(9)当商标已具有通用性或功能性时，无可争议性就不再适用。[②]

6.1.3　三、无可争议性的主动性使用

被告仅仅使用了一个无可争议的标识，这本身不构成侵权。可以说，即使是无可争议的商标也需受到有关侵权行为的证据的拘束。在考虑一个商

---

① 帕克·恩弗莱诉多拉尔·帕克和弗莱(Park N' Fly Inc. v. Dollar Park & Fly, Inc.)，469 US 189 (1985)(无可争议的商标不因"仅具描述性"的质疑而被撤销)。

② 《美国法典》第15编第1115条(b)，即《兰哈姆法》第33(b)条。

标是否被侵权时，美国法院要考虑，有关商品或服务之来源、出处或赞助是否有发生混淆的可能。要判定是否存在混淆的可能，除了其他情形，法院要考虑原告商标是强还是弱。比之于弱商标，强商标显然应被赋予更多的保护。

对于无可争议性商标的主动性使用，联邦各巡回法院之间观点不一。[①]有些法院曾判决，如果原告的注册商标无可争议，该商标就被推定为强商标[②]；另一些巡回法院则认为，在分析侵权的过程中，无可争议性与一个商标是强或弱没有关系。[③]

因此，基于无可争议性提供给注册人的证据优势，对于注册有效性受到的挑战，注册人被强烈建议，要尽可能争取无可争议性。而且，在侵权诉讼中，以主动性方式适用无可争议性有着相当的不确定性，以致所有原告在起诉主张相关辖区内可能有的任何优势之前，都应被鼓励获得无可争议性。

6.2 第二节 商标权的地域范围

6.2.1 一、普通法的市场渗透规则

按照普通法，商标的首先使用者，在其已在纵横两个层面使用过该标识

---

① 肯尼思·L.波特：《商标无可争辩性的非法性》(Kenneth L. Port, *The Illegitimacy of Trademark Incontestability*)，26 Ind. L. Rev. 519, 570 (1993)。

② 迪特尔诉西南佛罗里达(Dieter v. B. & H. Indus. of Southwest Florida)，880 F. 2d 322 (11th Cir. 1989), *cert. denied*, 498 US 950 (1990) (其判定，"Shutterworld"作为无可争议的商标，至少是"具有第二义的描述性商标，因而属于相对的强商标"), *cert. denied*, 498 US 950 (1990)。

③ 芒特斯公司诉麦特苏公司 Munters Corp. v. Matsui Am., Inc., 909 F. 2d 250 (7th Cir. 1990), *cert. denied*, 498 U.S. 1016 (1990)(商标注册的无可争议性不是商标强度的确定性证据), 498 U.S. 1016 (1990)。

的范围内，有权使用该商标并排除他人使用。[①] 纵向使用所涉及的是市场分析。不同的纵向使用意味着，某一方将某一标识用于例如零售市场，而另一方则把它用于批发市场。[②] 横向使用意味着地理或地区性使用。这样，按照普通法，如果使用行为无论在横向还是纵向上都相距甚远，后使用者在市场上可以将同样或近似标识用于相同或近似商品，对最先使用者的权利不构成侵犯。如果没有证据显示故意采用他人标识以伤害先使用者，就不会有普通法上的侵权。[③]

因而，即使美国东部有人首先在某些药品上使用某一标识，普通法不会阻止位于美国南部的第三方将相同或近似的标识用于相同或近似的商品，除非该使用故意构成了不正当竞争。[④] 同样，如果某一标识仅仅在先使用于批售，该使用并不妨碍在后使用者采纳相同或近似的标识，在零售业务中将它用于相同或近似的商品或服务。[⑤]

6.2.2　二、并行使用的普通法权利之范围

6.2.2.1　（一）善意

虽然有市场渗透规则（market penetration rule），如果后用者以不公平竞争为目的采纳了相同或近似的标识，其对该标识所拥有的权利就会受到限制。善意（good faith）分析着眼于标识的采纳和首次使用。[⑥] 在巡回法院

---

① 汉诺威之星诉梅特卡夫（Hanover Star Milling Co. v. Metcalf），240 U. S. 403 (U. S. 1916)（使用行为已得到确立的区域获得了所有贸易领域的权利）。

② 道恩油炸圈饼公司诉哈特食品店（Dawn Donut Co. v. Hart's Food Stores Inc.），267 F. 2d 358 (2d Cir. 1959)（零售与批发市场）。

③ 汉诺威之星诉梅特卡夫（Hanover Star Milling Co. v. Metcalf），240 U. S. 403 (U. S. 1916)。

④ 联合药品公司诉西奥多（United Drug Co. v. Theodore Rectanus Co.），248 U. S. 90 (U. S. 1918)（后用者对于"Rexall"的采用，发生在远离先用者的地区，且无意利用先用者的商誉）。

⑤ 道恩油炸圈饼公司诉哈特食品店（Dawn Donut Co. v. Hart's Food Stores Inc.），267 F. 2d 358 (2d Cir. 1959)（在权利得到确定之后的时间里，先用者可以向不同的市场领域扩张）。

⑥ 电话联盟公司诉电话联盟体系公司（Allied Telephone Co., Inc. v. Allied Telephone Systems Co.），565 F. Supp 211 (S. D. Ohio. 1982)（后采用者采纳一个标识之际，先采用者正在使用着另一个名字）。

之间，善意得到了全体一致的界定。第十巡回法院指出，仅仅是明知还不代表商标采用上的恶意，要判定恶意，必须拿出故意混淆的证据。[①]

6.2.2.2 **(二) 遥远**

遥远(remoteness)在不同的时代呈现出不同的涵义。在汉诺威之星案做出判决时，[②]运输商品的能力和联系消费者的能力是有限的。1916 年，田纳西距东北部可能显得很"遥远"。今天，因为差不多所有的消费者都在相当大的流动性中寻求商品或服务，遥远的确定就非常困难。并且，对于任何市场上的任何竞争者而言，因特网实际上允许其直接进入。如果拥有移动电话和电脑，明尼苏达北部森林也不再"遥远"。因而，今天的很多业务得到了区域极为广大的扩张，普通法上的市场渗透规则可能很快就变得过时了。[③]

6.2.2.3 **(三) 市场渗透**

普通法上的保护范围通过商标所有人进行市场渗透的程度得到界定。每个巡回法院都倾向于使用不同的因素来分析市场渗透的程度。比如，第八巡回法院实行的是下面的四要素检验法——销售量；人口中的顾客比例；增长潜力；以及重大销售中的间隔期间。[④] 另一方面，第四巡回法院要分析的是：销售量；增长趋势的确认；与潜在消费者相比的人口数；以及产品广告。[⑤]

最后，分析在根本上是相同的：普通法允许商标所有人有权排斥他人，

---

① GTE 公司诉威廉斯(GTE Corp. V. Williams)，904 F. 2d. 536 (10th Cir. 1990)，*cert denied*，498 U. S. 9989 (1990)(占取先采用者之利益的意图是必须的)。

② 汉诺威之星诉梅特卡夫(Hanover Star Milling Co. v. Metcalf)，240 U. S. 403 (U. S. 1916)。

③ 特拉维洛奇公司诉西拉古萨(Travelodge Corp. v. Siragusa)，228 F. Supp. 238 (N. D. Ala. 1964)(扩张的"概念"被判定足以表明扩张是可能的)。

④ 斯威塔茨诉森莱恩公司(Sweetarts v. Sunline, Inc.)436 F. 2d 705 (8th Cir. 1971)(斯威塔茨在多个州的市场渗透对森莱恩同时进行的扩张不足以构成侵犯)。

⑤ 自然鞋类公司诉哈特、沙夫纳和马克思(Natural Footwear Ltd. v. Hart, Schaffner & Marx)，760 F. 2d 1383 (3d Cir. 1985)(后采用者没有建立起市场渗透)，*cert. denied*，474 U. S. 920 (1985)。

但只是在该所有人自身使用其标识的范围内。这样,要判断标识所有人渗透市场的程度以及它应受普通法保护的程度,需要有一些客观标准。

6.2.2.4 **(四)自然扩张域**

除了市场渗透的实际范围,多数美国法院还会承认自然扩张域学说(natural zone of expansion),不仅保护商标所有人实际的使用范围,而且还保护其商品或服务销售中合乎逻辑的相邻环节。然而,无法让所有巡回法院达成一致的是,在考虑自然的扩张区域时要分析哪些要素,并对各要素给予何种分量。例如,第十一巡回法院相当随意地为商标权划出了范围,并相当宽泛地划出了自然扩张的界线。该法院声称,如果先用者能够证明后用者居住在他们可以合理扩张的地区,前者就完全可以在该地区保有权利。① 第一巡回法院曾在判决中表达过一种更为狭窄的观点:如果先用者未能注册其商标,而后用者在无意中采用了该商标,那么该先用者的权利将会得到非常狭窄的解释。②

6.2.2.5 **(五)州界的意义**

在汉诺威之星一案中,法院虽然认为州界对于判断普通法标识的权利范围有着重要意义,而在今天,对于未注册商标的保护范围的确定,州界颇有点儿无足轻重。③ 如今真正要考虑的事项是,消费者在多大程度上受到了相关商标的影响。因为在美国,在最近50年内,由于技术进步在运输、通讯和买卖中的实施,使贸易的性质发生了根本性变化,以致于州界在确定未注册商标的地理范围时所具有的意义正变得日益微弱。④

---

① 塔利—霍诉科斯特社区(Tally-Ho, Inc. v. Coast Community. Coll. Dist.),889 F. 2d 1018 (11th Cir. 1989)(向"相关使用"市场做自然延伸的证据,巩固着先用者的权利)。

② 雷克斯顿公司诉阿纳尼亚联合(Raxton Corp. v. Anania Associates, Inc.),635 F. 2d 924 (1st Cir. 1980), *on remand*, 668 F. 2d 622 (1st Cir. 1982)(在后用者的经营范围内,先用者未能确立任何在先使用或名声)。

③ 佛罗里达伯格王诉胡茨(Burger King of Florida, Inc. v. Hoots),403 F. 2d 904 (7th Cir. 1968)(伊利诺伊的先用者的优先权被限定在一个小的地理区域内)。

④ 斯巴达食品系统诉HFS公司(Spartan Food Systems, Inc. v. HFS Corp.),813 F. 2d 1279 (4th Cir. 1987)。

6.2.2.6
（六）第二义标识

缺乏第二义的商标仅仅是描述性的标识。就其本身而言，它们不能得到普通法或《兰哈姆法》上的各种保护。这样，如果一个标识缺乏第二义，它就得不到上文所述的保护扩张。一个标识必须建立起第二义才能获得保护，与此相同，为了给该标识上的权利创造扩张的基础，第二义的确立也是必须的。[①]

如果一个标识的显著性是固有的（暗示性、臆造性或任意性标识），法院就可能给予该标识较宽泛的保护，即使该标识缺乏第二义[②]；但是，在表述固有显著性的商业外观的定义时，法院一直充满矛盾。在沃尔玛诉萨玛拉兄弟公司[③]一案中，最高法院至少创造了两个商业外观类型：产品设计和产品包装。它判定，在有关产品设计商业外观的一切情形中，表明第二义是必要的；而对于产品包装的商业外观，只在有些情况下才要求表明第二义的存在。

6.2.3
三、联邦注册的效力

联邦注册为注册人提供了重要的利益，影响着其标识的实力和范围。

6.2.3.1
（一）推定性公告：公布注册使用

商标在主簿或辅簿上的注册为其所有者的权利提供了推定性全国公告。[④] 一旦注册，后来提起的可能造成混淆、误认或欺骗（以及《兰哈姆法》第2条列举的所有其他禁止项）的一切注册申请都应遭到专利商标局的拒绝。对于意图使用申请，一旦《核准公告》得到颁发，公告的生效日期便可回溯至该申请被提交的日期。在侵权诉讼中，如果原告的标识已注册，被告通常就不能再借口无辜侵权为自己辩护。一些法院对注册效力适用的是严格

---

① 阿肯色购物人集市诉桑德斯公司（Shoppers Fair of Arkansas, Inc. v Sanders Co., Inc），328 F.2d 496 (8th Cir., 1964)（在新市场上缺乏第二义，将妨碍对该标识上的权利做出判定）。

② 两比索诉塔克·卡巴那国际公司（Two Pesos, Inc. v. Taco Cabana International Inc.），505 U.S. 763 (1992), *reh'g denied*, 505 U.S. 1244 (1992)。

③ 529 U.S. 205, 120 (2000)。

④ 《美国法典》第15编第1072条，即《兰哈姆法》第22条。

解释。第二巡回法院曾认为，如果原告商标已注册，后来的使用者就不能再基于善意将相同或近似标识用于相同或近似商品。[①] 这就是说，在某些情形中，法院会因为被采用的商标此前已由他人注册而推认其为恶意或动机不当。据信，此种证据利益促使申请人在申请商标注册之前查询专利商标局的档案，从而减少了冲突性商标的数量，并也降低了商标使用滋生冲突的数量。

6.2.3.2

（二）冻结后使用者的市场

按照《兰哈姆法》，商标注册最为重要的效力之一是，注册生效 5 年后，商标注册可获得无可争议性，如上文所述。[②] 一当某商标注册成为无可争议的，就可以适用第 33 条之(b)(5)。因而，假如 A 首先在美国的贸易中使用某一标识，B 后来将相同或近似的标识用于相同或近似的商品，如果在 B 首次使用之后，注册之前，A 对该标识进行了注册，从 A 的商标申请被公布以提交异议之日起，《兰哈姆法》所赋予的全国性权利的全部效力便开始生效。相应地，在公布之日，B 对于该标识的普通法权利也告终止，而在 A 标识被公布日之前，B 方已对该标识进行的持续使用范围除外。B 将被要求放弃它在该日期之后可能已经获得的[③]所有市场份额与使用。

6.2.4

四、《兰哈姆法》上的并行注册

如果两个不同的实体通过同时在相同或近似商品上使用相同或近似的标识创立了权利，但因相关使用相距遥远，不可能发生混淆，《兰哈姆法》便允许双方或多方拥有该“并行”注册。[④] 这方面要考察的依然是消费者是否

---

① 道恩油炸圈饼公司诉哈特食品店(Dawn Donut Co. v. Hart's Food Stores Inc.)，267 F. 2d 358 (2d Cir. 1959)（通过规定商标使用的推定性公告，第 1072 条取消了善意抗辩）。

② 参见上文 § 6.1. 无可争议性。

③ 佛罗里达伯格王诉胡茨(Burger King of Florida, Inc. v. Hoots)，403 F. 2d 904 (7th Cir., 1968)（后用者被限制在它们已经建立业务的小区域范围内）；思里夫提租车系统诉思里夫特汽车公司(Thrifty Rent-A-Car System, Inc., v. Thrift Cars, Inc.)，831 F. 2d 1177 (1st Cir., 1987)（有限的例外是，在先用者使用之后，进行联邦注册之前，后用者已在遥远地区实施的使用）。

④ 《美国法典》第 15 编第 1052 条(d)，即《兰哈姆法》第 2(d) 条。

有可能发生混淆。今天,鉴于市场和消费者之特征,准予并行注册可能仅仅发生在最为极端的情况下。

6.2.4.1 (一) 先用者的权利

在先使用者之后,如果后使用者试图注册,或成功注册了其商标,先使用者就可以在该注册日后的5年内对该申请提出异议,或申请专利商标局撤销这一商标。在美国,一切权利都被认为产生于使用。因而,首先在贸易中使用某标识的一方应该有权首先取得对该标识的注册。然而,在某些少有的情况下,如果双方在相距遥远的地区都对某标识确立了商标观念,专利商标局就可以颁发并行使用注册。一个并行使用注册对全国市场进行了有效切分,并向各方分配一个特定区域,可使他们在其中分别使用该标识。[①]

6.2.4.2 (二) 联邦法院对注册的修改

在大多数的民法法域,法院无权撤销注册商标或发布影响商标注册处的指令[②],与此不同,《兰哈姆法》则允许联邦法院发布指令,对主注册簿做出修改,以符合其有关并行使用的判决。[③] 第六巡回法院曾经判定,联邦法院可以审理并决定并行使用争议。[④] 一旦法院指令要求给予并行使用注册,专利商标局就要执行该决定,颁发必要的并行使用注册。[⑤]

6.3 第三节 产品与服务范围

在美国,商标权有赖于一个基本的普通法观念,即商标的最先使用者可

---

① 比阿特里斯食品公司案(*In re* Beatrice Foods Co.),429 F. 2d 466 (C. C. P. A. 1970)。

② 肯尼思·珀特:《日本商标法学》(Kenneth L. Port, *Japanese Trademark Jurisprudence*),1997。

③ 《美国法典》第15编第1052条(d),即《兰哈姆法》第2条(d)。

④ 老荷兰食品公司诉丹·迪伊公司(Old Dutch Foods, Inc. v. Dan Dee Pretzel & Potato Chip Co.),477 F. 2d 150 (6th Cir. 1973)。

⑤ 假日客栈诉假日客栈有限公司(Holiday Inn v. Holiday Inns, Inc.),534 F. 2d 312 (C. C. P. A. 1976)。

在其使用范围内排除他人对该标识的使用。因此，如上文所述，商标保护的范围不是绝对的。可以说，如果后来者在遥远的地方使用，在先使用者就不能干预。同样，如果第三人使用该商标的产品与之迥异，以致两相关产品的销售者之间不可能存在竞争，先使用者也不能禁止该使用。

这就是说，在美国，如果双方没有竞争关系，混淆就会被认为不可能发生。[①] 这是因为，商标法属于更大的不正当竞争法的一个分支。在美国，商标保护的正当性仅仅关系到这样一个基本的律令：生产者必须实施正当的竞争，消费者因而不致因相关商品或服务的出处或来源混淆而受到损害。

6.4　第四节　淡化

上述普通法规则的唯一例外存在于《兰哈姆法》第 43 条(c)[②]的规定中，该条款创造了一个针对商标淡化的联邦法诉由。如上文所述，淡化被解释为驰名商标得以识别或区分商品或服务的能力被削弱，而无论当事方之间是否有竞争关系，以及是否有发生混淆、误解或欺骗的可能。[③] 如果后来者的标识有可能造成淡化，驰名商标的拥有者可以提起诉讼，以禁止此种使用。

商标侵权源于普通法，而商标淡化则是成文法的产物。现行《兰哈姆

---

① 对法院而言，要判断双方当事人之间何时处于竞争关系中，一直是一个特别棘手的问题。当初，在承认商标侵权之前，势均力敌的竞争是必要的。这一点因杰迈玛姨妈案[Aunt Jemima Mills Co. v. Rigney & Co., 247 F. 407 (2d Cir., 1917)]而发生改变。如今，因“杰迈玛姨妈原则”而知名的这一判例代表了这样一种主张：两个公司不必因完全相同的产品才具有势均力敌的竞争关系。毋宁说，如果消费者认为两个产品具有同一来源，就符合混淆分析中有关竞争的定义。该主张如今已经扩展成为“填补空白”(bridge the gap)原则，按照该原则，一个公司即使根本没有在被告的市场上销售什么，如果它具有这样做的真实计划，就足可满足混淆分析所要求的竞争。因此，本句对于“竞争”一词的使用必须在这一背景下得到考虑。

② 《美国法典》第 15 编第 1125 条(c)，即《兰哈姆法》第 43 条(c)。

③ 《美国法典》第 15 编第 1127 条，即《兰哈姆法》第 45 条。

法》首先因1995年《联邦商标淡化法》的修改而开始承认淡化，后又于2006年因《商标淡化修正法》而再次得到修改。38个州也都通过了各自的淡化立法。[①] 这些立法是对商标保护之历史根基的重大变更，因为它们的目标是保护商标所有者的，而不是消费者大众的权利。

《兰哈姆法》确立了两种淡化：模糊性淡化和贬损性淡化。模糊涉及"他人未经授权将已驰名的商标用于不同产品，从而削弱了该商标的销售力。"[②]而当原告的商标被与低质产品相连，或者被以某种贬低的方式呈现给消费者时，贬损就发生了。[③] 在这种情况下，原告在消费者心目中的声誉可能会遭受损害。

《兰哈姆法》第43条(c)的起草者将"Buick"(别克)用于阿斯匹林或"Kodak"(柯达)用于钢琴，视为淡化的范例。当一个商标变得驰名时，如果他人仅仅把它用于毫不相关的产品，也将会大大降低该驰名商标的显著性。Kodak是一个相当显著的商标，正是因为人们没有看到该标识在非源自Kodak的产品上做任何其他使用。如果有Kodak牌的钢琴、Kodak牌的自行车、Kodak牌的轮胎等，Kodak商标作为识别来源的显著性就会减弱，其作为商标的价值也将相应地降低。

6.4.1 一、名声

就像一切商标权一样，主张其标识遭受淡化的权利不是绝对的。最为重要的事实要件是，只有"驰名"(famous)商标才能利用第43条(c)。按该条规定，如果一个标识"得到美国普通消费大众的广泛认可"，它就是驰名

---

① 大多数州把它们的淡化立法建立在1964、1992或2007年版本的《州商标示范法案》有关条款的基础上。

② 米德数据中心公司诉美国丰田汽车销售公司(Mead Data Central, Inc. v. Toyota motor Sales, U.S.A., Inc.), 875 F.2d 1026, 1031 (2d Cir. 1989)。

③ 电影艺术与科学学会诉创意屋推销公司(Academy of Motion Picture Arts & Sciences v. Creative House Promotions, Inc.), 944 F.2d 1446, 1457 (9th Cir. 1991) [如果被告的STAR奖贫乏或廉价，奥斯卡(Oscar)作为"卓越之象征"的价值……就要"遭到威胁"]。

的。[①] 重要的是要注意，该定义包含三个要素：广泛认可、普通消费大众的认可以及在美国的认可。事实上，广泛性要件是模糊的。[②] 但它表明，在地域有限的市场上的名声不足以得到该法律规定的保护。[③] 商标得到普通消费大众认可这一要件明确地排除了“小众名声”。[④] 普通消费大众须是在美国这一要件意味着，在美国国外驰名的商标没有资格获得淡化保护。

《商标淡化修正法》列举了四个非排他性要素，由法院在判断某标识是否具有必要程度的显著性时予以考虑：

> (i)标识广告与宣传的持续时间、程度和地理范围，但无论广告或宣传是由所有人还是第三人进行的；
>
> (ii)该标识名下的商品或服务的销售数量、份额和地理范围；
>
> (iii)该标识得到实际认可的程度；
>
> (iv)该商标是按照1881年3月3日的法律，还是按照1905年2月20日法律被注册，抑或注册于主注册簿。[⑤]

遗憾的是，至少可以说，标识在适用淡化原则之前必须是驰名的——这一规则在过去的适用颇不稳定。例如，第九巡回法院曾判决，“Fruit of the Loom”中的“Fruit”对于淡化判定而言就不够驰名；而宾夕法尼亚的地区法院则认为，用在自助商店上的商标“WAWA”是驰名的，足以适用淡化原则。依然需要考虑的是，要对名声分析采取统一措施，《商标淡化修正法》将具有何种影响，如果它有影响的话。

---

① 《美国法典》第15编第1125条(c)(2)(A)，即《兰哈姆法》第43条(c)(2)(A)。

② 一些州淡化法也包括“在本州驰名”的字眼，或者完全没有名声要件，这让事情变得更为复杂。

③ 《美国商标协会报告》(*USTA Report*)，77 Trademark Rep. at 460；1995 House Rep. at 7(商标的地理名声必须遍及美国相当大的范围)。

④ 《美国商标协会报告》(*USTA Report*)，77 Trademark Rep. at 460。

⑤ 《美国法典》第15编第1125条(c)(2)(A)(2006)，即《兰哈姆法》第43条(c)(2)(A)。这四个要素源自《商标淡化修正法》，并代替了FTDA最初规定的八个要素。

6.4.2

二、淡化可能性

是否应该发出第43条(c)所规定的禁止令？相关的检验标准首先在米德数据中心诉美国丰田汽车销售公司一案[①]的附和意见（讨论纽约的法律）中得到了明确表述。

今天，证明淡化依然困难，淡化学说依然令人困惑。在摩斯利诉秘密编目一案[②]之前，各联邦巡回法院在有关淡化的两个问题上存有分歧：(1)淡化法是否要求提供"实际淡化"的证据；(2)淡化（实际淡化或淡化之可能）必须得到直接证明，还是可以依据旁证。[③]

为判定淡化之可能性，法院考虑的因素包括：

(1)在先标识的名望；

(2)标识的相似性；

(3)产品的相似性；

(4)抢夺性意图；

(5)在后标识的名望；

(6)购买者的老练程度。

在摩斯利一案，最高法院认定，《淡化法》"所毫不含糊地要求的，是要表明有实际的淡化，而不是淡化的可能性。"[④]不过，该法院也表示，"如果实际淡化可以通过旁证得到可靠的证明，直接证据如民意测验就是不必要的。"[⑤]

国会对此结果显然并不满意，从而在《商标淡化修正法》中规定，实际淡

---

① 米德数据中心公司诉美国丰田汽车销售公司(Mead Data Central, Inc. v. Toyota motor Sales, U.S.A., Inc.), 875 F.2d 1026 (2d Cir. 1989)。

② 摩斯利诉维多利亚的秘密编目(Moseley v. V. Secret Catalogue), 537 U.S. 418 (2003)。

③ 参见托马斯·李：《淡化的去神秘化》(Thomas R. Lee, *Demystifying Dilution*), 84 Boston Univ. L. Rev. 859, 863 (2004)。

④ 摩斯利案(Moseley), at 434。

⑤ 摩斯利案(Moseley), at 433。

化是不必要的。[①] 对于证明淡化可能性所要求的证据类型,《商标淡化修正法》未做规定,但摩斯利案似乎依然是这方面的好规则。

6.4.3　三、模糊性淡化

如上所述,当后来者对一个商标的使用"削弱"了普通公众对该商标所持有的联想时,该商标的名声就被模糊了。《商标淡化修正法》将模糊淡化解释为"某商标或商号与一个驰名商标之间的相似所造成的,有损该驰名商标之显著性的联系"[②]。《商标淡化修正法》还列举了六个非排他性的因素,供法院在判断模糊淡化时考虑:

(i)某商标或商号与驰名商标相似的程度;

(ii)驰名商标所固有或获得的显著性的程度;

(iii)驰名商标所有者正在多大范围内对该商标实施着具有充分排他性的使用;

(iv)驰名商标得到认可的程度;

(v)某商标或商号使用者是否有意创造一种与该驰名商标的联系;

(vi)某商标或商号与该驰名商标之间的实际联系。[③]

相关定义以及多要素检验标准表明,《商标淡化修正法》所要求的,不只是相同的使用或相同的商标。但是,就像商标法中的其他多要素检验标准一样,《商标淡化修正法》中有关模糊淡化的六要素是任意的、非排他性的。[④] 2008 年,内华达地方法院判决,维萨国际诉 JSL 公司一案中存在着

① 《美国法典》第 15 编第 1125 条(c)(1)(2006),即《兰哈姆法》第 43 条(c) (1)。

② 《美国法典》第 15 编第 1125 条(c)(2)(B)(2006),即《兰哈姆法》第 43 条(c) (2)(B)。

③ 《美国法典》第 15 编第 1125 条(c)(2)(B)(206),即《兰哈姆法》第 43 条(c) (2)(B)。

④ 维萨国际服务联合公司诉 JSL 公司(Visa Int'l Serv. Assoc. v. JSL Corp.),590 F. Supp. 2d 1306, 1320 (D. Nev. 2008)。

模糊淡化，即使原告并未满足《商标淡化修正法》所要求的全部因素。[①] 维萨没有提交证据来证明它在多大范围内对该商标实施了具有充分排他性的使用(因素 3)。[②] 同时，对于被告 JSL 在其商标(EVISA)和维萨的商标(VISA)之间制造联系的意图，维萨也未提交证据(因素 5)。[③] 尽管维萨没有就 2/6 的要素提供证据，该法院依然判决，维萨"依据其他四要素进行了特别强有力的证明"，从而表明模糊性淡化的存在。[④]

6.4.4　四、贬损性淡化

联邦立法所承认的第二类淡化是贬损性淡化。第 43 条将贬损性淡化定义为，"某商标或商号与一个驰名商标之间的相似所引起的联想，损害了该驰名商标的声誉"[⑤]。与模糊不同的是，立法没有为检验贬损提供要素标准。按照各州法律，法院通常认定了大致三类贬损性淡化：将在先标识与不健康行为相关联；将在先标识与劣质商品或服务相关联；使在先标识或其所有人受到嘲弄。

不健康关联包括将商标用于色情[⑥]、做得像瓶子一样的"保险容器"[⑦]，以及讽刺性影片[⑧]。可能使消费者因任何原因远离某商标的任何联系，至少在理论上都属于可受谴责的对象。有趣的是，法院常常把与合法的不健

---

① 维萨国际服务联合公司诉 JSL 公司(Visa Int'l Serv. Assoc. v. JSL Corp.)，(判决被告 JSL 公司对 EVISA 商标的使用有可能对原告的 VISA 商标造成模糊淡化)。

② 同上，at 1318, 1320。

③ 同上。

④ 同上，at 1320。

⑤ 《美国法典》第 15 编第 1125 条(c)(2)(C)(2006)，即《兰哈姆法》第 43 条(c) (2)(C)。

⑥ 如维多利亚的赛博秘密有限合伙诉维多利亚的秘密编目公司(Victoria's Cyber Secret, L. P. v. V. Secret Catalogue, Inc.)，161 F. Supp. 2d 1339, 1355 (S. D. Fla. 2001)(与 Victoria's Secret 相同的域名用于色情网站)。

⑦ 百事公司诉第 1 号批发有限责任公司(PepsiCo, Inc. v. ＃1 Wholesale LLC)，84 U. S. P. Q. 2d 1040 (N. D. Ga. 2007)[Pepsi(百事)标识用在"通常与非法麻醉毒品藏匿处相关"的商品上]。

⑧ 美国牛奶女王公司诉新线路生产公司(American Dairy Queen Corp. v. New Line Productions, Inc.)，35 F. Supp. 2d 727 (D . Minn. 1998)(题为《牛奶女王》(*Dairy Queens*)的电影以令人厌恶和讽刺的方式描述了一个牛奶国，从而对商标 Dairy Queens(牛奶女王)造成贬损)。

康行为相关联的标识视为“贬损之证”。[①]

与劣质商品或服务相联是另一类贬损，它包括范围广泛的可能情况。在丹泡沫公司诉品牌床具有限公司[②]一案中，法院支持了淡化主张。此案中，未经授权的 Tempur-Pedic 牌产品转售者运送这些产品时所用的容器如此之小，以致货物不得不被折叠、打卷或被捆在一起，从而在接收这些包装糟糕的商品的购买者心目中产生了消极的联想。在吉迪恩斯国际公司诉吉迪恩 300 公司一案中[③]，法院认为发生了淡化，因为作为基督教组织的被告祈求捐赠，而同样属于基督教组织的原告不做这样的事。

然而，嘲弄或批评造成的贬损是很狭窄的一类。下文将谈到，《商标淡化修正法》为仿讽和非商业性使用创设了免责。要支持嘲讽贬损的诉求，要求被告必须擅自将某标识用于商业收益。比如，在迪尔诉 MTD 产品公司一案[④]，被告将原告商标的鹿形象用于它的广告中，其中所呈现的鹿因为害怕被告的割草机而仓皇逃跑。在《商标淡化修正法》之后，此类案例因为被告注册的因特网域名与驰名商标实质相同而时有发生。[⑤] 比如，在犹太人诉史蒂文·布罗德斯基一案[⑥]，被告注册域名(jewsforjesus. org)，所设网站对原告构成敌视，以致法院判定其中含有模糊和贬损。

6.4.5　五、对淡化主张的特别抗辩

《联邦商标淡化法》规定了三种专门针对淡化主张的特别抗辩：比较广

---

① 参见花花公子公司诉韦伯世界(Playboy Enterprises v. Webbworld)，991 F. Supp. 543 (N. D. Tex. 1997)(花花公子的标识不是可受贬损的，因为它被用来促销有关性的材料)。

② 丹泡沫公司诉品牌床具有限公司(Dan-Foam v. Brand Name Beds, LLC)，500 F. Supp. 2d 296 (S. D. N. Y. 2007)。

③ 吉迪恩斯国际公司诉吉迪恩 300 公司(Gideons International Inc. v. Gideon 300 Ministries, Inc.)，94 F. Supp. 2d 566 (E. D. Pa. 1999)。

④ 迪尔诉 MTD 产品公司(Deere & Co. v. MTD Products, Inc.)，41 F. 3d 39 (2d Cir. 1994)。

⑤ 作为《兰哈姆法》上的诉讼，这些案件可能不久就会停止发生，因为按照《反域名抢注消费者保护法》(ACPA)，它们现在可以更容易被提起。

⑥ 犹太人诉史蒂文·布罗德斯基(Jews for Jesus v. Steven C. Brodsky)，993 F. Supp. 282 (D. N. J. Mar. 6, 1998)。

告、仿讽、批评或评论中的合理使用;“任何”非商业性使用;“一切形式”的新闻报道和评论。[①] 这些范围宽泛的例外将淡化主张限定于纯粹的商业性争端,从而对第一修正案上的考虑做出了平衡。

6.4.6 六、州法之优先

通常而言,《联邦商标淡化法》和《商标淡化修正法》并不优先于州法,因为它们允许各州以淡化立法保护其本地的驰名商标。然而,因为针对主簿商标的州淡化诉求受到排除,州法因此被优先了。[②]

6.4.7 七、淡化简评

可能是因为学说的新颖,可能是因为淡化概念与美国商标保护的观念基础难以吻合,法院对于淡化的适用充满困惑,至少也是反复无常。因而,美国所有的从业者都应注意到该制度所包含的问题。就其措辞而言,《淡化法》并没有将淡化作为注册异议的理由之一而纳入《兰哈姆法》第 13 条。《商标修改法》修改了《兰哈姆法》第 43 条(c),使之包含了淡化,作为《兰哈姆法》第 13 条(a)的一个异议理由。[③] 国会司法委员会曾特别提到巴布森兄弟公司诉浪潮动力公司[④]一案,以此“表明有必要进一步立法”[⑤]——而在该案中,商标评审和申诉委员会(TTAB)曾认为淡化不是对注册提出撤销或异议的理由。国会面对的问题是,后使用者是否应该因为可能存在的淡化诉求而承担不确定性的风险。国会已经感到,不正当竞争的政策要求专

---

① 《美国法典》第 15 编第 1125 条(c)(3)(2006),即《兰哈姆法》第 43 条(c) (3)。

② 《美国法典》第 15 编第 1125 条(c)(6)(2006),即《兰哈姆法》第 43 条(c) (6)。辅簿商标则不被排除。

③ 该新的立法修改《兰哈姆法》关于“注册异议”的条款,其规定,“任何人只要认为他将因某商标在主簿的注册而受损害,包括发生该法第 1125 条(c)规定的淡化,都可以……提出异议。”《美国法典》第 15 编第 1063 条(a)。

④ 巴布森兄弟公司诉浪潮动力公司(Babson Bros. Co. v. Surge Power Corp.),39 U. S. P. Q. (BNA) 1953 (T. T. A. B. 1996)。

⑤ 1999 年《商标修改法》(Trademark Amendment Act of 1999),H. R. Rep. No. 106－250, at 5 (1999), 1999 WL 528534, at ＊5。

利商标局不要抵制不确定权利的创设，因而专利商标局应该有能力以淡化为基础拒绝商标注册：

> 因为各种原因，（对《淡化法》做出修改是）必要的。由司法委员会、而不是由联邦地方法院对淡化问题做出决定，将导致更加及时、经济和有效率的结果。在申请人为其所拟议的商标投入相当的资源之前，并且在驰名商标所有人的市场遭受淡化的损害之前，委员会对这一问题的解决，将为竞争性的商标利益提供确定性。对于这些问题——如什么有资格成为“驰名”商标、什么可构成模糊的或贬损的淡化，该委员会可通过先例为诉讼当事人和商标律师提供指导。[①]

假如驰名商标持有人可以对任何在后商标的注册提出异议，那么，谁要对具有使用经历的在后商标提出异议，为“驰名”商标赋予名声就是一个必不可少的证据问题。[②] 从在后使用者的角度看，它因第 2 条[③]而享有的并行使用注册权于先用者获得名声时被停止。换言之，赋予在先使用者以名声，使后使用者不能获得向商标局注册以保护其已经进入的市场领域。[④]

《淡化法》为后使用者制造了巨大的不确定性，以致人们可以建议那些担心发生淡化的后使用者，首先要在州法院采取主动性措施，允许它赢得本地势力范围而避免被撤销的威胁。同样地，淡化诉讼中的原告可尽快到联

---

① 1999 年《商标修改法》(Trademark Amendment Act of 1999)，H. R. Rep. No. 106－250, at 5－6 (1999)，1999 WL 528534，at ＊5－6。

② 参见租车企业有限公司诉优势租车公司(Enterprise Rent -A-Car Co. v. Advantage Rent-A-Car，Inc.)，330 F. 3d 1333，1343 (Fed. Cir. 2003)［在被控侵权人进行任何使用之前，所称驰名商标如果并未获得名声，(淡化法)上的淡化可能并不存在，因此也就不可能产生异议。］，*cert. denied*，124 S. Ct. 958 (2003)(mem.)。

③ 《美国法典》第 15 编第 1052 条。

④ 参见租车企业有限公司诉优势租车公司(Enterprise Rent -A-Car Co. v. Advantage Rent-A-Car，Inc.)，330 F. 3d 1333，1343 (Fed. Cir. 2003)［《兰哈姆法》没有哪一个条款允许淡化背景下的并行使用注册。事实上，当国会在 1999 年修改……《兰哈姆法》，将(淡化法)上的淡化增加为异议理由时，它还修改了第 1052 条，授权委员会颁发并行使用注册，以此表明，不能在依该条款提起的诉讼程序中考虑淡化］。

邦法院对有关注册提出异议，以充分利用《淡化法》上的异议条款。然而，原告可能更愿意到州法院起诉，以便根据淡化之虞情形下的(under-a-likelihood-of-dilution)责任形式确定其淡化诉由，而不愿面对摩斯利案所适用的那种更为困难(且令人迷惑)的实际混淆责任。

6.5 第五节 域名抢注

由于域名注册采取"先来先得"原则，因而一方注册的域名中就有可能包含其竞争对手或其他人的商标。[①] 此种做法显然会造成消费者混淆，并可能构成商标侵权。[②] 此种侵夺性注册正是《兰哈姆法》所禁止的损害类型。而如果这是唯一的损害，《兰哈姆法》第43条(d)就可能是不必要的。[③]

有人可能会以其他一些不太符合典型的《兰哈姆法》分析的方式滥用域名注册程序。这种做法虽然首先产生于逸闻趣事，[④]但其损害却已经变得日益普遍、日益有组织且严重了。[⑤]

《兰哈姆法》的立法历程提供了各种例证：一方要注册的域名可能与他人商标相同或令人混淆地近似，目的是向该商标持有人敲诈钱财，并阻止该持有人在因特网上使用其商标；制造混淆，将某商标持有人的消费者诱转到

---

① 参见上文§3.2.6。

② 麦卡锡：《麦卡锡论商标与不正当竞争》(第四卷)(4 McCarthy, *McCarthy on Trademarks and Unfair Competition*), § 25.76 (4th ed. 2000)(阐明了域名使用何以可能是一种侵权形式)。

③ 同上。

④ 参见丹·伯克：《商标与信息高速公路：新兴的赛博标识法初论》(Dan L. Burk, *Trademarks Along the Infobahn: A First Look at the Emerging Law of Cybermarks*), 1 U. RICH. J. L. &. TECH. 1(1995)[《普林斯顿评论》提出将域名 Kaplan. com 转让给《卡普兰评论》，以换取一箱啤酒]。

⑤ 参见世界知识产权组织"新闻稿"(Press Release, World Intellectual Property Organization), Record Number of Alleged Cybersquatting Cases Filed in May (2000) *at* www/. wipo. int/edocs/prdocs'en/2000/wipo_und_2000_100. _html。

抢注者自己的(常常是色情的)网站,以赢取商业利益;或者欺骗公众。[①] 如果商标持有人能够证明其商标早于域名注册,而该注册域名的持有人怀有通过注册与他人商标相同的或令人混淆地近似的域名以获利的恶意,按照《兰哈姆法》第43条(d),所有这些域名注册都是可诉的。

《兰哈姆法》第43条(d)(1)规定:

(A)在某商标,包括作为商标受该条保护的个人姓名的所有者提起的民事诉讼中,如果某人具有下列情形,在不考虑各方商品或服务的情况下,应该承担责任——

(i)恶意通过该标识,包括作为标识受该条保护的个人姓名获得利益;

(ii)注册、买卖或使用的某一域名

(I)与某一标识相同或令人混淆地近似,而该标识在该域名注册时已具有显著性;

(II)与某一驰名标识相同或令人混淆地近似,或对其产生淡化,而该标识在该域名注册时已经驰名;

(III)是依据《美国法典》第18编第706条或第36编第220506条而受到保护的商标、作品或名称。[②]

6.5.1 一、恶意

对于判断一个人是否具有第43条(d)(1)(A)规定的必备的恶意企图,第43条(d)(1)(B)列举了9个非排他性因素,供法院考虑:

(B)(i)在判断某人是否具有前项规定的恶意企图时,法院必须考虑的因素包括,但不限于:

---

① 《反域名抢注消费者保护法》(The Anticybersquatting Consumer Protection Act),S. Rep. No. 106—140, at 6—7 (1999), 1999 WL 594571。

② 《美国法典》第15编第1125条(d)(1)(A)。

第一,此人在该域名上的商标或其他知识产权,如果有的话;

第二,该域名在何种程度上包括此人的合法名字,或通常以其他方式被用于指称此人的名字;

第三,此人在与商品或服务的真诚提供相关联的情况下对该域名的在先使用(如果有的话);

第四,在根据该域名可进入的网站上,此人对该商标进行的真诚的非商业性的或合理的使用;

第五,为了商业收益,或为了贬损或污蔑该商标,此人通过对该域名网站的出处、资助、隶属或支持关系制造混淆可能,企图将该商标所有人的在线地址、消费者转移至可以据此域名访问的网站,而这会损害该商标所代表的商誉;

第六,此人许诺向该商标所有人或第三者转让、出售或以其他方式移转该域名以获取经济利益,而未曾或无意将该域名用于真诚的商品或服务供应,或者,此人的在先行为暗示了某种此类行为;

第七,此人在申请域名注册时提交的材料和误导性错误联系信息,此人故意未维护准确的联系信息,或者,此人的在先行为暗示了某种此类行为;

第八,此人注册或获得了多个域名,但它明知,这些域名注册时就与他人的显著性商标相同或令人混淆地近似,或者对他人已经驰名的商标构成淡化——不论各方的商品与服务是什么;

第九,被纳入此人域名注册的商标在多大程度上是或不是显著性的和驰名的——在第 43 条(c)(1)的范围内。[①]

实际上,前四个因素显示了恶意的缺乏,而后五个因素则包含有恶

① 《美国法典》第 15 编第 1125 条(d)(1)(B)(i)。

意。[①] 立法过程显示，这些因素中某一项的有无不可能是决定性的。[②] 例如，偶尔发生的使用不排除恶意，而错误注册信息的提供未必说明其有恶意。[③] 相反，立法过程将这些都视为"平衡性因素"，其承认异议通知不仅可因(B)(i)(IV)和(B)(i) (VIII)，也会因为所有这些平衡性因素而发生。[④]

这些有关恶意的平衡性因素是"非排他性和非穷竭性的"[⑤]。除了第43条(d)(1)(B)(i)中的第四项因素，第43条(d)(2)(B)(ii)也规定，"在任何情况下，当法院确定某人相信或有合理的理由相信，该域名的使用属于合理使用或在其他方面合法"[⑥]，就不应该判决其存有恶意。

6.5.1.1 (一)《统一争端解决政策》下的反向域名抢注

立法过程显示，让国会感到担心的是，商标持有人可能会恶意利用《反域名抢注消费者保护法》。[⑦] 在一个真诚的域名注册首先存在的情况下，侵夺者可能会注册一个与该域名相同或令人混淆地相似的商标，然后按照第43条(d)的规定主张权利。在此情况下，域名对商标拥有优先权。不过，一个轻信的域名持有人可能会发现自己受到手持商标注册的后来者的挑战。为了消除此种顾虑，第43条(d)(1)(A)(ii)(I)指出，该商标需要在该域名注册的时候就具有显著性。

6.5.2 二、域名上的对物管辖权

由于域名很容易在境外获得注册，国会所担心的是，可能无法在本国对

---

① 《反域名抢注消费者保护法》(The Anticybersquatting Consumer Protection Act)，S. Rep. No. 106－140, at 9 (1999), 1999 WL 594571。

② 同上。

③ 同上。

④ 《反域名抢注消费者保护法》(The Anticybersquatting Consumer Protection Act)，S. Rep. No. 106－140, at 9－10 (1999), 1999 WL 594571。

⑤ 《反域名抢注消费者保护法》(The Anticybersquatting Consumer Protection Act)，S. Rep. No. 106－140, at 10 (1999), 1999 WL 594571。

⑥ 《美国法典》第15编第1125条(d)(1)(B)(ii)，即《兰哈姆法》第43条(d)(1)(B)(ii)。

⑦ "该条……保护域名注册人有权阻止借诈欺获利的商标所有人。按照第32条(2)新增加的(D)(iv)款，故意并实质性地向域名注册官或注册处误报某域名侵权的商标[]所有人，应该向域名注册人因域名中止、撤销或移转所遭受的损失承担赔偿之责。"

域名注册人适用对人管辖权。[①] 另一个忧虑是，注册人可能会故意提供不实信息以避免送达，回避对人管辖。《反域名抢注消费者保护法》为《兰哈姆法》增加了第 43 条(d)(2)，从而创设了一种对物(*in rem*)诉由：

> 针对某一域名，商标所有人可以在该域名注册官、注册处或注册，或者分配该域名的其他管理机构所在地的司法区域，提起对物民事诉讼，如果——
>
> (i)该域名侵犯了在专利商标局注册的，或受 (a)或(c)款保护的商标所有人的权利；且
>
> (ii)法院判决该所有人——
>
> (I)对于在依据第(1)段发生的民事诉讼中本可作为被告的人，不能取得对人管辖权；或者
>
> (II) 采取下列行为，通过适当的勤勉，无法找到本可在依据第(1)段发生的民事诉讼中作为被告的人——
>
> (aa)就所称侵害以及根据该段提起诉讼的意图，按照域名注册人向注册官提交的邮递和电子地址，向该注册人发出通告；且
>
> (bb) 在提起诉讼之后立即按照法院可能做出的指示，发布诉讼通告。[②]

在对物诉讼中，域名所在地被视为位于注册或分配域名的注册官所在地，或足以确立有关该域名处置和使用之管理和职权的文件向法院提交的

① “此外，有人认为，异议者和其他因合法理由而隐名在线的人可能会为了自我保护而提交不实信息，并认为有必要因此在因特网上保持一定程度的匿名。允许商标人起诉域名——只要它们事实上属于商标法上的侵权或淡化，减少了由他们参与寻找以查出并根除这些异议者或其他试图在线匿名者的必要性。”《反域名抢注消费者保护法》(The Anticybersquatting Consumer Protection Act)，S. Rep. No. 106－140, at 11 (1999), 1999 WL 594571。

② 《美国法典》第 15 编第 1125 条(d)(2)。

司法区域。[①] 在对物诉讼程序中，对所在地（*situs*）没有管辖权的法院不能就《反域名抢注消费者保护法》拥有诉讼管辖权。[②]

6.5.3　三、域名注册官

在洛克希德—马丁诉网络方案公司案[③]中，原告洛克希德起诉 NSI 实施了帮助侵权，因为后者为域名 skunkworks. com 提供了注册。洛克希德持有注册商标 Skunkworks，用于一家飞行器设计与建造实验室，并就该商标拥有全国性优先权。洛克希德还主张，它在专利商标的注册已将它对商标 Skunkworks 享有的权利推定性地通知了 NSI。因此，被告 NSI 允许对域名〈skunkworks. com〉注册，促成了该域名注册人的侵权行为。法院特别指出，不能判决由域名注册官为域名注册承担责任。[④]

由于注册官不为商标侵权承担帮助性责任[⑤]，注册官就不必调查某一方所注册域名是否包含他人的商标，甚至也不必调查该方是否对该域名享有任何权利。

6.5.4　四、域名争端解决

美国制定了涉及因特网争端解决的联邦法，同时，互联网名称和地址分配机构（ICANN）制订了争端解决协议，作为其所获授权的一部分，对

---

① 《美国法典》第 15 编第 1125 条(d)(2)(C)(i)，第 1125 条(d)(2)(C)(ii)，即《兰哈姆法》第 43 条(d)(2)(C)(i)，第 43 条(d)(2)(C)(ii)。

② "当注册官位于马里兰时，纽约法院没有管辖权。商标所有人不能在它自己选择的审判地点提起诉讼，不能把域名的合法地址单方移转至该审判地以'支持该选择'。"

麦卡锡：《商标与反不正当竞争》(McCarthy, *Trademarks and Unfair Competition*)，§ 25:79 (4th ed. 2004)，分析了美泰公司诉芭比俱乐部网站案(Mattel, Inc. v. Barbie-Club. com)，310 F. 3d 293 (2d Cir. 2002)。

③ 洛克希德—马丁诉网络方案公司(Lochheed-Martin v. Network Solutions, Inc.)，194 F. 3d 980 (9th Cir. 1999)。

④ 同上，at 985。

⑤ 参见《美国法典》第 15 编第 1114 条(2)(D)，即《兰哈姆法》第 32 条(2)(D)；参见下文。

需要集中协调的具体技术性、管理性和政策性发展等工作加强协调与管理。[①]

由于美国政府参与了因特网的早期开发,域名体系的很多部分要么由美国政府部门来实施,要么按照与美国政府部门的合同来执行[②]:

> 1997 年 7 月 1 日,作为全球电子商务管理框架之一部分,……(克林顿)总统指令商务部长,以增强竞争、促进国际参与的方式,对域名系统管理实施私有化。[③]

在处理因特网名称与地址管理的“白皮书”[④]中,美国商会(Chamber of Commerce)曾推动美国政府结束其干预。有关如何消除美国对因特网的行政管理的建议之一是,构建具有监控能力的私人机构。于是,ICANN 于 1998 年成立了。[⑤]

ICANN 是一家非营利的、私人性的加利福尼亚公司,其成立的专门目的是为 IP 地址空间配给、协议参数分配、域名系统管理以及根服务器系统管理等职能承担责任,而在以前,这些都是根据美国政府的合同完成的。[⑥]

作为其对域名系统管理之职责的一部分,ICANN 于 1999 年 10 月制定

---

① 参见 ICANN 情况说明书(2004 年 1 月 12 日最后修改),www. icann. org/general/fact-sheet. html。

② 形象在线设计公司诉核心协会(Image Online Design, Inc. v. Core Association),120 F. Supp. 870 (D. C. D. Cal. 2000)。

③ 美国商务部和互联网名称与编号分配机构谅解备忘录(Memorandum of Understanding Between the U. S. Department of Commerce and Internet Corporation for Assigned Names and Numbers),见 www. icann. org/general/icann-mou-25nov98. html。

④ 参见《互联网名称与地址管理》(Management of Internet Names and Addresses),63 Fed. Reg. 31741(1998),见 www. icann. org/general/white-paper-05jun98. htm (2000 年 7 月 22 日最后更新)。

⑤ 形象在线设计公司诉核心协会(Image Online Design, Inc. v. Core Association),120 F. Supp. 870 (D. C. D. Cal. 2000)。

⑥ 同上。

争端解决政策[①]，即《统一争端解决政策》(简称 UDRP 或《政策》)。[②]《统一争端解决政策》所适用的通用顶级域名(gTLDs)是：.aero、.biz、.com、.coop、.info、.museum、.name、.net 以及.org。[③] 换言之，要从 ICANN 获得资格认定，(为这些通用顶级域名提供注册的)注册官必须同意实施并遵守《统一争端解决政策》。[④] "按照《统一争端解决政策》，经认定的注册官一定不能根据商标持有人的申诉对注册域名之影响做出处理决定，直至收到域名注册人或有权法院或独立仲裁人的指示才可如此。"[⑤]当商标持有人声称某注册人欺骗性地注册某域名，且该商标持有人选择了争议仲裁，注册协议令注册人不得不服从仲裁。按照此种强制性管理协议的要求，这一程序应在经核准的行政性争端解决服务提供者的控制下进行。[⑥] 当前，这样的服务机构共有四个：世界知识产权组织、全国仲裁法庭(NAF)、CPR 争端解决机构以及亚洲域名争端解决中心(ADNDRC)。[⑦]《统一争端解决政策》程序中的

---

① 参见《统一域名争端解决政策制订与实施时间表》(Timeline for the Formulation and Implementation of the Uniform Domain-Name Dispute-Resolution Policy)，www.icann.org/udrp/udrp-schedule.htm(2002 年 2 月 5 日最后更新)。

② 参见《域名争端解决政策》(Domain Name Dispute Resolution Policies)，www.icann.org/udrp/#udrp(2004 年 1 月 30 日最后更新)。

③ 《域名争端解决政策》(Domain Name Dispute Resolution Policies)，www.icann.org/udrp/#udrp(2004 年 1 月 30 日最后更新)。

④ 其他通用顶级域名根据其他政策来管理，这些政策与《统一争端解决政策》近似。对于国家代码顶级域名(ccTLDs)，由当地管理者决定采取何种政策。有关国家代码清单和国家代码顶级域名管理者的链接，参见因特网分配编码管理中心《根域查询信息》(IANA，Root-Zone Whois Information)，www.iana.org/cctld/cctld-whois.htm(2004 年 4 月 28 日最后更新)。如果某个国家代码顶级域名的管理者采用《统一争端解决政策》；换言之，《统一争端解决政策》不要求国家代码顶级域名注册人与分配该域名的国家有附属关系。媒介网站的潜在注册人对于图瓦卢(Tuvalu)国家的国家代码顶级域名".tv"创造了巨大的需求。

⑤ 参见约翰·迈吉：《域名争端：〈统一争端解决政策〉与传统诉讼对立之评估》(John Magee, *Domain Name Disputes: An Assessment of the UDRP as against Traditional Litigation*,)，2003 U. Ill. J.L. Tech. & Pol'y 203, 205 (2003)。

⑥ 《域名争端解决统一政策》(UDRP)，见 www.icann.org/dndr/udrp/policy.htm (2002 年 5 月 17 日最后更新)。

⑦ 域名争端解决统一政策服务指定提供者(Approved Providers for Uniform Domain-Name Dispute-Resolution Policy)，见 www.icann.org/dndr/udrp/approved-providers.htm(2002 年 3 月 1 日最后更新)。

申诉者有机会选择服务提供者。[①]

6.5.4.1 （一）按照《统一争端解决政策》解决争端

《统一争端解决政策》禁止欺骗性域名注册。[②] 与《反域名抢注消费者保护法》一样，该《政策》保护商标持有人，禁止他人恶意注册与其商标相同或令人混淆地近似的域名。[③] 当一方认为某域名注册人骗用了域名注册程序，该注册协议就迫使该注册人也需服从该《政策》的管辖。

依据《统一争端解决政策》主张权利时，商标持有人要向一家经批准的行政性争端解决（administrative-dispute-resolution）服务提供者提出申请。[④] 当服务提供者将系争域名的诉讼即将发生的事通知系争域名持有人时，诉讼就启动了。[⑤] 另外，服务提供者通知该域名的注册主管，该主管就对该域名实行行政性封锁，阻止该域名被转移。

《统一争端解决政策》的范围是狭窄的，它只是为了解决欺骗性的域名注册。依据《政策》的诉求要获得成功，申诉人必须证明：(1)它对某一商标或服务标识拥有权利，而系争域名与其标识相同或令人混淆地近似；(2)被诉人不享有该域名上的权利或合法利益；(3)被诉人对系争域名进行了恶意注册和使用。[⑥]

---

① 约翰·迈吉《域名争端：〈统一争端解决政策〉与传统诉讼对立之评估》（John Magee, *Domain Name Disputes: An Assessment of the UDRP as against Traditional Litigation*,），2003 U. Ill. J. L. Tech. & Pol'y 203, 205 (2003)。

② 世界知识产权组织因特网域名进程最终报告《因特网名称与地址管理：知识产权问题》（WIPO, Final Report of the WIPO Internet Domain Name Process, The Management of Internet Names and Addresses: Intellectual Property Issues)，第 170－171 条（1999 年 4 月 30 日），参见 http://arbiter.wipo.int/processes/process1/report/finalreport.html[由于域名抢注(cybersquatting)这一流行术语的内涵充满弹性，我们选用了一个不同的术语——欺骗性(abusive)域名注册，以达到更确切的表述]。

③ 比较《美国法典》第 15 编第 1125 条(d)，即《兰哈姆法》第 43 条(d)与《域名争端解决统一政策》(*Uniform Domain Name Dispute Resolution Policy*)，参见 www.icann.org/dndr/udrp/policy.htm（2002 年 5 月 17 日最后更新）。

④ 参见上文§6.5.4。当提及《统一争端解决政策》程序中的各当事人时，作者所提及的是作为"申诉人"的商标持有人和作为"被诉者"的域名注册持有人。

⑤ 这取决于该域名的查询注册信息。参见 Network Solutions Enhanced WHOIS Directory, www.networksolutions.com/en_US/whois/index.jhtml。

⑥ 参见《统一争端解决政策》第 4 条(a)。

6.5.4.2　(二) 申诉人的标识权利和在《统一争端解决政策》上的相似性

要按照《统一争端解决政策》提起诉讼，第 4 条(a)(i)要求申诉人证实系争域名与它拥有权利的商标相同或令人混淆地近似。① 申诉人可以通过提供专利商标局的注册证据来证明它对域名的权利。② 多数专家组认为，《统一争端解决政策》第 4 条(a)(i)的意思是，申诉人对于商标的权利允许它使用《统一争端解决政策》解决争端，有些专家组称此为“起诉权要件”。③《统一争端解决政策》第 4 条(a)(i)规定的其他重要因素是，申诉人的权利必须早于被诉人的域名注册。④

在没有专利商标局商标注册的情况下，专案组则允许申诉人证明它对某标识拥有的普通法权利。⑤ 而要确证其普通法权利，申诉人就必须证明其对该标识已经确立起了第二义。⑥

为确证系争域名与其标识相同或具有混淆性近似，申诉人只需对二者进行一个简单的比较。实际上，《统一争端解决政策》所规定的相似性证明责任小于联邦商标法的要求：申诉人需要证明的全部内容，只是系争域名包括其商标。⑦

---

① 《统一争端解决政策》第 4 条(a)(i)。

② 参见耐克诉阿祖曼诺(Nike v. Azumano Travel)，WIPO Case No. D2000－1598 (February 17, 2001)[认为 Nike 在美国专利商标局的注册使它拥有《统一争端解决政策》第 4 条(a)(i)规定的权利]。

③ 参见斯贝斯诉亚伯达(Spacy v. Alberta Hot Rods)，NAF Case No. FA 114437 (August 1, 2002)。

④ 参见因特马克媒体公司诉王(Intermark Media, Inc. v. Wang Logic Corp.)，NAF Case No. FA 13966 (February 19, 2003)。

⑤ 参见英国广播公司诉伦特里亚(British Broadcasting Corp. v. Renteria)，WIPO Case No. D2000－0050(March 23, 2000)(其判定：《统一争端解决政策》的历史表明，它“并不区分注册与不注册的商标和服务标识”)。

⑥ 参见伽拉塔萨瑞诉马克西穆(Galatasaray Spor Kulubu Dernegi v. Maksimum Iletisim AS)，WIPO Case No. D2002－0726 (October 15, 2002)。

⑦ 参见柯克比诉狄诺亚(Kirkbi AG v. Dinoia)，WIPO Case No. D2003－0038 (March 9, 2003) (依据《政策》，混淆的相似性测试仅限于系争域名和商标之间的比较，这与商标侵权或不正当竞争案例中通常考虑的其他市场性与使用性因素无关)。

将"sucks"加于某一商标而产生的域名是否构成与该商标的混淆性近似，专家组正是依据第 4 条(a)(i)考虑这一问题。[①] 有些人这样做是要表示对商标持有人的不满；这种做法被恰当地称为"网上控诉"(cybergriping)。在"sucks"案件中，当各专案组关注有关"sucks"站点的相似性评价时，都曾警告过度僵化的做法，并强调新兴技术需要遵循不同的原则。[②] 不过，专案组常常认为，网上控诉站点与它们所批评的商标之间具有令人混淆的相似性。[③]

---

① 在富尔·赛尔诉斯佩维克[Full Sail, Inc. v. Spevack, WIPO Case No. D2003－0502 (3 October 2003)]一案中，对于在商标上添加"sucks"以创造一个混淆性的近似域名的做法，专案组概括了 5 种不同的评判理由。第一，域名与某一商标令人混淆地相似，"如果该域名包含有该商标或一个混淆性近似物，而不管域名中的其他用语。"参见沃尔玛诉麦克劳德(Wal-mart Stores, Inc. v. MacLeod), WIPO Case No. 2000－0662(September 21, 2000)；肯德尔/亨特诉黑德亨特博(Kendall/Hunt Publ. Co. v. Headhunterbob), NAF Case No. FA 102247(January 14, 2002)。第二，将"sucks"添加到某一域名中，将导致消费者转移，因为它在有关商标的搜索引擎查询中被提前。参见沃尔玛诉沃尔萨克斯(Wal-Mart Stores, Inc. v. Walsucks), WIPO Case No. D2000－0477 (July 25, 2000)。第三，消费者可能会把域名为"-sucks. com"的后生网站误认为商标持有人的官方投诉站。"通过对象名称就能够认出的申诉网站看上去如雨后春笋，有鉴于此，难道可以说，其注册是一个与投诉站点明显分离的地址?"直线集团诉珀基(Direct Line Group v. Purge I. T. Ltd), WIPO Case No. D2000－0583(Aug. 13, 2000)。第四，不说英语的人可能不熟悉"sucks"一词的轻蔑性，因而可能对"-sucks. com"域名的来源或出处感到混乱。参见 ADT 诉 ADT 萨克斯网站(ADT Servs. v. ADTSucks. com), WIPO Case No. D2001－0213 (April 26, 2001)。第五，某些专案组注意到，在某些情况下，系争域名可能不是在蔑视的意义上使用"sucks"，即，"没有什么像 Electrolux(伊莱克斯)那样糟糕"。维温迪环球诉萨伦(Vivendi Universal v. Scallen), WIPO Case No. D2001－1121 (November 7, 2001)。

但是，就像富尔·赛尔案还注意到的，一些专案组认为，"常识以及有关《统一争端解决政策》中平实用语的解读都支持的一种观点是：一个域名将某一商标与 sucks 或其他明确显示该域名不属于该商标所有人的其他用语结合在一起，不会导致与该商标的混淆性近似。"

洛克希德·马丁诉帕里斯(Lockheed Martin Corp. v. Parisi), WIPO Case No. D2000－1015 (January 31, 2001)。

② 参见全国同盟诉福茨(Nat'l Alliance for the Mentally Ill Contra Costa v. Fouts), NAF Case No. FA 204074 (December 6, 2003)，该案援引了布鲁克菲尔德通信公司诉西海岸娱乐公司(Brookfield Communications, Inc. v. W. Coast Enter Corp.) 174 F. 3d 1036, 1054 (9th Cir. 1999)。

③ 参见信息空间诉太阳波(InfoSpace, Inc. v. Sunwave Communications), NAF Case No. FA 198015 (November 10, 2003)。

6.5.4.3　(三)《统一争端解决政策》上的权利和合法利益

要证明某一被诉人滥用了域名注册程序,申诉人就必须初步证明,该域名持有人对该域名没有任何合法的权利或利益。[①] 然后,被诉人有责任证明它拥有相关的权利和合法利益。[②] 针对第 4 条(a)(ii)规定的情形,《统一争端解决政策》第 4 条(c)规定,被诉人可从三个方面证明其对有关域名拥有的权利或合法利益:

> (i)在你方收到有关争议通知之前,在真诚的商品或服务提供中,你方对该域名或与之对应的名称进行的使用或可证明的使用准备;或者
>
> (ii)你方(作为个人、企业或其它机构)已因该域名广为人知,即使你方未获得商标或服务标识的权利;或者
>
> (iii)你方正在就该域名进行合法的非商业性或合理的使用,无意为获取商业利益而误导消费者或贬损系争商标或服务商标。[③]

《统一争端解决政策》的制定历程显示,其第 4 条(c)包含的是一个"安全港"条款。[④] 总的说来,被诉方可以证明它对有关域名的使用并不损害申诉人的信誉。

各专案组将第 4 条(c)(i)与(iii)一起考虑;实践中的难题是,被诉人是否正在试图侵夺申诉者的信誉。按照第 4 条(c)(i),如果被诉人能

---

① 参见因图卡斯特诉李·戴尤恩(Intocast AG v. Lee Daeyoon),WIPO Case No. D2000－1467 (January 17, 2001)。

② 参见哈索诉回归线网络(Do The Hustle, LLC v. Tropic Web),WIPO Case No,D2000－0624 (Aug. 21, 2000)(该案判定,一旦申诉人宣称被诉人不享有有关域名的权利与合法利益,证明责任就转向被诉人,由其提供"具体证据,以证明它对系争域名拥有权利或合法利益")。

③ 参见《统一争端解决政策》第 4 条(c)。

④ 互联网名称和地址分配机构《争端解决统一政策实施记录第二次全员报告》(ICANN, Second Staff Report on Implementation Documents for the Uniform Dispute Resolution Policy), Submitted for Board meeting of October 24, 1999, paragraph 4.6 (October 25, 1999),见 http://www.icann.org/udrp/udrp-second-staff-report-24oct99.htm。

够证明其使用是真诚的(即,没有恶意)[①],或者对该标识拥有并行的权利[②],或者它正在以该域名从事经营[③](其中一种情况是,它是通用性域名的转售者)[④],申诉就可能要失败。按照第 4 条(c)(iii),仿讽[⑤]、指控[⑥]和业余爱好网站可能要占据优势[⑦],只要其中不存在商业经营的迹象。[⑧]

已经就某域名建立了声誉的被诉人,如果能够证明其因该域名而广为人知,第 4 条(c)(ii)允许它保留该域名。[⑨]

---

① 参见学术公司诉马斯特游戏公司(Scholastic Inc. v. Master Games Int'l, Inc.),WIPO Case No. D2001-1208 (January 3, 2002)(该案认为,被诉人将系争域名用于有关围棋锦标赛的网站,属于对该域名的真诚使用,尤其是因为该域名恰当地描述了被诉人的目标用户和服务特征)。

② 参见凯利诉科色福特(Kelly v. Qsoft Consulting Ltd.),WIPO Case No. D2003-0221 (April 30, 2003)(其认定,双方通过其各自在美国和英国的使用,"对 Gaydar 这一标识拥有同名商标权",因而在本行政程序启动之际,被诉人对域名 mygaydar. com 拥有并行的权利与合法利益)。

③ 参见 K2r 诉特里格诺(K2r Produkte AG v. Trigano),WIPO Case No. D2000-0622 (August 23, 2000)(其认为,被诉人将<K2rr. com>注册为与其母亲的商店"Kirk et Rosie Rich"有关的网站域名,从而对该域名拥有权利与合法利益)。

④ 参见五十加媒体公司诉数字收益公司(Fifty Plus Media Corp. v. Digital Income, Inc.),NAF Case No. FA 94924 (July 17, 2000)(其判定,被诉人是一家从事描述性/通用性域名销售或租赁的因特网企业,而申诉人未能证明被诉人不享有该域名的权利,其对该域名的注册和使用含有恶意)。

⑤ 参见罗波公司诉托拜尔森(Robo Enters., Inc. v. Tobiason),NAF Case No. FA 95857 (December 24, 2000)(其中指出,为了有资格成为可带来权利或合法利益,受到保护的"仿讽",域名本身必须表现出批评性目的,而不是对服务性商标的仿效)。

⑥ 参见纽约出版诉纽约出版社(New York Press v. New York Press),NAF Case No. FA 94428 (May 18, 2000)(其中认为,被诉人将其网站用于对纽约出版社的评论和批评,它在专利商标局待注册的标识 *New York Press* 用于在线出版,证明它已开始把该域名用于合法的非商业性用途)。

⑦ 参见美泰诉诺克斯(Mattel v. Knox),NAF Case No. 245916, April 21, 2004 (其判定,被诉人对域名 ukbarbie. com 的使用,是为了与英国玩具收藏界分享其 *Barbie*(芭比)玩具藏品,属于非商业性的,因而是合理的使用)。

⑧ 参见洛克希德·马丁诉埃塞里奇(Lockheed Martin Corp. v. Etheridge),WIPO Case No. D2000-0906 (September 24, 2000)(其认为,被诉人正在以非商业性目的使用域名 missionsuccess. net,因而拥有该域名的权利)。

⑨ 参见普凯诉阿涅洛(Puky GmbH v. Agnello),WIPO Case No. D2001-1345 (January 3, 2002)(其判定,被诉人的发票表明它一直在打算以 Purkhon Ki Yaden 之名从事贸易活动,是被诉人就系争域名拥有权利或合法利益的证据)。

6.5.4.4 **(四)《统一争端解决政策》上的恶意**

为判断被诉人注册或使用某域名是否属于第4条(a)(iii)规定的恶意,《统一争端解决政策》第4条(b)列举了四项非排他性的考虑因素:

> (i)表明你方已经注册或获得域名的主要目的是向作为该商标或服务标识所有人的投诉人,或后者的竞争对手出售、出租或以其他方式转移该注册域名,以获取直接的域名注册付现成本之外的有效对价的情形;或者,
>
> (ii)你方注册该域名是为了阻止该商标或服务标识的所有人在相关的域名中体现该标识——鉴于你方已经从事了某种形式的此类行为;或者,
>
> (iii)你方注册域名的主要目的是为了干扰竞争者的业务;或者,
>
> (iv)为了商业利润,你方通过使用该域名,针对投诉人标识,就你方网站或网址,或者你方网站或网址上的商品或服务来源、赞助、隶属或确保制造混淆,故意将网络用户吸引至你方网站或其它在线地址。[①]

一些专案组通常认为,第4条(b)要求就恶意注册和使用提供证据。[②]

第4条(b)(i)禁止《反域名抢注消费者保护法》制订过程中所提到的"海盗行为",以及《统一争端解决政策》制订过程中所提到的掠夺性与寄生

---

① 《统一争端解决政策》第4条(b)。

② 参见互联网名称和地址分配机构《争端解决统一政策实施记录第二次全员报告》(ICANN, Second Staff Report on Implementation Documents for the Uniform Dispute Resolution Policy),Submitted for Board meeting of October 24, 1999, paragraph 4.6 (October 25, 1999),见 http://www.icann.org/udrp/udrp-second-staff-report-24oct99.htm;另见 Dow Jones & Co. v. Hephzibah Intro-Net Project Ltd., WIPO Case No. D2000-0704 (September 4, 2000)(该《政策》可能需要得到重新考虑,特别是在恶意使用与注册的证明要件方面。可能显得并不合适的是,对某一名称没有合法权利或利益的人应该可以将它注册为域名,这不利于已经证明这些权利和利益的人;但专案组对《政策》的适用一定要依其本来的规定)。

性利用行为。[①] 开始的时候,互联网名称和地址分配机构希望以第 4 条(b)(i)阻止域名注册人企图从相同的或混淆性标识所有人处谋利。[②] 专案组扩大第 4 条(b)(i),将任何试图销售争议域名的行为解释为恶意的证据。[③] 并且,即使当申诉人主动发出邀约时,专案组也裁定被诉人出售争议域名的企图系出于恶意。[④]不过,有些专案组裁定,那些从事域名销售业务,并进行大量域名注册的人,并不因销售这些域名而表明其存在第 4 条(b)(i)上的恶意。[⑤]

申诉人发现第 4 条 (b)(ii)是难以坚持的。专案组存有分歧的是,“阻止……在相关的域名中体现该标识”是否把基于第 4 条(b)(ii)的申诉限定为被诉人行为是否妨碍商标持有人注册一个与该商标相同的域名?[⑥] 其他专案组对“相关”的解读是:不要求“妨碍性”域名与商标相同。同时,申诉人几乎不能确证第 4 条(b)(ii)中的“阻止……和形式”要件所要求的必要形

---

① 比较《反域名抢注消费者保护法》[The Anticybersquatting Consumer Protection Act, S. Rep. No. 106-140, at 6-7 (1999), 1999 WL 594571]与世界知识产权组织《因特网域名进程最终报告:因特网名称与地址管理与知识产权问题》[WIPO, Final Report of the WIPO Internet Domain Name Process, The Management of Internet Names and Addresses: Intellectual Property Issues, paragraph 23(April 30, 1999)],见 http://arbiter.wipo.int/processes/process1/report/finalreport.html。

② 世界知识产权组织《因特网域名进程最终报告:因特网名称与地址管理与知识产权问题》(WIPO, Final Report of the WIPO Internet Domain Name Process, The Management of Internet Names and Addresses: Intellectual Property Issues),paragraph 170(April 30, 1999),见 http://arbiter.wipo.int/processes/process1/report/finalreport.html。

③ 参见 Am. Anti-Vivisection Soc'y v. "Infa dot Net" Web Serv., NAF Case No. FA 95685 (6 November 2000) [出售域名的一般性邀约(General offers)是恶意的证据,即使没有对确定的价格提出要求]。

④ 参见马罗诉 IceT 网(Marrow v. IceT. com),WIPO Case No. D2000-1234 (November 22, 2000), 433 (其中声称,专案组不应该“过多重视这一事实:申诉人联络被诉人,看后者是否有意出售域名。”)。

⑤ 参见鲁门纳诉快速风险公司(Lumena s-ka zo. o. v Express Ventures LTD),NAF Case No. FA 94375 (May 11, 2000) (其裁定,由于域名涉及通用术语,且没有直接证据表明被诉人的域名注册意在从申诉人的商标利益中谋取利益,因而无恶意存在)。

⑥ 参见三丽鸥诉内瑞科·劳(Sanrio Co. Ltd. and Sanrio, Inc. v. Neric Lau),WIPO Case No. D2000-0172 (April 20, 2000) (其裁定,被诉人注册 sanriosurprises.com,妨碍了申诉人将其注册商标 Sanrio Surprises 注册为域名)。

式。按照第 4 条(b)(ii),被诉人持有多个域名注册这一证据不具有说服力[①];但是,以前专案组对被诉人的否决是非常具有说服力,可证明被诉人已经从事了此种形式的行为。[②] 当第 4 条(b)(ii)规定的必要的恶意存在时,申诉人几乎总能对第 4 条(b)(iii)或(b)(iv)提出确证。[③]

专案组将第 4 条(b)(iii)解读为保护申诉人的商标。按照第 4 条(b)(iii),指控恶意的诉求以证明竞争为核心。[④] 专案组有关竞争的定义远比美国商标法宽泛,小组辩论很少将域名持有人与商标持有人的接近视为双方是否相互竞争的标志。[⑤] 在系争域名导致名录服务对申诉人的竞争对手提供链接时,专案组更是认定其间有竞争关系的存在。[⑥] 另外,小组辩论很少考虑接近或其他任何侵权因素;同样,第 4 条(b)(iii)不要求申诉人证明有混淆可能性的存在,而只需证明竞争关系即可。

按照专案组的解释,第 4 条(b)(iv)保护消费者。与第 4 条(b)(iii)上的申诉不同,依照第 4 条(b)(iv)所提申诉的核心是混淆的存在以及商业营利。但是,与美国商标法不同,证明第 4 条(b)(iv)规定的混淆,只需表

---

① 参见英格索兰诉伽利(Ingersoll-Rand Co. v. Gully),WIPO Case No. D2000－0021 (March 9, 2000)。

② 索尼诉祖卡里尼(Sony Corp. v. Zuccarini),NAF Case No. 109041 (May 23, 2002)(申诉人提供证据表明,被诉人具有使用他人商标和服务标识以注册侵权域名的经历)。

③ 参见英格索兰诉伽利(Ingersoll-Rand Co. v. Gully),WIPO Case No. D2000－0021 (March 9, 2000)[其裁定,按照《政策》第 4 条(b)(ii),尽管被诉人注册多个域名的行为不构成恶意注册和使用,但是,按照第 4 条(b)(iv),其占用申诉人商标,将因特网交流转向色情的行为,构成了恶意注册与使用]。

④ 参见克瓦西扎班图诉罗斯特(Mission Kwa Sizabantu v. Rost),WIPO Case No. D2000－0279 (June 7, 2000)(解释认为《政策》中的"竞争者"意味着"其行为与另一人相反的人,其语境未显示或要求任何限制性意义,诸如商业性或经营性竞争者")。但是,另见特里比卡电影中心诉布鲁萨斯科·麦肯齐(Tribeca Film Center Inc. v. Brusasco-Mackenzie),WIPO Case No. D2000－1772 (April 10, 2001)(否定了 *Mission Kwa Sizabantu* 案的分析,并裁定,"只有当被诉人提供的商品或服务能与商标所有人提供的商品或服务竞争或匹敌时,它才会'干扰竞争者的业务'")。

⑤ 参见 S. Exposure v. S. Exposure, Inc.. NAF Case No. FA 94864 (18 July 2000)(其判决认为,被诉人实施恶意行为,引诱因特网用户到与申诉人业务存在竞争的网站上来)。

⑥ 参见六洲酒店诉亚洲风险(Six Continents Hotels, Inc. v. Asia Ventures),WIPO Case No. D2003－0659 (October 14, 2003)[依据《政策》第 4 条(b)(iii),把搜索申诉人商标的因特网用户转引到列举了竞争服务的网站,此种行为被认定为恶意注册与使用的证据]。

明有相似性存在[依第 4 条(a)(i)证明]。或者说,商标的使用范围并不重要。[①] 第 4 条(b)(iv)看上去部分像是淡化之诉,比如,由于申诉人的商标 Britannica 具有的名声,被诉人将域名 Britannica. com 用于赌博推销,被判定为恶意注册与使用之证据。[②] 对于依据《政策》第 4 条(b)(iv)所做判决进行正当性论证时,小组辩论通常采取的路径是,主张被诉人可在不占用申诉人商标的情况下轻易地出售任何产品,而不是指称被诉人的行为削弱了申诉人商标的显著性。[③]

在判断第 4 条(b)(iv)规定的"商业利润"时,小组辩论常常推断有金钱利益,即使有关网站上并不存在销售证据。[④] 专案组根据来自有关网站上的广告、链接和名录服务以及从系争域名向其他域名转向的推定收入来判定该利益的存在。[⑤]

第 4 条(b)列举的各因素不是排他性的。[⑥] 专案组在判断恶意时可考虑第 4 条(a)(iii)的一般性意图。错写域名抢占(typosquatting,对犯有打字错误的消费者进行抢夺)应归入《政策》第 4 条(a)(iii)的一般性适用。[⑦]

---

① 参见上文 § 6. 5. 4. 2;并参见 GoTo 网诉迪斯尼公司(GoTo. com, Inc. v. Walt Disney Co.),202 F. 3d 1199, 1206 (9th Cir. 2000)(对于因特网服务,即使是并不相同的服务也会让公众产生混淆)。

② 参见大英百科诉谢尔登网(Encyclopaedia Britannica Inc. v. Shedon. com),WIPO Case No. D2000— 0753 (September 6, 2000) [其判定,被诉人用域名 Britannica. com 对赌博站点建立超链接,违反了《政策》第 4 条(b)(iv)]。

③ 参见斯泰特汽车保险公司诉诺斯韦(State Farm Mut. Auto. Ins. Co. v. Northway), NAF Case No. FA 95464 (Oct. 11, 2000) (其判定,不需在名称中使用斯泰特的商标,被诉人可以达到其所宣称的提供有关斯泰特之新闻和信息的目的)。

④ 参见美国银行公司诉奥特岛资产公司(Bank of Am. Corp. v. Out Island Props., Inc.), NAF Case No. FA 154531 (June 3, 2003)[因为争议域名指向的是搜索引擎,专案组推定,被诉人为弹出广告收取了费用,依照《政策》第 4 条(b)(iv),该域名注册与使用系出恶意]。

⑤ 错写域名抢占者(typosquatter)所滥用的合法利益类型包括,因用户访问而向有关网站支付的"点击费"(click-through fees)和允许网站通过旗帜广告(banner ad)充当另一商家商品和服务促销人的"分销联盟计划"(affiliate program)。

⑥ 参见哈索诉回归线网络(Do The Hustle, LLC v. Tropic Web),WIPO Case No. D2000—0624 (August 21, 2000)[第 4 条(b)中对[恶意]举例的用意是说明性的,而非排他性的]。

⑦ 例如职业篮球联盟全国协会诉祖卡里尼(Nat'l Ass'n of Prof'l Baseball League, Inc. v. Zuccarini),WIPO Case No. D2000—1011 (January 21, 2003) [错写域名抢占(typosquatting)……是故意拼错文字,意在通过抢夺那些犯有普通打字错误的网民,拦截和分流预定目标上的交易。错字域名抢注有着固有的寄生性,本身即是恶意的证据]。

"消极持有"(passive holding,构成恶意的域名不作为)也根据第 4 条(a)(iii)的适用来提出。[①]

6.6　第六节　关键词广告

在因特网广告中使用或销售商标是否构成商标侵权,这一问题已经在各巡回法院之间引起新的讨论。其中的主要争议是,关键词广告中的商标使用是否构成《美国法典》第 15 编第 1127 条的"在贸易中使用",并因此导致可诉的商标侵权主张。[②]

大多数巡回法院判定,就商标进行关键词广告销售是"在贸易中使用",属于有效的商标侵权之诉。[③] 但是,第二巡回法院 2005 年在 1－800 隐形眼镜公司诉 WhenU 网[④]一案中的判决则与其他巡回法院不同,此时它判

---

① 参见澳洲电信公司诉马什迈娄(Telstra Corp. v. Nuclear Marshmallows), WIPO Case No. D2000－0003 (February 18, 2000)(有时候,被诉人的消极不作为可能意味着域名正在被恶意使用)。

② "贸易中使用"(use in commerce)一词意味着在正常商业活动中真诚使用一个标识,而不是仅仅为了维持一个标识本身的权利而使用。就本章而言,下列情形下,一个标识应该被认为是在贸易中使用:

(1)在商品上,当——(A)它以任何方式被置于商品或其容器、与之关联的展示物品上,或附属的标签、贴牌上,或在商品性质使此类放置不可行时,置于与商标或其销售相关联的文书上,且(B)该商品在贸易中被销售或运送;(2)在服务上,当它在服务的销售或广告中被使用或展示,且该服务在贸易中被提供,或者该服务在多个州被提供,或在美国和某一外国被提供,提供该服务的人从事与该服务有关的贸易。

③ 例如,波士顿野鸭旅游诉苏帕尔野鸭旅游(Boston Duck Tours, LP v. Super Duck Tours, LLC),527 F. Supp. 2d 205 (D. Mass. 2007);火之心公司诉蓝色尼罗有限公司(Hearts on Fire Co., LLC v. Blue Nile, Inc.),603 F. Supp. 2d 274 (D. Mass. 2009);800－-JR 雪茄公司诉 Go-To 网(800－JR Cigar, Inc., v. GoTo. com, Inc.),437 F. Supp. 2d 273 (DNJ 2006);家购有限公司诉亨布尔家居公司(Buying For The Home, LLC v. Humble Abode, LLC),459 F. Supp. 2d 310 (DNJ 2006);盖科诉谷歌(GEICO v. Google),330 F. Supp. 2d 700 (E. D. Va. 2004);索尔沃克斯诉中西部工业供应公司(Soilworks, LLC v. Midwest Indus. Supply, Inc.),575 F. Supp. 2d 1118 (D. Ariz. 2008)。

④ 1－800 隐形眼镜公司诉 WhenU 网(1－800 Contacts, Inc. v. WhenU. com),414 F. 3d 400 (2d Cir. 2005)。

定，在未发表的触发弹出广告的名录中使用商标，不构成在贸易中使用标识，因此也不属于可诉的商标侵权。[①]

2009年，当第二巡回法院推翻它以1－800 Contacts公司案判决为依据的观点之后，巡回法院之间对于关键词广告是否构成“贸易中使用”的争论，渐趋结束。在瑞斯科卡姆诉谷歌[②]一案中，第二巡回法院判决，在谷歌的关键词广告（Adwords）和关键词建议工具（Keywords Suggestion Tool）中，谷歌将原告的标识作为搜索用词进行销售，属于“贸易中的使用”。[③]

① 1－800隐形眼镜公司案，at 403。当计算机用户使用未发表名录中的1－800 Contacts商标，从而直接进入1－800 Contacts的网站时，WhenU.com便为1－800 Contacts的竞争对手发出弹出广告。1－800 Contacts的商标从未出现于计算机用户屏幕上的弹出广告里。同上，at 405。

② 瑞斯科卡姆诉谷歌（Rescuecom Corp. v. Google Inc.），562 F.3d 123 (2nd Cir. 2009)。

③ 同上，at 129－130。第二巡回法院的司法意见包含了附录“关于《兰哈姆法》第32条和第43条‘贸易中使用’的涵义”。同上，at 131－141。

第七章　未注册商标的权利

7.1　第一节　《兰哈姆法》第43条(a)

7.1.1　一、概述

除了可以取得的州法诉权之外，按照《兰哈姆法》第43条(a)，未注册商标的所有人还可以寻求联邦层面的权利行使，来阻止他人以可能造成商品或服务来源或资助之混淆的方式使用其标识。并且，当另一方对该人或另一方的商品或服务的性质、特征、品质或地理来源进行误称时，第43条(a)也提供了救济方式。

7.1.2　二、认可和资助的混淆：第43条(a)

如今，第43条(a)被最普遍地用来防止第三方使用商业外观。商业外观是面向消费者的总体性营业印象，或是商品本身或其包装的外形。第43条(a)指出，任何人，在商品，或服务、或商品容器上，或在与它们相关联的情况下，使用的字词、术语、名称、符号或图案可能对此人与他人之间的隶属关系或关联，或对商品或服务之来源造成混淆、误会或欺骗者，将受到《兰哈姆法》所规定的救济。[①]

第43条(a)一直被适用于范围广泛的来源标识，包括墨西哥餐馆的内

① 《美国法典》第15编第1125条(1997)，即《兰哈姆法》第43条。

饰[①]、单纯的颜色[②]、产品形状[③]以及其他大量未注册的商业外观，以防止消费者对商品或服务的来源或资助者产生误会。现实中的情况是，竞争者显然正在使用第43条(a)的广泛规定，以提升进入市场和/或参与市场份额竞争的成本。第43条(a)规定的请求权受到两个限制，即原告的商业外观必须实际发挥着商标的来源识别作用；商业外观一定不能是功能性的。最高法院于1992年指出，根据第43条(a)提起的商业外观诉讼应该像其他商标案件那样得到准确分析。[④] 同时，第43条(a)可适用于保护任何注册或未注册的、显著性的标识(不仅是商业外观)，以防止有关来源、出处或赞助者的混淆之虞。[⑤]

7.2 第二节 虚假广告

对于在商业广告或促销中误称他或她的、或其他人的商品、服务或商业活动之性质、特征、品质或地理来源使用商业表述，第43条(a)也规定其为可诉。[⑥] 就你自己的或其他人的商品或服务的虚假广告，属于该条规定的可诉行为。

单纯的比较广告不属于《兰哈姆法》上的可诉行为。真实的比较广告是完全被允许的，因为它帮助消费者做出理性的市场选择。不过，对竞争对手

---

① 两比索诉塔克·卡瓦纳国际公司(Two Pesos, Inc. v. Taco Cabana, Inc.)，505 U.S. 763, *reh'g denied*，505 U.S. 1244 (1992)(商业外观可适用于餐馆的"墨西哥主题")。

② 夸里特科斯公司诉雅各布森(Qualitex Co. v. Jacobson Products Co.)，514 US 159 (1995)(绿金色衬垫被认为足以识别来源，从而可保证其作为商标受到保护)。

③ 帕格利罗诉华莱士瓷器公司(Pagliero v. Wallace China Co.)，198 F. 2d 339(9th Cir. 1952)(不具有功能性的设计，或者是非为适应商业需求而做出审美变化的设计受到保护)。

④ 两比索诉塔克·卡瓦纳国际公司(Two Pesos, Inc. v. Taco Cabana, Inc.)，505 US 763, *reh'g denied*，505 US 1244 (1992)(商业外观和商标根据相同的立法受到保护，没有任何文本依据可支持对它们做不同的分析)。

⑤ 艾伦诉民族影像公司(Allen v. National Video, Inc.)，610 F. Supp. 612 (S. D. N. Y. 1985)。

⑥ 《美国法典》第15编第1125条(a)(1)(B)，即《兰哈姆法》第43条(a)(1)(B)。

的产品做不真实的描述以误导消费者的做法应该是可诉的，因为该竞争对手可能不了解该广告，或可能导致其他广告花费，以克服该不真实广告在消费者心目中产生的错误联系。第 43 条(a)同时也承认，在消费者心目中，生产者的声誉是多么重要，该声誉又是多么地脆弱。

第八章　侵权与救济

商标所有人拥有在贸易活动中使用其商标的排他性权利。[①] 该权利包括将其标志本身使用在被核定的商品或服务上，或以与之联系的方式使用，还包括将此权利授予第三方的权利。他人未经所有人许可而使用其标识的任何企图，或者在相同商品或服务上采纳相同标识，可能会导致注册人或在先使用者起诉侵权。《兰哈姆法》第 32 条规定：

> (1)依本法规定，任何人未经注册人同意实施下列行为，应该在注册人为获得救济而提起的民事诉讼中承担责任——
>
> a)　在贸易中使用某注册商标的复制品、伪造物、复印件或似是而非的模仿品，将之与任何商品或服务的销售、许诺销售、运送或广告联在一起，而此种使用可能造成混淆、或产生误解、或欺骗他人；或者
>
> b)　复制、仿造、复印或似是而非地模仿某注册商标，将该复制品、仿造物、复印件或似是而非的模仿品用于标签、标记、图案、包装、封套、容器或广告上，目的是在贸易中将其用在商品或服务的销售、许诺销售、运送或广告，而此种相关使用可能造成混淆、或产生误解、或欺骗他人。[②]

8.1　第一节　混淆之虞

8.1.1　一、分析要素

为依照《兰哈姆法》第 32 条胜诉，以及根据第 43 条(a)保护未注册商

① 参见上文，§ 6.2.4.《兰哈姆法》上的并行注册。

② 《美国法典》第 15 编第 1114 条(1)，即《兰哈姆法》第 32 条(1)。

标，原告必须证明，消费者有可能在商品或服务的来源或出处方面被混淆、被误导或被欺骗。这就是说，原告必须证明的，只是混淆之虞而无需确证有实际混淆。无论在普通法上还是按照联邦商标立法，混淆之虞都是诉讼中的核心要件。[①] 为了判断混淆之虞，每个巡回法院都采取了它自己的一系列要素和检验标准，但它们还是有着明显的共同之处。在1961年的宝丽来公司诉宝丽拉电子公司[②]一案中，第二巡回法院的说法可能是最全面，也最普遍的。该判例确立了8个需要考虑的要素，以此判定混淆之虞是否存在，进而判决是否侵权：

(1)原告标志的强度；

(2)各标识的相似程度；

(3)产品或服务在市场上的接近性；

(4)原告将填补空白的可能性(缩小重要的市场差异)；

(5)实际混淆的证据；

(6)被告采纳该商标的善意；

(7)被告产品或服务的质量；

(8)购买者的老练程度(sophistication)。[③]

这些标准被认为是非穷尽性的，且其中任何一项都不是决定性的。[④] 而且，这些标准中没有任何特定组合可保证产生特定的结果。可以说，每个案件的判定都将以法院所面对的具体事实为依据。检验混淆之虞的相关标准只是被用作法院遵行的向导，使其在特定案件中考虑所有的情形。法院不会基于某一个事实做出其决定。

例如，在宝丽来诉宝丽拉[⑤]一案中，原告称被告宝丽拉侵犯了其商标。

---

① 宝丽来公司诉宝丽拉电子公司(Polaroid Corp. v. Polarad Elect. Corp.)，287 F. 2d 492 (2d Cir. 1961)。

② 同上。

③ 同上，at 495。

④ 同上，at 494。应该说，所有的巡回法院都注意到了这同样的告诫。罕见有哪家法院在宝丽来案所述因素之外采纳过其他因素，虽然各法院都对此规定了裁量的自由。

⑤ 287 F. 2d 492 (2d Cir. 1961).

事实上，原告宝丽来制造和销售照相机和胶卷。宝丽拉的主要业务包括微波设备和电视演播设备。该案的审理法院指出，考虑到原告商标的强度和两个商标的相似性，原告胜诉。但是，其他因素的分析则要么是非决定性的，要么得出非混淆的判定。这就是说，就一两个因素做出的具体判定不足以支持混淆判决。[①]

8.1.1.1

（一）巡回法院的差异

对于混淆之虞的判断，每个联邦巡回法院都列举了它自己要考虑的要素清单。

第一巡回法院考虑的因素是：

（1）商标的相似性；

（2）商品的相似性；

（3）当事双方贸易渠道之间的关系；

（4）当事双方广告之间的关系；

（5）预期买主的类型；

（6）实际混淆的证据；

（7）被告采纳该商标的用意；

（8）原告商标的强度。[②]

第三巡回法院要考虑的因素有：

（1）商标之间的相似程度；

（2）原告商标的强度；

（3）相关商品的价格；

（4）被告在无实际混淆发生的情况下使用该商标的时间；

（5）被告的用意；

（6）实际混淆的证据；

（7）贸易渠道；

---

① 287 F. at 494。

② 凯兹公司诉勒妮国际贸易公司（Keds Corporation v. Renee International Trading Corp.），888 F.2d 215 (1st Cir. 1989)。

(8)在目标市场上的重叠范围；

(9)商标功能的相似性；

(10)可能让消费者相信或认为被告商品来自原告的其他因素。[①]

第四巡回法院要考虑的因素是：

(1)商标的强度或显著性；

(2)两个商标的相似性；

(3)使用该商标的商品或服务的相似性；

(4)双方业务的相似性；

(5)广告的相似性；

(6)被告之意图；

(7)实际混淆。[②]

第五巡回法院要考虑下列因素：

(1)产品的相似性；

(2)零售店和买主的特性；

(3)广告媒介的特性；

(4)商标的强度；

(5)被告之意图；

(6)商标设计的相似性；

(7)实际混淆。[③]

第六巡回法院要考虑下列因素：

(1)原告商标的强度；

(2)商品之相关性；

(3)商标的相似性；

---

① 因特佩斯公司诉拉普有限公司(Interpace Corp. v. Lapp, Inc.),721 F. 2d 460 (3d Cir. 1983)。

② 匹萨利亚·优诺饼店公司诉坦普尔(Pizzeria Uno Corp. v. Temple),747 F. 2d 1522 (4th Cir. 1984)。

③ 洛滔一鲁特尔诉欧尼尔(Roto-Rooter Corp. v. O'Neal),513 F. 2d 44, (5th Cir. 1975)。

(4)实际混淆；

(5)市场渠道；

(6)买主关注的可能性程度；

(7)被告选用该商标的意图；

(8)产品线扩张的可能性。[①]

第七巡回法院要考虑下列因素：

(1)商标的相似性；

(2)产品的相似性；

(3)并行使用的地区和方式；

(4)消费者可能会谨慎注意的程度；

(5)原告商标的强度；

(6)实际混淆；

(7)所谓侵权者的意图。[②]

第八巡回法院适用的是下列检验：

(1)原告商标的强度；

(2)商标的相似性；

(3)产品的竞争程度；

(4)被告的意图；

(5)实际混淆；

(6)买主谨慎的程度。[③]

第九巡回法院陪审团所适用的标准一直不稳定。最为宽泛的检验标准列举了下列考虑因素：

(1)商标的强度；

---

① 弗里希氏饭店诉肖尼氏(Frisch's Restaurant, Inc. v. Shoney's Inc.),759 F. 2d 1261 (6th Cir. 1985)。

② 海琳·柯蒂斯有限公司诉丘奇和德怀特公司(Helene Curtis Industries, Inc. v. Church & Dwight Co.),560 F. 2d 1325 (7th Cir. 1977), *cert, denied* . 434 U. S. 1070 (1978)。

③ 斯科尔特公司诉七喜(SquirtCo v. Seven-Up Co.),628 F. 2d 1086 (8th Cir. 1980)。

(2)商品的接近性；

(3)商标的相似性；

(4)实际混淆；

(5)市场渠道；

(6)买主的谨慎程度；

(7)被告的意图；

(8)生产线扩张的可能性。[①]

第十巡回法院主要遵循了《侵权法重述》所列举的因素。[②] 在判断混淆之虞时，《重述》为之规定了下列需要考虑的因素：

(1)各商标的外观；

(2)所采用语词的读音；

(3)所涉图画或设计的语言表述；

(4)商标的暗示。[③]

最后，第十巡回法院所适用的因素是：

(1)原告商标的属性；

(2)商标的相似性；

(3)产品的相似性；

(4)各方零售店与消费者的相似性；

(5)各方广告的属性；

(6)被告的意图；

(7)实际混淆的程度。[④]

实际上，上述所有法院至少都在其混淆之虞分析中列举了下述各项。

---

① AMF有限公司诉斯里克拉夫特游船(AMF, Inc. v. Sleekcraft Boats),599 F. 2d 341 (9th Cir. 1979)。

② 比尔·纳茨有限公司诉克洛弗食品公司(Beer Nuts, Inc. v. Clover Club Foods Co.),711 F. 2d 934 (10th Cir. 1983)。

③ 《侵权法重述》(Restatement of Torts),第729条(1938)。

④ 威斯科制造公司诉棕榈滩有限公司(Wesco Mfg, Inc. v. Tropical Attractions of Palm Beach, Inc.),833 F. 2d 1484 (11th Cir. 1987)。

8.1.1.2

（二）商标的相似性

在考虑两个商标是否相似时，除了其声音、视觉和含义上的相对接近之外，法院还要关注它们在声音、含义和外观上的相似性。① 这些因素中的任何一项或其组合都会影响到商标相似性的判断。要判定一个商标构成侵权，要求它与另一商标全然类似是不必要的。最高法院曾指出，如果相似性足以对商品或服务的来源产生混淆，该商标就属于侵权。② 相似性的检验标准应该集中于商标整体效果的基础上，而不是商标个别特征的比较。③ 声音相似要通过商标的言语描述来考察。如果两个商标读音接近，即使拼写上没有任何相似，也有可能被视为相似。④

外观相似关系到商标的视觉分析。商标的视觉分析特别适于图画和图形商标，⑤但也自然会涉及如下问题：两个文字商标是否拼读相同，具有相同的突出特征，或使用着相同的字体。

含义相似是通过定义、语境和联想来考察的。如果两个商标产生了相同的联想，它们就可能被认为含义相似。⑥ 一个商标可能不具有声音或外

---

① 《不公平竞争法重述（第三版）》[Restatement (Third) Unfair Competition]，第 21 条(a)(1995)。

② 萨克斯雷纳诉艾斯纳和门德尔松公司(Saxlehner v. Eisner & Mendelson Co.)，179 U.S. 19 (1900)（商标的一般性相似可能引起误导）。

③ 奥马哈的缪彻尔诉诺瓦克(Mutual of Omaha Ins. Co. v. Novak)，836 F. 2d 397，399 (8th Cir. 1987)(Mutant of Omaha 被判定在总体外观上与 Mutual of Omaha 相似)，*cert. denied*，488 U.S. 933. (1988)。

④ 标准石油公司诉亨布尔炼油公司，埃索公司诉标准炼油公司(Standard Oil Co. v. Humble Oil & Refining Co.，Esso，Inc. v. Standard Oil Refining Co.)，363 F. 2d 945 (5th Cir. 1966)，*cert, denied*，385 U.S. 1007 (1967)(Esso 和 S. O. 读音相似)；瑟尔公司诉辉瑞公司(G. D. Searle & Co. v. Chas. Pfizer & Co.)，265 F. 2d 385 (7th Cir. 1959)(Bonamine 和 Draminine 字面上相似)。

⑤ 考察图画和图形商标时，商标评审和申诉委员会所关注的是商标的整体视觉印象。拉科斯特诉爱华拉斯特(Lacoste Alligator SA v. Everlast World's Boxing Headquarters)，204 U.S.P.Q. (BNA) 945 (T.T.A.B. 1979)（该案指出，飞龙与短吻鳄不相似）。

⑥ 汉考克诉美国钢铁暨电缆公司(Hancock v. American Steel & Wire Co.)，203 F. 2d 737 (C.C.P.A. 1953)［金属栅栏上的 CYCLONE(旋风)与 TORNADO(旋风)因为相似而混淆］。

观上的相似，但是，如果它与原告的商标含义相同，也有可能被判决为相似。[①]

外语词商标被翻译成英语，并被赋予英语意义。另外，文字商标的含义如果与他人的图画商标相同或密切相关，就有可能构成侵权。[②]

8.1.1.3 **（三）商标的强度**

美国商标法中的一个不证自明的原则是，强商标比弱商标值得更多的保护。判断一个商标是否强势，大多数法院要考虑该商标是任意的、臆造的或暗示性的，还是描述性的。商标越是具有任意性和臆造性，它就越是具有强势。在判断商标是否强势时，一些法院还要考虑该商标是否已经注册，该注册是否已经具有无可争议性。分析商标强度的目的是要判断，在消费大众的心目中，某商标能够识别商品或服务之来源或出处的程度。如果一个商标具有较高的消费者认可度，它就会被认为是一个强商标；而如果它具有较低程度的消费者认可，就会被视为弱商标。

8.1.1.4 **（四）商品或服务的相似性**

在考虑商品或服务的相似性时，美国法院最为关注的是商品之间直接竞争的程度。如果商品之间直接竞争，支持禁令和/或损害赔偿判决所要求的实际产品相似度就比较低。[③] 这就是说，法院要对涉案的产品或服务进行详细的、逐个方面的分析。然而，最重要的考虑总是相关商品或服务是否有竞争关系。如果它们相互竞争，混淆之虞的判决所需要的证明就会被减少。

8.1.1.5 **（五）贸易与广告渠道（接近性）**

法院还将考虑的是，有关商品或服务是否以相同或相似的时间、地

---

① 标准石油诉标准石油(Standard Oil Co. v. Standard Oil Co.)，252 F. 2d 65 (10 Cir. 1958)。

② 美孚石油公司诉飞马石油公司(Mobil Oil Corp. v. Pegasus Petroleum Corp.)，818 F. 2d 254 (2d Cir. 1987) [PEGASUS（飞马）被判决侵犯了由一匹飞马构成的原告美孚公司徽标的权利]。

③ HRL公司诉韦斯公司(HRL Associates, Inc. v. Weiss Associates, Inc.)，12 U. S. Q. (BNA) 1819 (T. T. A. B. 1989), *affd*, 902 F. 2d 1546 (Fed. Cir. 1990)；博登冰淇淋诉博登压缩奶公司(Borden Ice Cream v. Borden's Condensed Milk Co.)，201 Fed. 510 (7 Cir. 1912)（其指出，冰淇淋与牛奶之间发生混淆之虞不大，因为产品之间没有直接竞争）。

点或方式,面对相同或相似的消费者。此即所谓产品或服务的接近性。这主要是对于相关商品或服务,以及它们如何通向消费者的结构性经济分析。商品或服务的接近性分析可能要涉及产品在商店里的物理场所[①]、原告商品是否只供批发而被告商品或服务则是零售[②],以及商品或广告是否以相似的控制链投入贸易。产品本身的相似性也是该分析的一部分。

8.1.1.6 **(六)消费者的老练和谨慎**

当法院考虑消费者的老练水平时,它们主要关注的是购买相关商品或服务的消费者的比较性特征。如果双方的消费者都是冲动型买主,在很少或没有任何慎重或考虑的情况下就做出购买决定,混淆的成立就会相当容易;反之则不然——如果买主只有先经过深入研究或分析,并在此过程中运用其训练或经验,然后再做出购买决定。[③]

8.1.1.7 **(七)实际混淆——调查证据**

实际混淆的证据只是混淆之虞分析要素之一。这就是说,实际混淆的实际证据可能会(事实上也恰恰相当经常地)存在,而混淆之虞却不存在。实际混淆的证据虽然不是证明侵权的必要条件,却极大地有利于原告。[④]但在有损害赔偿主张时,实际混淆的证据则是必要的。[⑤] 做出此种区分的前提假定是,如果一方试图获得损害赔偿,他、她或它就必须证明,其因消费

---

① 例如,薯条和玉米片之类的小吃被放在相同的普通区域——常常是在相同的杂货铺甬道里,而苏打产品不可能被放在饮料粉旁边。参见维塔罗兹公司诉博登有限公司(Vitarroz Corp. v. Borden, Inc.),644 F. 2d 960 (2d Cir. 1981)。两种产品之间的"空间距"越大,就越不可能发生混淆之虞。

② 道恩炸面圈公司诉哈特食品店(Dawn Donut Co. v. Hart's Food Stores Inc.),267 F. 2d 358 (2nd Cir. 1959)(在判断混淆之虞时,零售和批发市场被区分开来)。

③ 加洛葡萄酒厂诉康索兹奥(E. & J. Gallo Winery v. Consorzio Del Gallo Nero),782 F. Supp. 457 (N. D. Cal. 1991),引自泰勒葡萄酒公司诉布利·希尔葡萄园有限公司(Taylor Wine Co. v. Bully Hill Vineyards, Inc.),569 F. 2d 731, 196 U. S. P. Q. (BNA) 593 (2d Cir. 1978)(其声称,廉价葡萄酒的买主不是熟知葡萄酒拣选的行家)。

④ Maternally Yours, Inc. v. Your Maternity Shop, Inc., 234 F. 2d 538 (2d Cir. 1956)(查号服务经营者存在混淆,误投邮件证据证明了实际混淆)。

⑤ 参见下文§8.3.2.损害赔偿。

者发生混淆而造成销售额损失,从而产生了损害。[①]

法院承认,实际混淆的发生范围是难以判定的[②];并且,法官在做出判决时对实际混淆之证据的忽视属于可被撤销的错误。[③] 实际混淆的证据必须表明该混淆是由被告造成,而不仅是消费者失误的结果。例如,如果消费者误读了电话本,从而因疏忽而致电后用者,应被视为消费者失误而不是实际混淆。[④]

实际混淆的证据不能确保侵权判决。实际混淆的实例必须构成充分的依据,才可判决侵权已经发生。因而,最低程度的实际混淆会受到法院的重视。[⑤]

市场调查常被用于判断市场上是否存在实际混淆。要能作为证据得到承认,调查必须在没有诱导性或误导性提问的情况下客观进行,必须独立拟定并操作,也一定不能制造偏见,即使以最大限度的谨慎来实施调查,依然会有不服从调查的人表示反对。但调查在侵权诉讼中极其重要。某些法院以为,如果某一方拒绝委托进行支持其立场的调查,调查结果可能会对其不利。[⑥]

---

① 布伦瑞克公司诉斯比尼特(Brunswick Corp. v. Spinit Reel Co.),832 F. 2d 513 (10th Cir. 1987)(为了获得损害赔偿,原告必须证明有实际混淆致使销售额损失)。但是,另参见塔克·卡瓦纳国际公司诉两比索(Taco Cabana, Int'l Inc. v. Two Pesos, Inc.),932 F. 2d 1113 (5th Cir. 1991), *affd*, 505 U.S. 763 (1992)(饭店业务的不稳定性,"占先"(headstart)理论的适用消除了为实际销售额损失提供证据的必要)。

② AMF有限公司诉斯里克拉夫特(AMF, Inc. v. Sleekcraft Boats),599 F. 2d 341 (9th Cir. 1979)。

③ 弗罗斯提格诉萨迦(Frostig v. Saga Enterprises, Inc.),272 Ore. 565, 539 P. 2d 154 (1975)(在相似性微不足道的案例中,法官不能忽略实际混淆)。

④ 朗诉退休生活出版公司(Lang v. Retirement Living Pub. Co., Inc.),949 F. 2d 576 (2nd Cir. 1991)。

⑤ 同上(未造成损害的实际混淆不足以证明混淆之虞)。

⑥ 佩布尔·比奇公司诉图尔公司(Pebble Beach Co. v. Tour 18, I Ltd.),942 F. Supp. 1513, 1516 (S.D. Tex. 1996), *affd*, 155 F. 3d 526 (5th Cir. 1998);吉勒特公司诉诺雷科公司(Gillette Co. v. Norelco Consumer Products Co.), 946 F. Supp. 115, 130 (D. Mass. 1996)。

8.1.1.8 **(八) 意图**

关于意图要素，各法院曾给予了不一致的重视。历史地看，按照普通法，意图是混淆判决所必要的。[①] 根据法官汉德(Learned Hand)的观点，误导消费者，使其从原告转向被告的意图是这一问题的“法则”。[②] 然而，此种有关不公平竞争法的严格解读显然太过僵硬。[③] 如今，法院对于商标权的界定远比要求实际侵夺意图更为宽泛，并以市场影响为核心。就像“实际混淆”，被告的意图也只是分析要素之一。

在美国，虽然实际侵夺意图的证明不一定能赢得侵权诉讼，但侵权意图的缺乏却不是一个绝对抗辩。[④] 并且，侵权分析的要点是要判断市场受到的“可能”影响。如果实际侵夺意图是一个绝对条件，或者，如果侵夺意图的缺乏是一个绝对抗辩，焦点将转向被告的行为并离开被告行为的市场影响。市场所受影响是美国商标法的主要考虑。

在历史上，以前不曾有任何一部联邦商标立法要求以实际的侵夺意图来证明侵权。[⑤] 混淆的发生与某生产者想要利用另一生产者之商誉的意图被区分开来。[⑥] 最后，《兰哈姆法》本身不要求以实际侵夺意图的确证作为

---

① 麦克莱恩诉弗莱明(McLean v. Fleming)，96 U.S. 245 (1878)(如显然侵权，意图是不必要的)。

② 耶鲁电子公司诉罗伯逊(Yale Elec. Corp. v. Robertson)，26 F.2d 972 (2d Cir. 1928)。

③ 参见肯尼思·L.波特:《勒恩德·汉德的商标法理学:法律实证主义与先知的神话》(Kenneth L. Port, *Learned Hand's Trademark Jurisprudence: Legal Positivism and the Myth of the Prophet*)，27 PAC. L.J. 221 (1996)(批评汉德法官僵硬地坚持旧的普通法观念，即侵夺意图对于侵权判定是必要的)。

④ 科尔比学院校长与理事诉新罕布什尔科尔比学院(President and Trustees of Colby College v. Colby College-New Hampshire)，508 F.2d 804 (1st Cir. 1975)(在判决混淆之虞时，“善意”的表达不是一个抗辩)。

⑤ 埃尔金手表公司诉伊利诺伊手表公司(Elgin Nat'l Watch Co. v. Illinois Watch Co.)，179 U.S. 665. (1901)(当时实行1881年《商标法》)；撒迪厄斯·戴维兹诉戴维兹制造公司(Thaddeus Davids Co. v. Davids Mfg. Co.)，233 U.S. 461 (1914)(当时实行1905年《商标法》)；弗莱什曼精炼公司诉梅尔酿造公司(Fleischmann Distilling Corp. v. Maier Brewing Co.)，314 F.2d 149, *cert. denied*, 374 U.S. 830 (1963)(当时实行1946年《商标法》)。

⑥ 洛伊丝运动装诉李维斯·斯特劳斯(Lois Sportswear v. Levi Strauss & Co.)，799 F.2d 867 (2d Cir. 1986)。

侵权判决的前提。[①]

8.1.1.9 ### （九）填补空白的可能性

当侵权诉讼双方的商品或服务不存在竞争关系时，多数法院还将考虑的一种可能是，原告将在其商品或服务与被告之商品或服务之间填补空白。此种填补空白的可能性可通过两种方式加以证明。最容易的方式是主张，虽然原告当前没有销售被告的产品，但被告的商品仍然构成原告业务链的自然扩张。证明原告将会填补空白之可能性的第二种方式是，就原告的实际意图提出实际的证据。虽然它们确实打算填补空白，但被告在市场上的出现却使这一扩张变得困难，或者，由此会在消费者心目中产生混淆。[②]

8.1.2 ## 二、后来者原则

商标保护的基础是在先使用。任何生产者，如果它在进入市场时所采用的商标与已在市场上确立地位的生产者的商标相似，就是在冒被诉侵权的风险。因此，新入行的人必须花费时间去调查其中意的商标是否可以使用，或者，其属意商标是否与现有商标太过相似。未做调查这一借口不能让新使用者免除责任。[③]

的确，表明新使用者在他或她采纳商标之前已经知道有先使用者的证据，会在侵权诉讼中极大地不利于该新使用者。如果先使用者已在市场上

---

① 《美国法典》第15编第1114条(1)(a)即《兰哈姆法》第32条(1)(a)和第1117条即《兰哈姆法》第35条。按照《兰哈姆法》，因侵权判决而获得损害赔偿，意图是必要的。《兰哈姆法》第32条(1)(b)和32(2)(另一方指示下的侵权行为的无辜把诉讼责任限于禁止未来印刷被侵权商标)。

② AMF公司诉斯里克拉夫特(AMF, Inc. v. Sleekcraft Boats)，599 F. 2d 341 (9th Cir. 1979)(双方都在从事生产线多元化，使得各方都极有可能进入对方的市场)。

③ 费尔南多电子公司诉JFD电子元件公司(San Fernando Electric Mfg. Co. v. JFD Electronics Components Corp.)，565 F. 2d 683 (C. C. P. A. 1977)(商标法中已经确定的是，新使用者要尊重原使用者的权利，采纳某一商标之前未做搜寻这一借口不能使新使用者免除责任)。另参见Big O轮胎公司诉固特异橡胶公司(Big O Tire Dealers, Inc. v. Goodyear Tire & Rubber Co.)。561 F. 2d 1365 (10th Cir 1977), cert. dismissed, 434 US 1052 (1978)。

确立起了牢固的地位，事情就会更加如此。[①]

8.1.3

三、法律问题还是事实问题：复审标准

在美国，上诉法院在复审下级法院判决时，所依循的标准时常如案件本身的事实一样重要。在上诉中，法院要对提交给它的一切法律和事实问题做根本性的考虑。法律问题要得到重新审查：这意味着，上诉法院不必遵从下级法院的意见，因为按照推定，上诉法院至少同样（如果不是更加）懂得有关问题的法律是什么。事实问题的复审要遵循明显过失标准：意思是，除非下级法院在事实判定中犯下明显的错误，上诉法院将不会干涉该判定，因为在所有证据呈交的过程中，下级法院法官在场，并能够直接评判其可信性。

混淆之虞一向被视为事实问题，因而其复审依据是明显过失标准。[②]的确，1993年《不公平竞争法重述（第三）》也将侵权归类为事实问题。但是，如今许多法院视侵权为法律问题，由此可依重审标准（de novo standard）做出审查。[③] 其他一些法院则依然视其为一个法律与事实的混合性问题，其中，导致侵权结论的各因素的分析与证据属于事实问题，而混淆本身的实际判定最终则是一个法律问题。[④]

由于复审标准问题如此重要，在美国，人们更愿有一个统一的规则。但是，这样一个规则显然是不存在的。每当有上诉案件提起，每个上诉法院就此问题的裁决都必须经过分析。适当的复审标准没有全国性的、严格的规则可循——这样的好处是，在每个案件中，辩护律师都可以提出善意的论

---

① J和J快餐公司诉麦当劳公司（J & J Snack Foods Corp. v. McDonald's Corp.），932 F. 2d 1460 (Fed. Cir. 1991)（一个合理的预期是，如果存在一个著名的在先采用者，新来者在采用某一商标时就要有足够的慎重）。

② 参见迪特尔诉B & H制造公司（Dieter v. B & H Industries, Inc.），880 F. 2d 322 (11th Cir. 1989), cert. denied, 498 US 950 (1990)；史密斯玻璃纤维产品公司诉亚美隆公司（Smith Fiberglass Products, Inc. v. Ameron, Inc.），7 F. 3d 1327, 1329 (7th Cir. 1993)。

③ 参见巨人食品公司诉民族食品服务公司（Giant Food, Inc. v. Nation's Foodservice, Inc），710 F. 2d 1565 (Fed. Cir. 1983)。

④ 参见布里斯托尔—迈尔·斯奎布公司诉麦克尼尔有限公司（Bristol-Myers Squibb Co . v. McNeil-P. P. C. , Inc.），973 F. 2d 1033 (2d Cir. 1992)。

证:或此或彼的标准应该占据优势。

8.1.4 四、反向混淆

依其本义,当消费者认为,源于后来者的产品确实是拥有在先权利的实体的产品时,商标混淆就发生了。当贸易以此方式被打乱,消费者就发生了混淆,而这就是人们所相信的判处禁令和/或损害赔偿的根本的正当理由。

然而,如果后来者以其大量资源来宣传和推销与该商标相关的商品系列,受到引导的消费者可能会认为是在先使用者造成了混淆,并相信在先使用者的产品实出自后来者。①

此种混淆被称为反向混淆。有个典型的例子可对此做出最好的说明。在桑兹、泰勒及伍德公司诉贵格·奥茨公司一案②,贵格·奥茨公司在反向混淆诉讼中一开始被判令支付 4 300 万美元。此案中的贵格·奥茨将商标 Gatorade is Thirst Aid 用于它的等渗饮料上。而原告已经在包括饮料在内的大量产品上采用并注册了商标 Thirst-Aid。当被告产品随着 Thirst Aid 广告充斥市场时,原告商品的购买者竟得出了一个错误结论:原告商品来自被告或由其赞助。

这是一起典型的反向混淆案例。贵格·奥茨公司被禁止使用其商标,最初被命令支付 4 300 万美元的损害赔偿、损害利息和律师费。③

但是,反向混淆学说不允许商标持有人主张以商标法保护到期版权。④在戴斯塔尔公司诉 20 世纪福克斯公司一案⑤,戴斯塔尔公司对 20 世纪福

① 桑兹、泰勒及伍德公司诉贵格·奥茨公司(Sands, Taylor & Wood Co. v. Quaker Oats Co.),978 F. 2d 947 (7th Cir. 1992), *cert. denied*, 507 US 1042 (1993)。

② 同上。

③ 桑兹、泰勒及伍德公司诉贵格·奥茨公司(Sands, Taylor & Wood Co. v. Quaker Oats Co.),18 U. S. P. Q. 2d 1457 (N. D. Ill. 1990)(判付金额包括被告产品销售额 10%的利润以及损害利息、律师费和诉讼成本)。

④ 从而将商标法并入版权法,以扩展精神权概念——一个美国版权法不予保护的概念。

⑤ 戴斯塔尔公司诉 20 世纪福克斯公司(Dastar Corp. v. Twentieth Century Fox Film Corp.),539 U. S. 23, 123 (2003)。

克斯制作超过版权期限的一部战争影片进行了重新包装、销售。戴斯塔尔的重新包装包括去掉21世纪福克斯的商标，换上戴斯塔尔公司的商标。最高法院判定，《兰哈姆法》第43条(a)(1)(A)中表述的商品虚假来源，不包括对创造性或传播性作品，如电影的制作者或创作者的虚假标示。特别是，最高法院拒绝以第43条(a)(1)(A)限制公众对版权过期作品进行复制和使用的权利。[①]

8.1.5 五、初始兴趣混淆

虽然备受争议，且无法预料，一些法院依然承认初始兴趣混淆(initial interest confusion)这一概念。[②] 虽然"初始兴趣混淆"这一术语的创造是为了处理域名抢注问题，但售前混淆(presale confusion)的思想却早已存在。[③] 当某一方所制造的商标的相似性足可鼓动买主对产品产生兴趣时，最初兴趣混淆就出现了，即使消费者在其购买之前的某一时刻认识到了该产品非其所求。[④] 这样，竞争者就在没有造成实际混淆的情况下攫取了消费者的兴趣。初始兴趣混淆被成功地用来禁止某些元标记或关键词搜索，[⑤]有时则不行。[⑥] 诚然，当产品相似或双方之间存在竞争时，更有可能被判定初始兴趣混淆的存在。

---

① 戴斯塔尔公司诉20世纪福克斯公司(Dastar Corp. v. Twentieth Century Fox Film Corp.)，539 U.S. 23，123 (2003)。

② 布鲁克菲尔德通讯公司诉西海岸娱乐公司(Brookfield Communications, Inc. v. West Coast Entertainment Corporation)，174 F.3d 1036 (9th Cir. 1999)。

③ 电子设计与销售公司诉电子数据系统公司(Electronic Design & Sales, Inc., v. Electronic Data Sys. Corp.)，954 F.2d 713 (Fed. Cir., 1992)。

④ 通常可参见《〈兰哈姆法〉下的初始兴趣混淆原则》(*Initial Interest Confusion Doctrine under Lanham Trademark Act*)，183 A.L.R. Fed. 553。

⑤ 维多利亚之秘商店诉阿特科设备公司(Victoria's Secret Stores v. Artco Equip. Co.)，194 F. Supp. 2d 704 (S.D. Ohio 2002)。

⑥ 在花花公子公司诉特里·韦尔斯[Playboy Enterprises, Inc. v. Terri Welles, Inc., 279 F. 3d 796, 30 Media L. Rep. (BNA) 1282, 61 U.S.P.Q. 2d (BNA) 1508 (9th Cir. 2002)]一案中，花花公子公司诉特里·韦尔斯[Playboy Enterprises, Inc. v. Terri Welles, Inc., 78 F. Supp. 2d 1066 (S.D. Cal. 1999)]案得到部分肯定，部分否决。

8.2
第二节　抗辩

在侵权案件中，有多种抗辩方法可供被告使用。被告答辩中没有提出的积极抗辩被视为弃权[①]，这样，在侵权诉讼开始时就考虑到一切可以利用的抗辩方法，则至为重要。

8.2.1
一、原告商标的无效

首要的、常常也是最好的抗辩方法是主张原告的商标无效。如果原告的商标无效，被告就无须承担侵权之责。原告可以使用联邦注册作为有效性的初步证据[②]；如果商标已经是无可争议的，便可以此作为其有效性的决定性证据[③]；原告或可主张其未注册商标具有固有的显著性。然后，被告就要对原告商标的无效负举证（更具优势的证据）之责。[④]

最为常见的无效性理由是，原告商标是、或已成为通用性标识。如果一个商标的主要意义是识别相关的产品而不是识别生产者，该商标就是通用性的。

除了这两种一般性抗辩，《兰哈姆法》第33条(b)还列举了其他一些抗辩理由，包括以诈欺取得商标，放弃、欺骗性使用，商标使用违反了反垄断法，以及懈怠和禁止反言之类的抗辩。[⑤] 放弃[⑥]、描述性[⑦]和功能性[⑧]也是合

① 美国奥林匹克委员会诉巴塔鞋公司（U. S. Olympic Comm. v. Bata Shoe Co.），225 U. S. P. Q. (BNA) 340 (T. T. A. B. 1984)。

② 《美国法典》第15编第1115条(a)，即《兰哈姆法》第33条(a)。

③ 《美国法典》第15编第1115条(b)，即《兰哈姆法》第33条(b)。

④ 通用电话电子公司诉威廉姆斯（GTE Corp. v. Williams），904 F. 2d 536 (10th Cir.), *cert. denied*, 498 U. S. 998 (1990)（USPTO注册不要求证明第二义，其假定一个商标是任意的、臆造的或暗示性的）。

⑤ 同上。

⑥ 参见上文§4.3.2。

⑦ 参见上文§6.2.2。

⑧ 参见上文§2.2.3。

法的抗辩方法。

8.2.2
二、欺诈

欺诈取得联邦注册是一个商标在任何时间都可以被撤销的理由，其中也包括无可争议性得到确立之后。不过，一些法院判定，依照《兰哈姆法》第43条(a)提出的普通法权利不受影响，即使一个商标被判定因欺诈获得注册。①

欺诈的因素包括：

(1)对实质性事实做虚假说明；②

(2)知道或相信该说明是虚假的；

(3)有意引发或阻碍相信虚假说明的诉讼；

(4)存在对虚假说明的合理信赖；

(5)因合理信赖虚假说明而产生的损失。③

虚假说明必须是在明知的情况下做出，才能被认定为欺诈。不准确不足以支持欺诈指控。④ 然而，诉讼过程中的无辜失误如得到修改，则可以挽救一项注册。⑤

---

① 东方速递贸易公司诉联合百货公司(Orient Express Trading Co. v. Federated Dep't Stores, Inc.)，842 F. 2d 650 (2d Cir. 1988)(普通法权利主张不因联邦注册的欺诈被排除)。

② 实质性错误说明(material misrepresentations)是指那些如在注册时被揭露就会妨碍注册的事实说明。佩恩沃尔特公司诉森特里化学药品公司(Pennwalt Corp. v. Sentry Chemical Co.)，219 U. S. P. Q. (BNA) 542 (T. T. A. B. 1983)。

③ 参见《麦卡锡商标》第五卷(5 *McCarthy Trademarks*)，§ 31:61 (4th ed. 2004)，胡安制品公司诉胡安泳池公司(San Juan Prods., Inc. v. San Juan Pools, Inc.)，849 F. 2d 468 (10th Cir. 1988) 一案对此做过解释。

④ 金一赛有限公司诉弗兰克的金赛服装公司(King-Size, Inc. v. Frank's King Size Clothes, Inc.)，547 F. Supp. 1138 (S. D. Tex. 1982)(使用中的善意信赖对于注册说明是足够的；诚实但不准确的表述则不能证明有欺诈)。

⑤ 环球工装公司诉斯通卡特尔公司(Universal Overall Co. v. Stonecutter Mills Corp.)，379 F. 2d 983 (C. C. P. A. 1967)(最初以欺诈信息为基础提出申请，如在公开之前做出修改，则不会使注册无效)。

8.2.3 ## 三、违反反垄断法

要想以违反反垄断法为侵权提出抗辩，商标使用行为就一定不能仅是附带发生的；它必须直接涉及反垄断法上的违法。① 能够提出反垄断诉求的唯一当事人，是直接因该行为受到影响的一方。②

8.2.4 ## 四、合理使用

合理使用这一保护伞下包括两种抗辩方法。第一是典型的合理使用抗辩，它们产生的场合是，原告商标具有描述性（非臆造或创造性术语），③而被告的使用方式是描述其商品或服务而不是为了识别来源。④如果典型式合理使用抗辩被启用，被告就必须证明它是在对原告商标做描述性使用，是合理而善意的。⑤ 消费者有可能对描述性的合理使用产生混淆。⑥ 不过，合理使用背后的政策是为了阻止对描述性术语造成不正当的垄断。⑦

合理使用的第二种类型是提及性合理使用，它产生于被告为了识别原

---

① 卡尔·蔡司基金诉耶拿卡尔·蔡司有限公司(Carl Zeiss Stiftung v. V. E. B. Carl Zeiss, Jena)，298 F. Supp. 1309 (S. D. N. Y. 1969)，*modified*，433 F. 2d 686 (2d Cir. 1970)，*cert. denied*，403 U. S. 905 (1971)。

② 核心利益共同保险有限公司诉蓝色十字架与蓝色盾牌协会(Central Ben. Mut. Ins. Co. v. Blue Cross & Blue Shield Ass'n)，711 F. Supp. 1423 (S. D. Ohio 1989)。

③ 乍塔瑞恩斯有限公司诉奥克·格罗夫熏制公司(Zatarains, Inc. v. Oak Grove Smokehouse, Inc.)，698 F. 2d 786 (5th Cir. 1983) (Fish-fri 具有描述性，是他人在描述其产品时所必须使用的)；但是，比较卡福莱士纳诉约翰逊(Car-Freshner v. S. C. Johnson & Son)，70 F. 3d 267 (2nd Cir 1995) (原告商标是否具有描述性并不太重要；焦点应该是，被告是否在描述的，而非商标的意义上使用该商标)。

④ 蒙特斯公司诉松井美国公司(Munters Corp. v. Matsui, American Inc.)，909 F. 2d 2580 (7th Cir. 1990)(使用被判定为合理、善意地描述他们自己的产品)，*cert. denied*，498 U. S. 1016 (1990)。

⑤ 《美国法典》第 15 编第 1115 条(b)(4)(2006)。

⑥ KP 耐久化妆品公司诉恒久印象有限公司(KP Permanent Make-Up, Inc. v. Lasting Impression I, Inc.)，543 U. S. 111, 122 (2004)。

⑦ 同上。

告的商品或服务而在传统的商标意义上使用原告商标，而非以描述性方式。[①] 被告以提及性合理使用方式使用原告的商标，因为没有更好的方式来识别被告的商品或服务。在判断被告对原告商标的使用是否属于提及性合理使用时，联邦上诉法院曾采取了两种检验标准。第九巡回法院采取的是三部测试，其所要求考虑的因素包括：

(1)如不使用该商标，该产品或服务就不易识别；

(2)只能在识别该产品或服务所必要的适度范围内使用该商标；

(3)使用者一定不能通过与该商标之间的关联，以任何行为暗示该商标持有人的赞助或认可。[②]

以第九巡回法院的测试标准为基础，第三巡回法院就提及性的合理使用建立了如下三部测试标准：

(1)为了描述原告和被告双方的产品和服务，必须使用原告商标；

(2)被告仅仅在描述原告产品所必要的范围内使用原告的商标；

(3)被告的行为或语言反映了原告与被告的产品或服务之间的真实、准确的关系。[③]

由此，显然可以有把握地说，针对商标侵权的主张，合理使用抗辩正在作为一种更加有效的回应得到发展。

8.2.5 五、懈怠、默许和禁止反言

面对在后使用者或侵权人，不表示反对或不合理的延迟应对可能被视为默许他人使用该相同的或令人混淆的近似性商标。在此情况下，法院不

---

① 凯恩斯诉富兰克林铸造公司(Cairns v. Franklin Mint Co.)，292 F. 3d 1139, 1151 (9th Cir. 2002).

② New Kids on the Block v. News Am. Pub., Inc., 971 F. 2d 302, 308 (9th Cir. 1992)；另见兄弟唱片有限公司诉贾丁(Brother. Records, Inc. v. Jardine)，318 F. 3d 900, 908 (9th Cir. 2003)。

③ 21世纪房地产公司诉兰丁垂有限公司(Century 21 Real Estate Corp. v. LendingTree, Inc.)，425 F. 3d 211, 222 (3d Cir. 2005)。

必强制性执行商标权。[①] 利用默许抗辩的前提是，在先使用者知道并承认在后使用者对商标的使用。

当原告造成被告相信该原告将不主张权利，且该被告信赖这一主张时，被告可以援用衡平法上的禁止反言。被告必须表明，其信赖对它造成实质性损害。[②]

懈怠原则的依据是原告不合理地延迟针对被告的侵权诉讼。懈怠与默许密切相关，因为二者都主张原告没能以及时的方式行使其权利。要判定是否应该适用懈怠原则，可以考虑的因素包括：对原告的损害；被告善意主张其不知道原告的权利；当事人之间的竞争以及被告所受损害。[③] 因为不存在有关《兰哈姆法》的限制立法，懈怠原则被用于发挥合理的限制作用，以此可使诉讼主张受到有效阻止。[④] 应该注意的是，懈怠不一定能挽救蓄意的侵权。[⑤]

8.3　第三节　救济方法

可用来应对商标侵权的救济方法包括禁令救济、损害赔偿以及在特殊

---

① 科南有限公司诉科南诺匹萨有限公司（Conan Prop., Inc. v. Conano Pizza, Inc.），225 USPQ (BNA) 379 (5th Cir. 1985)（延迟主张权利如果没有使该权利消失，就不会自动导致该权利无效）。

② 梅嫩德斯诉霍尔特（Menendez v. Holt），128 U. S. 514 (1888)；弗劳尔斯有限公司诉洲际公司（Flowers Indus., Inc. v. Interstate Brands Corp.），5 U. S. P. Q. 2d (BNA) 1580 (T. T. A. B. 1987)（对各项因素的考虑未表明有足够证据可做出懈怠判决，就不能合理判决延迟导致损害）。

③ 《麦卡锡商标》第五卷（5 *McCarthy Trademarks*），§ 31:1 (4th ed. 2004)。克兰普夹具公司诉恩科制造公司（Clamp Mfg. Co. v. Enco Mfg. Co.），870 F. 2d 512 (9th Cir. 1989)，*cert. denied*，493 US 872 (1989)。

④ 克兰普夹具公司诉恩科制造公司（Clamp Mfg. Co. v. Enco Mfg. Co.），870 F. 2d 512 (9th Cir. 1989)，*cert. denied*，493 US 872 (1989)（懈怠被用来判断针对侵权指控的损害赔偿限制）。

⑤ My-T Fine 公司诉萨缪尔斯（My-T Fine Corp. v. Samuels），69 F. 2d 76 (2d Cir. 1934)（故意的复制比两年起诉迟延更具有决定性）。

情况下判付诉讼成本与律师费。

8.3.1

一、禁令救济

禁令是一种被纳入《兰哈姆法》的衡平法救济方式。[①] 禁令的发布是为了防止非法行为的继续。禁令救济的必要条件之一是现有救济方式的无效或不足。不足通常是指,金钱赔偿对于侵权行为不是一种充分的救济。就其本身而言,禁令在商标侵权诉讼中发挥着关键性的作用。

商标损害赔偿稍微有些特殊,因为它通常涉及因侵权使用而造成的经营损失或名声损失。损失赔偿的支付不能使这类损失得到充分满足。[②]

适用禁令救济时,必须认真考虑具体案件中的特定环境和事实。[③] 一旦判决侵权,法院就可以指令被告做出否定声明,[④]终止使用[⑤]或采取措施以区分其与原告的商品或服务[⑥]。法院也可能做出销毁包装和任何相关标签材料的指令[⑦]。

禁令救济有可能在实际侵权之前发出。初步禁令的目的是防止即将发生的损失,而如果没有该禁令,该损失就有可能发生。[⑧] 相反,禁令可能在

---

① 《美国法典》第 15 编第 1116 条(a),即《兰哈姆法》第 34(a) 条。

② 国际犬舍俱乐部诉迈提斯塔(International Kennel Club v. Mighty Star. Inc.),846 F. 2d 1079, 1079 (7th Cir. 1988)。

③ ALPO 宠物食品公司诉罗尔斯顿宠物食品公司(ALPO Petfoods Inc. v. Ralston Purina Co.),913 F. 2d 958 (D. C. Cir. 1990)[对禁令进行限缩,按照《兰哈姆法》第 43 条(a)规定广告的定义]。

④ 肯德基公司诉名厨炸鸡公司(Kentucky Fried Chicken Corp. v. Famous Recipe Fried Chicken, Inc.),157 U. S. P. Q. (BNA) 697 (N. D. Ohio 1968)(被告被要求否认它与 Kentucky Fried Chicken 有任何关系)。

⑤ 科雷斯格诉塔巴克(S. S. Kresge Co. v. Tabacco),173 U. S. P. Q. (BNA) 222 (E. D. Mich. 1972)。

⑥ 凯洛格公司诉国家饼干公司(Kellogg Co. v. National Biscuit Co.),305 U. S. 111 (1938), *reh'g denied*, 305 U. S. 674 (1938)(凯洛格公司可以使用 Shredded Wheat 和饼干形状的枕头,条件是要把自己与其他生产者区分开来)。

⑦ 《美国法典》第 15 编第 1118 条,即《兰哈姆法》第 36 条。

⑧ 标准石油公司诉标准石油公司(Standard Oil Co. v. Standard Oil Co.),56 F. 2d 973 (10 Cir. 1932)(如果不以禁令提前防止使用相同的名称,Standard Oil 的长期认可就会受到扰乱)。

侵权判决正式做出之后发出。如果事实和环境允许，永久性禁令可以被更改。①

8.3.1.1 **(一) 针对域名注册官的禁令救济**

《兰哈姆法》鼓励域名注册官与法院合作，并建立了法院对于域名注册的管辖权。第 32 条(2)(D)(i)(II)要求注册官服从禁令救济，如果它们：(1)没有尽快向法院提交文书，“以确立该法院针对域名注册与使用之处理的控制与权威”；(2)除非遵照法院的指令，在诉讼悬而未决期间移转、暂停或更改有关域名；(3)故意不遵守法院有关域名的指令。② 对那些制定政策和程序，以便允许与法院合作的注册主管，《反域名抢注消费者保护法》(ACPA)为其提供保护。③ 如果注册主管采取行动，拒绝注册、移除、转移、临时停止或永久性取消某个域名，该法为其规定了免责。如果注册主管：(1)是在遵循法院按照第 43 条(d)颁发的指令；(2)执行合理政策以禁止注册与他人商标相同、混淆性相似或对其产生淡化的域名，对其免除金钱救济之责，并有限地免除禁令救济之责。④ “因而，当注册主管依照第 43 条(d)遵循法院指令，作为禁止注册与他人商标相同、混淆性相似或对其造成淡化的域名这一‘合理政策’的一部分，停止、转移、撤销某域名或将其移除注册，该法为其提供保护。”⑤无论该域名最终被判定对涉案商标构成侵权还是造成淡化，该免责规定都适用于注册主管者[除外情形是，该注册主管未与法院进行第 32 条(2)(D)(i)(II)确定的合作⑥]。⑦

另外，第 32 条(2)(D)免除域名注册主管因注册程序所产生的责任。在未证明其具有通过对他人域名进行注册或维持来营利的恶意企图的情况

① 美国诉斯威夫特(United States v. Swift & Co.)，286 U.S. 106 (1932)(垄断威胁的排除足以对禁令做出更改)。

② 《美国法典》第 15 编第 1114 条(2)(D)(i)(II)。

③ 参见上文 § 8.3.1.1。

④ 《美国法典》第 15 编第 1114 条(2)(D)(ii)。

⑤ 斯蒂芬·R.博格曼：《域名抢注：联邦新法则》(Steven R. Borgman, *The New Federal Cybersquatting Laws*)，8 Tex. Intell. Prop. L.J. 265，272 (2000)。

⑥ 参见上文 § 8.3.1.1。

⑦ 《美国法典》第 15 编第 1114 条(2)(D)(i)(I)，即《兰哈姆法》第 32 条(2)(D)(i)(I)。

下，域名注册主管不因该域名的注册或维持承担责任。[①] 如果某当事人向注册主管做出“故意的、实质性的虚假说明”，该注册主管拒绝对某一域名进行注册或对其实施移除、转移、停止或撤销，该当事人就应承担责任[②]，并且，法院还可以向该域名注册人发出禁令救济。[③] 在注册主管采取这些行为的过程中，域名注册人可以提起民事诉讼，以确定其对该域名的注册或使用并不违法，而该法院可以向域名注册人发出禁令救济。[④]

8.3.2　二、损害赔偿

损害赔偿指的是可依侵权判决而获得的不同形式的经济矫正。损害赔偿可包括损失的利润、业务亏损、惩罚性赔偿、诉讼成本以及律师费。也有判决认定损害赔偿包括纠正性广告费用，也即，改变侵权行为所造成的消费者误认所必要的费用数额。[⑤] 在以《兰哈姆法》第 43 条(c)为依据的诉讼中，损害赔偿是不可获得的，除非原告能够从根本上证明被告故意利用了原告的名声。在此类案件中，如果法院认为合适，金钱赔偿可增至实际损失额的三倍。[⑥]

8.3.2.1　(一) 利润

损失利润判付的前提是，侵权利润应该属于在先使用者。利润的判付是一种衡平法救济方式。给予原告的损害赔偿可包括被告因为侵权商品销售所实现的所有利润[⑦]，但是，利润不能自动判付。是否判付利润损失、判

---

① 《美国法典》第 15 编第 1114 条(2)(D)(iii)，即《兰哈姆法》第 32 条(2)(D)(iii)。

② 《美国法典》第 15 编第 1114 条(2)(D)(iv)，即《兰哈姆法》第 32 条(2)(D)(iv)。

③ 《美国法典》第 15 编第 1114 条(2)(D)(iv)，即《兰哈姆法》第 32 条(2)(D)(iv)；参见上文§8.3.1.1。

④ 《美国法典》第 15 编第 1114 条(2)(D)(iv)，即《兰哈姆法》第 32 条(2)(D)(iv)。

⑤ Big O 轮胎公司诉固特异橡胶公司(Big O Tire Dealers v. Goodyear Tire & Rubber Co.)，408 F. Supp. 1219 (D. Colo. 1976)，*cert. dismissed*，434 U.S. 1052 (1978)(作为损害赔偿，2.8 百万美元被判付给原告)。

⑥ 《美国法典》第 15 编第 1117 条，即《兰哈姆法》第 35 条。

⑦ 保罗时装诉克拉夫特克斯有限公司(Polo Fashions, Inc. v. Craftex, Inc.)，816 F.2d 145 (4th Cir. 1987)(来自侵权利用销售额的利润判付被适当地增至三倍)。

付多少，应由法院决定。

最高法院的决定表明，要判付利润损失，“意图”是必要的。[①] 如果没有从事假冒经营或实施欺诈，禁令救济可谓足矣。

8.3.2.2　　　　**（二）仿冒的损害赔偿**

商标仿冒与侵权都可以被判付损害赔偿。《兰哈姆法》第 35 条(c)规定：

> (c)当涉及仿冒商标[定义如本章第 34 条(d)]使用，进行商品或服务的销售、许诺销售或运送时，在初审法院发出最终判决之前的任何时间，原告均可以对该种与销售、许诺销售或运送相关的使用，选择获得法定赔偿——而非实际损害赔偿和利润，数额为：
>
> (1)对已经销售、许诺销售或运送的每类商品或服务，每件仿冒商标在 500 美元到 10 万美元之间，具体依法院公正裁量；或者
>
> (2) 如果法院判定仿冒商标的使用为故意，对已经销售、许诺销售或运送的每类商品或服务，每件仿冒商标不多于 100 万美元，具体依法院公正裁量。[②]

8.3.2.3　　　　**（三）域名抢注的损害赔偿**

《兰哈姆法》第 34 条(a)和第 35 条(a)明确授权法院，与现行《兰哈姆法》给予商标侵权、淡化和虚假广告的救济相同，对域名抢注可给予禁令和金钱救济。[③] 同时，该法还增设了第 35 条(c) [④]，允许原告获得法定赔偿：

> (d)在涉及违反第 43 条(d)(1)的情况下，在初审法院发出最终判

---

① 林迪笔公司诉比克笔公司(Lindy Pen Co. v. Bic Pen Corp.)，982 F. 2d 1400 (9th Cir. 1993)(没有商标利用的故意，排斥利润的判付)。

② 《美国法典》第 15 编第 1117 条(c)，即《兰哈姆法》第 35 条(c)。

③ 参见上文 §8.3.2。

④ 《美国法典》第 15 编第 1117 条(d)。

决之前的任何时间，原告均可以对该种与销售、许诺销售或运送相关的使用，选择获得法定赔偿，而不适用实际损害赔偿和利润，其数额为每个域名 1 000 至 10 万美元，具体依法院公正裁量。①

除了这些救济方式之外，《兰哈姆法》第 43 条(d)(1)(C)还规定，“法院可以指令没收或撤销该域名，或者将该域名转让给该商标所有人。”②

在对物诉讼中，可适用的救济方式被限定于有关域名没收或撤销、或者向商标所有人移转的指令。③

8.3.3　三、其他救济方式

另外，在例外情况下，《兰哈姆法》还允许就诉讼成本和律师费获得补偿。④

① 《美国法典》第 15 编第 1117 条(d)，即《兰哈姆法》第 35 条(d)。
② 《美国法典》第 15 编第 1125 条(d)(1)(C)，即《兰哈姆法》第 43 条(d)(1)(C)。
③ 《美国法典》第 15 编第 1114 条(2)(D)(i)，即《兰哈姆法》第 32 条(2)(D)(i)。
④ 《美国法典》第 15 编第 1117 条，即《兰哈姆法》第 35 条。

索引*

版　权**

版权保护期 Duration of Copyright

版权保护技术系统 Copyright Protection Systems

---

* 为便于使用,本索引主条目采取中/英对照,并以汉语拼音排序;各级子条目则采取英/中对照,并保留原有顺序。编号系原著的章节编号,可按目录或正文查寻。——译者注

** 章节编号,参照原著。

专　利*

* 章节编号,参照原著。

商　标*

* 章节编号,参照原著。

图书在版编目(CIP)数据

美国知识产权法原理/〔美〕哈尔彭等著;宋慧献译.—北京:商务印书馆,2013
(威科法律译丛)
ISBN 978-7-100-09871-7

Ⅰ.①美… Ⅱ.①哈… ②宋… Ⅲ.①知识产权法—研究—美国 Ⅳ.①D971.23

中国版本图书馆 CIP 数据核字(2013)第 058095 号

本书纳入"'十二五'国家重点图书出版规划"

威科法律译丛
美国知识产权法原理
(第三版)
谢尔登·W.哈尔彭
〔美〕 克雷格·艾伦·纳德 著
肯尼思·L.波特
宋慧献 译

商 务 印 书 馆 出 版
(北京王府井大街36号 邮政编码 100710)
商 务 印 书 馆 发 行
北京瑞古冠中印刷厂印刷
ISBN 978-7-100-09871-7

2013年8月第1版 开本 787×960 1/16
2013年8月北京第1次印刷 印张 31½
定价: 66.00 元